Fred Jahn • Zwölf statt Tausend

Fred Jahn

Zwölf statt tausend

Kinderjahre unter dem heiligen Kreuz

Bibliografische Information der Deutschen Nationalbibliothek
Die Deutsche Nationalbibliothek verzeichnet diese Publikation in der Deutschen Nationalbibliografie;
detaillierte bibliografische Daten sind im Internet über http://dnb.d-nb.de abrufbar.

Rheinstraße 46, 12161 Berlin
Telefon: 0 30 / 76 69 99-0
www.frieling.de
Entwurf des Innentitels: Fred Jahn
Umschlaggestaltung: Michael Beautemps

1. Auflage 2019
ISBN 978-3-8280-3499-0
Printed in Germany

Inhalt

Einstimmung

... und geschieht nichts Neues unter der Sonne.
Der Prediger Salomo 1, 9

Es gibt keinen Neuschnee.
Essay von Tucholsky

»... lockend bleibt die Versuchung, sich in dritter Person zu verkappen.«
So beginnt Beim Häuten der Zwiebel von Günter Grass.

Wie alt ist er, da er beginnt, aus der Vergangenheit zu erzählen, die so alt ist, daß die Erinnerung daran sie nicht mehr vollständig vor dem Vergessen bewahren kann? Die Biographie soll mit dem Jahr enden, als er genauso alt war, wie jetzt gerade der älteste seiner beiden Söhne alt ist: so schrieb er im Jahre 1978, das aber schon längst überholt ist. Der Biograph war im Jahre 1975, als sein Vater starb, so alt wie sein Vater im Jahre 45. Für ihn nämlich teilt sich das 20. Jahrhundert ein in die Zeit v o r fünfundvierzig und n a c h fünfundvierzig. Die wichtige und hervorragende Bedeutung dieses Jahres wird auch nicht gemindert durch das Übergewicht der Zahl der danach abgelaufenen Jahre. Das Jahr 45, das Jahr des Zusammenbruchs des Dritten Reichs, der Niederlage der deutschen Wehrmacht, des Sieges über den Faschismus, der Befreiung vom Nationalsozialismus: das sind alles Bezeichnungen, die von Deutschen geprägt wurden und die dieses merkwürdige Geschehen, diese schicksalhafte Veränderung nur aus einer bestimmten Richtung beleuchten, wie im Theater: von rechts oder von links, von hinten oder von oben. Wählt man das Wort Kriegsende, Beendigung des Zweiten Weltkriegs (wie auf dem deutschen Briefmarkenblock zum 50. Jahrestag steht), dann ist ein gewisses Maß an Unvoreingenommenheit oder Neutralität gewahrt. Seit diesem Jahr hat es in dem Land, das die Deutschen

»von Kindesbeinen an« (aus dem 1630 von Martin Rinckart verfaßten Kirchenlied »Nun danket alle Gott«) gewohnt sind, Deutschland zu nennen, keinen Krieg mehr gegeben. Das ist eine dankenswerte und nicht selbstverständliche Tatsache. Dieses Jahr bedeutete auch das Ende des seit 1871 geeinten Deutschlands, des europäischen Staatensystems und der Vormacht Europas in der Welt.

Er hatte sich ursprünglich vorgenommen, entweder Meldungen vom Kriegsgeschehen in großen Buchstaben zwischen den Text einzusetzen oder jedes neue Kapitel, und zwar in der zeitlichen Reihenfolge, mit Zitaten aus Goebbels' »Tagebüchern 1945« oder mit Aufzeichnungen von Heinrich Himmler oder anderen wichtigen Personen des Dritten Reichs beginnen zu lassen. Auch Himmler war ein Lehrersohn, stellte er fest, und mit dem auf ihn selbst bezogenen Wörtchen »auch« hatte er die schreckliche Erkenntnis, daß diese Spezies Mensch mit den Charaktereigenschaften Ordnungsliebe, Pünktlichkeit, Tüchtigkeit, Korrektheit, Sparsamkeit, Bescheidenheit, Pflichtbewußtsein, Treue und Mehr-Sein-als-Scheinen zu einem mitleidlosen Schreibtisch-Massenmörder werden kann. Und Julius Streicher (1885-1946, in Nürnberg hingerichtet), Frankens Partei-Gauleiter von 1925 bis 40, primitiver Antisemit mit dem Hetzblatt »Der Stürmer«, war Volksschullehrer!

Oder er hätte gern kurze Sätze eingeschoben über die Erlebnisse des Offiziers, es war aber nicht General Busse, der ihn im April 45 in Richtung Westen mitnehmen wollte, wo er wahrscheinlich im Kessel von Halbe steckengeblieben und im wahrsten Sinne des Wortes liegengeblieben wäre; jedenfalls wäre er sicher nicht bis zur Elbe mit- und durchgekommen. Diese Gedanken bewegten ihn besonders, als er 1998 Deutschlands größte Kriegsgräberstätte bei Halbe besuchte. Die Frage des Offiziers beantwortete er mit »nein« und sagte weinerlich, er wolle mit seiner Mutter und seinen Geschwistern »Zusammen hierbleiben«. An diesem Tag und an diesem Ort kreuzten sich ihre Wege, und jeder ging dann seinen ihm vorgeschriebenen Schicksalsweg weiter, jeder meinte, unter der Obhut der damals so oft beschworenen Vorsehung.

Darüber wird in den Schlußkapiteln DIE FRONT RÜCKT NÄHER und FLUCHT berichtet. Bekanntlich wurde dort die 9. Armee von den Sowjets eingekesselt und größtenteils »aufgerieben«; dieser Ausdruck war früher oft in den Wehrmachtberichten als Erfolgsmeldung verwendet worden.

In seinem damaligen Lebensabschnitt gab es natürlich viele erwähnenswerte Weg-Kreuzungs- Erlebnisse. Aber dieses eine Ereignis ist für ihn besonders wichtig gewesen, es könnte durch Einbeziehung von kurzen Schlaglichtern aus dem Leben des Offiziers der 9. Armee parallel zu seinem an ein Dorf gebundenen Dasein die zeitlich gleichlaufenden Ereignisse in Deutschland und Europa vergegenwärtigen, so daß die Schilderungen in Abschnitten eingeflochten wären in das Geschehen außerhalb seines Dorfes und Kreises. In diesem Sinn könnte die Artikelserie über die Einkreisung von Berlin durch die russischen Armeen im »Spiegel« 1965 verwertbar sein (auszuschlachten wäre zu drastisch). Damit erst dürften seine Selbstdarstellung und Beschränkung auf seine Person und seine Umgebung aus einer gewissermaßen niederen Stufe der persönlichen Betroffenheit hervorgehoben werden auf eine höhere Stufe von allgemeinem Interesse. Dabei kann er sich auf Wilhelm Hauffs »Memoiren des Satans« beziehen, in denen folgendes steht:

> *Männer und Frauen ergreifen die Feder, um den Menschen schriftlich darzuthun, daß auch sie in einer merkwürdigen Zeit gelebt, daß auch sie sich einst in einer Sonnennähe bewegt haben, die ihrer sonst vielleicht gehaltlosen Person einen Nimbus von Bedeutsamkeit verliehen.*

Obwohl der Erzähler entsprechend der Rolle als Beschreiber seines eigenen Lebens die Hauptperson ist, fühlte er sich nicht als ein in vielen Romanen dargestellter typischer Held. Seine Lebensdaten stellt er den

Ereignissen in den 12 statt 1.000 Jahren in einem Anhang gegenüber. Einige Monate, nachdem er die ersten Überlegungen mit Einschaltung von dokumentarischen Aufzeichnungen zu Papier gebracht hatte, las er das Buch des Autors Max von der Grün »Wie war das eigentlich damals? Jugend im 3. Reich«. Dabei wurde er in seiner schon früher formulierten Meinung bestätigt, daß selbstverständlich auch andere Leute auf die Idee gekommen waren, ihre Lebensaufzeichnungen mit den geschichtlichen Tatsachen – bildlich gesprochen – zu einem vielgestaltigen und vielfarbigen Teppich zu verweben. Das ist in diesem Buch in zeitlicher Reihenfolge geschehen: die einzelnen Kapitel tragen lediglich die fortlaufenden Jahreszahlen bis zum Jahre fünfundvierzig als Überschriften.

Der Schreiber hier kann es nicht verhindern, und er bedauert es auch nicht, daß möglicherweise ein anderer Chronist sein Schema der sachlichen Gliederung zugrundegelegt hat und die ZWÖLF Jahre nicht eins nach dem andern konsequent vor dem geistigen Auge vorbeiziehen läßt, vielmehr das dramaturgische Mittel der Rückblende verwendet, bekannt aus Filmen, aber früher auch schon aus Theaterstücken und natürlich erst recht aus Romanen und Erzählungen.

Bei dieser sprichwörtlichen Erscheinung des »Alles schon dagewesen!« (Ben Akiba in K. Gutzkows Trauerspiel »Uriel Acosta«, 1846) denkt er an einen Studienrat des Lübecker Katharineums, das sich erst schämte, dann stolz war, Thomas Mann zu seinen ehemaligen (mittelmäßigen) Schülern rechnen zu dürfen; Emanuel Geibel, Theodor Storm und Werner von Siemens gingen auch auf die »Gelehrtenschule«. Dieser Lehrer verkündete mehrmals in einem Unterrichtsjahr – dabei drehte er sein Uhrenarmband mit der rechten Hand um das linke Handgelenk hin und her:

Jungs, es wiederholt sich alles in der Geschichte.

Und das sagte er sogar bei einer Schülerversammlung von der Kanzel der benachbarten gotischen, mit Dachreiter wie bei den Zisterzienserkirchen in der Mark Brandenburg bekrönten, unzerstört gebliebenen Katharinenkirche herunter, die in den ersten Jahren nach dem Kriegsende der Jungen-Oberschule als Aula diente.

Victor Klemperer, Professor für französische Literaturgeschichte an der Technischen Hochschule in Dresden von 1920 bis 1935, hielt am 20.7.1945 folgende Tagebuchsentenz für wichtig:

Ich bin zu alt geworden, und alles ist schon einmal dagewesen.

Ähnlich stereotyp hörte der Junge von seinem Lübecker Onkel, der von seinem Schreibtisch auf Lenbachs Bismarckportrait blickte, den beruhigenden Schnack:

Es wird sich alles historisch entwickeln.

Historisch im Sinne von einmalig, hervorragend, berühmt und für die Geschichtsschreibung von besonderer Bedeutung war übrigens ein beliebtes Wort im Sprachschatz des Dritten Reichs, besonders die »historische Stunde« wurde für viele Ereignisse verwendet und damit entwertet und, wie Klemperer in seinem Notizbuch eines Philologen schreibt, »schmutzig«. Dieses Eigenschaftswort wird auch in Zukunft nicht untergehen.

Als Überschrift über diesem Phänomen stellte er sich den Titel des Essays von Tucholsky vor: »Es gibt keinen Neuschnee«. Spätestens seitdem er diese Abhandlung gelesen hatte, war er darauf gefaßt, seine eigenen Gedanken in Büchern wiederzufinden, so daß er es sich frühzeitig abgewöhnte, über eine solche Entdeckung überrascht, enttäuscht oder gar ärgerlich zu sein. Goethe tröstete ihn mit einer Maxime:

Alles Gescheite ist schon gedacht worden; man muß nur versuchen, es noch einmal zu denken.

Klemperer schrieb am 17.8.1942 in sein Tagebuch:

> *Buchstäbliche Originalität gibt es wahrscheinlich nicht. Jeder Gedanke ist schon gedacht worden, wird in verschiedensten Köpfen und Gegenden und Zeiten gleichzeitig gedacht.*

Tucholsky empfahl: »Das darf dich nicht entmutigen.« Entsprechend diesem literarisch anspruchsvollen Rat unterlag er nicht der Resignation, ließ sich bei der Niederschrift seiner Erinnerungen nicht beirren, und er entzog sich nicht dem frag-würdigen Modewort »Bewältigung der Vergangenheit«. Berühmte »Gedanken und Erinnerungen« gibt es bekanntlich von Bismarck und »Erinnerungen« von Albert Speer. Der Biograph maßt sich allerdings nicht die Widmung Bismarcks an: »Den Söhnen und Enkeln zum Verständnis der Vergangenheit und zur Lehre für die Zukunft.« Ihn erfüllte eine gewisse Genugtuung nach dem olympischen Ideal, einfach dabei gewesen zu sein. Im Jahre 1820 schrieb Goethe über die Kanonade von Valmy (1792):

> *Von hier und heute geht eine neue Epoche der Weltgeschichte aus, und Ihr könnt sagen, Ihr seid dabei gewesen.*

Seit 1987 kann der Erzähler das Koblenzer Bundesarchiv (im Straßen-Planfeststellungs- Beamtendeutsch) »fußläufig« (mit ironisierenden Anführungsstrichen laut Klemperer in dem Notizbuch über die Sprache des dritten Reichs) in einer knappen Viertelstunde erreichen. Das gibt ihm ein Gefühl der Nähe zu einer umfassenden Wissenssammlung über das TAUSENDjährige Reich, seine Akten, seine Fotografien, seine Wochenschauen, seine Kultur- und Spielfilme. Die Möglichkeit, auf irgendeinem Wege heranzukommen an diese Fülle des Dokumentenmaterials, erfüllt ihn mit stiller Freude. Obwohl die Machtzentrale und der Kultur-, Mittel- und Anziehungspunkt in dem auf TAUSEND Jahre propagierten, aber tatsächlich auf ZWÖLF Jahre beschränkten Ausschnitt deutscher Geschichte in Berlin lag, 40 Kilometer von seiner damaligen Wohnstätte entfernt, wird ein großer Teil der sichtbaren und in einer überwältigenden Fülle auf die Nachwelt überkommenen Überbleibsel in dem im Jahre 1945 erst seit 130 Jahren preußischen »Apud Confluentes« (Huldigung der Untertanen am 15.5.1815 in Aachen) gesammelt, verwaltet, restauriert und kommentiert. Das alles ist bei Bedarf für Dokumentarfilme und sogenannte Bilanzen mit angeblich bisher nicht veröffentlichtem Bild- und Tonmaterial im spätabendlichen Fernsehprogramm abruf- und verwertbar. Und es ist erstaunlich, daß die in der gewissen Zeit so oft beschworene Vorsehung den Chronisten noch näher an die TAUSENDjährige Geschichte herangeführt hat, über die inzwischen viele Tausend Bücher geschrieben wurden.

Seine Aufzeichnungen kreisen naturgemäß um den Mittelpunkt seines damaligen Lebensabschnitts, um die Schule, in der er zu Hause war, weil sein Vater sie leitete und mit seiner Familie darin wohnte. Der Leser muß sich deshalb darüber im Klaren sein, daß der Lehrersohn oft »aus der Schule plaudern« wird sowohl im wörtlichen als auch im übertragenen Sinne. Es kommt noch hinzu, daß die Schule für alle Menschen auch in folgenden Rollen besondere Bedeutung erlangt hat: das Leben als Schule, der Staat als Schule, die Wehrmacht als Schule der Nation.

Was lernt man in einer harten Schule? Gehorchen und Befehlen.

So schrieb Nietzsche in »Der Wille zur Macht« (S. 614).

Als opernouvertürengleiche Einstimmung auf die Sammlung von mehr als 30 Kapiteln gibt er folgendes zum besten:

Auf die Schulzeugnisse setzte sein Vater voller Stolz – erkennbar an den zusammengedrückten Lippen unter dem Schnauzbart (Kempowski S. 151: Rotzbremse) – in makelloser Deutlichkeit ein Siegel mit dem Hakenkreuz- Hoheitsadler und der Umschrift:

Der Leiter der Volksschule in Märkisch-Rietz, Scharmützelsee.

Auf dem Vordruck des »Zeugnisbuch für ein- bis dreiklassige Volksschulen« stand an erster Stelle das Fach Religion, aber nur auf den Zeugnissen für die erste und zweite Klasse. Anschließend, ab 1941, gab es neue Formulare, auf denen das Fach Religion nicht mehr vorgesehen war, dafür stand an der ersten Stelle »Leibeserziehung«. Stattdessen füllte sein Vater dann mit sauberer Tintenschrift ein besonderes Blatt aus, das »Zeugnis über die Teilnahme am konfessionellen Unterricht«. Diese Bestimmung des Kulturministers, bei den Schulzensuren das Religionsfach zu streichen, hielt Klemperer am 18.6.1941 in Dresden für bemerkenswert. Martin Bormann (v. Lang S. 140): »Religion wird in der Schule noch geduldet…für die Erziehung der Jugend und deren Weltanschauung ist sie unnötig.«

Am Schluß dieses Einleitungskapitels folgen einige Angaben aus der Ahnentafel, die sein Großvater, dem ein eigenes Kapitel gewidmet wird, für ihn, den Stammhalter (denjenigen Sprößling, der den Namensstammbaum weiter wachsen lassen konnte), ausgefüllt hatte (Verlag für Sippenforschung und Wappenkunde E. A. Starke, Görlitz):

Die Eltern seines Vaters heirateten am Geburtstag seiner im Jahre 1878 in Küstrin geborenen Mutter, am 8.10.1900 in Küstrin; die dafür ausgestellte Urkunde lautete:

<u>Bescheinigung der Eheschließung.</u>

Zwischen dem Sergeanten im Infanterie=Regiment No=48
Carl Erdmann Jahn
wohnhaft zu Cüstrin
und der Jungfrau Bertha Pauline Wilhelmine Schwerdt,
ohne besonderen Stand

wohnhaft zu Cüstrin
ist vor dem unterzeichneten Standesbeamten heute die Ehe
geschlossen worden. Cüstrin, am 8 ten October 1900.

Siegel: K.PR..STANDESAMT CÜSTRIN KR..KÖNIGSBERG N/M	Der Standesbeamte I.V. gez. Unterschrift

Obiges Paar ist am 8.(achten) Oktober
1900 (neunzehnhundert) in der evangelischen Pfarrkirche zu Cüstrin I
von dem Unterzeichneten zur christlichen Ehe
eingesegnet worden.
Cüstrin, den 9.Oktober 1900.

Siegel: KÖNIGL:PREUSS:MIL: KIRCHENSIEGEL 5 te DIVISION	gez. Unterschrift Divisionspfarrer

(Im Mittelpunkt beider Siegel befindet sich der preußische Adler mit Krone und Insignien.)

Seine Großmutter starb schon vor seiner Geburt im Jahre 1932. Sein Großvater wurde 1872 in Sonnenburg geboren, heiratete 1936 zum zweiten Mal und überlebte das Ende des zweiten Weltkriegs um dreizehn Jahre. Sein Großvater Prömmel wurde 1867 in Fürstenwalde geboren, seine Großmutter 1876 in Schwartau, wo auch – im Jahre 1901 – die Hochzeit stattfand. Beide starben in Storkow, sie 1921, er 1938; im Jahre 1922 hatte er sich zum zweiten Mal verheiratet. Diese zweite und über

22 Jahre jüngere Frau seines Großvaters Prömmel war mit Karl Dönitz verschwägert, und zwar hatte der Sohn ihres Bruders die Tochter von Dönitz geheiratet. Mit anderen Worten: Dönitz war der Schwiegervater des Neffen seiner Stiefgroßmutter.

Als seine Mutter ihm das einmal nach dem Krieg erzählte, zeigte sie keinen Stolz, für den kein Grund bestand, auch nach dem für den Hitler-Nachfolger milden Nürnberger Kriegsverbrecher- Urteil. Für seine Mutter, wie für ihre Geschwister, war ausschlaggebend, daß sie nichts von ihrer Stiefmutter wissen wollte. Bemängelt wurde, daß auf ihrer Grabstättentafel »In Gottes Liebe geborgen«, auf der Tafel für die Mutter »Ruhe in Frieden« steht. Im Sinne der arischen Ahnenforschung sehr dürftig, aber für Tante Hertha war es bedenklich, daß ein Prömmel – sieben Generationen zurück – im Jahre 1671 die Pastorentochter Emerentia Nathan geheiratet hatte. Sie erzählte, daß ihr Vater nach dem Besuch eines Vertreters ein Fenster geöffnet und gefragt habe: »Riechst du nichts? Das war ein Jude!«

Da seine beiden Großväter und der Bruder seines Großvaters mütterlicherseits jeweils nach dem Tod ihrer Ehefrauen (mit 53, 44 bzw. 35 Jahren) zum zweiten Mal heirateten, beeindruckt diese »Triplizität der Fälle« in den Ahnentafeln bezw. Stammbäumen und der Altersunterschied von 25 Jahren bei dem Bruder seines Großvaters. Außerdem fällt auf: Die Mutter und eine Tante seiner Mutter hatten jeweils drei Töchter und einen Sohn, von dem man in bibelkundiger Manier »unser Benjamin« sprach, ohne ihn für einen »Sohn des Glücks« zu halten.

Sein Geburtsjahr nannte man das Goethejahr, weil sich im Mai zweiunddreißig Goethes Todestag zum hundertsten Mal jährte. Von ihm paßt in die Einleitung folgender Satz (aus »Grenzen der Menschheit«):

> *Ein kleiner Ring begrenzt unser Leben, und viele Geschlechter reihen sich dauernd an ihres Daseins unendliche Kette.*

Diesen Gedanken übernahm Thomas Mann als Zitat mit seiner Montagetechnik in »Buddenbrooks«. In dem Gedicht »Das Göttliche« formuliert Goethe »unseres Daseins Kreise«. Das bringt den früheren Oberschüler auf die lobende Deutschlehreranmerkung unter einen Aufsatz von ihm in der Hamburger Abiturklasse (Allgemeine Volksschule, Wissenschaftliche Oberschule für Jungen in Blankenese):

Recht gut und geschickt durch Goethe-Zitate untermauert.

Sonderbriefmarken gab es nicht, aber eine Drei- und eine Fünf-Reichsmark-Silbermünze. Das hundertjährige Jubiläum des »Hambacher Festes« wurde verschwiegen, die Geschichte verfälschend. 70 Jahre alt wurde in demselben Jahr Gerhart Hauptmann, der sich den Vergleich mit Goethe wegen seiner Altersähnlichkeit gefallen ließ. Beide wurden von Thomas Mann in Reden geehrt (in Berlin bzw. München).

Der Tag seiner Geburt war sehr warm, nämlich 32°C im Schatten, aber ein sogenannter Eisheiliger, und zwar »die kalte Sophia« (Weisheit, Patronin gegen Spätfrost); damals und dort war sie aber nicht bekannt. Die evangelischen Christen brauchen nämlich keine Heiligen, um zu Gott zu beten, sie können das direkt, wie Luther predigte und wie es sein Vater in den Religionsstunden erzählte. Seitdem kann er Temperaturen von über 30 Grad sehr schwer ertragen, und so manches Maiklima mit Auf und Ab des Hochdrucks bedrückt sein gesundheitliches Gleichgewicht.

So wurde der Vater seines Vaters mit 59 Jahren Großvater genauso wie er, sein erster Enkel, der sich immer über Zahlenzufälle freute. Obwohl mit den Titelzahlen ZWÖLF und TAUSEND keine Mathematikaufgabe gelöst werden muß, hat der Chronist die Tage gezählt, auf die die propagierten tausend Jahre schrumpften. Vom 30. Januar 1933 bis zum 8. Mai 1945 währten es 12 Jahre und 98 Tage, das bedeutet unter Berücksichtigung der drei Schaltjahre 1936, 1940 und 1944 (mit jeweils

29 Februartagen) insgesamt 4.482 Tage. Davor hatte er schon 230 Tage gelebt, wie sich nachrechnen läßt.

Bei der Namenswahl einigten sich seine Eltern, indem sie die Vorsilbe »Al« des Vaters wegließen, aber sofort die standesamtlich im Geburtsschein verbriefte Einsilbigkeit des ersten Vornamens um ein »i« ergänzten, und das viele Jahre lang.

Das Dorf

> Das Land Beeskow-Storkow, ein wenig gekannter Winkel, der nichtsdestoweniger seine Schönheit und seine Geschichte hat. ... Der Wagen kam und hielt, und über das holprige Pflaster der ehemaligen Bischofsstadt (Fürstenwalde) hin ging es in das »romantische Land« hinein. In das romantische Land Beeskow-Storkow. *Fontane: Spreeland S. 17/18*

Vom Bahnhof, der bis 1998 nicht den Namen des Dorfes, sondern den Namen des Sees trug, der ein eigenes Kapitel verdient hat, erreicht man in sieben Minuten zu Fuß das Dorf. Dabei muß die eingleisige Eisenbahnstrecke am Ende des eingezäunten Bahnhofgeländes überquert werden, nach dem Gefahrenzeichen »Unbeschrankter Bahnübergang«; es zeigte im Schattenriß eine Dampflokomotive im rot eingefaßten Dreieck, eines der neuen Verkehrsschilder, die die Knaben und Mädchen im Schulunterricht zeichneten und die als Ansteckplaketten für die Winterhilfssammlung verteilt wurden (Bild 6 der Anlage zur Straßenverkehrsordnung vom 13.11.1937, Reichsgesetzblatt I Seite 1179).

Dort kippte der Verfasser als Junge einmal in der Winterzeit mit seinem Fahrrad wegen der glatten Schienen mit einer vollen Milchkanne um und schüttete einen Teil der Milch aus, weil der Deckel nicht hielt; es wurde also viel Milch verplempert. Und noch ein Ereignis ist von dort zu berichten: Als sein Vater an einem Abend den Besuch aus Lübeck vom Bahnhof abholte und als Abkürzung einen Trampelpfad neben den Gleisen wählte, wurde er vom Stationsvorsteher (Bahnhofsvorstand) auf dem Fahrrad eingeholt und verwarnt. Seine Tante und sein Onkel besuchten sie in den Sommern 1937, 38, 40, 41, 42 und im November 43, wie er durch die Urlaubsgrüße auf Ansichtskarten rekonstruieren konnte.

Die Löcher in der gewölbten Teerstraße mußten oft ausgebessert werden, indem sie ausgefegt, mit Teer bespritzt (der Schlauch der Spritze war direkt an einem liegenden Faß verschraubt) und dann mit Splitt ausgefüllt wurden. Die Autos fuhren die Flickstellen aber bald wieder leer. Weil sich die spitzen Steinchen leicht in die Fahrradmäntel eindrückten, bogen die Radfahrer möglichst den frisch geflickten Stellen aus.

Das erste Gebäude auf der linken Seite war die Dorfschule. Hier lebte der Biograph knapp neun Jahre, oder negativ ausgedrückt: nicht einmal zehn Jahre. Es handelte sich um eine Dienstwohnung, für die – wie heutzutage – eine bestimmte Verordnung und Verwaltungsvorschriften maßgeblich waren. In dem ersten Haus auf der rechten Straßenseite (Reichmuth/Joecks), um 50 Meter näher zum Bahnübergang, kaufte sein Vater seine Zigaretten (»Aus gutem Grund ist Juno rund«) von Reemtsma, Hamburg-Bahrenfeld, oder Krüllschnitt-Tabak von Brinkmann, Bremen, für seine Pfeife, die er aber nicht oft paffte.

Zu Beginn eines neuen Schuljahres schickte sein Vater einmal einen ABC-Schützen rüber zu Reichmuths, die außer Tabakwaren auch Schreibwaren, Drogerieartikel und Kurzwaren führten, mit dem Auftrag: »Kaufe für einen Groschen Stecknadelsamen!« Er lachte aber den Zurückkehrenden, enttäuscht und hilflos wie der aussah, nicht aus, um die Neulinge auf die Schlechtigkeit der Schadenfreude hinzuweisen: »Jedem von euch wäre es ja genauso ergangen.« Er sprach sich mit allen Kindern über dieses Thema aus, »Vertrautwerden« hieß das in seinem Schultagebuch, gleichsam nach dem biblischen Motto:

> *Wenn ihr nicht … werdet wie die Kinder, so werdet ihr nicht ins Himmelreich kommen.* (Matthäus 18, 3).

Danach handelte sein Vater während seines ganzen pädagogischen Lebens.

Als das gelbe Ortsschild neu aufgestellt beziehungsweise ausgewechselt wurde:

Märkisch-Rietz
Kreis Beeskow-Storkow
Reg.-Bez. Potzdam

stellte sein Vater durch die randlose Brille unter der hohen Stirn mit Geheimratsecken sofort fest, daß Potsdam irrtümlich mit z gemalt war in Anlehnung etwa an »Potz-Blitz!« oder, was ihm bekannter war:

Pumpernickels Hänschen saß am Ofen und schlief. Da brannten seine Hosen an. Potztausend, wie er lief!

Das ist gewesen, als der Ortsname Wendisch-Rietz im Rahmen der sprachlichen Eindeutschungen in Märkisch-Rietz umgeändert wurde, nämlich am 26.11.1937 »auf Grund einer Verfügung des Oberpräsidenten«, wie sein Vater in der Schulchronik zitierte. Die deutsch- russischen Personalausweise für seine Eltern vom April 1946 enthalten die Ortsangabe Wendisch-Rietz und das Siegel: Der Amtsbürgermeister – Gemeinde Wendisch Rietz – Kreis Beeskow-Storkow. Als im Jahre 1948 der alte Name wieder eingeführt wurde durch Beschluß der Gemeindevertretung vom 21.8., blieb der Bindestrich offiziell weg. Scholz in Band 2 seiner »Wanderungen« behält ihn aber bei. Der Verfasser besitzt eine Briefmarke der DDR: »Monat der deutsch-sowjetischen Freundschaft«, mit Stalin und Pieck, die noch am 27.12.51 in »Märkisch Rietz« abgestempelt wurde!

Auch im Ort selbst verwenden die Einwohner den alten Bindestrich. In ihrer Aussprache hörte sich der Ortsname an wie Märke-Schrietz, vorher wie Wände-Schrietz. Märkisch Buchholz am südwestlichen Rand des Kreises behielt aber seinen Namen.

»Über die Gründung des Ortes«, so schreibt sein Vater weiter, »kann nichts gesagt werden, da jegliche Quellen fehlen. Der Name Wendisch-Rietz ... läßt darauf schließen, daß es ursprünglich eine wendische Fischersiedlung war. Rietz selbst ist wendischen Ursprungs und bedeutet Winkel am See oder Seeluch« (nach jüngerer Übersetzung: Fließ).

Das Dorf bestand mehrheitlich aus einstöckigen Einfamilienhäusern mit eingezäuntem Hof, bei Landwirten – man sagte nicht Bauern – ist der Hof von Stall und Scheune eingerahmt. Einige Gehöfte hatten einen lückenlosen etwa zwei Meter hohen Bretterzaun an der Straßenseite. Die Bretter waren nicht mit Nut und Feder aneinander gesteckt worden, sondern über die Ritzen war jeweils eine Leiste genagelt, so daß der Passant nicht in den Hof hineinsehen konnte, es sei denn, er fand ein Astloch; denn diese Abschirmung machte neugierig. Fast jeder Dorfbewohner hatte sein Kleinvieh: Hühner, eine Ziege, Schafe und außerdem eine Kuh oder mehrere Kühe, schwarz- weiße, genannt Schwarzbunte (warum eigentlich? fragte er sich), einige Schweine, schließlich nicht zu vergessen: Kaninchen oder Stallhasen.

Eine Gastwirtschaft »Gasthaus Selchow« lag auf der linken Seite. Der Erzähler erinnert sich, mit einer Bierkruke, nämlich einer verschließbaren Henkelflasche oder einem grüngläsernen Krug, in die Wirtschaft gegangen zu sein, um für seinen Vater Bier zu kaufen. »Hei-Littler« sagte er zu dem Wirt hinter der Theke, »einen schönen Gruß von meinem Vater, und er möchte die Kruke voll Helles«. Diesen oder einen ähnlichen Satz hatte sein Vater ihm vorgesagt, und der Junge mußte ihn mindestens zweimal nachsprechen nach der Aufforderung: »Wiederhole!« Das klang für Außenstehende streng, wurde von ihm aber gar nicht so empfunden, weil er es nicht anders kannte. Der sonst übliche Vorwurf gegenüber Kindern: Muß ich dir denn alles zweimal sagen? wäre für ihn unverständlich gewesen, weil er es von seinem Vater als Lehrer gewohnt war, alles zweimal zu hören. Das beruhte auf der jahrelangen pädagogischen Erfahrung mit Dorfschulkindern, die Wichtiges mindestens zweimal hören mußten, bis sie es kapierten. Der Lehrer mußte sie immer – in übertragenem Sinn – mit dem Kopf draufstuken. Das Beibringen bestand also im Eintrichtern, im mechanischen Eindrillen. Andererseits hörte er die aufgeregte Redewendung: Das laß ich mir nicht zweimal sagen! Die eigentlich überflüssige Wiederholung von Sätzen fiel dem Jugendlichen erst nach dem Krieg auf in den Arien von Kantaten, Messen, Oratorien und Passionen; auch mit dem häufigen »da capo« bezweckten die Komponisten, daß sich Melodien und Texte dem Hörer einprägen. Die Männer des Dorfes gingen in die Wirtschaft oder in die Kneipe, wie es im Volksmund hieß, oder einfach zu Selchow, Schulze, Lehmann oder Rabe, um ihre Molle zu picheln. Gaststätte, Gastwirtschaft oder Lokal waren eher Begriffe aus dem Schriftdeutschen. In der Gaststube oder in einem Nebenraum befand sich ein Billardtisch, an dem in Friedenszeiten regelmäßig gespielt wurde. Billard war ein Spiel, das sogar zur Weltliteratur gehörte, seit es in Tolstois Schauspiel »Der lebende Leichnam« und in Lortzings Oper »Der Wildschütz« eine Rolle spielte. Billard wurde auch in dem Film »Titanic« von 1943 gespielt. Unter heftiger Zigaretten- und Zigarrenqualmerei wurde zu einer Molle ein zünftiger Skat gedroschen. Vor der Wirtschaft Selchow hatte der Junge einmal interessiert zugesehen, wie von einem Lastwagen der Schultheiß-Brauerei Eisstangen abgeladen wurden, die unter einer isolierenden Torfschicht gelegen hatten. Auf einem Grundstück dicht am See gab es einen Eiskeller, in dem die herausgesägten Stangen lagerten. Mit diesem Eis wurde das Faßbier gekühlt. Ein Block wurde mit einem Hammer in große Stücke zerschlagen und in eine große Wanne geworfen, dazwischen wurden Bierflaschen gesteckt; denn Bier wurde nicht nur vom Faß verkauft.

Ein Lebensmittelladen – »Kolonialwaren« stand draußen dran – lag an der rechten Straßenseite nach der Einmündung der ersten Querstraße. In demselben Haus befand sich die Poststelle, seit dem Jahre 1900, mit dem Laden durch eine Tür mit Klappe verbunden, vor allem zum Verkauf von Briefmarken, am 18. April 1938: »Ein Volk, ein Reich, ein Führer« zur Volksabstimmung in Österreich. Der Junge benutzte aber immer den richtigen Eingang zur Post. Vor Weihnachten fuhr der Postbote nicht wie sonst mit dem Fahrrad zum Bahnhof, um die Post von den Abendzügen aus Beeskow und Königs Wusterhausen abzuholen, sondern er schob einen zweirädrigen zuklappbaren roten Kastenwagen, auf dessen Deckel noch Pakete gelegt werden konnten. Im Schulhaus erwartete man immer je ein Weihnachtspaket aus Lübeck und Berlin.

Das Kaffeegeschäft Radestock mit Sarotti-Mohr-Reklame vor der Tür schloß sich rechts an, im Krieg natürlich mangels Ware im Verkaufsangebot stark eingeschränkt. Von dort erhielten die Eltern des Verfassers einen leeren eimerartigen Kaffeebehälter geschenkt, in dem zur Weihnachtszeit die selbstgebackenen Pfefferkuchen in Form von Herzen, Vögeln, Sternen, Blättern aufbewahrt wurden. Sein Vater gab vor zu zaubern, indem er oben in den vollen Behälter einen Pfefferkuchen hineinlegte, zum Beispiel einen braunen und mit Zuckerguß überzogenen Stern, und nach einem »Hokuspokus, dreimal schwarzer Kater« unten öffnete und angeblich nicht einen gleichen, sondern diesen selben Pfefferkuchen in die Hand nahm.

Zum Spielen eignete sich dieser Behälter deswegen gut, weil man in der Mitte den schräg hineingesteckten Meßbecher, wie einen Mehl- oder Getreidescheffel in dem Märchen, in dem der Bruder der Hauptperson den ausgeliehenen Scheffel mit Pech bestreicht und dann ein Goldstück kleben sieht, seine Neugierde aber bei den zwölf Räubern bitter bereuen muß – diesen Meßbecher am Griff herausziehen und unter die Öffnung am unteren Ende halten konnte. Früher diente dieser handliche Meßbecher oder diese Meßschütte dazu, den Kaffee in die Tüte auf der Waage mit einem besonderen Haltebügel einzufüllen, damit die spitze Tüte aufrecht stehen blieb. Den Rest der Kaffeebohnen ließ die Kaufmannsfrau – so sagte man wirklich, ohne den widersprüchlichen Titel komisch zu finden in dem Becher zurück, der wieder an die dafür vorgesehene Stelle hineingesteckt wurde, so daß die überflüssigen Kaffeebohnen in den Hauptbehälter zurück gelangten. Außerdem machte das Blech

»schönen« Krach, wenn der Junge mit einer Hand auf die Seiten oder auf den Boden des leeren Behälters trommelte und für ein bißchen Klamauk in dem sonst ruhigen Familienleben sorgte. Da Kaffeebohnen im Krieg eine Seltenheit waren, wurde dieser Behälter zwecklos und erfüllte die eben beschriebenen anderen Zwecke. Der Erzähler ist vom Thema abgekommen und fährt mit der Dorfbeschreibung fort.

Das Haus mit dem (jetzt ohne den) Sarotti-Mohr steht an der Auffahrt zur Brücke über den Kanal. Hinter diesem Haus liegt eine große rechteckige Wiese, auf der mindestens zweimal der Aufmarsch der uniformierten Formationen, zum »50. Geburtstag des Führers« und zum 1. Mai, zum »Tag der nationalen Arbeit«, stattfand. In der Schulchronik 1939 schreibt sein Vater:

> *Der nationale Feiertag des deutschen Volkes wurde in unserem Dorf auf dem Festplatz zwischen der Brücke und dem Geschäft Radestock festlich begangen.*

Schon im März 1933 hatte Thomas Mann in seinem Tagebuch die »nationalen Betäubungsfeierlichkeiten« angeprangert. Dieses Ereignis hat sich deshalb so unvergeßlich eingeprägt, weil es bei dieser Veranstaltung schneite und weil die Männer in den braunen Hemden froren, falls sie sich nicht eine Strickjacke oder eine wollene Weste daruntergezogen hatten. Mit gutem Grund suchten sie anschließend sofort die Wirtschaft Schulze auf, während der Platz schnell verwaist war und der Maibaum mit Kranz und bunten windbewegten Bändern menschenleer blieb: Das wäre ein kontrastreicher »ausklingender« Filmszenenschluß. Ähnlich erzählt Günter Grass auf Seite 179 der »Hundejahre« von einer Großkundgebung auf verschneiter Maiwiese:

> *Es schneite großflockig, und die Menge rief so anhaltend Heil, daß den Heilrufern Schneeflocken ins geöffnete Maul gaukelten.*

Von der Betonbrücke, die seit dem Jahre 1934 eine alte Zugbrücke ersetzte, konnte der Junge links den Betrieb der Schleuse gut beobachten, die von Ruder-, Paddel- und Segelbooten passiert wurde. Durch eigene Anschauung lernte er ein- für allemal, wie eine Schleuse funktioniert, und hatte es als visueller Typ leicht, im Unterricht den Erklärungen des Lehrers – in den ersten vier Jahren war es sein Vater – zu folgen. An der südlichen Seite lag die Gastwirtschaft Rabe »Zur alten Mühle«, die im Krieg nicht mehr bewirtschaftet wurde. Er mußte hier immer daran denken, was ihm sein Vater erzählt hatte: dort seien nachts Einbrecher eingestiegen und hätten aus dem Wäscheschrank Kleider und Anzüge gestohlen, obwohl in diesem Zimmer das Ehepaar geschlafen habe. Mehrmals träumte er, daß er über die Brücke ging und schreckliche Angst hatte, weil die Geländer fehlten.

Das Dorf ist von einem Kanal, auch Fließ genannt, durchflossen, der den Scharmützelsee mit dem Storkower See verbindet. Östlich der Schleuse und der Brücke hatten Segelboote ihre Liegeplätze. Die Segler kamen im Sommer von Berlin bis hierher auf dem laut Dorfchronik im Jahre 1865 eröffneten Wasserweg. Zum Flößen von Bauholz nach Berlin hatte Friedrich der Große um 1740 die erste Wasserverbindung schaffen lassen. Am 6.8.1865 wurde die Schleuse in Betrieb genommen. Durch diese Wasserstraße wurde

unser Ort ein beliebtes Ausflugsziel für viele Wassersportler.

Diejenige Rudermannschaft, die im kalten Frühjahr die Saison eröffnete, erhielt eine Mandel, das sind 15 Stück, gefärbte Eier von der Gastwirtschaft Rabe. Eine Bootswerft sorgte für Reparaturen und roch nach frischem Holz, leckabdichtendem Teer und unentbehrlichem Bootslack. Ein Gemälde von Monet, dem französischen Impressionisten, mit Segelbooten vor dem Seine-Ufer erinnert an diese Stelle, obwohl der Leser und Betrachter sich die örtlichen Verhältnisse viel enger vorstellen muß. Man hatte sicher nicht den von Monet festgehaltenen weiten Blick; denn die kleine Werft lag an dem engen Kanal, auf dem sich nur zwei Boote begegnen können und der von Erlen eingefaßt ist.

An der westlichen Seite der nördlichen Brückenrampe stand das Kriegerdenkmal des Dorfes, also das Ehrenmal für die Gefallenen der Kriege siebzig/einundsiebzig und vierzehn bis achtzehn. Dahinter stand das Haus des (mit Betonung auf der ersten Silbe) Bürgermeisters Lehmann. Hier fanden die Feiern zum »Heldengedenktag« statt, entsprechend den Aufzeichnungen seines Vaters unter anderem am 15.3.1942, mit einem Fahnenaufmarsch der Kriegsveteranen des Kyffhäuserbundes (Kriegerverein), den Feuerwehrleuten und mit den Parteigenossen in Uniform. Nachdem die Fahnen in Ehrfurcht vor den Toten unter Trommelwirbel gesenkt worden waren, sangen alle Andächtigen »Ich hatt' einen Kameraden« von Uhland/Silcher, begleitet von einer Blaskapelle.

In dieser Zeit wurde der Begriff »Helden«, besonders beim »Heldenfriedhof«, bei der Heldenverehrung und –trauer strapaziert und entwertet. Großadmiral Dönitz, der Führer-Nachfolger, rühmt in seinem Tagesbefehl vom 1.5.1945 an die Wehrmacht Hitler als den größten Helden in der deutschen Geschichte und behauptet als letzte Propagandalüge, er habe den Heldentod gefunden (Chronik 1945 S. 69).

Der Philologe Klemperer hebt im Jahre 1941, als der auf der Jackenbrust zu tragende Judenstern eingeführt wurde, in seinem Tagebuch das Wort Helden hervor, auch in adjektivischen Zusammensetzungen (heldenhaft, heldenmütig), als besonders häufig verwendetes Wort in der »Sprache des dritten Reichs«. Fontane schreibt in einem Brief an Georg Friedlaender:

> *Heldentum ist eine wundervolle Sache, so ziemlich das Schönste, was es gibt, aber es muß echt sein. Und zur Echtheit, auch in diesen Dingen, gehört Sinn und Verstand. Fehlt das, so habe ich dem Heldentum gegenüber sehr gemischte Gefühle.*

Als nächstes folgt ein Haus, sogenanntes Schnitterhaus, in dem zeitweilig ein Friseur arbeitete. Als Ladenschild hing jedenfalls ein glänzendes rundes Rasierbecken neben der Tür. Der Biograph kann sich aber nur erinnern, in Storkow zum Frisör – so mit ö wurde er eingedeutscht geschrieben – gegangen zu sein. »Ein Zehntel halblang« mußte er immer sagen, das heißt: das Haar wurde, wie damals üblich, kurz geschnitten und dann mit Pomade fest an den Kopf gekämmt. Er hatte also keine Tolle wie so mancher Junge. Nach jedem Haarschnitt lächelte sein Vater ihn an: »Du bist wohl die Treppe runtergefallen?«

Ein mit weitem Abstand angrenzendes großes mehrstöckiges Gebäude, das ehemalige Gutshaus Adler, diente als »Landjahrheim« der Hitlerjugend und ab dem Jahre 1940 als Unterkunft den sogenannten Auslandsdeutschen aus dem Osten oder Umsiedlern, das waren die deutschstämmigen Bewohner aus der Ukraine, aus Wolhynien und Bessarabien. Direkt an der Straße stand ein Transformatorenhaus für die Stromversorgung des ganzen Dorfes. Wenn durch Blitzschlag der elektrische Strom ausfiel, mußte jemand in diesem turmartigen Gebäude den Strom wieder einschalten; so wurde der Junge jedenfalls von seinem Lehrer-Vater belehrt. Isolatoren an den Strommasten mit Katapult oder mit Steinen herunterzuschießen galt als flegelhafte Dorflümmelei.

Gegenüber lag eine Gastwirtschaft mit einem Saal, der nach seiner Erinnerung nicht mehr benutzt wurde. Als nächstes kam ein ärmliches Gemüsegeschäft; denn die meisten Leute im Dorf zogen ihr Gemüse selber. Es schloß sich die Bäckerei an, dann die Schlächterei (Freigang). Der Sohn des Schlächters war in derselben Volksschulklasse wie er, zu seinem Ärger hatte auch er ein Falter-Fahrrad. Von beiden wird später noch die Rede sein. Dort war er einmal zum Geburtstag eingeladen, und mit den anderen Kindern, der Größe nach aufgereiht, wurde er von Frau Freigang auf dem Hof fotografiert (23.8.1939).

Einige Häuser weiter führte eine Straße, allerdings nicht asphaltiert wie die Hauptstraße, rechts ab zum Badestrand. Gegenüber der Straßeneinmündung stand ein repräsentatives Wohnhaus (Adler), weiß verputzt, mit grünen Fensterläden, in dem nach seiner Erinnerung einmal seine Eltern mit ihm eingeladen waren. Die Wohnungseinrichtung sah für damalige Begriffe sehr vornehm aus. In Erinnerung ist ihm eine schöne Standuhr geblieben, wie bei Grimms Märchen »Der Wolf und die sieben Geißlein«. Hinter Adlers Haus lag eine Gärtnerei. Die Hauptstraße führt weiter in Richtung Bad Saarow. Kurz vor dem Ortsausgang zweigt links eine damals unbefestigte Straße nach dem kleineren Dahmsdorf ab, wo die Kirche steht. Das letzte Grundstück auf der linken Seite gehörte einem Konsul (Metzing). Es handelte sich um einen kleinen Park mit Pförtner- und Gärtnerhaus und einem sogenannten Herrschaftshaus. Im Sommer 1945, als seine Mutter mit ihren vier Kindern die Lehrerdienstwohnung für den neuen Lehrer mit Frau und Tochter räumen mußte, zogen sie in das Erdgeschoß dieses Hauses ein. Die erste Etage wurde zum großen Teil von einem einzigen großen Raum eingenommen, der von vorn bis hinten durchging, für an dörfliche Verhältnisse gewohnte Vorstellungen wie ein kleiner Saal anmutend. Ein riesengroßes Fenster gab den Blick frei auf einen parkähnlichen Garten und die angrenzenden Wiesen mit dem baumgesäumten Fließ zwischen der Dorfschleuse und dem Storkower See, auch Großer Dolgensee genannt. Als die Mutter mit ihren vier Kindern in dieses fremde Haus einziehen mußte, war der hintere Garten zum Kanal hin nicht mehr gepflegt.

Nach dieser »oberflächlichen« Dorfbeschreibung wird der Blick wieder zur Dorfschule zurückgewendet.

Die Schule

Ein preußisches Schulhaus in seiner eigentümlichen Mischung von Backsteinsauberkeit und Stiljammer.

Fontane: Spreeland, S. 29

Es soll kein Knabe und kein Mädchen die Schule verlassen, ohne zur letzten Erkenntnis über die Notwendigkeit und das Wesen der Blutreinheit geführt worden zu sein.

Hitler: Mein Kampf, S. 476

Dein größter Lehrer, deutsche Jugend, ist Adolf Hitler.

Hans Schemm, preußischer Kulturminister (Nachbereitung des Vaters vom 13.12.1938)

Es handelte sich um eine einklassige Volksschule, die sein Vater vom 1. Oktober 1936 bis zum 17. Mai 1943 leitete. »Sind Sie in der Partei?« fragte der Schulrat seinen Vater bei dessen Bewerbung um diese bessere Stelle. »Na, dann gibt es keine Schwierigkeiten.« Vorher ab Dezember 1932, war er Dorfschullehrer in Görsdorf bei Ahrensdorf, von dem aus über Behrensdorf von Süden her der Scharmützelsee, nicht Cehrensdorf, erreicht werden kann. In dieser Zeit, genau am 7. April 1933, wurde das Berufsbeamtengesetz (mit dem Arierparagraph gegen Nichtarier) verabschiedet. Danach wurden Beamte, die nicht die Gewähr eines rückhaltlosen Einsatzes für den nationalsozialistischen Staat boten, rücksichtslos entfernt. Der Biograph war erleichtert, daß diese Bestimmung für ihn selbst als unpolitischer Verwaltungsbeamter eines deutschen Bundeslandes nicht mehr galt. Schon der Großvater seines Vaters hatte als Landbriefträger einen Amtseid geleistet:

Cüstrin, den 9ten Februar 1875

Ich Carl Ludwig Jahn
schwöre zu Gott, dem Allmächtigen und Allwissenden, daß Seiner Königlichen Majestät von Preußen, meinem Allergnädigsten Herrn, ich unterthänig, treu und gehorsam sein und alle mir vermöge meines Amts obliegenden Pflichten nach meinem besten Wissen und Gewissen genau erfüllen, auch die Verfassung gewissenhaft beobachten und den Anordnungen seiner Majestät des Deutschen Kaisers Folge leisten will, so wahr mir Gott helfe (handschriftlich ergänzt:) durch Jesum Christum zur Seligkeit, Amen

Vor= und Zuname des Schwörenden:

(gezeichnet) Carl Ludwig Jahn

Dem Schwörenden ist freizustellen, den Eidesworten am Schlusse die seinem religiösen Bekenntnisse entsprechende Bekräftigungsformel hinzuzufügen.

Dieses Formular kommt nur in Anwendung bei Vereidigung von solchen, dem Preußischen Staatsverbande angehörigen Beamten, welche nicht vom Bundes=Präsidium angestellt werden. Bei Vereidigung anderer Beamten u.s.w. richtet sich die Eidesformel nach den besonderen desfalls gegebenen Bestimmungen.

Die Treuepflicht ging bis auf das »Allgemeine Landrecht« von 1794 zurück: Die Beamten »sind ... dem Oberhaupt des Staates besondre Treue und Gehorsam schuldig.« Laut Schreiben des Regierungspräsidenten des Regierungsbezirks Potsdam vom 10. August 1936 wurde seinem Vater die Lehrerstelle »an der evangelischen Volksschule in Wendisch-Rietz, Schulaufsichtskreis Beeskow,« vom 1. Oktober 1936 an übertragen. In der Mitte des Briefkopfes schwebt ein Adler, der rechts ein Schwert, links ein Blitzbündel und auf der Brust ein Hakenkreuz trägt; über dem Kopf enthält ein Spruchband die Wörter »Gott mit uns«. Der Kreisschulrat Dr. Noack veranlaßte die Aushändigung folgender Urkunde:

Ernennungsurkunde

Im Namen des Reichs

Ich ernenne für den Schulverband Wendisch-Rietz
Schulaufsichtskreis Beeskow
den Lehrer Alfred Jahn
zum Lehrer
im preußischen Volksschuldienst …

Seine Rechte und Pflichten bestimmen sich nach den Gesetzen und den zu ihrer Ausführung erlassenen Anordnungen.

Ich vollziehe diese Urkunde in der Erwartung, daß der Genannte getreu seinem Diensteide seine Amtspflichten gewissenhaft erfüllt und das Vertrauen rechtfertigt, das ihm durch die Ernennung bewiesen wird. Zugleich darf er des besonderen Schutzes des Führers und Reichskanzlers sicher sein.

Potsdam, den 10.August 1936
Siegel des (oben beschriebenen) preußischen Hoheitsadlers
Namens des Führers und Reichskanzlers
Für den Ministerpräsidenten
Im Auftrag
des Reichs= und Preußischen Ministers
für Wissenschaft, Erziehung und Volksbildung
Der Regierungspräsident In Vertretung *II.C.4303*
Dr. Schweckendieck

Rechts oben wurde das gleiche preußische Siegel gesetzt (Adler und »Gott mit uns«) mit der Umschrift:

Der Kreisschulrat für den Schulaufsichtskreis – Hakenkreuz – Beeskow – Hakenkreuz.

Für das Verständnis der Haltung eines jeden Beamten in den zwölf Jahren, also auch seines Vaters, sind insbesondere einige Bekundungen des Deutschen Beamtengesetzes vom 26.1.1937 (RGBl. I S.41) von besonderer Bedeutung. Schon die Präambel spricht für sich:

Ein im deutschen Volk wurzelndes, von nationalsozialistischer Weltanschauung durchdrungenes Berufsbeamtentum, das dem Führer des Deutschen Reiches und Volkes, Adolf Hitler, in Treue verbunden ist, bildet einen Grundpfeiler des nationalsozialistischen Staates.

§ 1 beginnt:

Der deutsche Beamte steht zum Führer und zum Reich in einem öffentlich-rechtlichen Dienst- und Treueverhältnis (Beamtenverhältnis).

und fährt fort:

Er ist der Vollstrecker des Willens des von der Nationalsozialistischen Deutschen Arbeiterpartei getragenen Staates.

und endet:

Der Staat fordert von dem Beamten unbedingten Gehorsam und äußerste Pflichterfüllung; er sichert ihm dafür seine Lebensstellung.

Die Beamtenpflichten sind in § 3 in unübertrefflicher Härte zusammengefaßt:

(1) Die Berufung in das Beamtenverhältnis ist ein Vertrauensbeweis der Staatsführung, den der Beamte dadurch zu rechtfertigen hat, daß er sich der erhöhten Pflichten, die ihm seine Stellung auferlegt, stets bewußt ist. Führer und Reich verlangen von ihm echte Vaterlandsliebe, Opferbereitschaft und volle Hingabe der Arbeitskraft, Gehorsam gegenüber den Vorgesetzten und Kameradschaftlichkeit gegenüber den Mitarbeitern. Allen Volksgenossen soll er ein Vorbild treuer Pflichterfüllung sein. Dem Führer, der ihm seinen besonderen Schutz zusichert, hat er Treue bis zum Tod zu halten.
(2) Der Beamte hat jederzeit rückhaltlos für den nationalsozialistischen Staat einzutreten und sich in seinem gesamten Verhalten von der Tatsache leiten zu lassen, daß die Nationalsozialistische Deutsche Arbeiterpartei in unlöslicher Verbundenheit mit dem Volke die Trägerin des deutschen Staatsgedankens ist. Er hat Vorgänge, die den Bestand des Reiches oder der Nationalsozialistischen Deutschen Arbeiterpartei gefährden könnten, auch dann, wenn sie ihm nicht vermöge seines Amtes bekannt geworden sind, zur Kenntnis seines Dienstvorgesetzten zu bringen.

Wie viele Fälle von Denunziation und übler Nachrede es wegen dieser Bespitzelungsaufforderung gegeben hat, wird wohl niemand ermittelt haben. Zum Abschluß werden nur noch zwei Paragraphen auszugsweise zitiert:

§ 26. Beamter kann … nur werden, wer …
3. die Gewähr dafür bietet, daß er jederzeit rückhaltlos für den nationalsozialistischen Staat eintritt …
§ 71. Der Führer und Reichskanzler kann einen Beamten … in den Ruhestand versetzen, wenn der Beamte nicht mehr die Gewähr dafür bietet, daß er jederzeit für den nationalsozialistischen Staat eintreten wird.

In einer Lübecker Zeichenstunde im Jahre 1946, als es darum ging, ein Wunschhaus zu entwerfen, malte er das Schulhaus aus roten Ziegeln oder Mauersteinen; die Ausdrücke Backsteine und Backsteingotik lernte der Junge erst dort. Der Zeichenlehrer bemerkte aber gleich mit wohlwollendem Unterton: »Das ist wohl das Schulhaus, in dem du gewohnt hast. Aber die Berge im Hintergrund gehören in Wirklichkeit nicht dazu.« Der Oberschüler hatte nämlich durch mehrere Bogen einen hügeligen Horizont angedeutet, so wie er jetzt zu seiner bergigen Hunsrück-, Taunus-, Westerwald- und Eifelumgebung gehört.

Die Schule, laut Chronik am 8.10.1893 eingeweiht, war nur ein einziger Klassenraum mit fünf großen Fenstern nach Osten; die untersten Scheiben bestanden aus Milchglas, damit die Kinder nicht vom Unterricht abgelenkt wurden, wenn sich etwas auf der Straße bewegte. Sein Vater sagte nicht Klassenraum oder Klassenzimmer, sondern Schulstube. So dachten die Kinder an ihre »gute Stube« und warme Stube zu Hause. Damit wurde eine familiäre, anheimelnde und gemütliche Stimmung vorgetäuscht, die der Nüchternheit und Größe des unpersönlichen und nicht wohnlichen Raumes entgegenwirken sollte. In drei Bankreihen mit je zwei Plätzen saßen alle Knaben und Mädchen von der ersten bis zur achten Klasse, das heißt die Sechsjährigen bis hinauf zu den Vierzehnjährigen, den für ihn ganz Großen. Die Statistik weist für das Jahr 1935 59 und für das Jahr 1942 68 Schulkinder aus.

Als der Vater einmal Bekannten die Schule zeigte, turnte sein unvorsichtiger Sohn aus Angeberei oben über die Bänke, rutschte aus und fiel auf eine Backe. Von diesem Ereignis soll sein inneres Grübchen der linken Backe herkommen. Vorwurfsvoll hörte er: »Das kommt davon!« Aus der Zeit vor 1945 sind ihm zwei weitere Narben auf der linken Körperseite geblieben: Zeigefinger und Bein; jede Ursache wird zu gegebener Zeit erwähnt.

Die vier Wände des nüchternen Raumes trugen oben dicht unter der Zimmerdecke die Anfangsbuchstaben der Himmelsrichtungen, und zwar in Sütterlinschrift, der deutschen Schrift, mit der im Jahre 1938 der Unterricht in der deutschen Sprache begann. An das große N dachte er immer, wenn sie sangen:

O, wie ist es kalt geworden
und so öde, kahl und leer.
Kalte Winde weh'n aus Norden,
und die Sonne scheint nicht mehr.

Im Winter mußte ein großer grüner Kachelofen geheizt werden. An der Nordseite hingen in Augenhöhe von links bis rechts nach Art eines Wandfrieses eingeglaste Geschichtsbilder, fortlaufend von der Gründung des Ersten Reiches unter Heinrich I. bis zur Gründung des Dritten Reiches. Drüber in der Mitte hing ein großes Bild im Wechselrahmen, in den farbige Geschichtsbilder eingelegt wurden. Ein Bild, an das er sich genau erinnert, zeigte den Westwall (Vorbereitungsthema vom 8.3.40: »Bildbetrachtung«), von links angreifende feindliche Panzer, die Höckerlinie, Stacheldraht und Bunker, einer im Querschnitt mit Geschütz und Soldaten, erkennbar waren auch die unterirdischen Verbindungen durch Gänge und kleine Bahn zu den andern Bunkern. Er half seinem Vater mehrere Male, die Metallklammern wieder von hinten über das neue Bild zu schieben, um es festzuklemmen. Diese Bunker erschienen ihm dauerhaft und mindestens für tausend Jahre gebaut. Später, viel später belehrte ihn ein Urteil des Bundesgerichtshofs, daß die Kampfanlagen des Westwalls nicht wesentliche Bestandteile des jeweiligen Grundstücks geworden sind, da bei ihnen grundsätzlich davon auszugehen ist, daß sie nur zu einem vorübergehenden Zweck errichtet worden sind.
In der Schule roch es nach Karbolineum, mit dem die Fußbodenbretter, Dielen genannt, gestrichen waren. Außerdem roch es nach dem Holz der Schulbänke und nach der Tinte in den kleinen Fässern jedes Pultes. Tinte gehörte aber erst zum Höhepunkt der schulischen Schreibkünste. Der ABC-Schütze begann mit einem Griffel auf der Schiefertafel zu schreiben. Erst später durften die Kleinen mit Bleistift in ein Heft mit je fünflinigen

Reihen schreiben, das war eine gewaltige Umstellung, und dann erst benutzten sie einen hölzernen Federhalter mit auswechselbarer Stahlfeder, Marke Brause mit dem Hahn-Profil, die sie in das Tintenfaß tunkten. Das dicke, wunderbar saugfähige Löschpapier war von Max Krause mit der Reklame:

Schreibste mir, schreibste ihr,
schreibste auf M.-K.-Papier.

Im Krieg wurde das Schreibpapier in den blauen Schulheften im Format DIN-A-5 immer gröber. Auf einigen Seiten konnte er kleine Holzstücke mit einem Fingernagel herauskratzen, wenn er ihn nicht abgeknabbert hatte. Immer öfter blieb er mit der Schreibfeder stecken, so daß es häßliche Tintenkleckse gab. Das Löschpapier wurde während der Kriegsjahre immer dünner und fester. Wenn er die Ecken mit Spucke anfeuchtete, ließ sich ein Tintenklecks nicht mehr wie früher aufsaugen.

Heini, Heini, ach ist Heini dumm, stippt mit allen Fingerchen im Tintenfaß herum.

gehörte zu den ersten auswendig gelernten Versen in seinem Schulleben.

Die große Tafel stand in der Nähe der Tür an der Südwand, schräg davor stand ein Tisch für seinen Vater, an der Wand hinter diesem Tisch hing ein großes Foto von ihrem angeblich geliebten Führer Adolf Hitler, in Glas eingerahmt. Die Schüler hatten den Führer also immer vor Augen, falls sie nicht schrieben oder lasen. Das gleiche galt für die Gottesdienstbesucher im Winter, wie im KIRCHENkapitel berichtet werden wird. Am Fenster stand ein großer Schrank, mit einem modernen Radioapparat hoch oben drauf. Dieses Radio nahm der Junge in den letzten Wochen vor Kriegsende heimlich in das von ihm im Erdgeschoß eine Zeit lang bewohnte kleine Zimmer zum Abhören des englischen deutschsprachigen Senders hinüber.

In dem Klassenraum wurde er mit seinem Vater in der ersten Bankreihe fotografiert, als er noch nicht schulpflichtig war. Da er im Schulhaus wohnte, was ihm gar nicht gefiel, konnte er nicht wie die anderen Kinder sagen, daß er »zur Schule ging«. Er war also kein richtiges Schulkind und hätte das Lied »Schuleifer« von Heinrich Hoffmann von Fallersleben aus dem Jahre 1842 nicht nachempfinden können:

1. *Im Winter, wenn es frieret, im Winter, wenn es schneit, dann ist der Weg zur Schule fürwahr noch mal so weit.*
2. *Und wenn der Kuckuck rufet, dann ist der Frühling da, dann ist der Weg zur Schule fürwahr noch mal so nah.*
3. *Wer aber gerne lernet, dem ist kein Weg zu fern; Im Frühling wie im Winter geh' ich zur Schule gern.*

Seite 70 in: Neue Fibel
Nach den Grundsätzen der reinen Schreiblese- und der Normalwörter-Methode (Normalwörter-Methode mit Vorkursus)
bearbeitet von Professor Heinrich Fechner
Oberlehrer am Kgl. Seminar für Stadtschullehrer zu Berlin
Ausgabe B. Nach der neuen amtlichen Rechtschreibung.

Es war die Fibel seines Vaters. Der Sechs- und Mehrjährige hatte für seine Schulhefte und Schulbücher nur eine alte Aktentasche seines Vaters und war neidisch auf die anderen Schulkinder, die sich mit einem richtigen Schulranzen auf dem Rücken auf den mehr oder weniger langen Weg machten und nur vormittags in der Schule sein mußten, während er sogar an Sonn- und Feiertagen im Schulhaus wohnte und den Volkschullehrer in seiner unmittelbaren Nähe hatte. Denn sein Vater war auch in seinem Familienleben immer zugleich Erzieher, er konnte beide Rollen nicht voneinander trennen. Die Schule schwänzen: das wäre für den Lehrersohn unvorstellbar gewesen. Erst sein sechs Jahre jüngerer Bruder kam im Jahre 1944 auf die Idee, mit seiner Schulmappe auf dem Rücken zuerst ein Stück ins Dorf zu schlendern, um sich anderen Kindern anzuschließen und richtig zur Schule zu gehen. Er war sogar durchtrieben und sagte einmal, als er noch jünger war, über den Zaun zu zwei Damen aus Berlin: »Ich habe heute Geburtstag!« – »Na, dann müssen wir dir etwas schenken«, und sie holten für ihn zwei Konfektstücke aus der Handtasche.

Wegen seines kurzen Schulwegs nur über den Hausflur kam der Erstgeborene mit anderen Kindern außerhalb der Schulzeit selten zusammen. Er wurde auch kaum dazu angehalten, mit anderen »gewöhnlichen« Kindern (mit ihren schlechten Manieren) aus dem Dorf zu spielen. Sein Vater war streng und hielt Disziplin, privat und dienstlich, in Familie und Beruf. »Wir sind hier nicht in einer Judenschule!« oder: »Hier wird nicht gequasselt wie in einer Judenschule!« so hörten sie ihn gelegentlich schimpfen. Die Ausdrücke schwatzen, schwätzen oder vorlaut sein hörte er erst in der Storkower Mittelschule, das Geschwätz von Erwachsenen noch später. War ein Schüler unaufmerksam, warf sein Vater mit einem Kreidestück oder mit dem nassen Schwamm und traf regelmäßig unter schadenfreudigem Gelächter der übrigen Schüler die Schlafmütze. Dabei benutzte er Ausdrücke wie: Dämlack, Pojaukel, Piependeckel, Hahnefatzkedomino.

Seine Mutter hatte aus ihrer eigenen Schulzeit noch die sogenannte Pantinenschule in Erinnerung. Sein Vater war in den vier Jahren mit ihm besonders streng, damit ihm nicht der Vorwurf gemacht werden könnte, er würde seinen eigenen Sohn zu Unrecht vorziehen. So hatte der Junge immer gute Zensuren, mit einer Ausnahme: ein Diktat mit den vertrackten x-, chs-, cks-Wörtern mußte er nach einer kurzen Krankheit außerhalb der Schulstunden nachschreiben. Sein Vater glaubte sich wie üblich seiner guten Leistung sicher. Es gab aber einen Reinfall, jedenfalls eine Vier (bei insgesamt sechs Noten). Er war verdattert und bedeppert, sein Vater war wütend. War er jähzornig? Er weiß es nicht. Durch Einpauken der verzwickten Wörter mußte er diese Enttäuschung wieder ausgleichen, so daß er im nächsten Zeugnis doch wieder eine Zwei erhielt. Einsen gab es nie.

Am 9.1.39 wurde – wie das Schultagebuch seines Vaters ausweist – im Religionsunterricht die Jugendzeit von Jesus durchgenommen: er lernte Zimmermann »und beim Vater besonders schwer«. Irgendwo las der Erzähler mal, der Preußenkönig Friedrich II., also der Große, wie man ihn damals nur nannte, wurde durch seinen Vater nicht ermutigt, sondern gedemütigt. Gooch (S. 70) zitiert eine schriftliche Äußerung Friedrichs vom Oktober 1760, er habe seine Jugend seinem Vater geopfert, und resümiert auf Seite 135:

> *Friedrich war in einer harten Schule groß geworden.*

Von Krockow schreibt auf Seite 24 seines Buches über Friedrich den Großen:

> *Die Neigung aller Väter, Söhne nach dem eigenen Bild zu formen, steigert sich … bei Friedrich Wilhelm zu einer Besessenheit.*

und Goethe 1811 (»Aus meinem Leben«):

> *Es ist ein frommer Wunsch aller Väter, das, was ihnen selbst abgegangen, an den Söhnen realisiert zu sehen.*

Das problematische Vater-Sohn-Verhältnis gab es also nicht nur im eigenen Leben des Biographen. In den Aufzeichnungen seines Vaters über seine gesamte Schulzeit konnte er genau nachzählen und ist – wie im nächsten Kapitel dargestellt – auf über neunhundert Tage gekommen, an denen er bei seinem Vater in die Schule ging, also Unterricht mit den gleichaltrigen Dorfkindern hatte. Die damalige Schülerrolle hat noch in der Erwachsenenzeit ihre Wirkung nicht verloren, bis in die aktive Beamtenzeit hinein, wenn es Vorgesetzte gab, die versuchten, ihre Untergebenen als Schüler zu behandeln. Wie gut konnte er daher in der Koblenzer evangelischen Bußtagspredigt im Jahre 1981 die Lebensweisheit verstehen:

Gott hat uns in eine harte Schule genommen.

Diese Zwangslage aus dem Vater-Sohn- gleich Lehrer-Schüler-Verhältnis entlud sich einmal zu seinem schmerzhaften Nachteil auf seinem Hinterteil, als er in einer Pause bei dem Spiel der »Stillen Post« auf dem Schulhof durchgesagt hatte: »Günther hat in die Hose geschissen.« Dieser Satz kam zwar wie üblich am letzten Ende der Schülerreihe ganz verstümmelt und nicht mehr erkennbar an. Zu seinem Unglück trat aber sein Vater hinzu, ehe ein neues Wort »auf die Post gegeben« wurde, und fragte: »Was ist denn zu Anfang gesagt worden?« Er war damals nicht so schlau, sich durch eine Notlüge zu retten; sein erster Nachbar der Stillen Post hätte auch petzen und ihn verpfeifen können, weil der den Satz sicher richtig verstanden hatte. Ihm war belämmert zumute, er war unheimlich bedripst, am liebsten wäre er abgehauen. Und so wurde ihm seine Ehrlichkeit zum Verhängnis, er steckte in der Patsche, wagte auch nicht, Sperenzchen oder Heckmeck zu machen. Als er den unheilvollen und »unerhörten« Satz wiederholte, nahm ihn sein Vater – er wurde fuchtig – in die leere Klasse mit (in absinkendem Tonfall: »Komm' mal mit!«), für ihn gerade keine gemütliche Stube, fackelte nicht lange, legte ihn über das Pult der ersten Reihe, zog ihm die Hose stramm und prügelte auf den Podex seines Ältesten mit dem Zeigestock so sehr, daß auf sein Schreien und Weinen – obwohl er keine Flennsuse war – seine Mutter aus der Küche angelaufen kam und fragte: »Was ist denn hier los?« Später hörte er, daß er bildlich »übers Knie gelegt« worden war. Er wurde »ordentlich« (feste, richtig, kräftig) bestraft, war aber doch ordentlich (sauber, auch bei »Ausdrücken«), er wurde zur Ordentlichkeit erzogen. Auch seine Mutter, der bei ihren Kindern höchstens »die Hand ausrutschte«, hatte in Erinnerung, daß ihr Vater sie, mindestens zweimal, geschlagen hat. Um einmal eine Tracht Prügel zu verhindern, hatte sie geschrien: »Ich muß mal«, das hat nichts genützt. Hinterher maulte sie: »Jetzt muß ich nicht mehr.«

Was nützt es da, wenn der Europäische Gerichtshof für Menschenrechte durch Urteil vom 25.4.1978 ausgesprochen hat: Die Prügelstrafe auf der Insel Man verstößt gegen das Verbot erniedrigender Strafen (Neue Juristische Wochenschrift 1978, S.475, und 1979, S.1089).

Die Prügelstrafe vollzog sein Vater später an demselben Günther, dem sein Spruch im Stille-Post-Spiel gegolten hatte; er soll nämlich am Waldrand ein Feuer angezündet und gekokelt und das geleugnet haben. Die Striemen am Körper ließ sich Günthers Mutter vom Arzt in Storkow attestieren und beschwerte sich damit bei seinem Vater. Seitdem kaufte seine Mutter bei Frau Freigang, die den Schlächterladen im Dorf führte, kein Fleisch und keine Wurst mehr, sondern nur noch in Storkow beim Schlächter Wutzler am Markt, ohne zu wissen, daß Wutz in der Mundart der Rheinländer und Pfälzer Schwein heißt. Dieser Vorfall war natürlich ein weiterer Anlaß, den Lehrersohn von den Kindern des Dorfes fernzuhalten.

Eine gewisse Erleichterung dieses unbefriedigenden und angespannten Verhältnisses trat ein, als die vier Jahre Volksschule vorübergegangen waren und er vom 17.8. bis zum 21.11.1942 zur Städtischen Mittelschule Storkow (Mark) und dann zur Oberschule nach Königs Wusterhausen fuhr.

Am 17. August hatte sein Vater Geburtstag, für ihn gleichzeitig ein geschichtlicher Gedenktag, weil am selben Tag des Jahres 1786 der von ihm so hoch verehrte Friedrich der Große gestorben war. Der Vorname Alfred wurde germanisch gedeutet: »von Elfen beraten«, ohne zu wissen, daß an diesem Tag der Bischof von Hildesheim, Altfrid, als Heiliger verehrt wird. Er wurde 1903 geboren, im ersten Jahr der einheitlichen deutschen Rechtschreibung, die für ihn eine wichtige Grundlage in seinem späteren Lehrerberuf bedeutete. Unbeantwortet bleibt, ob seinem Vater damals die Ringelnatz'sche Schnupftabaksdose bekannt war mit dem Gedichtende: »Was geht mich Friedrich der Große an?« (sagte der Holzwurm). Die Frage seiner Mutter in Selchow nach dem Geburtstag beantwortete sein Vater: »Am Todestag von Friedrich dem Großen«.

Darauf erwiderte sie – es war in den ersten Tagen ihrer Bekanntschaft – als Retourkutsche und etwas schnippisch, wie sie erzählte, sie habe mit Fritz Reuter Geburtstag. Das spitzbübische Lächeln, das sie auf einem Kinderfoto von 1912 zeigt, konnte man bei ihr manchmal noch bis ins hohe Alter – sie starb im 91. Lebensjahr – bemerken. Sein eigenes Geburtsdatum in Verbindung zu bringen mit dem des Fürsten von Metternich (1773 in Koblenz) würde ganz beziehungslos sein. Eher wäre dieses Datum in Erinnerung an die Schlacht bei Frankenhausen im Jahre 1525 von historischer Bedeutung, allerdings nur, wenn der junge Märker seine brandenburgische Heimat nicht verlassen hätte. Dann wäre nämlich der 15. Mai auf Grund der von der Sozialistischen Einheitspartei Deutschlands diktierten DDR-Geschichtsauffassung mit der Beziehung zum Bauernkrieg als erster deutscher proletarischer Revolution belastet, »Plebejisch-kleinbürgerlich- bäuerliche Bewegung« in dem Reiseführer Deutsche Demokratische Republik 1981, Seite 232 (VEB TOURIST Verlag Berlin/Leipzig).

Am Geburtstagmorgen brachte jedes Schulkind – außer dem Erzähler – einen Blumenstrauß mit, vor allem aus Dahlien, die jede Familie im Garten angepflanzt hatte. Die Vasen seiner Mutter reichten nicht aus, so wurden zusätzlich große Weckgläser genommen. Der Tisch und alle Fensterbretter standen voller Blumen, das war ein ungewohntes und buntes Bild in dem sonst so nüchternen Raum, über das sich alle freuten.

Am ersten Mai, dem »Tag der nationalen Arbeit«, war es üblich, daß die älteren Schulkinder frühmorgens um sechs Uhr, in aller Herrgottsfrühe, den Lehrer mit Gesang – natürlich mit dem Lied »Der Mai ist gekommen« – mehrstimmig weckten. Nicht an diesem Tag, sondern zu Pfingsten, stand beiderseits aller Haus- oder Hoftüren im Dorf frisches Birkengrün, »Maien«, in ausgedienten großen Marmeladeeimern, »Schwartauer Vierfrucht« mit dem Markenzeichen der sieben Lübecker Kirchtürme, die literarisch »vergoldet« waren, von Jakobi, Marien, Petri, Ägidien und Dom. Als der Junge mit seinen Eltern in dem Zimmer über der Schulklasse schlief, wurde er an einem solchen Tag durch diesen mehrstimmigen Chorgesang geweckt. Er blickte verschlafen, in die Sonne blinzelnd aus einem der beiden Fenster und sah die Schulkinder, die sich auf der Straße vor dem Vorgarten aufgestellt hatten und sangen. »Komm' vom Fenster weg!« flüsterte sein Vater vom Bett aus, denn der eine Fensterflügel war weit geöffnet, ihm eindringlich zu. Dann zogen die Kinder weiter und sangen noch an mehreren anderen Stellen des Dorfes zu ihrem Vergnügen und zum Vergnügen sämtlicher Dorfbewohner.

Schulrat Dr. Noack, bei dem sein Vater wegen seiner pädagogischen Leistungen und Erfolge, wegen seiner Disziplin, seiner Pünktlichkeit und Gewissenhaftigkeit gut angeschrieben war, besaß ein Auto, Marke Opel, also keine »Nuckelpinne – buggedi – buggedi – plöh«, wie sein Vater vormachte. Einmal durfte er mitfahren, und zwar nach Dahmsdorf. Die Fahrt war nicht sehr gemütlich und nicht »mit voller Pulle«, weil es sich um einen holprigen Sandweg handelte. Ein für Straßenbau zuständiger Techniker würde von einem unbefestigten Gemeindeverbindungsweg sprechen.

Wie angekündigt, folgt nun die Aufzählung seiner Volkschultage.

Vier Jahre Volksschule

… und wer viel lernt, der muß viel leiden.
Der Prediger Salomo 1, 18

In keinem Berufe gibt es so viele Widerwärtigkeiten wie im Beruf des Lehrers, und unter allen Sterblichen sind die Lehrer die Geplagtesten.
Philipp Melanchthon (1518-1560)

Ohne Fleiß kein Preis.
Väterliche Ermahnung

Sein erstes Schuljahr dauerte vom 21.4.1938 bis zum 31.3.1939. Am 1.4.38 vermerkte sein Vater in den »Vorbereitungen«: *Aufnahme der Schulanfänger. Erstes Vertrautwerden mit den Kleinen.* Vor den Pfingstferien, 2. bis 7.6., gab es an 33 Tagen Unterricht, nämlich vom 21.4. bis 1.6. Dann schloß sich eine kurze Schulzeit vom 8. bis 30.6. (20 Tage) an. Die Sommerferien lagen im Juli, 1.7. bis 4.8. Vom 5.8. bis zum 4.10. wurde er an 48 Tagen unterrichtet. Die Herbstferien dauerten vom 5. bis 17.10. Die Schule wurde vom 18.10. bis zum 21.12. (52 Tage) fortgesetzt; es schlossen sich die Weihnachtsferien an, 22.12. bis 6.1. Die vorläufig längste Schulperiode (63 Tage) war dann vom 7.1. bis zum 31.3.39, gefolgt von den Osterferien, 1. bis 18.4. Insgesamt waren das 216 Schultage.

Im zweiten Schuljahr hatte er zuerst vom 19.4. bis 26.5.1939 an 29 Tagen Unterricht. Die Pfingstferien waren nur vom 27. bis 30.5. festgesetzt. Anschließend brauchte er lediglich zehnmal zur Schule zu gehen, vom 31.5. bis zum 13.6., weil sie wegen Masern geschlossen werden mußte; so hatte er einschließlich der Sommerferien bis zum 2.8. schulfrei. Vom 3.8. bis 30.9. war wieder (an 43 Tagen) regelmäßiger Unterricht; vom

1. bis 6.9. *fiel die Schule auf Anordnung des Luftfahrtministeriums wegen der Gefahr von feindlichen Luftangriffen aus!* Die Herbstferien waren nur von kurzer Dauer, nämlich vom 1. bis 9.10. Dann war an 60 Tagen, vom 10.10. bis 20.12., Schule. Die Weihnachtsferien dauerten vom 21.12. bis 7.1. Es folgten 62 Schultage vom 8.1. bis 20.3.40 und die Osterferien, 21. bis 27.3. Bei der Addition ergeben sich 204 Schultage.

Das dritte Schuljahr begann am 28.3.1940. Bis zum 10.5. hatte er 31 Schultage, die von den Pfingstferien, 11. bis 15.5., abgelöst wurden. Dann folgten 37 Tage vom 16.5. bis zum 4.7. und die Sommerferien, 5. bis 29.7. Die nächste Periode, mit 42 Schultagen, dauerte vom 30.7. bis 20.9., gefolgt von langen Ernte-Herbstferien, 21.9. bis 28.10. Vom 29.10. bis zum 20.12. hatte er an 46 Tagen Unterricht. Die Weihnachtsferien machten nur die Tage vom 21.12. bis 5.1. schulfrei. Die längste zusammenhängende Schulzeit, mit 79 Tagen, folgte vom 6.1. bis zum 9.4.41. Das Schuljahr endete zum ersten Mal nicht mit den Osterferien, 10. bis 16.4., sondern erst mit den Sommerferien. Das dritte Schuljahr ging also weiter vom 17.4. bis zum 30.5. (36 Tage). Es folgten die Pfingstferien vom 31.5. bis 3.6. Vor den Sommerferien, 11. bis 31.7., mußte er noch 30 Tage in die Schule gehen, nämlich vom 4.6. bis zum 10.7. Wegen der Verlängerung enthielt dieses Schuljahr 301 Tage.

Sein letztes Volksschuljahr, das vierte Schuljahr, fing für ihn am 1.8.1941 an. Zuerst hatte er 37 Tage Schule, bis 17.9., dann vom 18.9. bis 23.10. wieder lange Herbstferien. Vom 24.10. bis 17.12. erhielt er an 41 Tagen Unterricht. Die Weihnachtsferien waren für die Zeit vom 18.12. bis zum 11.1. festgelegt. Im Jahre 1942 begann die Schule am 12.1., dauerte vorerst bis zum 1.4., 60 Tage. Dann schlossen sich die Osterferien an, und zwar nur vom 2. bis zum 8.4. 36 Tage dauerte die folgende Periode vom 9.4. bis 22.5. Wegen des Pfingstfestes hatte er vom 23. bis 26.5. frei. Und endlich mußte er noch 42 Tage zu seinem Vater in die Schule gehen, nämlich vom 27.5. bis 17.7. Das waren im letzten Schuljahr insgesamt 216 Tage.

Diese pedantische Aufzählung von rund 940 Volksschultagen (ohne die seltenen Ausfälle wegen Krankheit) ist für den Leser ermüdend, falls er sie nicht überflogen hat, aber notwendig, um die seelische Belastung ermessen zu können, denen ein Schulkind bei seinem Vater-Lehrer ausgesetzt war, dessen wichtigste Devise lautete: Ohne Fleiß kein Preis! Und dessen Vater am 28.4.1915 »zur Beherzigung und zum freundlichen Andenken« in das Poesiealbum (mit lorbeerumkränztem Fotomedaillon von Kaiser Wilhelm II. auf dem Umschlag) als erster u.a. geschrieben hatte: »Erst die Arbeit, dann das Spiel« – wegen des makellosen Schriftbildes mit Vergnügen zu lesen.

Für die über 900 Schultage gilt folgendes Zitat aus der im vorigen Kapitel erwähnten Fibel (S.69/70) seines Vaters:

VIII. Schwerere Lesestücke.

A) Das Kind in der Schule.

34. Die Schule.

1. *Ich bin in der Schule. In der Schule sind viele Kinder, Knaben und Mädchen … Die Stube, in welcher die Kinder während des Unterrichtes sitzen, heißt die Schulstube; der Hof hinter dem Schulhause heißt der Schulhof.*

2. *In der Schulstube sind Bänke, darauf sitzen die Kinder. Vor den Bänken stehn Tische, darauf legen die Kinder ihre Hefte, wenn sie schreiben. In den Tischen stecken die Tintenfässer. Unten befinden sich Fächer, da hinein legen die Kinder ihre Lesebücher, ihre Schreibhefte, ihre Schiefertafeln, ihre Lineale und ihre Federkasten.*

3. *Vor den Schulbänken steht das Pult des Lehrers. Nicht weit davon ist die Schultafel. Die Schultafel ist aus Holz gemacht. Sie ist viel größer als*

die Schiefertafeln der Kinder. Welche Farbe hat die Schultafel? Auf die Schultafel schreibt der Lehrer mit Kreide. Womit schreiben die Kinder auf ihre Tafeln? An den Wänden der Schulstube sind Haken oder Nägel, daran hängen die Kinder ihre Mützen, ihre Hüte und ihre Mäntel.

4. *Was lernen die Kinder in der Schule? – Wenn die Schule aus ist, so gehn die Kinder nach Hause. Artige Kinder sind still und ruhig auf dem Schulwege und zanken und lärmen nicht. Wenn sie nach Hause kommen, so erzählen sie den Eltern, was sie in der Schule gelernt haben. Wie freuen sich die Eltern, wenn die Kinder folgsam und fleißig gewesen sind!*

Bin ich gleich noch jung und klein,
fleißig kann ich doch schon sein.

Die Wohnung

Vaterglückchen, Mutterschößchen, Kinderstübchen, trautes Heim …
Ringelnatz: Aus meiner Kindheit

Das Haus betreten die Schulkinder und Besucher über die steinerne Außentreppe. Auf diesen Stufen standen seine Eltern, die Gäste und er als Sechsjähriger; es fehlte sein Bruder, der an diesem Tage im August 1938 getauft worden war und friedlich in seinem Körbchen schlief. Das Foto wurde mit Stativ und Selbstauslöser aufgenommen. Rechts vom Eingang direkt am Gartenzaun stand der Fahnenmast, an dem die Hakenkreuzfahne gehißt wurde, wenn es erforderlich wurde, und das war nicht selten. Auf der anderen Seite standen anfangs noch die beiden Stützbalken für den zweiten Fahnenmast, an dem früher die Landesfahne, also die schwarz-weiße Preußenfahne, bei feierlichen Anlässen hing, nein: wehte oder flatterte, so jedenfalls entsprechend dem gleichgeschalteten Zeitungs- und Propaganda-Deutsch.

Der Hausflur trennt den Wohn- vom Schulteil, er hieß Korridor; dadurch war dem Jungen der in den dreißiger Jahren aktuelle Polnische Korridor zwischen Pommern und Ostpreußen verständlich. Vom Hausflur ging es rechts in die Schulklasse, links in das Wohnzimmer, dessen Tür regelmäßig zugeschlossen, nicht nur zugeklinkt, war, weil sie über den Hausflur nach hinten und dann nach links in die Küche gingen, damit nicht neugierige Schulkinder in ihr Wohnzimmer sehen konnten. Davor war der mit einer Tür verschlossene und nicht einsehbare Treppenaufgang zum Dachboden, wo sich ein Zimmer zur Straßenseite, also nach Osten, befand, das in den ersten Jahren der Rietzer Zeit als Schlafzimmer, auch für ihn, benutzt wurde. Dort standen alte Möbel von seinen Großeltern aus Berlin: alte Ehebetten und ein Sofa mit sogenanntem Umbau, nämlich über dem Sitzmöbel ein Spiegel im Querformat und zu beiden Seiten je ein Schränkchen, neben der Zimmertür hing ein Regulator mit lateinischen Ziffern und Perpendikel, eines von den zu merkenden Fremdwörtern. Sonst hatten sie noch eine Küchenuhr.

Das Wohnzimmer im Erdgeschoß wurde anfangs nur selten benutzt, als die Familie noch nicht so groß war. Es war die Gute Stube mit beidseitig ausziehbarem Eßzimmertisch, sechs Stühlen, Büfett, das sie wie Büfee aussprachen, dazu passend eine Anrichte zwischen den beiden Fenstern, darauf stand eine Uhr, darüber hing ein Gemälde (Dahlienstrauß, in Görsdorf war's ein Kornblumenfeld), an der Wand zum kleinen Nebenzimmer stand ein Klavier, in der Ecke neben der mindestens vormittags verschlossenen Tür zum Korridor direkt gegenüber der Schultür eine Schäselong (Chaiselongue). Durch diese Wohnzimmertür kam immer der Weihnachtsmann; das imaginäre Christkind kam nur zu Kindern in anderen Gegenden. Der Älteste mußte das übliche kurze Gedicht aufsagen:

> *Lieber guter Weihnachtsmann, sieh mich nicht so böse an. Stecke deine Rute ein, ich will auch immer artig sein.*

Das Beste an dem erwähnten »Langstuhl« war die strapazierfähige Decke mit Teppichmuster ähnlich wie bei dem großen Teppich unter dem Tisch in der Mitte des Zimmers. Das Gestell war nicht mehr standfest, ein Bein wackelte nämlich, und sie mußten sich vorsichtig draufsetzen. An den beiden schmalen Eckwänden hingen: Menzels »Tafelrunde von Sanssouci« und Georg Schöbels »Fridericus immortalis« unter Glas: Friedrich der Große steigt aus seiner Gruft, vor dem sich viele Fahnen zum Zeichen der Trauer verneigen, mit gezogenem Degen, um die Feinde Preußens zu zerschmettern. Im Dezember kam noch ein Weihnachtsmann- Hampelmann dazu, der sich durch Strippenzug respektlos gegen den königlichen Nachbarn abstrampelte.

Im Wohnzimmer wurde immer Weihnachten gefeiert. Der Weihnachtsbaum mit Lametta, bunten Glaskugeln, mit großen weißen Kerzen (einige auf Kerzenhalterstangen, die in den Stamm gedreht wurden) und dem VDA-Licht, einer blauen Kerze für den Volksbund für das Deutschtum im Ausland – der Vater war aktives Mitglied schon seit seiner Selchower Zeit – stand immer in der linken Ecke neben der Tür zum kleinen Nebenzimmer, in dem der Oberschüler die letzten Monate vor Kriegsende ein Bett und direkt vor dem Fenster seinen Schreibtisch hatte. Dort, also rückseitig zum schwarzen Klavier, stand der schwarze Bücherschrank seines Vaters mit drei großen Türen, in der Mitte mit Glas. Dort hörte er in dem großen Radioapparat, den er sich, wie erwähnt, heimlich aus der Schule geholt hatte, den englischen Sender in deutscher Sprache.

Das Fenster dieses kleinen Zimmers und die beiden Fenster des Wohnzimmers blickten zum Schulhof, der praktisch nur aus Sand und einer Sprunggrube, in einer Ecke, bestand, am Rande stand lediglich ein Reck, dessen Stange in zwei Holzpfählen in der Höhe verstellbar war. Auf diesem tiefsandigen Schulhof spielten die Schulkinder in der Turnstunde oft Völkerball und andere Spiele, wie »Der böse Wolf steht hinterm Berg« oder »Der Plumpsack geht um« oder in der Pause Fangen mit vorherigen Abzählreimen, wie: Enemenemingmang – pingpang, eia, weia, weg. Wenn beim Völkerballspiel ein Junge brüllte: »Der Ball hat gestriffen!«, korrigierte sein Vater: »Du hast wohl ein gestriffenes Hemd an? Nein, es heißt: g e s t r e i f t , merkt euch das doch mal endlich!« Ab 1940 warfen die Jungen mit Holz-Stielhandgranaten in Originalgröße mit Eisenring um den (im Ernstfall vorhandenen) Sprengkopf entweder weit oder nach einem Ziel, einem Kreis im Sandboden (am 18.8.41: »Handgranatenweit- und –zielwurf im Stehen, Knien und Liegen«).

Vom Wohnzimmer aus führte rechts neben dem Klavier eine Tür in das Schlafzimmer seiner Eltern mit zwei Fenstern zum Hof. Das Schlafzimmer hatte links neben der Waschkommode – mit Spiegelaufsatz, Waschschüssel und Wasserkanne auf einer Marmorplatte – eine Tür zur Küche und diese ein großes dreiflügeliges Fenster zum Hof. Neben der Küche befand sich eine kleine Speisekammer – immer schön kühl, weil nach Norden gerichtet – mit schmalem Fenster, im Sommer mit Gazefenster davor gegen die Fliegen, damit sie nicht auf Lebensmittel Eier legten. An dem Fensterkreuz wurde das geschlachtete Kaninchen oder die Weihnachtsgans aufgehängt. Über die HAUSTIERE und das ESSEN wird später in je einem Kapitel berichtet.

Im Herd, schriftlich als Kochmaschine bezeichnet, wurde mit Holz und Kohlen, also Briketts, gefeuert, das Heizmaterial lag säuberlich gestapelt in einer Kiste, die sie Kohlenkasten nannten, daneben lagen ein kurzer und ein langer Feuerhaken. Wasser kam aus einer Pumpe, deren Schwengel hin- und herbewegt werden mußte. Sie wurde erst nach ihrem Einzug, der im Oktober 1936 stattfand, von einem Klempner installiert. Vorher mußten sie zur großen Pumpe, auch Plumpe genannt, auf den Hof gehen; wenn sie aus der hinteren Haustür traten, stand sie gleich rechts. Dort wurde ein Foto geknipst: der Erzähler sieht zu, wie sein Bruder Karl-Heinz im Kohlenstaubmatsch herumpanscht. Diese Pumpe war einmal Anziehungspunkt der ganzen Schuljugend, als sich ein großer Junge durch einen Sturz von seinem Fahrrad das eine Knie verletzt hatte und sich die blutende Wunde unter fließendem Wasser sauber wusch: zum Entsetzen des Lehrers, der den Teufel, nein, eine Blutvergiftung »an die Wand malte«, das heißt: furchtbar schimpfte und seine Frau das Knie verbinden ließ und den Jungen dann zum Arzt nach Storkow schickte.

Unter der Küchenpumpe war ein Emailleausguß angebracht, der das Wasser durch eine Rohrleitung unter dem Hof entlang in die Abortgrube des Stallgebäudes, eines Neubaus von 1933, entleerte. Die Abortgrube, die gleichzeitig den Schultoiletten diente, wurde von Zeit zu Zeit mit einer blechernen Pumpe in ein großes Jauchefaß auf einem Pferdewagen entleert; mit dem Inhalt wurden wie üblich Felder gedüngt. Am 20.6.1946 schrieb Klemperer in einem Brief an Meyerhof:

Ich möchte gar zu gern am Auspumpen der Jauchegrube Deutschlands mitarbeiten, daß wieder etwas Anständiges aus diesem Land wird.

Bei diesem Satz, im Jahr 1997 gelesen, hatte der Chronist gleich die alte Abortgrube in Märkisch-Rietz vor Augen. Der Gestank aus der gemauerten Grube war in heißen Sommern unbeschreiblich. Bei großer Hitze kamen sogar ekelhafte weiße Maden die Wände hochgekrochen. Da das Klo, wie gesagt, nicht im Wohnhaus, sondern im Nebengebäude untergebracht war, nahm er es als ganz natürlich hin, daß sie mehrere Nachttöpfe hatten, die in der Nacht auch von den Erwachsenen benutzt und am Morgen auf den Dunghaufen ausgeleert wurden. Wenn seine Geschwister als Kleinkinder keine Windeln mehr für »A-A« brauchten und »groß gemacht« hatten – »Mama, ich muß groß!« –, mußte seine Mutter den Nacht=Tagtopf über den Hof tragen und in das Klo kippen. Der Ausruf »Ich muß klein!« oder »Ich muß mal!« war für seine Mutter weniger unangenehm. Es bedurfte in diesem fortgeschrittenen Kindesalter nicht mehr des lautmalerischen Reizwortes »Pusch-Pusch!« Wenn sich der Leser das alles bildhaft vorstellt, so möge er bedenken, daß sie alle in der Familie nichts anderes gewohnt waren.

Rechts neben dem Herd hing ein metallenes Gestell, in dem drei Emaille- (man sagte Emallje-) töpfe steckten mit der Aufschrift: Seife, Soda, Sand. Die Anfangsbuchstaben waren aber so verschnörkelt, daß er immer »Beife, Boda, Band« las. Die Küchenwände waren mit Ölfarbe gestrichen, ein Sockel bis etwa ein Meter Höhe hatte einen dunkleren Farbanstrich erhalten, der abwaschbar war. Unterhalb der weißgestrichenen Decke war mit einer Gummirolle ein farbiges Muster rund herum gezogen worden, das wie eine Borte wirkte. In den Wohn- und Schlafräumen waren die Tapetenwände etwa 20 Zentimeter unterhalb der Zimmerdecke durch eine farbige Leiste abgegrenzt. Ein Küchenschrank, sie sagten Küchenspind, stand zwischen Speisekammer- und Flurtür. »Verschwinde wie die Wurst im Spinde!« war allgemein in der Mark Brandenburg eine geläufige nachdrückliche Aufforderung statt des kurzen Ausrufs »Hau ab!« An der Lampe über dem Küchentisch hing im Sommer ein honiggelber Fliegenfänger. Er erinnert sich, wie seine Mutter einmal mehrere Küken auf dem Küchentisch mit gekochtem und kleingehacktem Eidotter fütterte und ausrief: »Kuckma, wie süß!« Dort stand für die Unterrichtspausen seines Vaters eine Kanne voll stärkenden »Gesöffs« (oder »Plempe«), nicht mit »Blümchenkaffee« oder einer Lorke, gegen die das seitdem beliebte »knorke« von Claire Waldoff erfunden worden war (Büchmann S. 194). So konnte der Junge einmal überzeugend antworten: »Mama, nein, aber der Papa trinkt!«

Durch die Küchenflurtür konnten sie gleich rechts in den Keller hinuntergehen, die Kellertreppe befand sich unter dem Treppenaufgang zum Dachboden. Außerdem konnten sie über den Vorderflur das Haus nach vorn, also zum Schulhof verlassen. Nach links kam man durch eine Tür, die abends geschlossen wurde, in den hinteren Flur, der einen Ausgang zum Hof und eine Hintertür in die Schulklasse besaß, damit von hier aus im Winter der große Kachelofen beheizt werden konnte. Das kleingehackte Brennholz wurde in einer Reihe an der langen Wand zur Speisekammer aufgestapelt. Die Klinke der Haustür zum Hof war im Winter oft gefroren, so daß der Junge aufpassen mußte, daß er nicht mit feuchten Fingern an ihr hängen blieb. Irgendjemand hatte ihn sogar davor gewarnt, daran zu lecken, so daß er die grausige Angstvorstellung hatte, mit der Zunge an der Klinke kleben zu bleiben. Hier verriet sein Vater seine Pedanterie – sein Vater war ein Pedant, der sprachlich passenderweise vom französischen »Schulmeister« kommt – und Zerstreutheit, wenn er abends zweimal zuschloß, also den Schlüssel nach rechts und dann wieder nach links rumdrehte, und dabei halblaut mitzählte, um sicher zu gehen, daß die Tür wirklich richtig zugeschlossen war. Den Sohn verwunderte diese tägliche Abendprozedur, weil die Tür eine so dünne Füllung hatte, daß ein Einbrecher sie mit einem kräftigen Fußtritt hätte zersplittern können.

Unterkellert war nur der Wohnteil des Schulhauses. Es gab dort unten kein elektrisches Licht, nur für die Kellertreppe, laut Chronik erst im

Jahre 1938. Der Kartoffelkeller befand sich unter dem kleinen Zimmer, davor, unter dem Wohnzimmer, war der große Vorratskeller mit Holzlattenregal für eingewecktes Gemüse und Obst. So bereitet es dem Biographen bis heute noch Vergnügen, von einem Vorrat, vom Lebensmittelvorrat zehren zu können. Die Waschküche mit großem eingemauertem Waschkessel in der linken Ecke über einer Feuerstelle lag unter der Küche. Trotz angeknipster Taschenlampe oder brennender Kerze auf einem Halter wie beim Dermol-Männchen (»Nimm Dermol – du fühlst dich wohl!«) war der Gang in den Keller für den Jungen immer eine aufregende und abenteuerliche Sache. Besonders, wenn er zur Waschküche gehen mußte, graulte er sich und hatte Angst; denn unter der Kellertreppe befand sich ein niedriger und auch tagsüber dunkler Raum, in dem halbe Briketts gelagert wurden.

Die ganzen Briketts stapelte er im Jahre 1944 selbst gegenüber dem Fuß der Kellertreppe auf, also unter der Haustür, wo ein kleines zweiflügeliges Fenster wegen der Hauseingangstreppe wenig Licht hereinließ. Nach dem Kohlestapeln mußte er natürlich in die Badewanne gesteckt werden. Am aufregendsten war der Rückweg aus der Unterwelt nach oben an das Tageslicht, weil er dann im Rücken ein unheimliches Gefühl hatte, so daß er sich immer umzudrehen versuchte, aber sich nicht traute, und möglichst schnell die Kellertreppe hinauflief. Mit einem Eimer voller Kohlen oder mit einem Korb Kartoffeln oder einem Glas Eingemachtem war dieser Rückzug jedesmal ein beeindruckendes Angstereignis nach der militärischen Latrinenparole seit dem Jahre 1943: »Vorwärts, Kameraden, wir müssen zurück!« Und er dachte dabei an das in der Schule gesehene verfilmte Märchen »Von einem, der auszog, das Gruseln zu lernen«.

Das gleiche Gefühl im Rücken verspürte der junge Angsthase, wenn er im Duschtern, wenn es also nicht mehr schummrig war, einen Brief zum roten Postkasten »Deutsche Reichspost« an dem Postamt bringen mußte. Dann trat er so kräftig auf die von ihnen Teerstraße genannte asphaltierte Dorfstraße, daß das Geknalle der eisenbeschlagenen Schuhabsätze an den Hauswänden und Bretterzäunen widerhallte. Es war regelmäßig still draußen, höchstens ein Hund heulte den Vollmond an, und Straßenlaternen brannten wegen der Verdunkelungspflicht während des Krieges nicht. Auf dem Rückweg kam er oftmals in laut hallenden Dauerlauf. Wie er seine Atemlosigkeit vor seinen Eltern verbergen konnte, kann er sich nicht entsinnen.

Schon in Görsdorf, als der kleine Erdenbürger also kaum älter war als vier Jahre, hatte er Angst kennen gelernt, die jemand ihm vor dem sogenannten Schwarzen Mann gemacht hatte; jedenfalls waren es nicht seine Eltern gewesen. Das Besondere war dort, daß der Schornsteinfeger auf Stelzen von Haus zu Haus ging und einen schwarzen Sack bei sich trug. Andere Eltern sagten zu ihren Kindern: »Wenn du nicht artig bist, steckt dich der Schwarze Mann in seinen Sack!« Wenn er ihn sah, bekam er es deshalb mit der Angst zu tun.
Die Fenster der Wohnung hatten innen Läden, für jeden Fensterflügel zwei weiß gestrichene scharnierte Bretter, die nach rechts beziehungsweise nach links bei Tage an die seitlichen Wände zusammengeklappt wurden. Sie hielten abendliche neugierige Blicke von draußen ab und im Winter vor allem die Kälte. Für die Verdunkelung, die im Krieg vorgeschrieben war, reichte diese grobe Lichtabschirmung natürlich nicht aus; es mußten noch schwarze Verdunkelungsrollos aufgehängt werden. Im März 1941, nach den schriftlichen »Vorbereitungen« seines Vaters, übte er wie die anderen Kinder in Schönschrift: »Verdunkle! Der Feind sieht dein Licht!« Gegen die Kälte wurden außerdem Doppelfenster von außen vor die Wohnzimmerfenster gesetzt und von innen Wolldecken mit angenähten Gardinenringen aus Messing an zwei Haken etwa zwanzig Zentimeter über der Höhe des Fensterbretts aufgehängt.

Am mausgrauen Kachelofen im Wohnzimmer konnten sie sich im Winter schön die Finger und den Rücken wärmen. Er wurde mit Holzkloben beheizt, die wunderbar – die Gemütsstimmung anregend – knackten, wenn sie kienig waren. Sie sind immer »auf dem Kien«, sagte Fontane von den Berlinern, die ihm zu Ehren in den Jahren 1953 und 1970 eine Briefmarke herausgaben. Außerdem erschien eine Gedenkmarke mit seinem Portrait im Jahre 1969 in der DDR und im Jahre 1994 bei der Deutschen Bundespost. Angezündet, Feuer gemacht, wurde mit Zeitungspapier (Lokalanzeiger für Storkow und Umgegend), Kienspänen, die mit einem scharfen Küchenmesser zerspalten wurden, und mit ein paar Stücken Kleinholz. Zum Warmhalten kamen zum Schluß Briketts in den Ofen. Wenn sie glühten, wurde der Hebel im Rohr an der Wand zum Schornstein zugeklappt, so daß der größte Teil der Wärme im Ofen blieb. An der langen Seite des Ofens zu den Fenstern hin stand in der Heizungsperiode eine Holzbank, auf der man zu zweit mit Kissen sitzen konnte. An dieser Seite befand sich in Augenhöhe die Ofenröhre, die mit einer zweiflügeligen Messingtür verschlossen war, in der man Schieber öffnen und die Wärme durch senkrechte Schlitze herauslassen konnte. Um Äpfel braten zu können, ließ seine Mutter die Türen ganz zu, und sie warteten, bis ein Zischen das Platzen eines Apfels und den wunderbar appetitlichen Duft ankündigte.

Auf dieser Bank saß seine Mutter mit ihm, als sie versuchte, ihn aufzuklären, indem sie erwähnte: »Die Ziege wird zum Bock gebracht, und beim Menschen ist es genauso.« In dieser Kürze hat er jedenfalls dieses verunglückte und einseitige Zwiegespräch in Erinnerung. Bei seiner Wortfaulheit nahm er das zur Kenntnis, fragte aber doch, wie es denn genau vor sich gehe; denn mit der gleichnishaften Andeutung war ihm nicht geholfen, lehrte doch sein Vater- Lehrer immer wieder, Anschauung sei das absolute Fundament aller Erkenntnis. Darauf sagte seine Mutter zu ihm nach seiner Erinnerung: »Da mußt du Papa fragen.« Der war aber zu dieser Zeit bei der Großdeutschen Wehrmacht in Albanien; von seiner Fahrt in den Süden hatte er im Herbst 1943 – als Reiseziel war ihm Saloniki angekündigt worden, deshalb erhielt er eine helle Khaki-Uniform – aus Wien eine Ansichtskarte geschickt vom Park des Schönbrunner Schlosses, im Vordergrund ein Wasserbecken mit

Rückenansicht einer weiblichen Marmorfigur, genannt Nymphenbrunnen. Durch die Erzählungen von Mitschülern war der Heranwachsende schon im Großen und Ganzen über den Geschlechtsverkehr informiert, aber nur durch eine bestimmte Art von Witzen. Ihn hätten Einzelheiten und die Tatsache der Natürlichkeit und Nicht-Anrüchigkeit aus dem Mund seiner Mutter interessiert. Aber vor solch einem Aufklärungsgespräch zog sich seine Mutter zurück, war sie doch selbst nicht vor ihrer Ehe »aufgeklärt« worden. In diesem Zusammenhang wurde die Wissenslücke durch Berliner Gassenhauer aus dem Zille-»Milljöh« überspielt oder mit Reimen wie z.B. »Ach Ernst, ach Ernst, was du mir alles lernst!« ins Lächerliche gezogen.

Diese Geschichte passierte zu der Zeit, als seine Schwester »unterwegs« war und er seiner Mutter am wachsenden Leib das werdende Leben schon deutlich ansehen konnte. An die Weihnachtsliedfrage »Was trug Maria unter ihrem Herzen?« wird er wohl nicht gedacht haben.

An dem Kachelofen wurden die Finger schön warm, wenn ordentlich »eingekachelt« worden war, wie es hieß. Er war manchmal so heiß, daß man die kalten und steifen Hände nur kurz auf die glatte Kachelfläche halten konnte. Bei seinen Eltern, besonders bei seinem Vater, der verhältnismäßig dürre Finger hatte, hörte er dabei den Ehering kurz klicken, verursacht durch die zwischen den quadratischen Kacheln liegenden Fugen, die die Handbewegungen unterbrachen. Besonders wohltuend war es, sich mit dem Rücken gegen die glatt-warmen Kacheln zu stellen und bei feststehenden Füßen leicht hin und her zu pendeln.

Sein Vater war oft erkältet und hatte starken Schnupfen, »Schnuppen«. Seine Nase »lief« und war gerötet. Deshalb nahm er gern weiche Windeln zum Ausschnauben. Waren sie ganz und gar feucht geworden, hängte er sie zum Trocknen über die Türen der Ofenröhre und benutzte die getrockneten und warmen Windeln anschließend wieder. Es sei dem Leser überlassen, zu schmunzeln oder den Kopf zu schütteln oder beides gleichzeitig zu tun.

Auch das nächste Kapitel spielt sich zum größten Teil in der Wohnung ab, wenn über Kinderspiele berichtet wird.

Spielzeug

> Es gibt keine Soldaten mehr zu kaufen, es ist ja Krieg.
> *Eine Mutter zu ihrem Sohn*

Auf einem Foto sieht man einen großen Teddybär und ein kleines Pferd vor Klingelrädern, daneben den Jungen Weihnachten 1933 auf einem gepolsterten Fußschemel, sie sagten dazu Rutsche, mit einer Schokoladenplätzchentüte in den Händen. Ein anderes Foto zeigt ihn, wie er mit Papp-Stahlhelm auf dem Kopf, feldgrauem oberen Uniform-Vorderteil vor der Brust, mit Holzgewehr und Blechtrommel neben sich, vor dem Weihnachtsbaum sitzt. Daneben sind eine Pappmachéburg mit sieben marschierenden Soldaten mit geschultertem Gewehr, ein kleines Flugzeug und zwei Autos aufgebaut. Ein drittes Foto zeigt ihn auf einem vom Opa geschenkten Schaukelpferd. Er bekam auch eine Eisenbahn, einen Schienenkreis mit Lokomotive, anfangs sagte er dazu Puffpuff, und zwei oder drei Wagen als Weihnachtsgeschenk. Später erhielt er eine bessere Lokomotive und noch mehr Schienen und noch mehr Personen- und Güterwagen. (Für »bekommen« und »erhalten« benutzten sie dort und damals als ständiges Umgangswort »kriegen«, aber nicht als Verb zum Substantiv – auf der Volksschule noch als Tu- oder Tätigkeitswort bzw. Hauptwort gelernt – Krieg, also sagte man zum Beispiel: Ich habe zum Geburtstag ein Buch jekricht; denn »gekriegt« sagte niemand.)

Sein Vater zeigte ihm, wie die Schienen zu einem großen Oval zusammengesteckt wurden, und zwar auf dem Fußboden rechts vom Kachelofen. Diese »Kreisbahn« war natürlich nicht gemeint, die bereits im Oktober 33, Mai 34 und September 35, also in Görsdorf, das keine Bahnstation hat, Unterrichtsthema seines Vaters war, sondern in der Volksschule wurde die Kreisbahn als die Eisenbahn im – 1936 seit 100 Jahren bestehenden – Kreis Beeskow-Storkow in den Heimatkundestunden durchgenommen, auch z.B. im August 39. Sein Vater steckte manchmal eine angezündete und angerauchte Zigarette in den Schornstein der Lokomotive, so daß es täuschend echt aussah, wenn die Lok eine Qualmwolke hinter sich herzog, bis sie wieder mit einem Vierkantschlüssel aufgezogen werden mußte. Besonders spannend war es, wenn der Vater dabei das elektrische Licht des großen bronzenen Kronleuchters ausschaltete, so daß die glühende Zigarette im Fahren die Umgebung gespenstisch, wenn auch schwach, erleuchtete.

Dazu gehörte ein Bahnhof aus angemaltem Blech und ein Gestell, an dem man die verschiedenen Zugrichtungsschilder hochziehen konnte, genauso wie er einen Zugzielanzeiger in Wirklichkeit auf dem Bahnhof Königs Wusterhausen ab November 1942 schultäglich sah. Später schenkten ihm seine Eltern einen beschrankten Bahnübergang, dessen Schranken dann heruntergingen, wenn der Zug hindurchfuhr. Er sammelte das Silberpapier aus Zigarettenschachteln seines Vaters zum Nachahmen oder Vortäuschen von Fluß und See, damit die kleine Brücke ihren Sinn hatte, eine Bogenbrücke in Fachwerkbalkenkonstruktion. Sein Großvater, der – im Gegensatz zu seinem Vater (»Ungeschickt läßt grüßen!«) – handwerklich sehr geschickt war, bastelte für ihn einen großen Glashallenbahnhof, durch den der Zug ohne Halt hindurchfuhr, im Gegensatz zum Bahnhof Zoo in Berlin, den er bei seiner Abfahrt in die KINDERLANDVERSCHICKUNG im Jahr 1943 sah.

Auf den beiden Bahnsteigen standen kleine Lineolfiguren. Die Glasscheiben stammten von alten photographischen Platten, die von der schwarzen Schicht gesäubert worden waren. Außerdem verwendete sein Großvater Zigarrenkistenbretter (er rauchte gern Zigarren, und zu ihm gehörte der persönliche Zigarrengeruch) und strich und lackierte sie selbst an. Für die Bahnsteige bastelte er passende Sitzbänke. Bei einem Weihnachtsfest, vor den sechs Kriegsweihnachten, war das Uhrwerk der Lokomotive kaputt, wie alle sagten; denn die Versuche der Lehrer, angefangen bei seinem Vater auf der Volksschule, den Kindern das

Wort »entzwei« beizubringen, blieben von vornherein erfolglos. Deshalb setzte sein Vater die Schienen in einer kurvigen Schräge zusammen und stellte darunter leere Zigarrenkisten: von Wilhelmi »Bremer Leistung«, »Zwischenakt«, »Licet Nr.5 Sandblatt«, Zigarillo-Schachteln und einen Niederegger-Karton »IGN«. Dann ließen sie die Wagen die kurvenreiche Strecke hinunterrollen. Dieses besondere Ereignis wurde ebenfalls fotografisch festgehalten.

Im Winter spielte der Junge mit Lineolsoldaten, und zwar auf dem guten Teppich im Wohnzimmer. Stehend, kniend und liegend schießende und handgranatenwerfende Infanteristen in feldgrauer Uniform verteidigten künstliche Laufgräben und mit Stacheldrahtverhau geschützte Grabenstellungen. Ein Tank fuhr über alles mit seinen Gummiraupen hinweg und sprühte dabei Funken aus dem Geschützturm, sobald er mit einem Schlüssel aufgezogen worden war. Ein Frontsoldat hatte einen Flammenwerfer mit Flammenstrahl, ein anderer Soldat stand mit aufgesetzter Gasmaske bei einem Nebeltopf, der aber nicht praktisch ausprobiert werden durfte, obwohl seine Eltern brennbares Pulver in einer Tüte mitgekauft hatten. Es gab auch eine krepierende Granate, die er von innen mit Hilfe einer kleinen Birne und einer Taschenlampenbatterie erleuchten konnte. Ein Zelt für Verwundete war in der Etappe aufgebaut. Eine Rote-Kreuz-Schwester trug einen Eimer Wasser zu einem auf einem Baumstamm sitzenden beinverletzten Krieger. Ein Soldat wusch sich mit bloßem Oberkörper über einem Wassereimer. Außerdem besaß er marschierende Heeressoldaten mit geschultertem Gewehr und eine kleine Musikkapelle, vorn ein Pauker zu Pferde mit zwei Kesselpauken, es folgten Musiker mit Trompete, Klarinette, Tuba und Trommel. Übrig geblieben bis auf den heutigen Tag ist von den rund hundert Figuren der Wehrmacht ein Stoßtrupp-Unteroffizier, der mit zwei kleinen Sandsäcken über den Schultern und dem Karabiner auf dem Rücken im Liegen in der Rechten eine Handgranate wurfbereit hält.

Selbstverständlich machte der Junge sich keine Gedanken, wie dieses Kriegsspiel im Ernstfall, in Wirklichkeit aussehen würde. Und er machte sich in diesem Alter natürlich auch keine Gedanken, wie sie Tucholsky in seinem Aufsatz »Der standhafte Zinnsoldat« im Jahre 1930 zu Papier gebracht hatte:

Es fehlt: *1 halbverweste Leiche;dieselbe, ohne Kopf;*
2 franz. Verwundete mit heraush. Gedärm …
1 Leichenhaufen.

Erst viel später las der Schreiber auch Grimmelshausen (Scholz, 6.Wanderungsband S.140), der über die Schlacht bei Wittstock am 24.9.1636 zwischen Kaiserlichen und Sachsen einerseits und Schweden andererseits folgendes schilderte:

Die Erde, deren Gewohnheit es ist, die Toten zu bedecken, war damals am selbigen Ort selbst mit Toten überstreut, welche auf unterschiedliche Manier gezeichnet waren. Köpfe lagen dort, welche ihre natürlichen Herren verloren hatten, und hingegen Leiber, die ihrer Köpfe mangelten. Etlichen hing grausamer- und jämmerlicherweise das Eingeweide heraus, und anderen war der Kopf zerschmettert und das Hirn zerspritzt … Da lagen abgeschossene Arme, an welchen sich die Finger noch regten, gleichsam als ob sie wieder mit in das Gedränge wollten …

Er erinnert sich an einen Spielsoldatenkatalog und an ein Storkower Spielwarengeschäft, die Spielzeughandlung Paul Kühne am Markt. In dem Schaufenster hatte er noch Lineolsoldaten gesehen. Dann zeigte er auf die, die er gern zu Weihnachten vom Weihnachtsmann haben wollte. Es fiel ihm später auf, daß das Schaufenster leer war und daß seine Mutter seine Frage beantwortete: »Nein, es gibt jetzt keine Soldaten mehr, es ist ja Krieg.«

Es versteht sich aus der damaligen Zeit von selbst, daß seine Eltern ihn an diesem Tun, an diesem spielerischen Zeitvertreib nicht hinderten, ihm vielmehr, solange es noch möglich war, die Spielsoldaten kauften, bis sie im Krieg nicht mehr hergestellt wurden.

Im Verhältnis zu Kindern der neunziger Jahre des 20.Jahrhunderts hatte der Verfasser nicht viele Spielsachen. Sobald er lesen konnte, las er viel lieber, als daß er irgendetwas spielte; über die BÜCHER kommt später ein eigenes Kapitel. Im Sommer spielte er im Hof, z.B. warf er einen Tennisball gegen die nördliche Hauswand der Schule, oder er trieb einen hölzernen Reifen mit Stockschlägen vor sich her, oder er spielte im Garten jenseits der Straße, manchmal mit Gerd Richter von gegenüber. Er beschäftigte sich viel mit sich selbst. Der sechsjährige Abstand zu seinem ersten Bruder hatte zur Folge, daß er meistens für sich war und sich gleichaltrigen Jungen aus dem Dorf nicht anschloß; jedenfalls kann er sich daran nicht erinnern.

Es gibt Fotos aus der Zeit, als er noch nicht zur Schule ging und die ihn mit Stahlhelm auf dem Kopf zeigen und mit einem älteren Jungen (Heinz Müller), der aus Görsdorf, wo sie vorher gewohnt hatten, gekommen war, mit dem Fahrrad, versteht sich. Sein Vater fotografierte sie beide. Derselbe Junge hatte in Görsdorf – darüber gibt es ebenfalls ein Foto – einen Handwagen mit einem Gestell und Kartoffelsäcken zugehängt, damit der Wagen mit wohlwollender Phantasie der Erwachsenen wie ein Tank (noch ein Ausdruck aus dem ersten Weltkrieg), wie ein Panzer aussah. In diesem Zusammenhang wäre »Spielgefährte« ein hochtrabendes Wort aus der ihm noch nicht bekannten höheren Literaturwelt gewesen.

Als sie in Görsdorf wohnten, bis in sein fünftes Lebensjahr hinein, setzte er sich gern in die von drei Seiten geschlossene Mitte unter den Schreibtisch seines Vaters, hängte eine Wolldecke davor, die er oben mit einem Briefbeschwerer am Rutschen hinderte, einem von seinem Großvater in mühseliger Ausdauer blankgeschliffenen länglichen Messingstück, das noch vorhanden ist, und zwar auf seinem Schreibtisch. Dort konnte er still für sich sitzen und sich nicht mucksen oder auf dem Papierkorb, der aus Pappe bestand, herumtrommeln oder mit dem Teddybär spielen. Siegmund Freud hätte dieses Verhalten als Wunsch nach Rückkehr in die dunkle Geborgenheit des Mutterleibs gedeutet. Möglicherweise hatte er unbewußt das Gefühl, von seiner Mutter nicht genügend umsorgt zu sein. Sie besaß einen Muff und einen Mantel mit einem großen Opossumkragen, darüber strich er gerne in einem Gefühl von Zärtlichkeit und Weichheit oder auch im Wunsch nach Zärtlichkeit und sagte dabei: »Ei, Mau-Mau«.

Wie sein Vater tadelnd feststellte, schmökerte er gern. Schmökern, das war ein Durchblättern von Büchern ohne systematisches Lesen, ohne Sinn für Lernen und Weiterbildung. So fand der Vater ihn eines Tages in der Märkisch-Rietzer seit langem unbenutzten, aber noch brenzlich riechenden Räucherkammer auf dem Dachboden, wo er im spärlichen durch die Türöffnung scheinenden Tageslicht die gesammelten Lustigen Blätter mit Witzzeichnungen und entsprechenden Untertexten aus dem Weltkrieg 14 bis 18 entdeckt hatte.

Ehe ihm seine Eltern ein Fahrrad, von dem selbstverständlich noch zu erzählen ist, schenkten, hatte er einen Roller, mit dem er zwar nicht auf der Dorfteerstraße herumkariolen durfte, aber auf dem befestigten Gehweg an der Süd- und Ostseite des Hausgrundstücks. Er fuhr meistens den leicht abschüssigen Weg von der westlichen Grundstücksgrenze mit Karacho zur Straße und bog dann scharf links ab. Da er sich stark in die Kurve legte wie ein richtiger Motorradrennsportfahrer, hinterließ das Hinterrad auf dem Weg Rutschspuren. Übrigens fuhr er – im Gegensatz zu vielen anderen Kindern, die er sah – mit dem rechten und nicht mit dem linken Fuß auf dem Trittbrett und stieß sich mit dem linken Bein ab. Das Trittbrett war so breit und lang, daß er seinen sechs Jahre jüngeren Bruder mitnahm, und zwar vor sich zwischen den ausgestreckten Armen, was ihm auch viel Spaß machte; denn er war schon als kleiner Junge energisch und hielt sich an der Lenkstange ganz fest, so daß er auch in der beschriebenen scharfen Linkskurve nicht über die Bordsteinkante in den Rinnstein geschleudert wurde und kein Kuddelmuddel machte.

Von Karl-Heinz ist noch zu erwähnen, daß er beim sonntäglichen Sommerspaziergang, als Tante Hertha und Onkel Walter aus Lübeck zu Besuch waren, auf einem weichen Sandbodenwaldweg mehrmals seine Beine hochwarf und lachend sich auf den Po fallen ließ. Ein Foto läßt jeden Betrachter darüber lachen, wie Karl-Heinz aus der Hundehütte herausstrahlt. Als er einmal aufseufzte, fragte ihn die Mutter: »Was tut dir denn weh?« »Dat Herze«, antwortete er, schon erleichtert.

Zu den Freuden des Winters gehörte es, einen Schneemann zu bauen. Er bekam richtige glänzende Kohlestückchen als Augen und Zähne eingesetzt, eine Mohrrübe als Nase, einen Kochtopf als Kopfbedeckung, in der Mitte des wohlgerundeten Leibes eine senkrechte Reihe Knöpfe aus Kohlestückchen und in den Arm einen Reisbesen. Im Winter spielten sie mit ihren Eltern Sonntagnachmittags Schwarzer Peter, dabei durfte nicht geschummelt werden genauso wenig wie in der Schule, dort tuschelten die Kinder beim Mogeln. Oder sie beschäftigten sich mit den üblichen Würfelspielen. Etwas Besonderes war Mikado, ein Geschicklichkeitsspiel mit vielen bunten Holzspeilern. Irgendwann schenkten ihm seine Eltern ein Tischtennisnetz, zwei Schläger und Bälle. So lernte er von und mit seinem Vater Tischtennis auf dem beiderseits verlängerten ausgezogenen Eßzimmertisch.

In früheren Jahren hatte er einen Steinbaukasten und einen Brummkreisel, der ihn vorübergehend erfreute, noch vorher einen richtigen Holzkreisel, den er mit einer kleinen Peitsche zu Umdrehungen schlug und in Bewegung hielt, so daß er auf der Spitze zu stehen schien. Ein Kaleidoskop mit den stets wechselnden Bildern aus kleinen bunten Glasstücken war nur ein Vergnügen von kurzer Dauer. Am hinteren Ende polkte er nämlich die Röhre auf und war enttäuscht darüber, wie wenige bunte Steinchen in Wirklichkeit herauskullerten. Murmeln spielte er nicht gern, weil er es als ungerecht empfand, seine schönen großen Glasmurmeln an die anderen Kinder zu verlieren und nur die ganz kleinen aus Ton, die Kuller, für sich zu behalten.

In einem Sommer buddelte er mindestens zweimal mitten im Hof in Höhe der Jauchegrube ein Loch, das groß genug war, um sich darin zu verstecken. Darin vergrub er zum Schluß Altmaterial, er erinnert sich an eine durchgerostete Gießkanne. Je älter er wurde, desto mehr spielte er im Garten, erst im Vorgarten, später im großen Garten, die im nächsten Kapitel beschrieben werden.

Der Garten

Petersilie, Suppenkraut wächst in unserm Garten.
Kinderlied aus Holstein

Zum Schulanwesen gehörte ein Vorgarten mit Laube. Dort wurden die ersten Fotografien von seinem ersten Bruder mit seinen Eltern (der Biograph in weißem Matrosenanzug, mit Babyklapper in der rechten Hand) im Jahre 1938 aufgenommen; er wurde am 28. Juni geboren, in dem der Göttin Juno geweihten Monat. »Aus gutem Grund ist Juno rund« war eine weit verbreitete Zigarettenreklame. Dieses Datum war für seinen Vater kein unbeschriebenes Kalenderblatt. In den Schulnachbereitungen vom 18.6.1933 ist nämlich ein Aufsatz über den 28. Juni 1919 zitiert:

> *Du, deutsches Kind, denk an den 28.Juni 1919! Lina M. schreibt: Schwer fällt es einem Deutschen, das Datum 28. Juni zu sagen. Denn er weiß, was dieser Tag für eine traurige Bedeutung hat. Gerade uns Kindern muß dieses Datum eingeprägt werden. Denn in unseren Händen liegt es, einmal den Vertrag zu erlöschen, der am 28. Juni geschlossen wurde. …*

Gemeint war der Versailler Friedensvertrag, der Vertrag der »Schmach und Schande«, wie man damals immer wieder las und hörte.

Etwas Besonderes war es, in dem Vorgarten die Ostereier zu suchen. Wenn zu schlechtes Wetter war, kam der Osterhase freundlicherweise ins Wohnzimmer und versteckte dort seine gefärbten Hühnereier. Der Osterhase gehörte zu den wenigen Dingen, die sein Vater den Schulkindern vorzeichnen konnte: sitzend, daher zeichneten sie erst eine große Sechs, mit einer Kiepe auf dem Rücken, aus der die bunten Eier herauslugten.

An der südlichen Hauswand und auch an der Wand zur Straße hin kletterten Weinranken an einem Lattenwerk hoch; man erntete sogar süße Weintrauben. An sie dachte er immer bei den Trauben, die der Fuchs in der Fabel von Äsop als sauer abwertet, weil sie ihm zu hoch hängen, als daß er sie erreichen könnte. Der Vorgarten mit seinen Strauchrabatten, Dahlien und Phlox und einer Weymouthskiefer mit den auffällig langen Nadeln auf der Grundstücksecke war von einem etwa ein Meter dreißig hohen Drahtzaun umgeben, der von »wildem Wein« (Jungfernrebe) überwuchert war. Dessen Ranken wurden jedes Jahr mindestens einmal abgeschnitten, weil sie zu sehr in den Gehweg, aber man sagte dazu Bürgersteig, hineinragten. Dieses Laub bedeckte auch die Laube von drei Seiten und von oben. Darin war man gut gegen Einblicke von der Straße her geschützt. Trotzdem saß die Familie dort nur an besonders warmen Sonntagnachmittagen. Ihr Gerede, natürlich nur das seiner Eltern, war nämlich über die Straße von den gegenüber wohnenden Nachbarn und von den vorübergehenden Sommergästen zu hören, und das mochten seine Eltern nicht. Die Nachbarn und Passanten sollten nicht hören, was in der Lehrerfamilie gesprochen wurde, war sein Vater doch im Dorf als Lehrer und »Gebildeter« eine angesehene und ständig in der Öffentlichkeit stehende Person, wenn das auch für ein so kleines Dorf mit ursprünglich etwa 300 Einwohnern und über 60 Wohnhäusern ziemlich hochtrabend klingt.

Der kühle Laubenlaubschatten nahm sie in seine ruhige und erholsame Atmosphäre auf. Nicht bekannt war ihnen der Schatten als die von der Sonnenseite des Lebens abgewandte Seite im Sinne von Bertold Brecht: »Doch die im Schatten sieht man nicht.« Die Blätter des wilden Weins verfärbten sich im Herbst ins Bräunliche und Rötliche. Die Spitzen der jungen Triebe knipste der Junge gern mit den Fingernägeln ab und zerkaute sie zwischen den Zähnen und spuckte sie gleich wieder aus, weil sie sehr säuerlich schmeckten. Nicht unangenehm war es ihm, kleine Blätter der Buchsbaumeinfassung auf die Zunge zu legen. Im August pflückte er die weißen Knallererbsen (Schneebeeren) und ließ sie unter seiner Sandalensohle knackend zerplatzen. Sein Großvater, der mehrmals und gern aus Berlin aufs Land kam, säte im Jahr 1937 auf einem rechtekkigen Stück in der Mitte des Vorgartens Gras ein. Ein rundes Beet für Stiefmütterchen und andere Blumen, wie Osterglocken und Tulpen, blieb ausgespart. Diese Arbeit hielt sein Vater in Lichtbildern fest: sein Großvater trat die Samen in den weichen Boden mit einem Brett fest, das er links und rechts mit Bindfaden – alle Leute sagten Strippe – in den beiden Händen festhielt. Der aufgehende Rasen wurde dann regelmäßig mit einem Wasserschlauch gesprengt. Für solche praktische Arbeit war sein Großvater immer zu gebrauchen. Laut Chronik wurden im Frühjahr 38 am Westgiebel 3 Schattenmorellen, im Vorgarten 1 Birne und 1 Pflaumenbaum gepflanzt.

Neben dem zweiflügeligen Maschendraht-Hoftor stand ein großer Fliederstrauch, von dem einige Zweige mit blauen Blüten für eine große Wohnzimmervase abgeschnitten wurden. Gegenüber dem Fliederstrauch stand direkt am Nebengebäude von Richters ein großer Kastanienbaum. Bevor im Krieg die Kastanien als Viehfutter gesammelt wurden, benutzte der Chronist sie zum Weitwerfen, oder er schnitzte daraus Körbchen, indem er das hellere Innere vorsichtig herauspolkte, also mit einem Küchenmesser oder einem Taschenmesser aushöhlte und dabei einen Streifen der braunen Haut als Henkel stehen ließ; das sah aus wie das Henkelkörbchen, in dem Rotkäppchen seiner Großmutter Kuchen und Wein brachte.

Der Hof war durch einen grün gestrichenen Maschendrahtzaun gegen die Dorfstraße abgegrenzt. Zwischen Hofeinfahrt und Eingangstür, die vormittags für die Schulkinder als Zugang zu den Klosetts und dem Fahrradschuppen unverschlossen bleiben mußte, war der Zaun ebenfalls mit wildem Wein umrankt, der auch den eisernen Bogen über der Tür überwucherte.

Der große Garten befand sich auf der anderen Straßenseite und bestand links des Hauptwegs aus Gras, dort stand an der Rückwand des Hauses von Briesenick mit Tochter, Frau Richter, der Schuppen für das Paddelboot. Noch im Sommer oder Herbst 1944, das heißt: trotz des von vielen Erwachsenen erahnten ungewissen Kriegsendes, kaufte seine Mutter in Görsdorf bei Storkow junge Obstbäume. Sie holten sie mit ihren Fahrrädern ab und pflanzten sie auf der großen Wiese links vom Hauptweg ein. Er weiß nicht, ob seine Mutter den Martin Luther zugeschriebenen Satz kannte vom Apfelbäumchen, das er heute noch pflanzen würde, wenn er wüßte, daß morgen die Welt untergeht. Auf zwei Weidenbäumen neben einer runden offenen mit Schilf bedeckten Laube kletterte er gern herum. Auf der rechten Seite lagen die Gemüsebeete und wuchsen Johannisbeer-, Himbeer- und Stachelbeersträucher. Die Beete waren auf sandigem Boden angelegt, trotzdem gab es Unkraut, z.B. Pede (Pedecularis, Läusekraut) und Franzosen- oder Knopfkraut, das »gejätet« werden mußte: dieses neue Wort gehörte zu seinem Lernpensum und blieb ihm im Bewußtsein.

Die Beete mußten oft mit zwei Gießkannen gegossen werden, die sie aus einer kleinen Pumpe mit Wasser füllten. Seine Eltern und später auch er selbst mußten immer viel gießen, besonders sonntags hatte er wenig Lust dazu. Es waren Erdbeeren gepflanzt, Kartoffeln, grüne Bohnen, Mohrrüben und anderes Gemüse, das es frisch gab oder das seine Mutter einweckte, »einmachte«, in einem großen Wecktopf, vor allem Schoten und Mohrrüben, also Erbsen und Karotten. Samen und Tulpen- und Hyazinthenzwiebeln ließen sich seine Eltern aus Erfurt schicken von einer Firma, deren Emblem (Logo kannte man noch nicht) ein großes L war, das zeichnerisch zu einem Gärtner ergänzt worden war.

Gerade wenn sie schönes Sommerwetter hatten, waren sie zum Gießen im Garten verurteilt und konnten das Paddelboot ganz wenig ausnutzen, meist nur sonntags, auch während der Schulferien, zu einer kurzen Fahrt zum Strandbad. Außerdem mußte er Kohlweißlingsraupen von den Weißkohlköpfen absammeln oder den weißen Schmetterlingen nachjagen. Kartoffelkäfer lernte er dagegen nicht »in natura«, sondern nur im Naturkundeunterricht auf großen Anschauungsbögen kennen. Schon in den »Amtlichen Kreisblatt-Bekanntmachungen« vom 30.7.1914 wurde zum ersten Mal vor einem »möglichen Auftreten«, das man nicht wörtlich nahm, des Kartoffelkäfers (Coloradokäfers) gewarnt. Maikäfer gab's, aber nicht als Plage, sondern als willkommenes Sammelobjekt und Anschauungsmaterial in Naturkunde.

Es mußte auch Gras für die Kaninchen gemäht werden. Die Sense war für den ältesten Sohn zwar noch zu groß, er harkte aber das frische Grünfutter zusammen und füllte es mit beiden Händen in eine große Kiepe mit zwei Tragegriffen. Als sein Vater in Albanien war und seine Mutter wieder einmal Kaninchenfutter gemäht hatte, drückte sie sich die scharfe Spitze der Sense in den einen Fuß und fügte sich dadurch eine tiefe und nur langsam heilende Wunde zu.

Auch ihr Sohn stand unter dem Eindruck, daß der Garten eine Belastung für ihr tägliches Leben war, aber für die Ernährung in Kriegzeiten unentbehrlich. Wenn er auf den See fahren oder im See baden wollte, mußte er seinen Wunsch immer unterdrücken, weil die Gartenpflanzen mit Wasser versorgt werden mußten.

Aus diesem Garten vertrieb er im Sommer 1945 die grasenden russischen Pferde eines Rotarmeetrosses und bekam dafür einen Stiefeltritt in das Hinterteil: ein Ereignis, das in das vorletzte Kapitel gehört. In diesem Garten strauchelte der Erzähler im letzten Kriegsjahr und fiel beim gespielten Versteckspielen, also ohne suchenden Spielgefährten, mit dem rechten Knie auf einen Strunk von wildem Spargel. Er mußte humpeln und allein mit der Bahn nach Storkow fahren. Auf seinem Fußweg vom Bahnhof zum Arzt sprach ihn eine alte Frau an: »Was fehlt dir denn?« und machte mit ihren weiteren mitleidsvollen Fragen die Sache nur noch schlimmer, weil er zu weinen anfing. Er schämte sich, weil ein »echter« Junge angeblich nicht weint. Der praktische Arzt, Dr. Rickers, ihr Doktor, versuchte, mit Gewalt das Knie durchzubiegen. Wie sich dann die Verkrampfung löste, weiß er nicht mehr. Auf jeden Fall hatte er bis dahin starke Schmerzen, die lange unvergeßlich blieben, ebenso wie seine Unfähigkeit, zu erzählen, worauf er gefallen war, weil ihm das passende Wort Stengel, Stiel oder Stoppel nicht einfiel.

In diesem Garten ließen die Fünf sich im Frühjahr 45 von Herrn Kandler fotografieren, damit der Vater in Albanien ein Bild von seiner Familie erhielt, von der er die Tochter noch gar nicht kannte, weil der letzte Urlaub elf Monate zurücklag. Gleich links hinter dem Gartentor war ein Komposthaufen aus Grassoden und Gartenabfällen angelegt worden, auf dem zwei Kürbisse sehr gut gediehen. Sein Großvater und er wurden auf einem Foto verewigt, das zeigt, wie sie das günstige Wachstumsstadium beobachten. In die beiden Riesenkürbisse wurden Vornamen eingeritzt, die zusammen mit den Kürbissen immer größer wurden. Wie nicht anders möglich, wurden die Kürbisse, als sie reif waren, mit dem Handwagen über die Straße gefahren und zu sauersüßem Nachtisch verarbeitet, der dem Zwölfjährigen aber zu sauer oder zu streng schmeckte. Im ESSEN-Kapitel wird unter anderem Gemüse auch der Kürbis wieder erwähnt.

Eine außerhalb des Gartens, aber direkt am Zaun stehende dicke Eiche ragte mit ihren Ästen und Zweigen über ihren Gemüsegarten, und ihre Wurzeln nahmen dem Boden Feuchtigkeit und Nährstoffe weg. Dort setzten seine Eltern nur Kartoffeln. Der Gemüseteil wurde nach hinten in Richtung zum See von einer Reihe Johannisbeersträucher abgeschlossen. Dahinter wuchsen ein paar Stachelbeersträucher, deren Früchte grün abgepflückt und zu Kompott geschmort oder eingeweckt wurden. Daneben standen noch einige Reihen Himbeersträucher, deren Beeren aber meistens madig waren. Hinter dem niedrigen Gartenzaun lag eine kleine Wiese, und dann war dort noch ein kleiner ihnen gehörender, jedenfalls von ihnen zu nutzender, extra eingezäunter Garten, in dem außer drei Stachelbeersträuchern nur Erdbeeren angepflanzt waren, die reichliche Ernten trugen. In einem Jahr ernteten sie etwa 120 Pfund; die täglich gepflückten Beeren wurden nämlich in der Küche abgewogen und registriert, dann eingezuckert gegessen, eingeweckt oder zu Marmelade gekocht, in Gläser gefüllt und mit durchsichtiger Cellophanfolie zugebunden.

Am untersten Ende der Wiesenseite des großen Gartens war eine Fläche für einige Beete rigolt worden, das heißt, das Gras war in großen Stükken, Grassoden, abgestochen worden, die die sich nach oben verjüngende Einfassung des oben erwähnten Komposthaufens bildeten. Darunter kam wegen der Nähe zu der sehr feuchten Wiese dunkler fruchtbarer Boden zum Vorschein. Dort gedieh das Gemüse, wie Kohlrabi oder Gurken, zu ihrer Zufriedenheit im Gegensatz zum rechten Gartenteil in der Nähe der dicken Eiche. Die angrenzende große feuchte Wiese, durch einen Abzugsgraben in der Mitte längs geteilt, war zum Teil verpachtet. Jährlich wurde zweimal Heu gemacht; eine Ernte stand dem Lehrer zu, für die sein Ältester manchmal das gemähte Gras mit einer leichten hölzernen Harke zum Trocknen umwendete. Dieses Heu wurde im Winter an ihr Vieh verfüttert. Jemandem – in der übertragenen Bedeutung – zeigen, was eine Harke ist, konnte er sich also bildhaft gut vorstellen. Das Heu wurde auf dem Boden des Stallgebäudes gelagert, wobei er trotz der Hitze dicht unter dem Dach gern half, das duftende Heu in die hintersten Winkel zu stopfen. Der Dachstuhl bestand aus sehr starken Balken. Nach Meinung seines Vaters war dort im Jahre 1933 zuviel Holz verbaut worden; die Hälfte etwa hätte gereicht, um die gebrannten blaugrauen gewellten Dachziegel zu tragen. Auf dem Dach des Schulgebäudes lagen dagegen rote und glatte Dachziegel, unter Handwerkern werden sie Biberschwänze genannt.

Seine weitere Umgebung, die nicht eingezäunt war, bestand aus Wald, aus märkischem Wald, für den das folgende Kapitel reserviert ist.

Der Wald

… daß der märkischen Eichen, der märkischen Kiefern und des märkischen Sandes nie alle werden möge, darauf leere Ich Mein Glas.
Es lebe die Provinz Brandenburg! Hurra, hurra, hurra!

Kaiser Wilhelm II. am 31.8.1912 in Berlin

Märkische Heide, märkischer Sand
sind des Märkers Freude, sind sein Heimatland.

Beginn des Märkerliedes, 1923, von Gustav Büchsenschütz (1902-1996)

Das Schul- und Wohnhaus von Wendisch Rietz, zehn Jahre lang Märkisch- später wieder Wendisch Rietz, steht direkt am Waldrand. Der Wald bestand damals und besteht noch heute aus Kiefern, in Reihen gepflanzt, die aber nicht den Eindruck einer unnatürlichen Anpflanzung wie in einer Baumschule oder Plantage erweckten. Da in dieser Gegend von Deutschland der Sandboden vorherrscht (des Heiligen Römischen Reiches Streusandbüchse: »vielzitiert« bei Fontane im Aufsatz über »Die Mark…« in »Fünf Schlösser, S. 401) wachsen nur in unmittelbarer Nähe der Seen oder am Rande von Wiesen, Luchen und Fließen Laubbäume, wie Birken, Ulmen, Erlen, Weiden. Eine Ausnahme ist der Sauener Mischwald von August Bier, dem Chirurgieprofessor an der Berliner Charité, der im 1. Weltkrieg den Stahlhelm erfunden hatte. (»Die richtig gemischten Gegensätze fügen sich zur Harmonie.«) »Dunkler Buchenhain« der 2. Strophe des Märkerliedes wuchs nicht in der Umgebung seines Heimatdorfes.

Die Streusandbüchse hat schon lange ihre Bedeutung verloren. Wer schreibt heute noch mit Tinte? Zumindest schreibt niemand mehr mit Federkiel. Weil die Tinte früher nicht so schnell trocknete, gab es Löschpapier. Auf keinen Fall wurde Sand darüber gestreut, lediglich in Theaterstücken oder Filmen war diese effektvolle Prozedur zu sehen. Scholz schreibt in Band 6 seiner »Wanderungen« (S. 38):

> *Die stille weiche Luft breitet sich über die sommerliche Mark immer noch dann und wann, und wenn sie sich breitet, im blauen Dämmer von Augustabenden zumal, kann sich die karge Streusandbüchse zu wahrhaft bezaubernder, verzaubernder Schönheit erheben.*

Wenn der Älteste mit Rad oder Bahn nach Storkow fuhr, dehnte sich zu beiden Seiten der Straße beziehungsweise der Bahnstrecke der Kiefernwald aus, unterbrochen von zwei oder drei Kahlschlägen, die wieder aufgeforstet wurden, nachdem alle Stubben gerodet (rigolt) worden waren. Fontane schrieb am 6.6.1885 an seinen Sohn Friedrich:

> *In Brandenburg und der Lausitz schmeckt alles nach Kiefer und Kaserne.*

Beiderseits der Straße nach Storkow waren Vogelbeerbäume angepflanzt, deren Früchte im Herbst hellrötlich leuchteten. Vor Akazien (Robinia pseudoacacia) hatte der Junge als Radfahrer Angst; denn ein einziger Dorn konnte durch den Fahrradmantel in den Luftschlauch dringen und zu einem sogenannten Plattfuß führen. Große gerade gewachsene Kiefern wurden als Telephonmasten, oder Telegraphenstangen genannt, verwendet. Das Bild seiner Fibel zum Buchstaben S, bei der damaligen Sütterlin-Schreibweise ein sogenanntes langes S, zeigte zwei barfüßige Kinder, die je ein Ohr an einen Telegraphenmast hielten und dabei dem Summgeräusch dieser Drähte, durch noch so leisen Wind verursacht, lauschten.

Die Kiefer hat verschiedene Borken: hellbraun und dünnblättrig bei jungem Holz, schwarzbraun und dick bei altem Holz. Aus der dicken Kiefernborke schnitzten die Jungen Boote, die sie auf dem See schwimmen ließen, eine Gänsefeder diente gleichzeitig als Mast und als Segel. Holzstämme von bestimmter, einheitlicher Dicke und in einer Länge von etwa zwei Metern wurden auf dem Bahnhofsgelände erst gestapelt und dann in offene Güterwagen verladen, und zwar senkrecht stehend oder in Rungenwagen, in zwei Stapeln liegend. Sie wurden als Grubenholz zur Abstützung der unterirdischen Stollen in den Kohlebergwerken der Oberlausitz verwendet. Zwischen dem Bahnübergang, dem Bahnhof und der Straße dehnte sich ein Holzlagerplatz aus, um den er auf dem morgendlichen Weg zum Bahnhof seit August 42 immer herumgehen mußte.

Nur wenn beide Tore offen standen, was mit einem einzigen Blick festzustellen war, nutzte er die – wenn auch kurze – Abkürzung aus. Auf Abkürzungen war er auch später erpicht, sie bereiteten ihm stolze Zufriedenheit. »Wem jehört der Lagerplatz?« fragten ihn eines Tages ein paar Kinder, die dort spielen wollten, in der Annahme, der Lehrersohn müsse das wissen. Und sie lasen ein kleines Schild am Zaun, das allerdings nur die Firma nannte, die den Zaun her- und aufgestellt hatte. Er vermutet, daß er antwortete: »Das weiß ich nicht« oder wohl eher: »Det weeß ick nich.« Denn woher sollte er wissen, daß das Grundstück Eigentum des Deutschen Reiches, des Sondervermögens Deutsche Reichsbahn, war?

Damit in Zusammenhang steht möglicherweise eine Tagebucheintragung seines Vaters: »Der Bahnhof ist kein Spielplatz«, der nicht als Privatperson oder Dorfbewohner, sondern als Lehrer bei einem Spaziergang am Himmelfahrtstag, dem 2.5.1940, sich verantwortlich fühlte und darüber schimpfte, daß »seine« Schulkinder auf dem Bahnhofsgelände und in leeren Güterwagen herumtobten, als gerade Berliner Sommerfrischler zum Zug kamen zur Rückfahrt nach zwei Feiertagen und sich angeblich ihren Teil über die Zucht und Ordnung in einem märkischen Dorf dachten.

In westlicher Richtung, vom Schulhaus aus gesehen, gab es nur Kiefernwald, in den sie auf dem mit grobkörniger Schlacke befestigten

»Schwarzen Weg« sonntags gelegentlich spazieren gingen, wenigstens im Frühjahr und im Herbst. Dabei entstanden häufig Kinder- und Familienfotos, die an die Verwandten verschickt wurden. Der Geruch von Kiefernnadeln, von Harz und frisch geschnittenen, das heißt abgesägten und zu Holzstößen gestapelten Baumstämmen hat sich ihm damals so tief eingeprägt, daß er noch heute das Bild des märkischen Kiefernwaldes bei seinem Heimatdorf vor dem inneren Auge hat, wenn er Kiefern sieht und riecht.

Zu den niedrigen buschartigen Jungkiefern, von den Forstleuten in Schonungen gegen Wildfraß eingezäunt, sagten sie Kuscheln; Fontane spricht in seinen »Wanderungen« von Kusseln. Es war für ihn etwa ab dem elften Lebensjahr eine beliebte Beschäftigung, keine Arbeit, entastete drei Meter lange Kiefernbäumchen zu zersägen und mit einem Beil auf einem Hauklotz zu Brennholzstücken zu zerhacken. Vorher tat es für sie Herr Abeling, der bei der Reichsbahn auf dem Bahnhof arbeitete und der ihm zeigte, an welcher Stelle er den Holzkloben spalten müsse: »So wie er gewachsen ist« sagte er, »du mußt das Holzstück zergucken.« Seine Mutter fotografierte ihn einmal beim Holzzerkleinern in einer an Hosenträgern hängenden kurzen Hose, die sie aus einer Großvaterhose genäht hatte; sie war zu groß genauso wie die schwarze Jungvolkuniformhose. Er war stolz darauf, daß er die Technik des Holzzerhackens schnell beherrschte, war er doch sonst handwerklich ungeschickt und nicht praktisch veranlagt, eine von seinem Vater vererbte Eigenschaft.

Als der Junge einmal auf dem Sägebock Kiefernstämme zersägte, sprang das Sägeblatt beim Ansetzen wieder aus der angesägten Kerbe heraus und in seinen linken Zeigefinger. Es verursachte einen tiefen Schnitt, der stark blutete, so daß er mit seiner Zunge auf die Wunde drückte und sofort ins Haus zu seiner Mutter lief. Sie war gerade im Wohnzimmer, weil ein Mädchen (Christa Dabergotz), etwa so alt wie er, eine Haussammlung mit einer Liste durchführte. Er mußte deshalb mit dem Finger am Mund warten, bis seine Mutter das Spendengeld gegeben und den Betrag und ihren Namen in eine Liste eingetragen hatte. Erst dann wurde sein Finger verbunden, und zwar mit einer weißen Binde, die er erst nach 45 Jahren auf einem Foto vom März 45, das er bereits im Gartenkapitel erwähnte, entdeckte: seine linke Hand ruht auf der linken Schulter seiner Mutter, von Herrn Kandler sicher so arrangiert. Die Wunde heilte nicht ganz richtig zusammen, so daß bis heute eine Narbe deutlich sichtbar ist. Auf diese Weise erhielt er ein bleibendes Andenken daran, daß das Winterhilfswerk dem leiblichen Wohl des eigenen Kindes vorging. Denn manchmal kündigt die juckende Narbe einen Wetterwechsel an: Gemeinnutz geht vor Eigennutz! So lautete Nr.24 des Programms der NSDAP, München, den 24.2.1920.

Erst mit zehn Jahren (abgesehen von dem im Alter von drei Jahren erlebten, aber nicht in Erinnerung gebliebenen Fichtelgebirge) lernte er Fichtenwald kennen, und zwar während der halbjährigen KINDERLANDVERSCHICKUNG nach Krynica in den Süden des Generalgouvernements des besetzten Polens. Diese Zeit wird später ausführlich geschildert. Später, 1946/47, sah er dann bei Lübeck Buchenwald und erkannte, daß auch dieser Wald seine Schönheiten in der jeweiligen Jahreszeit hat. Aber der Kiefernwald, sei es nun auf den sandigen Höhenrücken bei Hamburg-Blankenese oder in den Harburger Bergen oder auf dem Koblenzer Kühkopf, erweckte immer Erinnerungen an den Kiefernwald vor der Haustür in Märkisch-Rietz. Wenn er aus dem Wohnzimmerfenster sah, blickte er durch Kiefernstämme hindurch über den Bahnübergang, vor dem auch auf dieser Seite das dreieckige Warnschild mit der Dampflokomotive im Schattenriß stand, hinweg in Richtung Bahnhof und Einmündung der Ortsstraße in die den Landkreis durchquerende Reichsstraße mit dreistelliger Nummer (246).

Bei Westwind lebten sie ganz unter dem frischen Kieferngeruch, während bei Ostwind die kühlende Seeluft herüberwehte. Besonders im Sommer strömte der Harz und der mit Kiefernnadeln gepolsterte Waldboden einen würzigen Geruch aus. Wie gesagt blieb diese Erinnerung unvergeßlich für ihn, ein Beweis der Existenz eines Geruchsgedächtnisses, auch für den Duft von Rosen in einer Vorgartenecke. »In Wald und Flur«, wie eine Sammlung von Bildern der Zigarettenfirma Reemtsma hieß, wurde er von seinem Vater auf Vögel aufmerksam gemacht, wie den Buntspecht, den sie weithin klopfen hörten, den krächzenden Eichelhäher, der die anderen Tiere des Waldes vor Gefahren warnte, und die diebische Schackelster. Er kniete vor einem Sandtrichter des Ameisenlöwen, der Larve der Ameisenjungfer, um zu warten, bis eine Ameise rettungslos runterrutschte. Am Haus, im Vorgarten und im Hof beobachtete er Blaumeisen, Kohlmeisen und die von ihm besonders geliebten Buchfinken. Selten waren der schwanzwippende Gartenrotschwanz, das zutrauliche Rotkehlchen und der dicke Dompfaff, den er nur von der Reklame auf der runden Bohnerwachsbüchse kannte. Die tschilpenden Spatzen, den von alters her das schmückende Beiwort »frech« von den Lehrern zugeteilt wurde, und die gern in den Pferdeäpfeln auf der Straße herumpickten, waren für ihn gemeines farbloses Vogelvolk, das einer besonderen Beachtung oder gar Zuneigung nicht wert war.

Ein außergewöhnliches Ereignis war es, wenn er den Ruf eines Kuckucks hörte, gelegentlich auch einen Kuckuck in der Ferne fliegen sah. Wenn man dabei sein »Portmonnee« in die Hand nahm, sollte das Geld »nicht alle« werden. Die über dem Dorf in weiten Kreisen flatternden Tauben wurden von ihm nicht beachtet, bis er sie eines Tages vermißte, weil sie vor oder bei Kriegsende dem Kochtopf oder der Bratpfanne zum Opfer gefallen waren.

Im Wald wuchsen Pilze, vor allem Pfefferlinge, einige Leute sagten auch Pfifferlinge. Einmal ging der Junge mit Frau Richter, der schon erwähnten Nachbarin von gegenüber, die als Waldarbeiterin auf den Kahlschlägen junge Kiefern pflanzte und viele Pilzarten kannte, zum Pilzesuchen. Ein anderes Mal nutzte er die Zeit, als seine Eltern im Gasthaus am Großen Glubigsee saßen, um seine erlernten Kenntnisse unter Beweis zu stellen und in seinem Taschentuch Pfefferlinge zu sammeln, die er dann auch zu Hause zu essen bekam. Das waren die Pilze, die er genau kannte. Von den anderen Pilzen wußte er nicht, ob sie giftig waren oder eßbar. Bei dieser Gelegenheit verpaßte er die von seiner Mutter erst im Jahre 1989 aus dem Erinnerungsreservoir hervorge- und wiederholte Schauergeschichte von Glubig-Schulze, man habe eine Seeleiche wieder hineingeworfen, weil sie ein guter Köder für Aale war (bei Kempowski, S. 288, ist es ein Pferdekopf).

In der Schule hörten die Kinder immer wieder die Warnungen, die an den ersten Bäumen an den Wegen in den Wald angeheftet waren:

Spiele nicht mit Streichhölzern!
Rauche nicht im Wald!

Schon am 23.5.1935 hatte sein Vater das Unterrichtsthema »Spielt nicht mit Feuer!« in das Schultagebuch geschrieben. Auf einem Berg mit Namen Brandberg in Richtung Bugk wurde ein hölzerner Feuerwachtturm errichtet, damit von dort aus Waldbrände rechtzeitig erkannt werden konnten, weil man den Abwurf von Brandbomben befürchtete. Bei einem sonntäglichen Spaziergang kletterte er mit seinem Vater oder, besser gesagt, umgekehrt: sein Vater mit ihm trotz des unvermeidlichen Verbotsschildes hinauf, und sie hatten einen weiten Rundblick bis Storkow und zu den Rauener Bergen. Das war die einzige Gelegenheit, bei der er ihren Landstrich aus der Vogelschau betrachten konnte.

Am weitesten lernte er den Wald kennen, als er mit zwölf Jahren allein mit seinem Fahrrad unterwegs war. Auf diese Weise kam er einmal bis an den Springsee. Wahrscheinlich nutzte er den Rückweg von der Klavierstunde in der Behrensdorfer Siedlung zu einer Erkundungsfahrt aus. »Wenn schon, denn schon«, sagte er sich. Dabei stieß er nach der Abfahrt von der Landstraße in der Nähe des alleinstehenden Hauses des Schneiders im Wald auf eine hügelige Endmoränenlandschaft: kleine Sanddünen waren spärlich mit Krüppelkiefern bewachsen. Die Hügel erhoben sich nicht über die Wipfel des umgebenden Kiefernhochwaldes. Auf dem höchsten dieser Hügel steckte er Kiefernzapfen, zu denen sie Kienäppel sagten, in den Sand und dachte sich damals, er würde sie vielleicht wiederfinden, wenn er einmal dorthin zurückkehren würde. Gleichzeitig hatte er aber in diesem bewußt erlebten Augenblick ahnungsschwere Zweifel, ob das wohl möglich wäre. Der Sand war dort so weich und tief, daß er mühsam auf den Hügel hinaufwaten mußte und wieder herunter. Sicherlich mußte der sich als Abenteurer fühlende Junge die Schuhe ausziehen und ausschütten, ehe er mit dem Rad weiterfuhr. Dabei benutzte er schmale Waldpfade, die ihn sacht auf dem Sattel auf und ab bewegten, so daß die Stahlfedern des Sattels etwas quietschten. Er machte die Bewegungen bewußt mit, so ähnlich wie sich ein Reiter dem Rhythmus der Pferdegangarten anpaßt. Im nächsten Kapitel wird mehr über sein Fahrrad berichtet.

Märkische Heide, märkischer Sand sind des Märkers Freude, sind sein Heimatland.

So beginnt das bekannte Lied. Sein Vater nannte es im Stil der damaligen Sprachregelung in seinen tagebuchartigen Unterrichtsaufzeichnungen im Jahre 1933 *»der Brandenburger Trutzlied«*. Die märkische Heide, wie sie in dem weit verbreiteten Lied besungen wird, darf – der Leser wird diesen belehrenden Hinweis verzeihen – nicht verwechselt werden mit dem Heidekraut, der Erika. Die märkische Heide bedeutet vielmehr Kiefernwald.

»Es geht ins Märkerland, ins schöne Märkerland« war zwar ein eingängiger Refrain, wurde aber nicht so gern gesungen, vermutlich wegen des Schlusses: *»Ich will dich lieben bis in den Tod«* (von Kurt Heise).

Vom Sommer 45 ist ihm der Brandgeruch unvergeßlich, als durch die Sprengung von Munitionsbunkern der kiefernnadelgepolsterte Waldboden und einige Bäume in Brand gerieten. Diese mehrmaligen Brände weiteten sich aber zum Glück nicht aus, weil sie bald »von der ganzen Bevölkerung«, so sagte seine Mutter, gelöscht wurden. Rauch und Geruch wehten aber bis zu ihnen in das Dorf hinein.

Der Revierförster Vollack wohnte gegenüber der Mühle an der Südspitze des Scharmützelsees. Da er gleichzeitig Ortsgruppenleiter der Partei war und daher zwei Uniformen tragen konnte und der Lehrer andere Parteifunktionen wahrnahm, die mit Arbeit verbunden waren, lernte der Lehrersohn den Förster kennen, hatte aber keine Gelegenheit, mit ihm auf Revierbesichtigungen oder gar auf Jagd zu gehen.

Als sein Vater als Soldat schon in Albanien war, fand dicht bei dem Schießstand hinter dem von allen so genannten Großen Sandberg, von dem die Kinder im Winter runterrodelten und nach Ostern die buntgefärbten Eier nach Spreewälder Brauch (»Waleien«) – mit der Angst, sie zu verlieren wie bei den Murmeln – runterkullern ließen, jenseits der Bahnlinie eine praktische Vorführung der neuen Waffe Panzerfaust statt, wobei der Förster einen Holzstoß als Panzerersatz und –ziel mit großem Knall traf. Er war dabei, als Herr Vollack anschließend (in welcher Uniform, ist wohl nicht wichtig) strahlend verkündete: »Ich habe nur über Kimme und Korn gezielt, genauso wie bei meinem Jagdgewehr.«

Hinter diesem Schießstand zwischen den Schienen und der Storkower Chaussee lag ein Sägewerk, das gegen Kriegsende verlassen war. Von dort transportierte der Junge – »organisierte« entsprechend dem damaligen Vokabular – mit dem Handwagen ein paar rohe Schwartenbretter, deren Ränder noch nicht gerade geschnitten waren. Sie wurden zu einem Verschlag zum Schutz der Kaninchenställe an der äußeren Westwand des Nebengebäudes verwendet. Was wäre der Wald gewesen ohne sein Fahrrad? Darum dreht sich das nächste Kapitel.

Räder

So muß die ganze Erziehung darauf eingestellt werden, die freie Zeit des Jungen zu einer nützlichen Ertüchtigung seines Körpers zu verwenden. Er hat kein Recht, in diesen Jahren müßig herumzulungern, Straßen und Kinos unsicher zu machen, sondern soll nach seinem sonstigen Tageswerk den jungen Leib stählen und hart machen, auf daß ihn dereinst auch das Leben nicht zu weich finden möge.

Hitler: Mein Kampf S.277/8

Seine Eltern schenkten ihm das schon mehrmals erwähnte Fahrrad gerade noch rechtzeitig, bevor wegen des Krieges die Produktion von Fahrrädern eingestellt wurde. Die Marke war »Falter«, eine Nachbildung war auf dem vorderen Schutzblech befestigt. Der Lenker war breiter als bei früheren Fabrikaten, also breiter als bei dem Damenfahrrad seiner Mutter, es war ein sogenannter Gesundheitslenker. Zu Anfang war das funkelnagelneue Rad noch zu hoch für ihn, seine Füße konnten nämlich nicht auf die Pedale hinunterreichen. Deshalb ließ sein Vater Holzklötze darauf befestigen und brachte ihm das Fahren auf der Straße vor dem Haus bei, kritisch beäugt von dem Nachbarn Briesenick. Er war sehr stolz auf sein erstes großes Eigentum, etwas Nützliches, zum ersten Mal kein Spielzeug mehr wie der Roller. Gern und sooft es ging, war er mit seinem Fahrrad unterwegs, nachdem die Holzklötze nicht mehr erforderlich waren. Leider waren die Markgrafensteine, die eiszeitlichen Findlinge, in den Rauener Bergen zu weit, zehn Kilometer etwa, entfernt. Die Rauener Berge:

Du liebes Bißchen, unsere märkischen Berge! Hoch sind sie ja wahrhaftig nicht, aber wo nur Seen, Flußläufe, Sümpfe, Luche und flaches Land sich breiten, kommt diesen Erhebungen eine beherrschende akzentuierende und attraktive Kraft zu, die in älteren Zeiten sehr stark gewesen sein muß.

So schreibt Scholz in seinen »Wanderungen« (Bd. 5 S. 48). Ein besonders krasses Beispiel sind der kleine und der große Sandberg mit ihren lächerlichen Höhen von 2 und 6 Metern jenseits der Eisenbahnschienen. Die Markgrafensteine waren nur deshalb so interessant für den Lebensabschnittsbeschreiber, weil er an einem Pfingstsonntag geboren ist, im Jahre zweiunddreißig bei zweiunddreißig Grad im Schatten, wie seine Mutter immer wieder versicherte, und weil die Sage geht, ein Sonntagstagskind könne die dort verwunschene Müllerstochter als Prinzessin erlösen, wenn es mit einem weißen Raben in der Hand siebenmal um den größten Stein läuft, ohne Luft zu holen. Eine andere Überlieferung fordert andere Vögel und einen dreimaligen Umlauf. Das war ein Unterrichtsthema seines Vaters vor dem Umzug nach Wendisch-Rietz, nämlich am 14.11.1933 (und dann im Dezember 39). Die Erlösung durch ihn würde nie klappen, sagte sich der Junge, weil er einen weißen Raben noch nie gesehen hatte und nicht beschaffen könnte. Also war es auch nach seiner zwar kindlichen, aber schon zweckgerichteten Logik nicht lohnenswert, sich die Findlinge anzusehen und abzuschätzen, ob er die Luft solange anhalten könnte, wie es der Sage nach gefordert war.

Eine traurige Sage war das, die eine Erlösung eines gewiß schönen Mädchens unmöglich machte. Er lernte daraus, daß es Dinge gibt, die wünschenswert, aber nicht erreichbar sind. Eine Sage war's, die entstanden ist aus der Unkenntnis des Volksmunds und aus der früheren Unglaublichkeit der wissenschaftlich bewiesenen Tatsache, daß diese riesigen Feldsteine mit dem Eis von Skandinavien hierher transportiert worden waren und dann liegen blieben, als die Eismassen wegtauten. Zur DDR-Zeit, im Jahre 1977, erschien ein Briefmarkensatz »Naturdenkmäler«: ein Wert war der »Findling ‚Rauenscher Stein' bei Fürstenwalde«. Bekanntlich wurde aus dem einen großen Stein eine Schale herausgemeißelt, die seit 1834 im Lustgarten vor dem Alten Museum in Berlin steht.

Das allein ihm und keinem anderen gehörende Fahrrad war ein wichtiges Instrument für seine wachsende Selbständigkeit und für sein Werden zum Jugendlichen. War er mit ihm unterwegs, konnte ihm niemand etwas sagen, spürte er einen Hauch von Freiheit und summte Volkslieder vor sich hin, deren Anfänge im MUSIK-Kapitel zu lesen sind. Seine Mutter ließ ihn fahren – »Hast du deine Schularbeiten jemacht?« – zumal er in Storkow mit Einkaufsnetz und – tasche einkaufte und zur Klavierstunde in die Behrensdorfer Siedlung, später zu Wendisch Rietz eingemeindet, nur mit dem Fahrrad gelangen konnte. Es gelang ihm nicht, eine Steigung auf der Straße nach Storkow mit seiner Serpentinenfahrtechnik zu bewältigen, so daß er absteigen und das Rad schieben mußte, während »weit und breit« kein Auto zu sehen oder zu hören war.

Diese Fahrten gaben ihm Gelegenheit zu stillen Selbstgesprächen und Reflexionen, zu Gedanken, die wie zum Aufschreiben formuliert wurden, aber nicht über die Lippen kamen. Das war ein wichtiges Stadium seiner geistigen Entwicklung. Bei einer solchen Fahrt im Spätsommer 1943 in die Nähe des Kleinen und Großen Glubigsees fand er ein Flugblatt, das offensichtlich aus einem der Flugzeuge abgeworfen worden war, die nachts und zum Schluß des Krieges auch tags, dann mit weißen Kondensstreifen, über ihre Gegend flogen und den großen und langen Scharmützelsee als Wendemarke für ihre Bombenangriffe auf Berlin von Osten her benutzten. Das Blatt trug unter anderem ein Foto von vielen deutschen Soldaten, die in Afrika gefangengenommen worden waren. Ihn überraschte, wie viele es waren (200.000!), und es dämmerte ihm, was in den deutschen Wehrmachtberichten täglich verschwiegen worden war. Nach diesen Berichten gab es nur Gefangene der Feindstaaten. Er bedauerte es, das Flugblatt seiner Mutter gezeigt zu haben, weil sie es sofort zerriß und in das Herdfeuer warf.

Wenn der Krieg nicht gekommen wäre, eine seitdem häufig ausgesprochene Bedingung, hätte er mit dem Fahrrad seine Heimat in engerer und weiterer Umgebung des Dorfes kennen gelernt. Die heimatliche Landschaft war keine Holsteinische oder gar Fränkische Schweiz, beide Schweizen wurden ihm in späteren Jahren bekannt. Zur Märkischen

Schweiz mit dem Schermützelsee fünfzig Kilometer nördlich des Dorfes kam er erst im Alter von fünfzig Jahren. Das gleiche gilt vom Spreewald, wohin sein Vater in den Jahren 1931 und 1933 Schulausflugsfahrten unternommen hatte. Fontane war 1859 dort gewesen. Da der geborene Märker inzwischen Paris, London, Gent, Venedig, Breslau, Krakau, Danzig, St. Petersburg, Oslo, Florenz und andere ausländische Städte und Landschaften, wenn auch nur bei kurzen Besuchen, gesehen hat, begreift er die Bedeutung des von Fontane im Vorwort zu seinen »Wanderungen« (Grafschaft Ruppin S.V, November 1861) geschriebenen Satzes:

Erst die Fremde lehrt uns, was wir an der Heimat besitzen.
Es macht dabei gar nichts aus, daß die Ortsnamen für den Fremden befremdlich klingen. Schon Fontanes Kutscher Moll hatte im Wanderungsband »Spreeland« (S. 24) vor über hundert Jahren einige Ortsnamen für »orntlich ein bischen genierlich« gehalten, wie Pieskow, Schermeusel-Piesk, Sauen, Schweinebraten. Hammelstall wurde bekanntlich von Friedrich dem Großen wegen des untertänigsten Protestes der Bewohner in Philadelphia umgetauft, so daß sie sich in einem freiheitlichen Kolonistendorf wähnten.

Sein Interesse, Landkarten zu studieren, wurde früh durch seinen Vater geweckt, der sich »von Schule wegen« dazu berufen fühlte, den Kindern das Lesen des Meßtischblattes beizubringen. Hierüber hielt er sogar in Storkow im Jahre 1930 einen Vortrag: Das Meßtischblatt als Lehr- und Lernmittel im Unterricht, darin: Rechnen im Rahmen des Gesamtunterrichts, um seine Kollegen für dieses bisher ungewohnte Thema zu erwärmen. In diesem Zusammenhang fällt dem Biographen ein, daß der Begriff des Radfahrens im übertragenen Sinn ihm damals noch nicht geläufig war, nämlich: krummer Buckel gegenüber Vorgesetzten, aber nach unten treten.

Sein Vater besaß ein Motorrad von SAX. Damit transportierte er in einem Winter bei minus 18 Grad Celsius, wie er erzählte, mit dicken

Mauken über den Händen, die Ohren ließ er »durchfrieren«, aus einem 15 Kilometer entfernt liegenden Dorf in einem Korb junge weiße Hühner, Leghorn hieß die Rasse, nach Märkisch-Rietz. Laut Chronik von Lübbenow war sein Vater am 1.9.29 vom Fahrrad gestürzt, weil ein Kind ihm hineingelaufen war. Dabei hatte er sich an der einen Augenbraue eine Platzwunde zugezogen. Bei Wetterwechsel hatte er dort Schmerzen. Außerdem zuckte er mit einem »Au!« zusammen, wenn er sich an der Augenbraue stieß oder wenn er dort gestoßen wurde.

Mit diesem Motorrad fuhr er zum Beispiel nach Süden in das dritte Dorf, nach Görsdorf, wo sie vorher gewohnt hatten, um dort zu einer Hochzeit oder zu einer Beerdigung Orgel zu spielen, oder nach Ahrensdorf, um dort einen kranken Kollegen zu vertreten. (So vom 13.6. bis 26.10.1938, jeweils von ½ 10-12 Uhr, etwa 15 mal.) Er zog für eine solche Fahrt einen schwarzen Kleppermantel an, bei dem er die unteren zwei Ecken um die Beine herum festknöpfen konnte, wie bei den Uniformmänteln der Heeres-Kradmelder, außerdem Lederhandschuhe. Schließlich setzte er eine Kleppermütze und eine Motorradbrille auf. Sein Vater stellte das Motorrad auf die Straße vor dem Hausgrundstück, und zwar in der Mitte, weil die Straße stark gewölbt war, drückte mehrmals auf ein Ventil, damit das Benzin aus dem Kanister in den Motor laufen konnte, ein paar Tropfen Benzin liefen dabei über, man roch es gleich. Er setzte sich auf den Sattel, während das Motorrad noch aufgeständert war, und trat die Pedale solange im Stehen, bis der Motor knatternd ansprang. Wenn der Motor wieder ausging, tippte er noch mehrere Male auf das Ventil, bis das Anlassen beim nächsten Mal klappte. Es knatterte laut, und es stank im Leerlauf aus dem Auspuff. Auf einem Foto sieht man, daß Herr Briesenick hinter seinem niedrigen Hauszaun stehend zugeschaut hat. Dann drückte sein Vater das Motorrad nach vorn, so daß der Ständer mit einem klickenden Geräusch hochklappte und einrastete, stellte am Benzinkanister zwischen den Beinen den ersten Gang ein und drehte am Handgriff, gab also Gas, und dann fuhr er los. Seine letzten Worte des Abschieds konnte der Sohn wegen des Geknatters nicht verstehen. Er winkte hinterher, während sein Vater erst mit einer behandschuhten Hand winkte, nachdem er den nächsten Gang eingelegt hatte. Nach seiner Rückkehr war das nicht gegessene Wurstbrot willkommenes »Hasenbrot«.

Nach einer derartigen Fahrt zeigte ihm sein Vater, wie er die Speichen und die Felgen mit einem Lappen säuberte. Und das Gelernte konnte sein Ältester bei seinem Fahrrad anwenden, das er allerdings zum Säubern umdrehte und umgekehrt auf Sattel und Lenkstange stellte. Einmal durfte er auf dem Motorrad mitfahren, obwohl es keinen Soziussitz hatte. Auf den Gepäckträger wurde eine Wolldecke zusammengelegt, darauf setzte er sich. Sein Vater fuhr über Bad Saarow und dann kurz vor Fürstenwalde auf die Autobahn, auf die Reichsautobahn nach Frankfurt/Oder, die in diesem Abschnitt am 6.8.1937 eröffnet worden war. Damals war »Autobahn« ein Zauberwort moderner Beliebtheit. Noch 1963 schwärmte Rudolf Heß, gestorben 1987, von der von Todt entwikkelten »Philosophie von der Schönheit der Straße« (Speer: Spandauer Tagebücher S.584).

> *Die Wiege des preußischen Beamtentums … war die Viadrina (die Oder-Uni in Frankfurt), an der im weltlichen Bereich Juristerei und Kameralistik … die bevorzugten Fächer waren. Mit den entsprechenden Lehrern … wie … Heinrich und Samuel Cocceji, Jura …*

So schreibt Scholz in Band 2 seiner »Wanderungen« (S. 117). Hier wohnte Kleist und schrieb den »Prinz von Homburg« mit dem Final-Trompetenstoß: *In Staub mit allen Feinden Brandenburgs!*

Mit »achtzig Sachen« fuhr sein Vater natürlich nicht, das galt bei allen Jungen nämlich als sehr schnell. Bei dieser Fahrt wird es gewesen sein, daß ihm sein Vater an der Reichsstraße von Frankfurt nach Lebus den kleinen Hügel rechts neben der Chaussee, was dort ein gängiges Wort war, zeigte, von dem aus Friedrich der Große im Siebenjährigen Krieg die Schlacht von Kunersdorf beobachtet haben soll. Auf Landkarten steht: Slawischer Burgwall. Als der Oberschüler im Sommer 43 nach halbjähriger Abwesenheit aus Krynica nach Hause kam und sein Vater einberufen und eingezogen war (offiziell hieß es: er hatte den Einberufungsbefehl bekommen), stand das Motorrad aufgebockt in der Dachkammer, einer Rumpelkammer ohne Gerümpel oder gesammelten Krempel, rechts neben dem Schlafzimmer, nur mit einem kleinen Rest Benzin im Tank.

Dieser Rest sorgte dafür, daß ein Rotarmist, ein Befreier, wie die Erwachsenen ironisch sagten, über die Fahrbereitschaft des zweirädrigen Fahrzeugs getäuscht wurde. Frau Richter erzählte mit Schadenfreude, wie sich ein unerfahrener junger Muschkote abgequält hatte, das Motorrad auf die Straße zu schieben und in Gang zu bringen, aber nicht weit gekommen sein konnte. Vor ihrer FLUCHT Ende April 1945 hatten sie das Motorrad mit gemeinsamer Anstrengung aus der Dachkammer in den Keller gebracht, und zwar in den hintersten Raum, dessen Holztür zugeschlossen und den Schlüssel abgezogen. Sie hatten es in Sicherheit gebracht, wie sie meinten. Aber sie ereichten genau das Gegenteil: die verschlossene Dachkammer fanden sie nach der Rückkehr nicht aufgebrochen vor. Jeder konnte nämlich durch das Schlüsselloch sehen, daß dort überhaupt nichts aufbewahrt war. Die Kellertür war jedoch aufgebrochen worden, und der Kellerraum war leer, als sie von ihrer mehrtägigen Flucht am Sonntag, dem 29. April, heimgekehrt waren.

Dem Motorrad trauerten sie allerdings nicht nach, aber sie waren traurig, daß die drei Fahrräder, vor allem sein Rad, sein schönes Falterfahrrad, weg waren, einfach futsch. Sie hatten alle drei Fahrräder vor dem Schulhaus stehen gelassen. Für eine Mutter mit ihren vier Kindern, das jüngste im Kinderwagen gerade vier Monate alt, waren drei Fahrräder nicht das geeignete Mittel, um schnell vorwärts zu kommen. So blieben sie auf ihre Füße angewiesen und konnten dann im Verlaufe ihres westwärts gehenden Weges auf von Pferden gezogenen Militärwagen sich nur wenige Kilometer von Märkisch-Rietz entfernen. Die vier Kinder waren noch zu klein, um selbst fliehen zu können, sie waren auf ihre Mutter angewiesen. Da die Bodenkammer während ihrer mehrtägigen Abwesenheit nicht aufgebrochen worden war, sagte er sich, daß er sein Fahrrad dort hätte aufbewahren und später, in Teilen zerlegt, woanders hätte verstecken können, zum Beispiel auf dem Schlafzimmer oder auf der Räucherkammer.

Über die vergebliche, aber lebensbewahrende FLUCHT erzählt er im drittletzten Kapitel. Jetzt fährt er erst einmal fort, die ihn umgebende Landschaft zu beschreiben, die voreingenommene und unbelehrbare Berliner wie folgt herabwürdigten: »Nüscht als Jejend!«

Der See

Es ist alles pauvre hier und von's Pauvre=sein
is noch nie nich was Gutes gekommen.
Kutscher Moll zu Fontane: Spreeland S. 20

Der Scharmützelsee gehört zusammen mit dem Storkower See, dem Wolziger See und dem Lange-See zu den Storkower Gewässern, die gemäß Nummer 73 der Anlage A zum Staatsvertrag betreffend den Übergang der Wasserstraßen von den Ländern auf das Reich am 1.4.1921 auf das Deutsche Reich übergegangen sind. Der See, dessen Name, wie gesagt, die Bahnstation der eingleisigen Strecke zwischen Königs Wusterhausen und Grunow damals trug, erstreckt sich mit über zehn Kilometern Länge von Nord nach Süd mit leichter Verbeugung oder Verbiegung nach Westen. Er bedeckt eine Fläche von 13,8 qkm, die tiefste Stelle, im Süden, mißt 28 Meter, nach neueren Forschungen 44 Meter. Der als Märker geborene Junge war immer stolz, sagen zu können: Ich wohnte an einem großen See, der auf jeder Deutschlandkarte drauf ist (wegen der Größe vom Schwielochsee streitig gemacht).

Sein sachtes Geplätscher am Schilfufer durch eine schwache Brise hat sich ihm unauslöschlich eingeprägt. Auch heute noch kann er sich an einem Bild, einer natürlichen Szenerie mit Wasser, Wind und Wellen nicht satt sehen. Moses Schilfkörbchen-Geschichte, die er in einer der vielen Religionsstunden von seinem Vater hörte, stellte er sich am Ufer des Scharmützelsees vor. Richard Dehmel, als Försterssohn in Hermsdorf geboren, das in dem FLUCHT-Kapitel eine wesentliche Rolle als lebenserhaltender End- und Wendepunkt spielt, dichtete:

Klar ruhen die Lüfte auf der weiten Flur.
Fern dampft der See. Das hohe Röhricht flimmert.

Im Schilfe glüht die letzte Sonnenspur.
Ein blasses Wölkchen rötet sich und schimmert.
Fundstelle: 7. Wanderungsband von Scholz, S. 23 und 26.

Und an einer Hamburger Richard-Dehmel-Schule unterrichtete sein Vater 19 Jahre lang; in Blankenese war Dehmel 1920 56-jährig gestorben.

An der südlichen Spitze, wo der See vom Eisenbahndamm umrundet wird, lagen kleine flache Steine, die Vater und Sohn als Butterstullen, wie sie sagten, dicht über die glatte Wasseroberfläche fliegen ließen. Und sie zählten, wie oft die Steine das Wasser berührten. Dort erhält der See seinen Zufluß durch ein Fließ mit Schleuse vom Großen Glubigsee her, der durch ein kleines seerosengesäumtes Fließ mit dem quellengespeisten Springsee verbunden ist. Ein paralleler Zufluß vom Kleinen Glubigsee drehte das Wasserrad der Neuen Mühle, bis es durch einen elektrischen Motor ersetzt wurde. Als einmal das Dach des Hauptgebäudes neu eingedeckt werden sollte und ohne Ziegel frei einsehbar war, lief auf dem äußersten Rand des Dachbodens eine große Ratte entlang. Der Junge beschrieb sie jedem Zuhörer nach seiner Erinnerung »so groß wie ein Kaninchen«, auch noch, als sie Jahre später, 1951, in der Schule das Buch »1984« von George Orwell lasen. In diesem Zukunftsroman werden Ratten als Foltermittel benutzt, um bestimmte Aussagen von politischen Gefangenen zu erpressen. Keinen Widerwillen erzeugte dagegen über 40 Jahre später eine Rheinuferratte mit Nestmaterial im Maul ähnlich dem eine Zuneigung auslösenden Babyschema bei Tierkindern. Goebbels schrieb am 14.3.45 in sein Tagebuch (S. 223), indem er sicher an den demagogischen Anti-Juden-Film »Der ewige Jude« dachte:

Diese Juden muß man … wie die Ratten totschlagen. In Deutschland haben wir das ja schon redlich besorgt. Ich hoffe, daß die Welt sich daran ein Beispiel nehmen wird.

Wie beschämend klingt demgegenüber, was der Halbjude Klemperer in seinen Dresdener Tagebüchern geschrieben hat, am 30.3.33:

> *Ich habe mich wahrhaftig immer als Deutscher gefühlt.*

am 21.7.35:

> *Ich bin für immer Deutscher, deutscher »Nationalist«.*

und am 9.10.38:

> *Mein Deutschtum wird mir niemand nehmen, aber mein Nationalismus und Patriotismus ist hin für immer.*

Nietzsche (Der Wille zur Macht, S. 548) schreibt:

> *Die Antisemiten vergeben es den Juden nicht, daß die Juden »Geist« haben – und Geld. Die Antisemiten – ein Name der »Schlechtweggekommenen«.*

Dem ist entgegenzuhalten, was Fontane in einem Brief vom 10.4.1893 an Friedlaender geschrieben hat:

> *Ich möchte aber behaupten, es giebt überhaupt nur noch sehr wenige Adelsfamilien, in denen jüdisches Blut n i c h t mitfließt. Denn existiren erst 100 adlige Familien mit diesem Zusatz, so ist die Sache in der dritten Generation schon ganz unberechenbar; ich heirathe eine Reichsgräfin und meiner Frau Großvater war ein Cohn. Die Unmöglichkeit eines Sieges der antisemitischen Bewegung liegt in all diesem vorgezeichnet.*

und am 9.11.1892:

> *Die Judenfeindschaft ist … ein Unsinn …*

Diese beruhigende Stimmung setzte sich sogar bis in das Dritte Reich fort. Ein Thema in diesem Zusammenhang waren die jüdischen Friedhöfe, die in sehr großer Zahl, z.B. auch in Dresden, Worms und Hamburg-Altona, von den antisemitischen Ausschreitungen unangetastet blieben. Das war unter anderen Gründen ein Grund, trotz der – in doppeldeutigem Sinn – unerhörten Forderung der Judenvernichtung, nämlich der »Endlösung der Judenfrage«, optimistisch zu sehen bis hin zur Selbsttäuschung und Verharmlosung. Ganz besonders deutlich schildert Klemperer diese Haltung der Juden in seinem Tagebuch mit beharrlicher Energie und selbstverachtender und rücksichtsloser Ausdauer. Schon 1838 warnte Heinrich Heine (Shakespeares Mädchen und Frauen, Tragödien; Bd.1 S. 368):

> *Aber siegt einst Satan, der sündhafte Pantheismus, … so zieht sich über die Häupter der armen Juden ein Verfolgungsgewitter, das ihre früheren Erduldungen noch weit überbieten wird.*

Doch zurück: Der Erzähler sah auch im Backhaus der Neuen Mühle zu, wie Blechkuchen gut eingefettet vom Blech herunterrutschte, wenn es nur leicht angehoben wurde, das flutschte nur so. Als er diese Beobachtung seiner Mutter erzählte, sagte sie in klagendem Ton: »Ja, die haben eben genug Fett dafür«. Das wird 1945 gewesen sein, als man mit Lebensmitteln nicht so gut versorgt wurde wie noch vor Kriegsende. Er fuhr vorher mit seinem Fahrrad mehrmals zur Neuen Mühle, um dort Milch auf Karten für werdende Mütter und Säuglinge zu kaufen.

In Friedenssommern wurde die Motorbootslinie »Stern« vom Nord- zum Südende des Sees und umgekehrt betrieben. Aus der Schulchronik zitierte sein Vater »zum 10-jährigen Dienstjubiläum unseres Schulrates Dr. Noack« unter anderem folgendes:

> *1904 wird der Scharmützelsee durch regelmäßige Fahrten der »Dampfschiffahrtsgesellschaft Stern« dem Fremdenverkehr erschlossen. Später*

richtet die Kreisleitung fahrplanmäßige Motorbootsfahrten ein mit Anschlüssen zu den Zügen Beeskow – Königs Wusterhausen.

»Unser See – das Märkische Meer« war ein wiederholtes Thema, das in der Schule, z.B. im Mai 1940, durchgenommen wurde. Der märkische Chronist der TAUSEND Jahre ist in Fontanes »Wanderungen« bewandert, sie sind ihm geläufig. Diese Bezeichnung ist aber dort und in allen seinen hinterlassenen Schriften nicht zu finden, wie das Potsdamer Archiv kompetenterweise versichert hat.

Zuerst lernte er den See vom Dorfufer aus kennen, in einer Minute vom Schulhaus aus erreichbar. Den See selbst eroberte er durch Schwimmen, das er von seinem Vater lernte, und zwar mit einem Korkgürtel, ehe er zur Oberschule nach Königs Wusterhausen fuhr. Einmal wagte er sich vom offiziellen Badestrand bis ungefähr in die Mitte des Sees hinaus, ohne dabei Angst zu empfinden. In diesem Teil ist der See etwa 800 Meter breit und am tiefsten. An der Stelle, wo sie das Paddelboot ins Wasser ließen, durfte er nicht schwimmen, weil dort Schlingkraut wuchs. – Wenn er in diesem Zusammenhang und auch an anderen Stellen der vielen Kapitel das Wort »einmal« verwendet, so klingt daraus deutlich Wehmut und Bedauern mit.

In einem sehr kalten Kriegswinter, das Thermometer war auf –25 Grad gesunken, war der See zugefroren, trotzdem hatte er Angst, auf das Eis zu gehen. Es war nämlich ganz klar, so daß er nicht sehen konnte, wie dick das Eis in Wirklichkeit war. Es kam sogar ein Schwan bis zum Schulhof gewatschelt und ließ sich von den Schulkindern in der Pause mit Brotbrocken füttern.

Es war wahrscheinlich im Sommer 1940, als die Familie mit drei Fahrrädern – sein Bruder Karl- Heinz im Korb an der Lenkstange des Rades seiner Mutter sitzend – eines Sonntags die nach seiner Erinnerung einzige Landpartie machte und um den ganzen See herum fuhr, erst in nördlicher Richtung nach Bad Saarow und dann auf der östlichen Seite wieder zurück. Gegen Ende der Fahrt, es war in Glienicke, mußte sich sein Bruder übergeben. Wahrscheinlich hatte er das Mittagessen nicht klein genug gekaut, so daß der Magen gegen die stuckerige Fahrerei revoltierte. Bei dem Stuckern fällt ihm folgendes Kniereiterlied (langsam, immer rascher) ein:

So fahren die Damen, so fahren die Damen.
So reiten die Herrn, so reiten die Herrn.
So stuckert, so stuckert, so stuckert der Bauer.

Dabei hielt der Erwachsene das Kind auf den Knien, wiegte es zu Anfang hin und her, machte dann Reitbewegungen, und schließlich hob er die Knie ruckartig hoch, so daß das Kind in die Luft gestoßen wurde, was beiden natürlich nur Freude machte und wiederholt werden mußte, so oft es ging. Dazu paßte »Hopp, hopp, hopp, Pferdchen lauf Galopp...«

Später lernte der Erzähler durch sein inzwischen angelesenes Wissen, auf der Landkarte zu lesen und zu deuten, daß der See den tiefen Teil einer Schmelzwasser-Abflußrinne als Überbleibsel der Eiszeit ausfüllte, einer der Zungenbeckenseen im Baruther und Berliner Urstromtal (Scholz im 2. Wanderungsband S. 20). Denn die Oberflächenformen der Mark Brandenburg wurden durch das Vorrücken und Zurückziehen einer etwa hundert Meter hohen Eisschicht geprägt. Diese Schmelzwasserrinne ist in Richtung Süden noch auf viele Kilometer durch Fließe und schmale Seen erkennbar und läßt sich auf der damaligen und heute noch erhaltenen Kreiskarte von 1928 gut verfolgen. Auf der Eisenbahnfahrt in östlicher Richtung, nach Beeskow, ist eine solche allerdings wenig Wasser führende Rinne bei Lindenberg von einem Viadukt überbrückt. Diese Rinne ist nach dem Abschmelzen des Eises nach Süden ausgelaufen. In westlicher Himmelsrichtung haben die Seen mehr runde Formen und richten sich nach Nordwesten aus, das sind sogenannte Gletscherkolkseen.

Der Kesselsee in der Nähe des Springsees, an dem er einmal Blaubeeren sammelte, das war am 14.7.1942, wie auf einer Ansichtskarte, die Tante Hertha nach Lübeck geschickt hatte, heute noch zu lesen ist, war ein kleiner runder See, der das Überbleibsel eines Eisblocks war, bei den Geologen Toteis genannt.

> *... dort hinter dem schwarzen Nadelwald liegt ein stiller, klarer See. Er hüllt sich ein, wie ein verschämtes Weib, in seine dunkelgrünen Ufer, daß kein unberufener Lauscherblick eindringt. (Alexis: Die Hosen des Herrn von Bredow, S. 1)*

Dort hatte sich eine Frau (Sielisch) aus dem Dorf ertränkt. Sie war, als sie ins Wasser ging, nicht bekloppt, plemplem oder meschugge. (Jiddische Wörter, z.B. auch Tinnef für Schund, oder Schlamassel, Schmu, schofel, ließen sich damals nicht so schnell, genauer gesagt: gar nicht, ausrotten wie die Juden.) Vielmehr ist sie, wie sich seine Mutter erinnerte, in der Nacht vor dem Konfirmationstag ihres Kindes verschwunden, weil sie den Arzt zu spät zu ihrem todkranken Mann gerufen hatte, so daß der gestorben ist. Am 11.8.42 wurde die Suchaktion mit Dorfbewohnern, Feuerwehr und Wehrmacht notiert, »seit gestern 13.45 Uhr vermißt«.

> *Wo ... die tiefen Waldseen, die sich von uralter Zeit her einen Hang nach Menschenopfern bewahrt haben, ihre Polypenarme phantastisch ausstrecken, da sind immer »Geschichten« zu Haus. (Fontane: Grafschaft Ruppin, S. 342)*

Am Kesselsee also fühlte er einen gewissen unheimlichen Schauer, weil er sich einbildete, die Leiche, zum Skelett vermodert und verwest, würde noch in dem See liegen. »Der See gibt nichts wieder her« munkelte Herbert Fischer, ein ehemaliger Schüler seines Vaters, Heimatkundeliebhaber und Dorfgeschichtesammler, als der Chronist als Urlauber das Dorf im Jahre 1982 besuchte. Das ist eines der Beispiele der »Stimme des

Volkes (vox populi)«, wie sie Klemperer mehrmals in seinen Tagebüchern und in dem Buch über die Sprache des Dritten Reichs kommentiert.

Am Ufer des Scharmützelsees war ein Kiesweg von jungen Birken und Erlen eingesäumt, mit Blickrichtung auf den See standen einige Sitzbänke mit dem Stiftungsvermerk »Verkehrs- und Verschönerungsverein von Märkisch-Rietz«, gegründet 1906. Diese Seeuferpromenade erinnert etwas, wenn auch bescheidener, an das impressionistische Gemälde »Am Wannsee« von Max Liebermann, in Miniaturformat auf einer Briefmarke der Bundespost Berlin im Jahre 1972 abgebildet. Es kamen nämlich Berliner Sommerferiengäste, Urlauber oder auch Sommerfrischler genannt, die teilweise in den Schlafzimmern von Dorfbewohnern einlogiert wurden, während die Gastgeber für die verdienten Reichsmark in Kauf nahmen, auf dem Dachboden zu schlafen, so wie es die Nachbarn von gegenüber taten.

Die Sommerfrische war in Fontanes zahlreichen Briefen ein oft verwendetes Wort, sie wurde ihm aber in Krummhübel im schlesischen Riesengebirge wegen der unzureichenden Luft- und Küchenverhältnisse verleidet. Und deshalb schreibt er am 28.3.1889 an Friedlaender:

> *Am liebsten bliebe ich in der Mark, deren Sandplateaus ich für besonders gesund halte, aber mir, dem Verherrlicher des Märkischen, ist alles Märkische so schrecklich. Diese eigenthümlich anspruchsvolle Ruppigkeit immer der Nickelgroschen mit Thalerallüren, ist mir unerträglich. Es beobachten und schildern, ist amüsant, aber mit drunterstecken ist furchtbar.*

und am 27.5.1891 folgendes:

> *Nicht blos in Berlin, im Preußenthum überhaupt steckt der Glaube, daß es mit uns ganz was Besonderes sei; aber vorläufig ist noch das Gegentheil richtig, in allem stehen wir in 2. und mitunter auch erst*

in 3. und 4. Linie. Zweierlei haben wir, die Volksschule... und die Armee, worin wir wahrscheinlich Nummer 1 sind, aber doch auch nicht in dem Grade, wie wir's uns einbilden.

und am 10.4.1893 folgendes:

Es ist schade, daß unsre Mark so wenig Acceptables bietet; die Natur würde mir schon gefallen, aber die miserable Verpflegung und das wenig Liebenswürdige der Bevölkerung schrecken ab.

Das Dorf warb für sich folgendermaßen:

Sommerfrische Märkisch-Rietz
am Scharmützelsee
- herrlich gelegen, Wald und Wasser –
leicht erreichbar durch gute
Autostraßen, Wasserweg, Eisenbahn

In dem Auszug aus der Schulchronik, 1.7.1943, den sein Vater zusammenstellte, heißt es:

Märkisch-Rietz verdankt sein schnelles Aufblühen und seinen starken Fremdenverkehr seiner herrlichen Lage inmitten der märkischen Heide am schönen Scharmützelsee, den Theodor Fontane in seinen Wanderungen durch die Mark einmal das Märkische Meer genannt hat.

Diese Bezeichnung läßt sich aber, wie gesagt, bei Fontane nicht nachweisen. Am 28.1.1938, ähnlich schon am 17.9.37, notiert sein Vater als Stoff zu einem Diktat:

Unser Kreis Beeskow-Storkow. Grüne Wälder und blaue Seen sind der Schmuck unserer Heimat. In Bad Saarow leben der bekannte

Bildhauer Thorak und der Boxer Max Schmeling. Geheimrat Prof. Dr. Bier aus Sauen ist als Arzt in der ganzen Welt berühmt. …

An diese Stelle paßt sich ein, daß noch 1963 Rudolf Heß von den Mischwaldideen Professor Biers schwärmte, gestorben 1949 in Sauen (Speer: Spandauer Tagebücher, S. 584).

… In Trebatsch ist der kühne Forscher Australiens Ludwig Leichhardt geboren. Das Dorf trägt jetzt nach ihm seinen Namen. Die Flugwetterwarte Lindenberg hat große Bedeutung für den Flugwetterdienst. Die Markgrafensteine in Rauen sind Zeugen der Eiszeit. Das Gräberfeld in Wilmersdorf zeugt von der hohen Kultur unserer Vorfahren. Groß-Schauen ist das schönste Dorf im Gau Kurmark. Unser Scharmützelsee ist der größte See der Mark Brandenburg. Haben wir nicht allen Grund, stolz auf unseren Kreis zu sein?

Zu ergänzen ist, daß in Lindenberg am 16.10.1905 im Beisein von Wilhelm II. das Königlich Preußische Äronautische Observatorium eingeweiht wurde. Das in dem Diktat zu erwähnen war wohl aus nicht mehr nachzuvollziehenden Gründen nicht passend.

Das Schönste am Bahnhof war und ist der Blick auf den See. In der Nähe dieses Gebäudes stand das einzige Hotel, es hieß bezeichnenderweise »Seeblick«. Von dort kann man den See der Länge nach überblicken, am Horizont abgegrenzt durch die Soldaten-, Dubrower-, Lause- und Kosakenberge östlich der Rauener Berge. Gegenüber, östlich, liegt die Husarenbucht, linker Hand Schwarzhorn, ein schloßartiges Gebäude mit rundem spitz bedachtem Turm: an Dornröschen oder »Rapunzel, Rapunzel, laß dein Haar herunter!« konnte man denken. Dort am vorspringenden Ufer wurde eine Kiefer unterspült, neigte sich von Jahr zu Jahr und stürzte dann in das Wasser.

Er beobachtete gern die eleganten Schwalben, die tief über dem glatten Wasserspiegel dahinschossen. Er wußte von seinem Vater, daß sie die die

Menschen plagenden Mücken fingen, die wegen des tiefen Luftdrucks vor einem drohenden Gewitter besonders niedrig flogen. Die scheuen Bläßhühner tauchten immer schnell weg, wenn man sie im Paddelboot verfolgen wollte. – Solche Sätze in einer Niederschrift oder in einem Aufsatz hätte sein Vater als Lehrer gelobt, weil er die Schüler aufmunterte, schmückende Beiwörter zu suchen und zu verwenden: die Hauptwörter wurden durch die Eigenschaftswörter erst richtig »eingekleidet«, man mußte nur die passenden finden.

An einem schwülen Sommerabend gingen seine Eltern mit ihm – er sollte eigentlich schon im Bett liegen – noch zum See hinunter, um frische Seeluft einzuatmen. Da sahen sie südlich über den See hinweg mehrmals ein Wetterleuchten. Der Schall des fernen Gewitters erreichte sie aber nicht, so daß sein Vater keine Gelegenheit fand, ihn schulmeisterhaft abzufragen, wie die Entfernung eines Gewitters ausgerechnet wird. Ihm lag die Antwort schon auf der Zunge: »Ich muß langsam zählen: einundzwanzig, zweiundzwanzig, und die letzte Zahl, natürlich ohne die zwanzig, durch drei teilen, dann weiß ich, wie viele Kilometer das Gewitter entfernt ist.« Als selbstverständlich ließ er die naturwissenschaftliche Tatsache weg, daß der Schall in drei Sekunden einen Kilometer zurücklegt.

Aus seiner neunjährigen Bekanntschaft mit dem Scharmützelsee sind ihm keine Möwen in Erinnerung geblieben. Er sah sie aber im Jahre 1980, während hundert Jahre vorher (am 8.4.1881) Fontane in seinen »Wanderungen« (Spreeland) bei seiner einzigen Fahrt über den See von Saarow nach Pieskow, indem er sich bei sonnigem Vor-Osterwetter in einem Ruderboot von zwei kleinen Kindern rudern ließ, von dem Jungen auf eine Möwe aufmerksam gemacht, sagte: »Sie sind ja nur selten hier« (S. 29). An anderer Stelle und zu anderer Zeit schreibt Fontane:

> *Die Sonne war am Untergehen: die schönste Zeit des Tages zumal für eine märkische Landschaft.*

Für die Leute im Dorf waren aber Sonnenuntergänge über dem See undenkbar, weil sie am Westufer des Sees wohnten. Sonnenaufgänge in frostigem Winterdunst blendeten den Jungen, und Morgenröte kündigte Schnee oder Regen an. Wenn der Leser wissen will, was Fontane mit seiner Feststellung meinte, sehe er sich die Kiefern in der Abendsonne am Schlachtensee an, wie sie Leistikow gemalt hat, in Miniaturform auch zu betrachten auf einer Dreißig-Pfennig Marke der Deutschen Bundespost Berlin vom Jahre 1972. Anna Plothow (Platow) dichtete (G. Schaefer: Die Mark und Berlin im Spiegel der Dichtung, S. 18):

Flammt in des Abendrots Glut
Kiefer im rötlichen Kleide,
Seltsamer Zauber dann ruht
Über der märkischen Heide.

Wenn der Junge zwischen den schwarz behaarten knochigen Beinen seines Vaters sitzen mußte, der mit den Füßen das Steuerruder des Paddelbootes lenkte, stach ihm dessen scharfer Schweißgeruch aus den Achselhöhlen unangenehm in die Nase, falls der Wind nicht die Ausdünstung in eine andere Richtung wehte. Bei starkem Wind, der die Wasserfläche bis zu Schaumkronen aufwarf, schlugen die Wellen, gegen die sein Vater das Boot direkt steuerte, in gleichmäßigem Takt an die Bugunterseite. Dieses knatternde Geräusch veranlaßte seinen Vater zu der bewußt kindlich gehaltenen Bemerkung: »Jetzt fahren wir mit einem Außenbordmotor.« Rote Gummiringe an den Paddeln verhinderten, daß das Wasser an der Unterseite entlang lief und ins Boot tropfte. An Land wurde das Boot auf das Unterteil eines ausgedienten Kinderwagens geschoben; denn es war kein leichtes Faltboot und zum Tragen für eine einzige Person zu schwer. Im großen Garten an der Rückwand des Hauses von Briesenick/Richter stand, wie erwähnt, ein Schuppen, in dem das Boot auf dem fahrbaren Gestell untergestellt wurde.

Sein Großvater, dem Leser schon mit seiner praktischen Veranlagung bekannt gemacht, hatte eine komplizierte, aber einfach zu handhabende Schließvorrichtung an der zweiflügeligen Tür angebracht: Nachdem die Tür mit einem Schlüssel zugeschlossen worden war, zog sein Vater an einem Draht einen ungefähr in der Mitte drehbaren, von innen befestigten Querbalken in die horizontale Lage, steckte durch ein Loch in der Tür ein festes Drahtstück unter das äußerste rechte Ende des Balkens, so daß dieser in dieser Haltung verharren konnte; den dünnen Draht steckte sein Vater durch eine Ritze wieder in das Innere des Schuppens. Der Arretierbalken hatte die gleiche dunkle Farbe wie die Holzbretter der Tür und des ganzen Schuppens, so daß sein Vater sich einigermaßen sicher gegen Diebstahl fühlte. Dieses Gefühl wurde auch nicht enttäuscht, obwohl man die Bretter der Rückwand des Schuppens mit geringer Gewalt hätte herausreißen können. Zwei Fotos (1937 und 1943) vom Paddelboot (mit schlappem Hakenkreuz-Wimpel vorne) sind erhalten.

Als sein Vater militärisch in Albanien lag und dort mittags buchstäblich in einer Badewanne mit kaltem Wasser bei 60 Grad Celsius Lufttemperatur (entsprechend dem in sein Soldbuch eingeklebten »Nachweis über Tropenbekleidungs= und Ausrüstungsstücke« hatte er eine Leibbinde und ein Moskitonetz), lud sein Ältester im Mai 1944 drei Klassenfreunde zum Geburtstag ein: Peter Wildgrube aus Behrensdorf, Klaus Schaefer aus Königs Wusterhausen und Horst Kraft aus Wildau, die beide seine KLV-Stube in Krynica »mitbelegt« hatten. Sie sagten nicht Klassenkameraden, weil Kameraden für sie nur erwachsene Männer waren, wie das an das Deutschlandlied angehängte Horst-Wessel-Lied

> *Kameraden, die Rotfront und Reaktion erschossen, marschier'n im Geist – in unsern Reihen mit*

und andere Soldatenlieder deutlich hinausposaunten. Unter bedenklicher Zustimmung seiner Mutter nahmen sie freudestrahlend das Paddelboot in ihren Besitz und fuhren über den See zur Südspitze, durch die

Schleuse und bis auf den großen Glubigsee. Sie alle waren Schwimmer, er selbst Fahrtenschwimmer (der Begriff wird gleich erklärt), es konnte also so leicht keiner von ihnen ertrinken. Je zwei saßen sie auf den beiden Plätzen hintereinander. Mit der Angst bekam er es aber zu tun, als Peter sich hinten oben draufsetzte und hin- und herschaukelte. Angst hatte er nur deshalb, weil er das Boot wohlbehalten wieder nach Hause bringen mußte. Sie werden gestrahlt haben, als sie zurückkehrten und das Paddelboot unversehrt in den Schuppen schoben. Seiner Mutter wird ein Stein vom Herzen gefallen sein. »Papa hätte es sicher nicht erlaubt!« hörte er seine Mutter sagen.

Im Sommer 1943 hatte der Oberschüler den Fahrtenschwimmer gemacht, das heißt, das Fahrtenschwimmerzeugnis erworben, und zwar durch dreiviertelstündiges Dauerschwimmen. Von der Schule aus hatten sie in Königs Wusterhausen zwar mangels eines Schwimmbades keinen Schwimmunterricht, aber er schwamm die Zeit ab in dem Krimnick- oder Krüpelsee dicht bei Zernsdorf an der ihm vertrauten Bahnstrecke zwischen Königs Wusterhausen und Scharmützelsee. Es wurde ihm dabei ziemlich kalt, und die Haut an den Fingern schrumpfte zusammen, aber er war sehr zufrieden und stolz, hatte er doch dadurch einen erfreulichen und aufmunternden Ausgleich gegenüber seinen sonst weniger als mittelmäßigen Leistungen in der Leichtathletik oder seinen eindeutig schlechten Leistungen im Geräteturnen, nämlich an Reck, Barren und Kasten.

Wenn er im Turnen (Zeugnisnote: »mangelhaft«) ein Schlappschwanz war (damals noch ohne obszönen Hintergedanken), konnte er zu seinen Mitschülern immer sagen: »Ja, das kann ich nicht, aber ich kann schwimmen und habe den Fahrtenschwimmer«, den die meisten in seiner Klasse eben nicht hatten. Er schaffte erschreckend wenige Klimmzüge am Reck, so daß ihm bei der auf andere Bereiche übertragenen Bedeutung die körperliche Anstrengung der »Leibesübung« lebendig vor Augen erschien. Die Königs Wusterhausener Zeit beschreibt er in einem Extra-Kapitel weiter.

Trotzdem war seine Mutter ängstlich, wenn es darum ging, ihn allein schwimmen gehen zu lassen. Sie selbst konnte ganz selten, höchstens sonntags einmal, mitkommen, weil sie mit den drei, ab Dezember 1944 mit vier Kindern, mit dem Haushalt, dem Essenkochen, Gemüse- und Obsteinmachen, dem Vieh und dem Garten sich abjachtern und abrackern mußte, in Haus und Hof herumscheeste und selten Zeit zum Baden im See übrig hatte. Für sie gab es nichts, was sie in der männerarmen Zeit nicht fertig gebracht hätte. Sie hatte immer den lebensmaximengleichen Spruch parat: »Kannichnich liegt auf dem Friedhof, Willichnich liegt daneben.« Sie klagte nicht, daß sie z.B. der »Kocherei« überflüssig sei.

Es war für sie eine einzige Plackerei, die sie körperlich sehr mitgenommen hat. Und doch hatte seine Mutter abends noch Zeit, ein langes Gedicht aufzusagen:

> *Klein Mucki war ein großer Held, er köpft die Disteln auf dem Feld …*
> *Doch an der Gartentür, oh Schreck, stand Nachbars großer Meck-Meck-Meck.*

Und so weiter mit vielen Abenteuern bei einer Reise um die ganze Welt. Außerdem hatte sie die Namen der Propheten, angefangen mit Jesaja, im Kopf behalten und rappelte sie, ohne sich zu verhaspeln, wie am Schnürchen zur jeweils neuen Verblüffung aller Zuhörer mit einer Geschwindigkeit runter, daß sie meinten, es handle sich um einen einzigen Namen:

> *Jesaja-Jeremia-Hesekiel-Daniel-Hosea-Joel-Amos-Obadja-Jona-Micha-Nahum- Habakuk-Zephanja-Haggai-Sacharja-Malachia*

ähnlich wie Hadschi Halef Omar und so weiter bei Karl May; später wird an passender Stelle, im Kapitel über die BÜCHER der Name vollständig geschrieben. Gern hörten die Kinder auch ein Dienstmädchengedicht, in dem es sich beklagte: »Auf der Lawendeltrepp' mußt' ick mir winden wie'n Aal«, oder das Berliner Maurergedicht »Un nu fang' wa gleich an« oder das Lied »Fritze Bollmann wollte angeln.«

Da sein Vater ab Mai 43 »bei den Preußen diente«, mußte seine Mutter die alleinige Verantwortung für die Kinder tragen, wie es so vielen Müttern in dieser außergewöhnlichen Zeit erging. Daß der Älteste schon alt genug war, um allein schwimmen gehen zu können, sah sie partout nicht ein. Vor allem vor Schlingpflanzen hatte sie Angst; er könnte sich darin mit seinen Beinen verheddern, fürchtete sie in ihrer mütterlichen Fürsorge. Sie ging davon aus, daß es nur an dem schönen sandigen Badestrand am Scharmützelsee keine Schlingpflanzen gäbe. So erklärt sich ihr Verbot für ihn, bei dem Geburtstag seines Mitschülers Horst Kraft in Wildau zu schwimmen, obwohl dort an der Dahme, der fontane'schen wendischen Spree, eine richtige Badeanstalt war, sogar mit Holzsteg und Sprungturm.

Darauf geht er noch einmal im Zusammenhang mit Königs Wusterhausen ein. Einen wagemutigen Kopfsprung in unbekannte Gewässer hätte er sowieso nicht unternommen, weil er Kopfsprünge nur aus höchstens einem Meter Höhe gelernt hatte und weil er auch gar nicht gern Kopfsprünge machte. Denn er hielt sich an die von seinem Vater in der Schule gelehrte Lebensweisheit: Leichtsinn ist kein Mut, Vorsicht ist keine Feigheit. Nicht zitiert wurde von Shakespeares Falstaff: »Der bessere Teil der Tapferkeit ist Vorsicht« (Büchmann, S. 223). Allerdings kann er sich genau erinnern, daß er mal Peter Wildgrube in Behrensdorf besuchte und daß sie beide mit Fahrrädern zum Premsdorfer See östlich von Ahrensdorf fuhren und dort badeten; obwohl sie schwammen, sagten sie immer nur: »Wir gehen baden«.

Dieses Kapitel beweist seine enge Verbundenheit mit dem SEE, die schließlich den unbeirrbaren Wunsch entstehen ließ, in Zukunft möglichst in der Nähe von Wasser zu wohnen.

Die Kirche

Und wenn die tausend Jahre vollendet sind,
wird der Satan los werden aus seinem Gefängnis.
Die Offenbarung des Johannes 20. Kapitel Nr. 7

Tausend Jahre sind vor dir wie der Tag,
der gestern vergangen ist, und wie eine Nachtwache.
Psalm 90, 4

Ein Christenmensch ist ein freier Herr
über alle Dinge und niemand untertan.
Ein Christenmensch ist ein dienstbarer Knecht
aller Dinge und jedermann untertan.
Martin Luther: Von der Freiheit eines Christenmenschen

Mit uns ist Gott!
Devise des russischen Heeres Anfang des 19.Jh.

Für die Zukunft der Erde liegt aber die Bedeutung nicht darin,
ob die Protestanten die Katholiken oder die Katholiken
die Protestanten besiegen, sondern darin,
ob der arische Mensch ihr erhalten bleibt oder ausstirbt.
Hitler: Mein Kampf S.630

Mein Kampf ist das Heilige Buch des
Nationalsozialismus und des neuen Deutschlands.
Will Vespers, Landesleiter der Reichsschrifttumskammer am 26.10.1935 in den Dresdener Neuen Nachrichten

»Das Tausendjährige Reich«,
Triptychon von *Hans Grundig 1935/38, Dresden*

Das Dorf hat keine Kirche, offenbar ist es nicht alt genug. Die wendische Fischersiedlung hatte sich erst vor etwa dreihundert Jahren durch Landwirte und Handwerker dort zu einem Dorf entwickelt, wo seit dem 19. Jahrhundert eine Schleuse die Verbindung durch das Fließ von dem einen See zum nächsten See reguliert. Die evangelische Kirche steht in Dahmsdorf, einem abseits von jedem Durchgangsverkehr liegenden kleinen Dorf in etwa drei Kilometer Entfernung, so daß die Kirchgänger eine Dreiviertelstunde vor dem Gottesdienst losgehen oder zwanzig Minuten vorher mit dem Fahrrad losfahren mußten. Umgekehrt mußten die Dahmsdorfer Kinder in die Märkisch-Rietzer Schule gehen; wenn zu starker Frost herrschte, blieben sie zu Hause.

Sein Vater war auch Organist, obwohl er nicht, wie in Selchow (1930) und Görsdorf (1932) zum Organist und Küster ernannt worden war, und spielte das Harmonium, »verkümmertes Enkelkind der Orgel« (Fontane, Spreeland, S. 74). Erst 1989 hörte der Verfasser von seiner Mutter, daß der Vater als Parteigenosse und Amtswalter der NSDAP nach dem Willen der NS-Kreisleitung nicht mehr Organist sein sollte; das war, ehe er 1943 Soldat wurde.

Die Kirche ist aus Feldsteinen gebaut und hat nach Art einer Zufluchtskirche dicke Mauern, schmale Fenster und einen niedrigen Eingang, unter dem sich sogar sein Vater bücken mußte. Der Glockenturm ist gedrungen, er hat keine anmaßende himmelstürmende Gewaltigkeit, um kriegerische Horden – man dachte dabei an den Dreißigjährigen Krieg – nicht auf diese Ansiedlung aufmerksam zu machen. Und doch wurde die Kirche in diesem Krieg zerstört. Im Angesicht dieser Kirche glaubt jeder ohne weiteres, daß der märkische Mensch als nüchtern und karg angesehen wird. Karg erklärt sich entsprechend der Deutung durch Fontane aus der endlosen Plackerei auf märkischem Sandboden.

Östlich des Dorfes liegen Felder zum Getreide-, Rüben- und Kartoffelanbau. Man sagte aber gar nicht Getreideernte oder Roggenernte, sondern Kornernte. In der Schule spätestens lernten die Kinder, daß Korn gleich Roggen ist, und lernten außerdem Weizen, Gerste und Hafer unterscheiden. Der See, Storkower See oder Großer Dolgensee genannt, versorgte einige Einwohner von Dahmsdorf mit Fischen. Der Pfarrer, dort sagten sie (mit Betonung auf der ersten Silbe:) Pastor, wohnte nicht in Dahmsdorf. Pastor Morgen kam aus dem Nachbardorf Reichenwalde zum Gottesdienst mit dem Fahrrad herübergefahren. Im Winter hielt er alle zwei Wochen den Gottesdienst in der Rietzer Schule. In seiner Aktentasche brachte er außer Bibel, seiner geschriebenen Predigt und seinem Gesangbuch ein schwarzes Tuch als Altardecke und ein schwarzes Kruzifix auf einem schmalen schwarzen Fuß mit, das er auf den Lehrertisch stellte und damit unter das (im SCHUL-Kapitel erwähnte und im PROPAGANDA-Kapitel noch zu beschreibende) Hitlerbild. Zwischen beide stellte sich der Pastor, im Rücken hatte er das Hitlerbild. Stellte er sich zum Gebet mit dem Rücken zur Gemeinde, hatte er das Kruzifix und das Hitlerbild vor sich.

Der Vater des Erzählers schrieb als Küster oder Kirchendiener die Nummern der Gesangbuchlieder mit Kreide an die große freistehende Tafel und spielte als Organist auf dem Harmonium, das vorübergehend an die Rückwand des Klassenraumes gestellt worden war. Sicher war es für die Gottesdienstbesucher mühsam, sich in die engen Schulbänke zu zwängen, die für die jeweilige Größe der verschiedenen Jahrgänge der Schulkinder gebaut waren. Vorher zog der Pastor in ihrem guten Zimmer seinen Mantel aus, seinen Talar über und band sich das Beffchen um, wobei ihm der Hausherr und Gastgeber behilflich war. Nach dem Gottesdienst hielt er sich noch zu einem kurzen Gespräch auf, während der Vater des Biographen als Kirchenvorstandsmitglied die dürftige Kollekte zählte: Groschen und Sechser, das heißt: Zehn- und Fünfpfennigstücke.

Bei dieser Gelegenheit reizte Pastor Morgen einmal durch irgendeine Bemerkung den dreijährigen Karl-Heinz, es muß im Winter 1941/42 gewesen sein, so sehr, daß dieser die Stoffrutsche mit beiden Händen an den kurzen Füßen nahm und drohend über seinen Kopf hob. Erschrocken wich der Pastor zurück, während der Vater als psychologisch geschulter Erzieher seinen zweiten Sohn beruhigte und ihm die Fußbank abnahm.

Die Kirche war für sie also fern, und der Junge kam nicht so oft in die Kirche. Aber sie erlebten bewußt die christlichen Feiertage Karfreitag, Ostern, Himmelfahrt, Pfingsten, die vier Adventssonntage und Weihnachten. Als sich an einem Karfreitagnachmittag der Himmel verdunkelte, als es »duster« wurde, sagte sein Vater, daß es die Stunde der Kreuzigung sei. Am nächsten Karfreitag wurde sein Ältester aber stutzig, als die Sonne schien. Unverständlich blieb ihm die »Ausgießung des Heiligen Geistes« am eher weltlich gefeierten Pfingsten, an dessen Sonntag er geboren war.

An einem ihm noch erinnerlichen Heiligabend fand sich die evangelische Gemeinde – Katholiken gab es in den beiden Dörfern nicht – wie üblich in großer Anzahl am späten Nachmittag in der Kirche zusammen. An dem großen Weihnachtsbaum, einer gerade gewachsenen Fichte, brannten die Kerzen. Sein Vater sagte immer Lichte, sie wurden – und nicht der Baum – »angesteckt«, also angezündet, wie auch Klemperer schreibt, der sich aber in seinen Tagebüchern nichts beim »angezündeten Weihnachtsbaum« denkt, auch nicht Theodor Storm beim »brennenden Weihnachtsbaum« in seinem Gedicht »Weihnachtsabend« und Theodor Fontane im 17. Kapitel seiner »Kinderjahre«, in den Kapiteln 12 und 19 in »Effi Briest« und Hebbel in der Versnovelle »Mutter und Kind«.

Seit der väterlichen Belehrung hörte er aufmerksam hin, was die Erwachsenen sagten. »Die Lichter« wie in dem Liedanfang verbreiteten die einprägsame und gefühlsbetonte Andachtsstimmung, die gewöhnlich mindestens bis zur häuslichen Bescherung anhielt. Ein besonderes Stimmungsbild, das vom Pastor, dem Hirten, nicht nur durch »Stille Nacht, heilige Nacht« und »Ihr Kinderlein kommet« heraufbeschworen wurde, waren immer die Hirten auf dem Felde. Sein Vater erzählte bei seinem Soldatenurlaub im Frühjahr 44, er habe sie leibhaftig in Albanien bei ihrem Lagerfeuer sitzen gesehen.

Die Kanzel befand sich über dem Altar, es war ein in Preußen üblicher Kanzel-Altar, und war von hinten über eine von den Sitzbänken aus nicht sichtbare Treppe zu besteigen, die ihm sein Vater einmal nach dem Gottesdienst zeigte, gewissermaßen ein Geheimnis lüftend. Dort betete der Pastor – jedenfalls seinem Gedächtnis für immer eingeprägt – auch für die Menschen in den Konzentrationslagern, mit anderen Worten: er schloß sie in seine Fürbitten ein, ähnlich wie es der Domkapitular Lichtenberg am 29.8.1941 während der Abendandacht in der Berliner St. Hedwigkirche tat:

> *Laßt uns nun beten für die Juden und die armen Gefangenen in den Konzentrationslagern, vor allem auch für meine Amtsbrüder.*

Die Erwachsenen sprachen nach dem traditionellen Ausgangslied »O du fröhliche«, als sie sich ein frohes, gesegnetes und friedvolles Weihnachtsfest wünschten, im Flüsterton, und der junge Kirchenbesucher reimte sich zusammen, daß der Pastor wohl von den Menschen in Gefängnissen gesprochen hatte. Später wurde in seiner Gegenwart nie wieder darüber geredet, und so kam das Thema KZ erst wieder auf ihn zu, als er sich im Jahre 1946 in Lübeck eine Broschüre mit Fotos über die befreiten Vernichtungslager mit den Tausenden von ermordeten Menschen und den noch am Leben gebliebenen Befreiten ansah: das war nicht nur für ihn, sondern auch für alle Erwachsenen, darunter die durch einen »Persilschein« sich mit Aufatmen sicher fühlenden »Mitläufer« der damaligen Entnazifizierungsverfahren ein nachhaltiger Schock, der dazu führte, daß lange nichts gefragt, lange nichts erzählt, sondern geschwiegen wurde.

Diese nicht belastende Einstufungsbezeichnung hatte sein Vater erst im zweiten Verfahren erreicht. In Hamburg erhielt er folgende Nachricht vom 2. Juli 1949:

> *Der Fachausschuß XI a 2 für die Ausschaltung von Nationalsozialisten hat Sie gemäß den Kontrollratsverordnungen Nr. 24 und 54 überprüft, durch Beschluß vom 14.6.1949 als Lehrer im Volksschulwesen bestätigt*

und gleichzeitig für entlastet erklärt und in die Kategorie V eingestuft …

Der Entlastungsschein des Staatskommissars der Hansestadt Hamburg für die Entnazifizierung/Kategorisierung vom 4. Juli 1949 lautet:

Hierdurch wird bescheinigt, daß … Alfred Jahn … überprüft und auf Grund der Bestimmungen des Artikels VI der Militärregierungs=Verordnung Nr. 79 in der Fassung der Militärregierungs=Verordnung Nr.110 als entlastet in die Kategorie V eingestuft worden ist.

Die Kirche als Gebäude stand zwar nicht in ihrem Dorf, aber es wurden hier, wie gesagt, im Winter Gottesdienste gefeiert. Und sein Vater gab in der einklassigen, vorübergehend dreiklassigen Landschule, der »evangelischen Volksschule« nach dem im SCHUL-Kapitel zitierten Schreiben vom 10.8.1936, für alle schulpflichtigen Jahrgänge Religionsunterricht ohne Rücksicht darauf, daß er seit 1937 Mitglied der Nationalsozialistischen Deutschen Arbeiterpartei war, daß er auf seinem Revers das auf Fotos fixierte Parteiabzeichen befestigt hatte, eine braune Parteiuniform besaß, als Kassenleiter die Parteimitgliedsbeiträge kassierte, verwaltete und weiterleitete, als NS-Propagandaleiter die parteiamtliche Wandzeitung der NSDAP »Die Parole der Woche« (mit politischen Verlautbarungen im Stil des »Völkischen Beobachters«) im Plakatkasten mit Maschendraht-Zaungitter wie bei den Kaninchenbuchtentüren am Bretterzaun des Grundstücks neben dem Gasthaus Selchow auswechselte, wozu sein erster Sohn ihn manchmal begleitete, und als NS-Filmstellenleiter für die Aufführung von Kulturfilmen und UFA-Spielfilmen sorgte. Die rote »Nachbereitungs«- Eintragung lautet am Sonnabend, 24. Feb.1934:

Die letzten 3 Stunden fielen aus wegen meiner Vereidigung auf dem Gauparteitag in Frankfurt (Oder).

Er wurde fotografiert, als er an diesem Tag in Parteiuniform in einen Mietwagen stieg. Heutzutage würde man fragen wollen, ob der »Schofför« noch gewagt hat, seine Bedenken gegen die neue braune Zeit dem Braunbehemdeten vorzuhalten. Nach dem schriftlichen Lebenslauf vom 1.5.1949 hatte sein Vater am 1.5.33 die Aufnahme in die Partei beantragt und wurde von ihr am 1.7.37 als Mitglied übernommen. Übrigens wurde die Abkürzung Vaugee für Volksgenosse nicht gebraucht, obwohl es ein genauso gängiges Wort in Zeitungen und Reden war wie Parteigenosse, PG, manchmal Pgn.

Das Dienstsiegel mit dem hakenkreuztragenden Hoheitsadler drückte sein Vater mit einer feierlichen Pedanterie auf die parteiamtlichen Schriftstücke und die Partei-Dienstmarken auf die großen braunen Briefumschläge. Jedes dienstliche Schreiben beendete er: »Mit deutschem Gruß: Heil Hitler!«, andererseits waren in der Privatpost »so Gott will« und »mit Gottes Hilfe« für ein gewünschtes gesundes Wiedersehen keine leeren Floskeln. Er sammelte (undatiert) handschriftlich 48 Gebete, Erbauungsgedichte, Losungen, religiöse Maximen, kirchliche Spruchweisheiten, Glaubenbekenntnisse, Trostsprüche, Lobpreisungen.

Der Konflikt des Vaters als gläubiger Christ einerseits und als Parteigenosse andererseits war ein besonderes Kapitel, das seinem Sohn natürlich nicht bewußt war, weil in dessen Gegenwart nicht darüber gesprochen wurde. Die NSDAP war nämlich »der alleinige politische Willensträger in der Nation«, wie Hitler in seiner Hamburger Rede am 17.8.1934 verkündete, am Geburtstag des Vaters. In der »Parole der Woche, 1937/16« hieß es:

> *Die Partei ist die Trägerin des Staates und … wird dem Staat das Leben auf Jahrhunderte erhalten.*

und in »1937/1«:

Der Nationalsozialist ... geht siegreich ... in den Kampf für ein glückhaftes Europa.

Heute fragt er sich, ob sich sein Vater damit identifiziert hatte. Jedenfalls läßt sich nicht bestreiten, daß er formell ein Volksaufklärer und Parteipropagandist war, wenn auch der letzte und unterste unter Goebbels. Über die PROPAGANDA wird später ein eigenes Kapitel notwendig sein.

Der wöchentlich zweimalige Religionsunterricht bis Mai 1943, als sein Vater zum Kriegsdienst eingezogen wurde, war im Jahre 1949 mit ausschlaggebend dafür, daß er ab dem Jahre 1950 wieder Lehrer sein konnte.

Es folgen fünf Leumundszeugnisse aus den Jahren 1946 und 1948, weil sie die betont christliche Haltung in seinen Märkisch-Rietzer Schuljahren hervorheben:

Reichenwalde, 19.V.46

Testat.

Herrn Lehrer Alfred Jahn aus Märkisch-Rietz b. Storkow (Mark) bescheinige ich gern, daß er stets eine aufrichtige mutige Haltung für das Anliegen u. die Aufgaben der Kirche gezeigt hat. Er war in meinen Gemeinden Organist und hat trotz der damit bei der NSDAP verbundenen Ärgernisse das Amt nicht niedergelegt. Auch im Religionsunterricht trat er mutig gegen die Blödeleien einer gewissen NS-Erziehung auf u. sorgte dafür, daß die Kinder wirklich etwas Gescheites im alten Sinne lernten. Ebenso streng u. christlich erzog er seine eigenen Kinder u. verbot auch da, in der eigenen Familie, alle Übergriffe der HJ u. der Partei. Es wäre zu bedauern, wenn ein begabter, emsiger Pädagoge der Volksschule nicht mehr zugeführt werden könnte.

Pfarrer Morgen.

(Siegel der Kirche zu Reichenwalde)

31.V.46

<u>Zeugnis.</u>

Herrn Lehrer Jahn, meinem langjährigen Organisten u. Religionslehrer, bestätige ich gern:

Herr Lehrer Alfred Jahn hatte zum Unterschied von vielen anderen »Pg«-Lehrern ein aufrichtiges Verhältnis zur Kirchengemeinde u. damit zu seinem Amt als Organist u. Religionslehrer. Demzufolge war die Zus.arbeit mit mir, als Pfarrer der Gemeinde, gut und fruchtbar. Er sorgte für Zucht u. Ordnung in der Schule u. sorgte dafür, daß sich die Kinder auch der kirchl. Ordnung einfügen, was z.B. den Konfirmanden-U. betrifft. Seine Frömmigkeit ist christozentrisch, streng an Bekenntnis u. Leben der Ev. Kirche gebunden u. dementsprechend die Führung des Familienlebens, die christl. Erziehung seiner eigenen Kinder. Er ist der alte gute Typ des Kantors, wie er leider hier in der Kurmark selten geworden ist.

Darum halte ich Herrn Lehrer Jahn recht geeignet für das Amt eines Religionslehrers in Verbindung mit dem Organistenamt. Als Laienprediger, oder bei der Mitarbeit in der kirchl. Verwaltung bzw. in Zweigen der Inneren Mission dürfte er ein sehr fleißiger, energischer Diener seines himmlischen Herrn sein. Auch als Kirchenchorleiter bzw. Hilfskraft im Kindergottesdienst wäre sein gutes Wollen nicht zu verachten.

Es wäre wünschenswert, wenn so positive Kräfte an geeigneter Stelle wieder zum Einsatz kämen u. sich so bewähren könnten beim Aufbau eines demokratischen, friedfertigen u. selbstlosen Deutschlands.

L. Morgen, Pf.
(Siegel der Kirche Reichenwalde)

Finow, den 1.I.1948

Johann Langer
Bescheinigung.
Herrn Alfred Jahn … bescheinige ich durch meine Unterschrift, daß

er mit mir zusammen seit 1928 Mitglied der SPD und der »Arbeitsgemeinschaft sozialistischer Lehrer« war.
Herr Schulrat Schüttau, damals Prenzlau, später Hilfsarbeiter an der Regierung in Lüneburg kann diese Angaben bestätigen.

Gez. Johann Langer

Leumundszeugnis

Herrn Lehrer Alfred Jahn kenne ich langjährig als meinen Schulleiter. Ich war und bin z.Zt. noch Handarbeits-Lehrerin in Wendisch Rietz, dem früheren Wohnsitz von Herrn Jahn. Herr Jahn hat mit guter Disziplin und Methode die Kinder erzogen; er hat wirklich den Charakter formen wollen und jede Gelegenheit war ihm recht, die christlichen Belange in den Vordergrund zu stellen. Herr Jahn ließ es sich nicht nehmen, bei öffentlichen Weihnachtsfeiern die alten christlichen Weihnachtslieder mit seinen Schulkindern zu singen.
Ich möchte es kurz sagen, Herr Jahn ist keineswegs als Aktivist bekannt.

Emma Busse
Handarbeitslehrerin

Leumundszeugnis.

Seit dem Amtsantritt ist Herr Lehrer A. Jahn bekannt. Ich habe nie bemerkt, daß Herr Jahn als damaliger Pg sich damit hervorgetan hat oder irgend welche Vorteile verschafft hat. Er sowie seine Familie haben still und stets hilfsbereit hier in Wendisch Rietz gelebt. Als Organist hat er durch seinen guten frommen Musikvortrag die Herzen der Kirchenbesucher erfreut. Seine Schulkinder haben bei jeder Aufführung die alten schönen Lieder gesungen, welche wir in der Jugend auch gelernt hatten. Mir ist nicht bekannt, daß Herr Jahn sich als Aktivist hier jemals irgend wie betätigt hat. Ich bin Grundstückseigentümerin in Wendisch Rietz. Mein Mann der Polizeimeister Arthur Umlauf ist gestorben. Wir beide sind keine Mitgl. der NSDAP gewesen.

Klara Umlauf geb. Tornau
geb. 22.11.1888
Wendisch Rietz den 10. Juni 1948

Als eine Frau mit Sohn sie in Märkisch-Rietz besuchte, wahrscheinlich um ihn wegen Zuzugs zur Schule anzumelden, und dieser zur Begrüßung den Kopf verneigte, wie es ihm die Eltern beigebracht hatten, sagte der Lehrer: »Man macht aber keinen Diener, man sagt doch: Heil Hitler!« im Tone wohlwollender, aber vorwurfsvoller Belehrung. Die Grußformel »Heil Hitler«, der »Deutsche Gruß«, korrekterweise mit ausgestrecktem rechtem Arm, wurde zur alltäglichen Gewohnheit und erregte kein besonderes Aufsehen. Jeder war in dieser Hinsicht abgestumpft, vergleichbar mit dem in Süddeutschland üblichen »Grüß Gott«.

Wie es zu der spektakulären Gerichtsentscheidung gegen das sogenannte Schulkreuz in Bayern kam (Beschluß des Bundesverfassungsgerichts vom 16.5.1995), ist eigentlich verwunderlich. In den Jahren 1937 bis 1941 war nämlich die Anordnung, Kruzifixe aus den Schulräumen zu entfernen, im Regierungsbezirk Trier und vor allem in Bayern auf hartnäckigen und sogar erfolgreichen Widerstand der katholischen Bevölkerung gestoßen. In Bayern muß der Gegensatz vom »Grüß Gott« zum »Heil Hitler« schmerzlich gewesen sein, zumal Hitler seine politische Laufbahn und die Nationalsozialistische Deutsche Arbeiterpartei ihren Siegeszug in München angefangen haben, das dann »Hauptstadt der Bewegung« tituliert wurde.

Füllwörter – das sei an dieser Stelle eingeschoben – beispielsweise doch, ja, nun, aber, waren bei Gesprächen unter Erwachsenen üblich. Damit konnten die Erwachsenen aus der Sicht der Kinder etwas zwischen den Zeilen, wie man so sagt, zum Ausdruck bringen und bei bewußter Anordnung von vielsagenden Pausen, verbunden mit verschwörerischen Blicken, Ungesagtes dem Gesprächspartner übermitteln und verdeutlichen. Und das war in einer Zeit der Bespitzelungen und latenten Gefahr von Denunziationen sehr lebenswichtig.

Die Familie betete im Familienkreis – auch in Anwesenheit von Besuchsgästen ohne Verlegenheit – bei Tisch vor und nach dem Mittagessen und dem Abendessen, und außerdem betete der früh dazu angeleitete Junge vor dem Einschlafen im Bett: «Ich bin klein, mein Herz ist rein …« Am Nachmittagskaffeetisch sagte der Älteste einmal zum Pastor, vielleicht nach der Taufe seines ersten Bruders oder ein Jahr früher: »Erst beten!« Eltern und Gast blickten ihn erstaunt an und erzählten später diesen überraschenden Vorfall bei passenden Gelegenheiten. Viele Jahre später amüsierte ihn deshalb die ähnliche Szene im ersten Akt des verfilmten Theaterstücks »Das Haus in Montevideo« von Curt Goetz; im Original:

Professor, mit Betonung: »Wir pflegen vor Tisch zu beten, Herr Pastor!«

Es fiel ihm auf, daß sein Vater beim Falten der Hände zum Gebet nicht nur den rechten Zeigefinger, sondern auch den rechten Mittelfinger zwischen Zeige- und Mittelfinger der linken Hand legte, so daß dem aufmerksamen Sohn die gefalteten Hände verkrampft vorkamen. Auf diese Weise war ihm später ohne weiteres verständlich, wenn er las, daß die Übernahme von propagandistischen Phrasen als stupides Nachbeten charakterisiert wurde.

Das betont christliche Verhalten und Benehmen ging mehr von seinem Vater als von seiner Mutter aus. In der Frage der Gläubigkeit verhielten sich seine Eltern gerade umgekehrt wie die angeblich typisch männliche und deutsche Einstellung zur Religion, zum Glauben an Gott, nach dem Vorbild von Faust und Margarethe, daß nämlich die Frau tief religiös sei, weil sie das Wunder des Lebens in sich trägt, während dem Mann eine freiere Gläubigkeit zugestanden werde. Die Gretchenfrage »Wie hast du's mit der Religion?« an seinen Vater hätte nicht die ausweichende und weitschweifige pantheistische Faust-Antwort mit dem berühmten Schluß: »Gefühl ist alles; Name ist Schall und Rauch, umnebelnd Himmelsglut« ausgelöst, obwohl gerade diese Antwort im Sinne des Ideengutes des Nationalsozialismus gewesen wäre, das sein Vater als politischer Amtswalter vertrat bzw. vertreten sollte. Es hätte also zu seinem Vater gepaßt, wenn

e r die Gretchenfrage an die überwiegend antikirchlichen Kreise der sogenannten Bewegung gestellt hätte.
Sein Vater intonierte erst und begleitete dann den Gemeindegesang auf dem Harmonium und sang laut und mit führender Stimme mit: »Ich weiß, woran ich glaube …«, ein Kirchenlied von Heinrich Schütz, Text von Ernst Moritz Arndt. Dessen Gedicht »Was ist des Deutschen Vaterland?« mit neun Strophen mußten die Schulkinder auswendig lernen. Die Antwort lautete im Jahre 1813:

So weit die deutsche Zunge klingt und Gott im Himmel Lieder singt,
das soll es sein!
Das, wackrer Deutscher, nenne Dein!

Die Kinder (vielleicht auch Erwachsene) mußten darüber belehrt werden, daß nicht »Gott im Himmel Lieder singt«, sondern »die deutsche Zunge« dem (!) »Gott im Himmel«. Ein anderes Kirchenlied, dessen Melodie leicht zu lernen war, begann: »Liebster Jesu, wir sind hier, dich und dein Wort anzuhören.«

Die vier Kinder wurden selbstverständlich getauft, das erste Kind in der Selchower Kirche, das zweite in der Dahmsdorfer Kirche. Zu dieser feierlichen Handlung für den zweiten Bruder und die Schwester des Erzählers kam der Reichenwalder Pastor in ihr Märkisch-Rietzer Haus. In Religion lernte er bei seinem Vater viele Geschichten und Gleichnisse aus der Bibel und das Leben von Martin Luther kennen. Er hörte auch Geschichten über den Ablaßprediger Tetzel, nicht aber die Tatsache, daß der Bau der Wittenberger Schloßkirche ganz und gar aus Ablaßgeldern finanziert worden war (so berichtet Scholz im 4. Wanderungsband, S. 70). Er wurde also, wie er später bei der Anmeldung zum Konfirmandenunterricht in Lübeck in anerkennendem und lobendem Sinne hörte, in christlichem, evangelisch- (mit Ton auf der zweiten Silbe:) lutherischem Geist erzogen. Diese Erziehung hat eine lange Tradition; wie Scholz nämlich im 4. Wanderungsband, S. 65, schreibt, bekannte sich die Mark Brandenburg seit 1539 geschlossen zu Luther.

Seltsam will es dem Biographen heute vorkommen, daß das Dorf Wendisch Rietz an seinem nördlichen Ortsausgang in Richtung Bad Saarow einen eigenen Friedhof, also keinen Kirchhof, besitzt, wo im Jahre 1947 sein Schulfreund Peter Wildgrube seine letzte Ruhestätte fand. An diesem Friedhof vorbei ist er einmal zusammen mit mehreren anderen Dorfkindern hinter einem marschierenden Infanterieregiment, das von einem Manöver kam, hergezogen. Sie benutzten den Duberower Weg in nördlicher Himmelsrichtung, der in Reichenwalde mündet. Viele Kinder wanderten mit, bis der Weg den Silberberger Weg von Dahmsdorf kreuzte. An dieser Stelle rieten einige Soldaten ihnen zur Umkehr. Zu Haus erzählten die Ausreißer stolz und müde von diesem abenteuerlichen Ereignis, sicherlich zur Beruhigung aller besorgten Eltern, die nicht mit ihrer fast zweistündigen Abwesenheit gerechnet hatten.

Die Tendenz des Nationalsozialismus, einen Religionsersatz nicht nur anzubieten, sondern durch seine Parteigenossen sogar aufzuzwingen, war frühzeitig spürbar oder hätte frühzeitig spürbar sein müssen. Zum Beispiel wurde am 26. Hartung, das war Januar, 1934 in Beeskow der Film vom Reichsparteitag in Nürnberg vom Jahre 1933 aufgeführt. Dieser erste groß aufgezogene Parteitag stand unter dem Motto »Der Sieg des Glaubens«. Im Lesebuch »Ewiges Volk« wird aus den »Grundlagen des 19. Jahrhunderts« des gebürtigen Engländers H. St. Chamberlain (1855-1927) zitiert:

> *Dieser Mann – Hitler – hat gewirkt wie ein Gottessegen … Gott, der ihn uns geschenkt hat, möge ihn uns noch viele Jahre bewahren, zum Segen für das deutsche Vaterland.*

In der »Parole der Woche 1936/38« stehen die *»Goldenen Worte des Führers zur deutschen Weihenacht«:*

Wehe dem, der nicht glaubt; dieser versündigt sich am Sinn des ganzen Lebens. Es war das Wunder des Glaubens, das Deutschland gerettet hat.

Diese Drohung konnte sich auf Nietzsche (Die fröhliche Wissenschaft, S. 118) stützen:

Wo ein Mensch zu der Grundüberzeugung kommt, daß ihm befohlen werden m u ß, wird er »gläubig«.

Das gläubige Vertrauen der Gefolgschaft zu ihrem Führer war das Fundament, auf das Hitler seine alles ergreifende Politik nach der Manier des Rattenfängers von Hameln bauen konnte und dann Krieg und Völkermord anstiftete. Robert Ley, Führer der Deutschen Arbeitsfront, die im Jahre 1933 an die Stelle der Gewerkschaften getreten war, verkündete in einer Rede am 10.2.1937 folgendes, der evangelischen und katholischen Liturgie nachgeahmtes Glaubensbekenntnis:

Adolf Hitler! Wir sind dir allein verbunden. Wir wollen in dieser Stunde das Gelöbnis erneuern: Wir glauben auf dieser Erde allein an Adolf Hitler. Wir glauben, daß der Nationalsozialismus der allein seligmachende Glaube für unser Volk ist. Wir glauben, daß es einen Herrgott im Himmel gibt, der uns geschaffen hat, der uns führt, der uns lenkt und der uns sichtbarlich segnet. Und wir glauben, daß dieser Herrgott uns Adolf Hitler gesandt hat, damit Deutschland für alle Ewigkeit ein Fundament wird.

Klemperer hält zum Glaubensthema in seinem Tagebuch vom 22.4.1941, als er schon im zweiten Judenhaus wohnen mußte, folgendes fest:

Wir brauchen nicht zu wissen, was der Führer tun will, wir glauben an ihn. Immer und überall: Der Nationalsozialismus will nicht wissen, nicht denken, nur glauben.

Außerdem: Welche maßlose Überschätzung klingt aus dem, was Hitler am 8.11.1943 (Goebbels, Tagebücher S.43) sagte:

Wenn einmal in kommenden Jahrhunderten die Geschichtsschreibung unbeeinflußt vom Für und Wider einer streitenden Zeit, die Jahre der nationalsozialistischen Neugeburt kritisch prüfen wird, dann kann sie wohl kaum an der Feststellung vorbeikommen, daß es sich hier um den wunderbarsten Sieg des Glaubens gegenüber den vermeintlichen Elementen des sachlich Möglichen gehandelt hat.

Es ist nicht unwahrscheinlich, daß Hitler folgende überheblichen Worte Nietzsches (Der Wille zur Macht S.657) mit Kopfnicken gelesen und auf sich bezogen hat:

Ich lehre: daß es höhere und niedere Menschen gibt, und daß ein einzelner ganzen Jahrtausenden unter Umständen ihre Existenz rechtfertigen kann – und das heißt ein voller, reicher, großer, ganzer Mensch in Hinsicht auf zahllose unvollständige Bruchstück-Menschen.

Ferner: Am 20.4.1942 schrieb Goebbels:

Wenn der Führer spricht, ist das wie ein Gottesdienst.

und am 7.1.1945 im »Reich«:

Wer an der Führung dieses Volkes beteiligt zu sein die Ehre hat, kann seinen Dienst an ihm nur als Gottesdienst empfinden.

Im Februar 1943 sorgte Goebbels für einen spektakulären Höhepunkt dieser gotteslästerlichen Propaganda in seiner aufpeitschenden volksverführerischen Berliner-Sportpalast-Rede über den Totalen Krieg. Und in seiner Ansprache vom Februar 1945 in Görlitz ist folgender Satz unübertrefflich in seiner Blasphemie:

Jene Divisionen, die jetzt schon zu kleinen Offensiven angetreten sind und in den nächsten Wochen und Monaten zu Großoffensiven antreten werden, werden in diesen Kampf hineingehen wie in einen Gottesdienst.

Speer, der damalige Rüstungsminister, schreibt in seinen Spandauer Tagebüchern (S. 403):

Bis dahin hatte ich den Satz vom Tausendjährigen Reich als leere Formel genommen, als Anspruch, etwas über die eigene Lebenszeit hinaus zu begründen. Aber bei der Festlegung, ja fast Kanonisierung des Rituals wurde mir erstmals bewußt, daß das ganz buchstäblich gemeint war. Lange hatte ich immer geglaubt, daß alle diese Aufmärsche, Umzüge, Weihestunden Teil einer virtuosen propagandistischen Revue seien; jetzt wurde mir klar, daß es für Hitler fast um die Gründung einer Kirche ging.

Vom tausendjährigen Reich wird schon in der Bibel berichtet: Die Offenbarung des Johannes (20. Kapitel, Vers 2 bis 7). Wie Thorwald (Das Ende an der Elbe, S. 79/80) zitiert, erklärte Goebbels am Vorabend des letzten Führergeburtstags über den Berliner Rundfunk, als die Amerikaner die Elbe und Nürnberg erreicht hatten und der Landkreis Beeskow-Storkow mit den Resten der 9. Armee von den Russen beinahe eingeschlossen war:

… ist es ebenso männlich und deutsch, … Gott zu danken immer wieder und wieder, daß er uns für diese schrecklich große Zeit einen wahren Führer schenkte … Wir schauen voll Hoffnung und in einer tiefen unerschütterlichen Gläubigkeit auf ihn. Trotzig und kampfesmutig stehen wir hinter ihm, Soldat und Zivilist, Mann und Frau und Kind, ein Volk, zum Letzten entschlossen, da es um Leben und Ehre geht.

In keine andere Stimmung versetzte Martin Luthers »Ein feste Burg ist unser Gott« (»die Marseiller Hymne der Reformation« definierte Heinrich Heine: Zur Geschichte der Religion und Philosophie in Deutschland, 1834; Bd. 2 S. 586) mit dem Anfang des zweiten Verses:

Mit uns'rer Macht ist nichts getan, wir sind gar bald verloren;
es streit' für uns der rechte Mann, den Gott hat selbst erkoren.

und mit dem Anfang des dritten Verses:

Und wenn die Welt voll Teufel wär und wollt uns gar verschlingen,
so fürchten wir uns nicht so sehr, es soll uns doch gelingen.

Wie hatte doch Bismarck in einer Parlamentsrede am 6.2.1888 vor dem Reichstag hinausposaunt?

Wir Deutsche fürchten Gott, aber sonst Nichts in der Welt!

Allerdings hatte Bismarck (von Krockow, S. 80) nicht eine seiner imponierenden Gestalt entsprechende Posaunenstimme, sondern eine dünne Fistelstimme, und er hatte – das wird immer wieder vergessen – weiter gesprochen:

… *Und die Gottesfurcht ist es schon, die uns den Frieden lieben und pflegen läßt.*

Schon Wilhelm II. hatte von Gott eine militärische Auffassung, da er ihn in Bezug auf Friedrich den Großen in schneidigem Offizierskasinoton am 8.9.1906 in Breslau als den »alten Alliierten« bezeichnete.

Zum Problemkreis von Kirche und Glauben gehören nicht zuletzt folgende Überlegungen: Goebbels schrieb in seinem Nachtrag zum politischen Testament Hitlers am 29.4.1945 mangels besserer Einsicht von dem

Delirium von Verrat, das in diesen kritischen Tagen des Krieges den Führer umgibt.

Auch die Mutter des Verfassers meinte damals im Jahr 45, Verrat sei die Ursache des verlorenen Krieges, weil noch viele Granaten in den verschiedenen kleinen Munitionslagern und notdürftigen Holzbunkern direkt an der Straße nach Storkow übriggeblieben waren. Der Verdacht des Verrats schon bei jedem Mißerfolg seit der Tragödie von Stalingrad liegt auf der gleichen Linie wie der nach einem Vorfall von Schulstreik wegen Hungers von volksdeutschen Kindern von seinem Vater niedergeschriebene und auch von anderen Erwachsenen verwendete stöhnende Ausspruch: Wenn das der Führer wüßte!

Darin kommt mehreres zum Ausdruck: Der Wunsch, der Führer wüßte von diesem unglaublichen Fall und würde ausmisten, das heißt Ordnung schaffen, wie es der Vater des Chronisten als kleiner nebenberuflicher Viehhalter mit dem Kaninchen-, Ziegen- und Hühnerstall tat, die Bereitschaft, sich einem einzigen Menschen zu unterwerfen, die Einstellung, die Mißstände würden in der unteren Ebene der Verwaltung ihre Ursache haben und könnten durch ein Machtwort von höchster Stelle beseitigt werden, die typische Auffassung, nicht der Landrat, nicht der Ernährungsminister seien schuld an diesem durch Hunger ausgelösten Streik, von dem sein Vater in seinen Schulaufzeichnungen berichtete, und: Mangel an Zutrauen zu der Fähigkeit und Tüchtigkeit von höheren Ministerialbeamten, s t a t t d e s s e n nur Zutrauen zu dem Führer, der jeden führt, der alles und jedes in die richtige Ordnung bringen kann, wenn er nur von ordnungswidrigen Zuständen erfahren würde. In diesem Sinne hatte schon Friedrich der Große gefordert:

Unser Staat braucht einen Herrscher, der alles mit eigenen Augen sieht und selbst regiert.

Die Ausstrahlung der Machtherrschaft bis zu den kleinsten Organen der unteren Verwaltungsebene ist gleichbedeutend mit einer bezeichnend negativen Einstellung der Untertanen zur eigenen Fähigkeit und zu eigenem Erfolgswillen. Befehlsempfang und bedingungsloser Gehorsam, entartet zu blindem Kadavergehorsam, aus der militärischen An- und Unterordnungswelt (*»Führer befiehl, wir folgen dir!«* in der »Parole der Woche« 1937/5 und als Refrain des Rußlandfeldzugliedes) sind Begriffe, die von der Kirche nicht bekämpft, sondern unterstützt wurden, indem von der Kanzel herab gepredigt wurde, sich dem vorherbestimmten Schicksal zu fügen nach dem positiven Motto und Glaubenssatz: *»Der Mensch denkt und Gott lenkt.«* Hierzu gehört der Römerbrief des Apostels Paulus:

> *Jedermann sei untertan der Obrigkeit, die Gewalt über ihn hat. Denn es ist keine Obrigkeit ohne von Gott; wo aber Obrigkeit ist, ist sie von Gott verordnet.*

Nicht zu den obrigkeitsfrommen Untertanen gehörte zum Beispiel der bayerische Pfarrer Karl Steinbauer (»Sonntagsblatt« 1.9.1996), der im Jahre 1933 als Vikar den Landeskirchenrat darauf hinwies, daß die Achtung der Obrigkeit nach dem Römerbrief keinen »Untertan- oder Hosennahtgehorsam« meint, sondern das freimütige Zeugnis des Christen gegen staatliche Arroganz einschließt. In einem anderen Brief schreibt er u.a.:

> *Wer Christentum und Nationalsozialismus in eins setzt, setzt Christus und Hitler in eins, das ist die gröbste Gotteslästerung.*

Als er am 9.November 1935 die Beflaggung zur »Auferstehungsfeier« der NS-Blutzeugen (in München) verweigert, muß er zwei Wochen ins Gefängnis. Als er im März 1936 das Geläut zum Wahlsieg, am 1.5.1936 die Beflaggung verweigert, muß er fünf Tage im KZ Dachau verbringen. Er erhält mehrmals Aufenthalts- und Predigtverbot, im Jahr 1937 sechs

Monate Gefängnis. Als er im Januar 1939 gegen den Arierparagraphen predigt, muß er von März bis Dezember im KZ Sachsenhausen leben.

Das religiöse Charisma Hitlers, der – wie von Chamberlain und Goebbels oben zitiert – als Gottgesandter dargestellt und verehrt wurde und der oft von der Vorsehung sprach, fand bei Gläubigen und Frommen eine staats- und herrschaftsbejahende Aufnahmebereitschaft und eine zur Bequemlichkeit neigende Unterwürfigkeit vor. Sie wurde durch Lieder aus dem Gesangbuch bekräftigt, wie:

> *Ach bleib mit deiner Gnade bei uns, Herr Jesu Christ,*
> *daß uns hinfort nicht schade des bösen Feindes List.*

Sein Vater belehrte die Schulkinder in der Religionsstunde über den *»Glauben an die Sendung des Führers«* und kam, wie schriftlich an mehreren Stellen belegt ist, u.a. am 24.10.1938, vom Gleichnis über den barmherzigen Samariter (Lukas 10, 30-37) zum *»Dienst am Nächsten ist Gottesdienst«* und über *»Nationalsozialismus ist Sozialismus der Tat«* zum Winterhilfswerk, dessen Arbeit gemäß seiner Verfassung vom 24.3.1937 (Reichsgesetzblatt I S. 423) von dem Leitsatz *»Gemeinnutz vor Eigennutz«* bestimmt wurde. Im Gegensatz zu dieser Nächstenliebe steht die Ankündigung Hitlers vom Juli 1942:

> *So wie wir mitleidlos und hart gewesen sind im Kampf um die Macht, werden wir genauso mitleidlos und hart sein im Kampf um die Erhaltung unseres Volkes.*

Sein Vater hätte als Hugenottennachkomme (wie Fontane) beim Großen Kurfürsten das Edikt von Potsdam von 1685 hervorheben können als Antwort auf den Widerruf der Religionsfreiheit in Frankreich (Edikt von Nantes). Außerdem wäre der Hinweis auf die Toleranzforderung Friedrichs des Großen angebracht gewesen, die ausführlich und in unzulänglichem Deutsch (Marginalentscheid vom 22.6.1740) lautet:

die Religionen Musen alle Tolleriret werden und mus der fiscal nuhr das auge darauf haben das keine der anderen abruch Tue, den hier mus ein jeder nach Seiner Faßon Selich werden.

Im »Politischen Testament« von 1752 wird festgestellt:

Katholiken, Lutheraner, Reformierte, Juden … wohnen in Preußen und leben hier friedlich beieinander.

Die Kirche mit ihrem Kruzifix stand gleichsam unter dem Einfluß des Hakenkreuzes, dessen Heilslehre mit den Parolen *»Einer für alle, alle für einen«* und *»Du bist nichts, dein Volk ist alles!«* von vielen Deutschen nicht widerwillig hingenommen wurde. Aber: An dem Kreuz von Golgatha hing ein einziger und einzigartiger Mensch, am Hakenkreuz dagegen hingen Millionen willenloser Menschen, bis sie einen gewaltsamen Tod fanden oder für ihr übriges Leben mit körperlichen und seelischen Leiden gezeichnet wurden. *»Hitler, der Gesandte des Antichrist«* (Luise Rinser) ist daher eine logische Schlußfolgerung.

Noch selbstverständlicher als die Kirche stand die Schule, in der der Junge wohnte, unter dem Einfluß des Hakenkreuzes, das ungezwungen die Verbindung zum nächsten Kapitel herstellt.

Schule unter dem Hakenkreuz

Der völkische Staat hat ... seine gesamte Erziehungsarbeit in erster Linie nicht auf das Einpumpen bloßen Wissens einzustellen, sondern auf das Heranzüchten kerngesunder Körper. ... hat seine Erziehungsarbeit so einzuteilen, daß die jungen Körper schon in ihrer frühesten Kindheit zweckentsprechend behandelt werden und die notwendige Stählung für das spätere Leben erhalten. Er muß vor allem dafür sorgen, daß nicht eine Generation von Stubenhockern herangebildet wird.

Hitler: Mein Kampf S.452/453

Wer leben will, der kämpfe also, und wer nicht streiten will in dieser Welt des ewigen Ringens, verdient das Leben nicht.

a.a.O. S.317

Es ist eine Halbheit, unheilbar kranken Menschen die dauernde Möglichkeit einer Verseuchung der übrigen gesunden zu gewähren. Es entspricht dies einer Humanität, die, um dem einen nicht wehe zu tun, hundert andere zugrunde gehen läßt. Die Forderung, daß defekten Menschen die Zeugung anderer ebenso defekter Nachkommen unmöglich gemacht wird, ist eine Forderung klarster Vernunft und bedeutet in ihrer planmäßigen Durchführung die humanste Tat der Menschheit.

a.a.O. S.279

Hätte man zu Kriegsbeginn und während des Krieges einmal zwölf- oder fünfzehntausend dieser hebräischen Volksverderber so unter Giftgas gehalten, wie Hunderttausende unserer allerbesten deutschen Arbeiter aus allen Schichten und Berufen es im Felde erdulden mußten, dann wäre das Millionenopfer der Front nicht vergeblich gewesen. Im Gegenteil: Zwölftausend Schurken zur rechten Zeit beseitigt, hätte vielleicht einer Million ordentlicher, für die Zukunft wertvoller Menschen das Leben gerettet.

a.a.O. S.772

Es wird endlich Zeit, über die in den bisherigen Kapiteln erwähnten Aufzeichnungen des Lehrer-Vaters zu sprechen. Im August 1979, als dieser 76 Jahre alt geworden wäre, begann der Verfasser, die »Vor- und Nachbereitungen« vom 5.11.1928 bis zum 19.5.1943 zu lesen. Man stelle sich vor: Der 47-jährige, Jahrgang 32, liest die chronologischen Dokumente seines Vaters, Jahrgang null drei, als dieser sie zum Beispiel mit 29 Jahren im Jahre 1931 anfertigte. Der Vater ist 29 Jahre älter als sein ältester Sohn gewesen; deshalb ist es schwierig, sich den Vater 18 Jahre jünger vorzustellen. Davon abgesehen fühlt sich der Leser gegenüber dem Schul-Chronisten insofern im Vorteil, als er vorausblättern kann und unter anderem feststellt, daß mit dem Monat November 1932 der vorletzte Monat der Lehrertätigkeit in Selchow begonnen hatte oder, daß für den Tagebuchschreiber keine sieben Jahre mehr bis zum Kriegsanfang verblieben. Geradezu unheimlich wirkt es dagegen, wenn der Leser in Gedanken zu dem Schreiber sagt: Du hast noch 42 Jahre zu leben. Die Unheimlichkeit ergibt sich insbesondere daraus, daß der Leser der Sohn ist, der im Geist mit seinem Vater spricht.

Es handelt sich um mehrere Bücher im Format 17,5 mal 21,5 cm. Die Seiten sind liniert und vom ersten Schultag an fortlaufend numeriert. Sie sind so durch zwei Striche eingeteilt, daß senkrecht auf einer Doppelseite je zwei Spalten für drei Tage Platz finden und für eine Schulwoche mit sechs Tagen vier Seiten benötigt werden. Waagerecht sind fünf Striche für die fünf Unterrichtsstunden gezogen.

Über die erste Spalte ist jeweils der Wochentag geschrieben, über die rechte Spalte daneben der Datumstempel vom karussellähnlichen Stempelständer gesetzt. In die linke Spalte ist mit schwarzer Tinte die Vorbereitung eingetragen, während die rechte Spalte für Nachbereitungen gedacht ist, die in roter Tinte, mit Füllhalter mit Glasrillenspitze, geschrieben sind. Während die Vorbereitungen regelmäßig und systematisch geführt wurden, sind die roten Nachbereitungen nicht für jedes Fach rechts daneben gesetzt, sondern es wird dort vielfach jeweils ein Thema behandelt, das sich nicht nur über die Spalten eines ganzen Tages, sondern noch über die Spalten weiterer Tage erstreckt. So sieht es aus, als ob die Nachbereitungen den Tagen vorauseilen. In Wirklichkeit schrieb sein Vater die Nachbereitungen in unterschiedlichen Zeitabständen, wenn mehrere Nachbereitungsspalten frei gelassen waren. Zwar ist das Bemühen erkennbar, wenigstens den Beginn eines Nachbereitungsthemas neben der entsprechenden Erwähnung dieses Unterrichtsstoffes in der Vorbereitungsspalte beginnen zu lassen. Dieses System konnte aber wegen Platzmangels nicht durchgehalten werden, so daß sich bei den Vorbereitungen folgende Hinweise in roter Farbe befinden: Nachbereitungen siehe Seite sowieso. Es kommt aber auch vor, daß auf rote Eintragungen zurückverwiesen wird, weil sein Vater wegen der Bedrängnis durch Stoffülle leere Nachbereitungsspalten in früheren Wochen ausfüllen wollte. Wenn dort der Platz für das ganze Thema nicht ausreichte, wurde wieder auf andere Seiten verwiesen. Durch mehrmalige Verweisungen wurde es dem Leser dieser Bücher nicht einfach gemacht, ein einziges Thema in Zusammenhang zu bringen.

Der Leser mußte sich also einen besonderen Lesestil angewöhnen. Er konnte nicht die Themenvorbereitungen und –Nachbereitungen nacheinander lesen, sondern es ergab sich zwangsläufig, erst die Vorbereitungen, das heißt die linke Spalte jedes Themas in schwarzer Tinte über mehrere Tage, sogar Wochen hinweg und dann erst die Nachbereitungen in roter Tinte zusammenhängend zu lesen. Wegen des Vor- und Zurückblätterns war es notwendig, zwei Lesezeichen zu benutzen: das eine ließ er dort liegen, wo er in der Seitenzahl weit vorangekommen war, das andere Lesezeichen diente dazu, die Rückverweisung kenntlich zu machen. Wegen verschiedentlicher Vor- und Zurückverweisungen innerhalb eines Unterrichtsthemas kam es vor, daß der Leser auch noch die zwei Zeigefinger zu Hilfe nehmen mußte.

So stimmen viele Eintragungen in roter Farbe mit dem darüberstehenden Tagesstempel nicht überein. Dieses gestempelte Datum gibt also keine verläßliche Auskunft darüber, wann diese Nachbereitungen geschrieben wurden. Es gibt sogar Nachbereitungen, die mehr als ein Jahr früher erscheinen, zum Beispiel: im August beginnt ein Thema zu einem Datum im Oktober nächsten Jahres. Sicherheit fand der

Leser also nur bei der mit dem Wochentag überschriebenen Vorbereitungsspalte.

Weitere Schwierigkeiten waren darin zu sehen, daß die Handschrift teils ganz klein zusammengedrückt, teils sehr groß geschrieben ist, wenn sein Vater offensichtlich in Eile oder ermüdet war. Eine gewisse Beruhigung des äußeren Schriftbildes tritt etwa ab dem Jahre 1941 ein, nachdem die Nachbereitungen wochenlang fehlen. Die Ursache hierfür ist an einer Stelle angegeben, wo er sich über die Belastung durch Nebentätigkeiten für die Partei zum Nachteil seiner Schulpflichten beklagt, und das bereits am 23.9.1937 und 9.2.1938, und zwar mit den Worten: *»zu große Nebenarbeit mit der Partei (im Augenblick Kassenleiter, Propaganda- und Filmstellenleiter)«.*

Nach dem Tod seines Vaters hatte sich der Autor die Tagebücher nicht nur »zum Lesen« ausgeliehen, sondern auch in Kurzschrift auf 494 DIN-A-4-Seiten übertragen, und zwar lückenlos und in zeitlicher Reihenfolge geordnet, und dann, als er die Bücher nach dem Tod seiner Mutter übernommen hatte, aus der Kurzschrift auf 1.287 Seiten mit Schreibmaschine abgeschrieben, dabei zwiespältige Gefühle empfunden, weil er im Lateinunterricht den Spruch gelernt hatte: DE MORTUIS NIL NISI BENE, in wörtlicher Übersetzung: Über die Toten nichts, wenn nicht gut (reden oder schreiben). Dieser Grundsatz kann aber nicht gelten, wenn man sich mit der ZWÖLF-jährigen, auf TAUSEND Jahre angelegten NS-Herrschaft beschäftigt.

Parolenhafte Forderungen sind immer problematisch und verdächtig, in besonders krasser Weise in den Beispielen des »Jedem das Seine«, der Devise des preußischen Schwarzen- Adler-Ordens, im Tor zum Konzentrationslager Buchenwald bei Weimar und »Arbeit macht frei« am Eingang zu den Lagern Dachau, Sachsenhausen und Auschwitz. Wer Dantes Göttliche Komödie (3. Gesang) gelesen hat, dem schwebte die Höllenportalinschrift vor: »Laßt alle Hoffnung fahren, die ihr mich durchschreitet.« Klemperer vermerkte in seinem philologischen Notizbuch (S.52):

> *Ich glaube, wo künftig das Wort Konzentrationslager fallen wird, da wird man an Hitlerdeutschland denken und nur an Hitlerdeutschland.*

Jedes Mal, wenn der Schreiber das Überweisungsformular für die Hausnebenkosten ausfüllte, sträubte sich ihm die Hand bei dem Kürzel Kz für Kassenzeichen. Er konnte sich einer gefühlsbetonten Erregung nicht erwehren, weil sich die Abkürzung KZ ein für alle Mal fest im Gedächtnis eingeschrieben hatte. Anfang der 90er Jahre las er dieselben unheilschwangeren Buchstaben in dem Informationsblatt des Bundesbeauftragen für die Unterlagen des Staatssicherheitsdienstes der ehemaligen Deutschen Demokratischen Republik:

> *Bereits in den sechziger Jahren gab es Planungen für Isolierungslager. In bestimmten Situationen … sollten als nonkonformistisch eingestufte Bürger festgenommen und isoliert werden. In der Direktive 1/67 war unter der Kennziffer »Kz.4.1.3.« die Isolierung von Personen vorbereitet, die eine »feindlich-negative bezw. labile Grundeinstellung« gegenüber dem Staat hatten …*

Der große Wert der kleinen kompakten Bücher für die Erforschung der Einstellung der Menschen zum Nationalsozialismus und zum zweiten Weltkrieg sollte nicht mit der Überlegung herabgemindert oder sogar ausgeschaltet werden: Das sind ja nur die Aufzeichnungen eines Lehrers, der kleine einklassige Volksschulen auf dem Lande leitete und nur Dorfschulkinder unterrichtete; es ist nicht gesagt, daß an den anderen Schulen genauso unterrichtet wurde. Diese Argumentation wäre verfehlt, weil die ministeriellen Richtlinien, die Weisungen des Nationalsozialistischen Lehrerbundes, dessen Abkürzung »Ännäsällbee« (NSLB) der Chronist oft hörte, und die Propagandaparolen der Partei mit ihrem direkten Einfluß auf ihre Parteigenossen es unwahrscheinlich machen, daß sich viele Lehrer diesen vielfältigen massiven politischen Einflüssen ohne nachteilige Folgen für sich und ihre Familien entziehen konnten. Alles spricht vielmehr dafür, daß diese Aufzeichnungen beispielhaft und typisch für diese Zeit sind und eine Antwort auf die Frage geben, warum viele Deutsche sich vom Beginn des Krieges und seinen vielen Anfangserfolgen begeistern ließen und warum sie unter allen Umständen den Befehlen von Vorgesetzten gehorchten. So zitiert Klemperer am 7.2.1934 in seinem Tagebuch den NSLB mit dem Satz:

Wir sind die Leibeigenen des Führers.

und am 4.9.1934 den Staatssekretär im Reichsinnenministerium:

Die Volksschullehrer sollen die deutsche Jugend Rechnen, Schreiben und Lesen lehren. ... Im Mittelpunkt der weltanschaulichen Schule steht eine auf die nationalsozialistische Idee gegründete totale Wissenschaft von Volk und Staat.

Der Gesamtunterricht stand in diesen Jahren unter einem bestimmten aktuellen Thema, wie zum Beispiel: Ahnenkunde, Bevölkerungspolitik, Rassehygiene, Deutschtum im Ausland. Nr.20 des Programms der NSDAP (München, den 24.2.1920) lautete bereits:

Die Lehrpläne aller Bildungsanstalten sind den Erfordernissen des praktischen Lebens anzupassen.

Was »praktisches Leben« bedeutete, wurde dann vom NSLB definiert. Vor der für TAUSEND Jahre gedachten »Machtübernahme«, die eher als Machtübertragung zu charakterisieren ist, war der Gesamtunterricht noch nicht politisch ausgerichtet. Am 30.1.1933, bei dem Fackelzug in Berlin, sagte der Maler Max Liebermann, der direkt Unter den Linden am Pariser Platz sein Atelier hatte (oder ähnlich s. 1933 in Mein Jahrhundert, Günter Grass 1999, S. 179):

So ville kann ick gar nich essen, wie ick kotzen möchte.

Die lehrplanmäßig seit dem Jahr 1934 vorgeschriebene intensive Unterrichtung in Erbbiologie und Rassenkunde in jedem Frühjahr vor Abschluß des achten Schuljahrs für die Schulabgänger und die ständige Folgerung aus den einzelnen Bereichen des Gesamtunterrichts, das Schwache sei nicht lebenswert, sondern nur ein Hindernis für das Gesunde (Vorträge seines Vaters im Februar 1934 in Buckow und Görsdorf und Unterrichtsstoff in den folgenden Jahren, im März 35 sogar mit Ausschnitten aus »Mein Kampf«), bereiteten »Blut und Boden« für die passive Haltung der Bevölkerung gegenüber der Tötung von Geisteskranken, gegenüber dem Euthanasieprogramm, der Vernichtung minderwertigen, »lebensunwerten« Lebens, so daß es für Heinrich Himmler nur drei Arten von Lebewesen gab: Menschen, Tiere, Untermenschen.

Gleiches gilt für die propagandistische Diffamierung des Judentums mit der Folge, daß die massenweise und systematische Tötung von Juden und anderen Menschen in bestimmten Konzentrationslagern, in Wahrheit Vernichtungslagern außerhalb des eigentlichen Reichsgebietes, nicht als Unrecht, sondern als logische Folge angesehen wurde, falls jemand gerüchteweise davon erfuhr. Bei Nietzsche (Der Wille zur Macht, S. 485 und 643, nach seinem Willen nur »zum Denken« gedacht) kann man lesen:

> *Ihr habt alle nicht den Mut, einen Menschen zu töten, oder auch nur zu peitschen, oder auch nur zu –, aber die ungeheure Maschine von Staat überwältigt den einzelnen, so daß er die Verantwortlichkeit für Das, was er tut, ablehnt (Gehorsam, Eid usw.).*

Denkt der Leser dabei nicht an die KZ- und Massenmordprozesse nach dem Zweiten Weltkrieg?

> *Jene ungeheure Energie der Größe zu gewinnen, um, durch Züchtung und andererseits durch Vernichtung von Millionen Mißratener, den*

zukünftigen Menschen zu gestalten und nicht zugrunde zu gehn an dem Leid, das man schafft und dessengleichen noch nie da war!

Daran hat sich Heinrich Himmler mit voller Überzeugung und mit ähnlichen Worten gehalten. Heinrich Heine prophezeite 1834 in seiner Geschichte der Religion und Philosophie in Deutschland (Bd 2 S.644):

Es wird ein Stück aufgeführt werden in Deutschland, wogegen die Französische Revolution nur wie eine harmlose Idylle erscheinen möchte.

In diesen Zusammenhang paßt Folgendes: Im September 1940 lautete in den Unterrichtsaufzeichnungen seines Vaters ein wiederholt durchgenommenes Thema: Glaubt nicht an Gerüchte! Unerwähnt blieb dabei, daß *»wehrkraftzersetzende Miesmacher und Defätisten«* ihre Einsichtigkeit, ihre Scharf- und Unvorsichtigkeit mit dem Tode bezahlen mußten. Wenn es richtig ist, daß damals über 90 Prozent der Schüler bis zum Ende der acht Pflichtschuljahre auf die Volksschule ging (so Flessau S. 92) und wenn sich der Leser die Themen vergegenwärtigt, wie sie beispielhaft entsprechend den Vor- und Nachbereitungen seines Vaters unterrichtet wurden, dann wird jedem verständlich, mit welcher bejahenden Haltung die Jugend in den Krieg zog bzw. gezogen wurde, anderen Leid zufügte und selbst an der Front und in der Heimat Leid erduldete. Das sind die auffälligen Folgen der verbrecherischen Erziehung durch die Führer des Nationalsozialismus, durch die Verführer der Jugend; verwendet wird bewußt die plurale Form, nicht die singulare. Sie verstanden es, bis in die Schulen und von dort in die Elternhäuser hinein nationalsozialistisches Gedankengut und die sogenannte Weltanschauung propagandistisch aufzudrängen und die Menschen im Sinne der aggressiven Diktatur zu beeinflussen.

Widersprüche wurden dabei nicht erkannt, entweder verschwiegen oder widersinnig begründet mit den typischen Methoden, deren Ziel die Mittel heiligt. Wenn nach dem Tode von Hindenburg (am 2.8.1934) *»Der Führer und oberste Befehlshaber der Wehrmacht«* und seit Dezember 1941 Oberbefehlshaber des Heeres, als Erlöser von der Schmach des Versailler Friedensvertrages befiehlt, so wird gefolgt. Dieses Glaubensbekenntnis dient als Parole auch dann noch, wenn sie, wie zum Beispiel im Fall der katastrophalen Tragödie und zum Himmel schreienden Katastrophe von Stalingrad, unsinnig und unmenschlich war.

In nicht zu unterschätzender Weise hat dazu der Dorfschullehrer beigetragen. Schon 1839 hatte Rückert (Weisheit des Brahmanen IX, 90, Büchmann S.154) gedichtet:

Die Zukunft habt ihr, ihr habt das Vaterland,
Ihr habt der Jugend Herz, Erzieher, in der Hand!

Es liegt nahe, daß der Zeitgenosse das Bild der SCHULE UNTER DEM HAKENKREUZ zuerst in übertragenem Sinn deutet. Eine buchstäbliche Assoziation drängt sich aber auf, wenn jetzt die Tatsache berichtet wird, daß die Görsdorfer Schule im Nebelung (November) 1933 eine neue Haustür erhielt und der Dorfschullehrer, sein Vater, in der Chronik folgendes für dokumentierwürdig hielt:

So schwebt nun auch über unserem Eingang das Hakenkreuz.

– ein zweiteiliges populäres allgegenwärtiges Wort (lexikalisch: Winkelmaß-Kreuz), das keiner in »Kreuze mit Haken« trennte und an das Kruzifix dachte –

Dem kann man gegenüberstellen:

Unsern Ausgang segne Gott, unsern Eingang gleichermaßen,

die dritte Strophe eines Chorals, den sein Vater oft auf dem Harmonium begleitete und selbst laut mitsang. Die zweite Strophe lautet:

Weil der Gottesdienst ist aus und uns mitgeteilt der Segen,
so gehn wir mit Freud nach Haus, wandeln fein auf Gottes Wegen.
Gottes Geist uns ferner leite und uns alle vollbereite.

Die vierte Strophe von »Jesu, geh voran auf der Lebensbahn« (von Zinzendorf) endet:

Tu uns nach dem Lauf deine Türe auf.

Ferner paßt folgendes Gesangbuchlied hierher:

Was Gott tut, das ist wohlgetan … er führt mich auf rechter Bahn.

Oft wurde auch »Befiehl du deine Wege« gesungen.

Eine Bemerkung zu dem gerade genannten Monat Nebelung: Die deutschen Monatsnamen wurden nicht lange benutzt, sie drangen nicht durch, wie auch Klemperer feststellt (LTI S. 321).

Wenn auch die roten Nachbereitungen redaktionell der schwierigste Gegenstand sind, so sind sie doch das Interessanteste in allen Büchern. Aus diesen Eintragungen erkennt der Leser nämlich nicht nur, aus welchem Anlaß der Unterricht ausfiel: einerseits die Osterferien, der erste Mai, Himmelfahrt, Pfingsten, Herbstferien, Reformationsfest, Weihnachtsferien und nationale Feiertage und andererseits Krankheiten seines Vaters, die gar nicht so selten waren, vor allem Stirnhöhlenkatarrh und Grippe, und Schulungsveranstaltungen, die sehr zahlreich waren, oder »Hitzefrei«, zum Beispiel am 25.6.1941: »39° im Schatten, 28° in der Schule«. Interessant sind vor allem die Probleme des Junglehrers, der sich in stetigem Wechsel mit anderen Kindern auseinandersetzen muß. In 15 Jahren, bis 1943, hat sein Vater nämlich in acht Schulen nacheinander Unterricht gegeben; am 24.4.1930 hatte er seinen sechsten Stellenantritt vermerkt.

Dann sind da ab dem Jahr 1931 die ausführlichen Abhandlungen über den Volksbund für das Deutschtum im Ausland und später über den Nationalsozialismus, der richtliniengemäß nach der jeweiligen Aktualität in den auf der Präparandenanstalt, dem Lehrerseminar von 1921 bis 1924, gelehrten – bereits mehrmals erwähnten – Gesamtunterricht einbezogen wurde. Vorher tauchen vielfältige Hinweise auf den oben angesprochenen Vertrag von Versailles, stereotyp Schanddiktat oder Schmachvertrag genannt, und die ungünstige zentrale Lage Deutschlands auf, weiterentwickelt bis zur »Einkreisung« z.B. am 22.9.1937. »Es ist unsere geografische Lage der kontinentalen Mitte, die unsere Entwicklung stets entscheidend geprägt hat und sie weiter bestimmen wird« (Dr. von Weizsäcker, Bundestagsrede 9.9.1982, Weißbuch dtv 1986, S. 791). Dehmel veröffentlichte am 23.12.1918 (Scholz im 7. Wanderungsband S. 21) einen Warnruf, unterschrieben unter vielen anderen von Thomas Mann:

> *Laßt keinen Frieden über uns kommen, der die Saat neuer Rachkriege im Schoß trägt!*

Kants erster Präliminarartikel »Zum ewigen Frieden« lautet:

> *Es soll kein Friedensschluß für einen solchen gelten, der mit dem geheimen Vorbehalt des Stoffes zu einem künftigen Kriege gemacht worden.*

Im Zusammenhang mit der sogenannten Dolchstoßlegende hieß das zentrale Thema einer Protestkundgebung gegen den Versailler Vertrag: *»Nieder mit dem Gewaltfrieden!«* Hervorzuheben ist die erstaunliche Tatsache, daß die Lehrer bereits im Jahr 1934 im Luftschutz theoretisch geschult wurden, während am 3.3.1937 je eine Luftschutzmarke für Drucksachen, Postkarten und Briefe erschien. Dieses Thema ist sofort nach Beginn des Krieges mehrtägiger Unterrichtsstoff gemäß der Eintragung vom 9.9.39: Wie schützen wir uns vor Brandbomben? Wie muß unser Hausboden aussehen?

Der Geschichtsunterricht, selbst mit dem Gegenstand Mittelalter, wird immer in Beziehung gesetzt zur Jetztzeit, zu der »angebrochenen« neuen Zeit und zu »dem Führer« als Erlöser aus der Vielstaaterei und demokratischen Schwäche. Es ist das fleißige Bemühen erkennbar, die Geschichte neu zu durchdenken und viele Themen auf den Führer zu beziehen und ihn als gottgewollten krönenden Abschluß der Jahrhunderte langen unruhigen geschichtlichen Entwicklung in Europa hervorzuheben. Außerdem wird die arische Reinhaltung des Blutes nach vorgeschriebenem Unterrichtsstoff wiederholt behandelt, zwangsläufig mit der Judenfrage verbunden; am 6.9.38 lautet eine Aufsatzüberschrift: *»Juden nicht erwünscht!«* Dazu gehört ein Wochenspruch der NSDAP 1938 mit den Worten des seinerzeit nicht mehr lebenden Kulturministers Hans Schemm, des Gründers und Reichsleiters des NSLB:

> *Rasse ist gottgewollt. Jede Versündigung gegen die Rassereinheit ist eine Versündigung gegen Gottes Willen und gegen die Schöpfungsordnung.*

Und so ließen sich die Themen beliebig weiter aufzählen. Sie zeigen mit aller Deutlichkeit, daß eine Dorfschule nicht ein unabhängiges, selbstgenügsames Dasein für sich allein weit ab von den politischen Neuerungen, Umwälzungen und offiziell so genannten Gleichschaltungen führte, sondern daß alle politischen Fragen und Maßnahmen des Nationalsozialismus sofort mittels Zeitung, deren Lesen der Lehrer mehrmals von den Schulkindern forderte, und in Schulungen der Lehrer durch den NSLB bis in die Schule jedes abgeschiedenen Dorfes wirksam wurden.

> *11.9.37: Niederschrift Warum lesen wir die Zeitung?*
> *Ellen W. (13 Jahre) schreibt: Wir lesen jetzt jeden Tag die Zeitung. Die*

jetzige Jugend im Dritten Reich soll wissen, was in der Welt geschieht. Unser Führer Adolf Hitler will auch, daß seine Jugend aufgeklärt wird. Die Jugend wird schon in der Schule im Glauben an das Dritte Reich erzogen.

Die Schule wird sogar als parteipolitisches Propagandaorgan mißbraucht, wenn die Eltern die von ihren Kindern in der Schule geschriebenen Abstimmungsaufrufe, etwa in den Jahren 1935 und 1938 nach der »Heimkehr« des Saargebiets, der »Eingliederung« Österreichs und Sudetenlands, unterschreiben müssen, obwohl es in der Nachbereitung vom 15.9.1930 heißt:

Parteipolitik gehört nicht in die Schule!

Dazu paßt die »Parole der Woche« vom 24.3.1936, in der Goebbels wie folgt zitiert wird:

Der letzte Mann im letzten Dorf wird am 29. März mit Freude und Begeisterung an die Wahlurne treten.

Die Eintragungen über den Religionsunterricht nehmen sowohl bei den Vorbereitungen als auch bei den Nachbereitungen einen verhältnismäßig breiten Raum ein, z.B. mit der Überschrift Ende September 1939: »Von der Nächsten- und Feindesliebe in diesem Kriege«. Wie sich dieser breit angelegte, in zwei Wochenstunden erteilte Religionsunterricht mit der übrigen Durchtränkung mit nationalsozialistischem Gedankengut – um in der damaligen Sprachregelung zu bleiben – vereinbaren ließ, ist ein Problem, das einer besonderen unvoreingenommenen Untersuchung wert wäre. Man muß aber den täglichen Unterrichtsstoff, das Einerlei, das Normale berücksichtigen, damit ein neutral eingestellter Leser sich ein unparteiisches Urteil darüber erlauben kann, wie gewichtig damals die für die folgende Generation wesentlich erscheinenden Probleme der Auseinandersetzung mit der täglichen Politik im Gesamtbild waren.

Dann sieht man, daß die Vorherrschaft des Politischen weit zurückgedrängt blieb.

Das bedeutet: das Schulleben bestand in der Zeit der zwölfjährigen Diktatur, des NS-Regimes, nicht nur aus Politik und Propaganda. Damit soll die Gefährlichkeit der nationalsozialistischen Einflüsse nicht verharmlost werden. Sie überstrahlte sowieso unübersehbar das gesamte Schulleben des Dorfes. Dieser Eindruck drängt sich dem unbefangenen Leser spätestens seit den Aufzeichnungen aus dem Jahre 1933 auf.

Außer Religion wurden folgende Fächer unterrichtet: Deutsch, Heimatkunde, Erdkunde, Geschichte, Rechnen, Musik, Turnen und der sonnabendliche staatspolitische Unterricht, der sogenannte Staatsjugendtag, allerdings nur von 1933 bis November 1935. Heimatkunde wurde von seinem Vater bevorzugt, dazu gehörte Natur- und Tierschutz, z.B. die Belehrung:

Quäle nie ein Tier zum Scherz, denn es fühlt wie du den Schmerz!

Was muß Himmler, der sich außer Menschen und Tieren noch Untermenschen vorstellte, für ein Mensch gewesen sein, wenn er forderte, daß den Kindern Tierliebe beigebracht werden müßte! Das wird auch von Höß, dem Kommandanten des KZ Auschwitz, berichtet.

Am Schluß dieser in doppeltem Sinn vielseitigen Betrachtungen darf eine Frage nicht vergessen werden: Was alles hat sein Vater n i c h t aufgeschrieben?

Gemeint sind nicht die privaten Ereignisse, die sehr spärlich aufgezeichnet wurden, wie z.B.: »Nach 47 Tagen kehren Frau und Kind aus dem Krankenhaus heim« Anfang Dezember 1941. Vielmehr fällt auf, daß aktuelle Kriegsereignisse zum Unterrichtsstoff der Oberstufe nur bis zum Beginn des Rußlandfeldzuges, »Unternehmen Barbarossa«, gehören, für den selbstverständlich die Ausdrücke Vertragsbruch und Überfall vermieden wurden. Je weiter der Krieg fortschreitet oder besser: auf Deutschland zurückschreitet, je dramatischer und katastrophaler er wird, je näher die Fronten im Osten, Süden und Westen rücken, umso ruhiger wird der Ton der Aufzeichnungen seines Vaters.

Zu den gelegentlichen Vorkriegsereignissen zählte z.B. ein Manöver in Görsdorf am 6.8.1936, das zu den bleibenden Erinnerungen des Erstgeborenen gehört: Er lag als Vierjähriger im Graben an der östlichen Seite der Ahrensdorfer Straße in Höhe von Premsdorf neben einem Soldaten, der um seinen Stahlhelm ein blaues Band gebunden hatte, er gehörte also zu den Blauen, und sammelte Platzpatronenhülsen. Dieses Manöver und ein zweites in Wendisch- Rietz haben einen aufregenderen Niederschlag gefunden als die echten Kriegsgeschehnisse.

Im Juni 1940 war Unterrichtsstoff: »Die Bedeutung des Eintritts Italiens in den Krieg«. Für seinen Vater hatte dieses Bündnis, der »Stahlpakt«, die ungeahnte Folge, daß er in den Jahren 1943 bis 1945 als, wie der Landserjargon lautete, »Schreibstubenhengst« in Albanien war, wo er die Hitze wegen seines niedrigen Blutdrucks gut vertragen konnte. Am 7.4.1939 hatten nämlich italienische Truppen das erst 1921 von Italien unabhängig gewordene Albanien besetzt und es »mit der Italienischen Krone vereinigt«.

Bis etwa 1941 kann man in den Notizen verfolgen, wie in Blitzkriegen Polen erobert, Dänemark und Norwegen besetzt und der Frankreichfeldzug durchgeführt wird. Hierfür finden sich jeweils nachträgliche Rechtfertigungen, die auch noch später im Unterricht durchgenommen werden, wie beispielsweise im November 1940: »Bromberger Blutsonntag von 1939«, das war der 3. September. Außerdem findet die Propaganda gegen Großbritannien nicht nur in dem oft gesungenen Lied »Wir fahren gegen Engeland« ihren pädagogisch auszuwertenden Niederschlag, sondern auch in den Hinweisen auf die für Deutschland gefährliche

Kolonialherrschaft mit dem Bild der Spinne, das die Propagandakarikatur angsterregend verbreitete (Unterrichtsstoff im Mai 41: Raubstaat England), oder mit dem Bild von der riesigen hageren krallenähnlichen Hand, die den ganzen Globus umfaßt. Das war ein Bild, das sogar die Wolkenbilddeutungen des visuell veranlagten Lehrersohns beeinflußte, als eines Abends fünf langgezogene zusammenhängende Wolken von der untergehenden Sonne glutrot angestrahlt wurden.

Die Niederschriften enthalten aber keine Hinweise, aus denen sich ergeben würde, der Krieg gegen Rußland sei besprochen worden. Ferner wiederholen sich die sehr eindeutigen Aussagen aus den Jahren 1934 und 35 über und gegen die Juden nicht mehr, obwohl im März 1941 der Film »Der ewige Jude« im Dorf gezeigt wurde.

So wird der Leser der Ausarbeitungen über die Schulstunden noch weitere Themen aus der Zeit des Krieges vermissen, die aktueller Anlaß für die Besprechung im Unterricht hätten sein können und nach der damaligen Propaganda und den Richtlinien des NSLB hätten sein sollen. Es fragt sich, ob diese Lückenhaftigkeit als Ausdruck einer Ernüchterung nach den vielen enthusiastischen Sieges- und Erfolgsmeldungen angesehen werden kann. Dafür spricht der Vortrag seines Vaters im Juni 1942 über die Umsiedler aus Wolhynien und Galizien, die wie es wörtlich heißt, innerhalb von 10 Monaten durch 11 Lager »geschleift« worden waren, ehe sie nach Märkisch-Rietz kamen. Die Verpflegungsorganisation klappte nicht, so daß es zu dem oben erwähnten Schulstreik wegen Hungers kam, was sein Vater mit dem abschließenden Ausrufungssatz mit mehreren Ausrufezeichen kommentiert: »Wenn das der Führer wüßte«.

Diese Zurückhaltung gegenüber aktuellen Tagesthemen mag ihre Ursache darin haben, daß ein Unbehagen über die Umsiedlung dieser deutschen Familien aus den ehemals polnischen Gebieten in das Reichsgebiet sich breit machte, weil diese Umsiedlungsaktion in Widerspruch stand zu der vom Nationalsozialismus propagierten, in »Mein Kampf«

deutlich im Sinne einer Ostexpansionspolitik ausgelegten Parole »Volk ohne Raum« und zu dem bis zuletzt – durch Hitler am 9.4.1945 in seinen Abschiedsworten an die Deutsche Wehrmacht – erklärten Ziel, dem deutschen Volk Lebensraum im Osten zu gewinnen. Bereits am 3.2.1933 war in Hitlers geheimer Ansprache für die Befehlshaber der Reichswehr eine Forderung:

> *Eroberung neuen Lebensraums im Osten und dessen rücksichtslose Germanisierung.*

Man kann auch eine gewisse Vorsicht und Ratlosigkeit seines Vaters herauslesen, wenn er am 23. Juni 1941 die Ostfront vom Eismeer bis zum Schwarzen Meer und die dahinter liegende riesige Landmasse erwähnt, nachdem erst am Tag davor der Krieg gegen Rußland begonnen hatte. Verständlicherweise ist nicht die dem Sohn genau erinnerliche schreckhafte Reaktion von Fräulein Gerczuk, der Hilfslehrerin, aufgeschrieben, die als frühere Bewohnerin der Ukraine vor dem Radio, im damaligen Deutsch: vor dem Rundfunkempfänger am 22. Juni, einem Sonntag, die Hände über dem Kopf zusammenschlug und entsetzt war über den Einmarsch der deutschen Truppen nach Rußland, den Überfall der Sowjetunion und jammerte:

> *Ich weiß, wie viele russische Truppen es gibt. Ach, Herr Jahn, Sie wissen ja nicht, wie groß Rußland ist und wie viele Soldaten Stalin hat. Das wird ein schlimmes Ende nehmen!*

Heutzutage ist bekannt, daß dieser bedrückende und wahrhaft historisch zu nennende Kassandra-Ruf sich zwar viele Monate lang angesichts der beeindruckenden Vormarscherfolge nicht zu bewahrheiten schien, daß aber im Laufe von eineinhalb Jahren mit unerhörten Anstrengungen unter der alle russischen Menschen begeisternden Parole eines Großen Vaterländischen Krieges zur Rettung des Mütterchens Rußland neue Truppen und neues Kriegsmaterial, insbesondere Panzer und Geschütze, den Deutschen entgegengestellt und die Eindringlinge schließlich bis in die deutsche Reichshauptstadt verfolgt und dabei große Teile der früher siegreichen Armeen vernichtet wurden. Von »vernichten« wurde in den Wehrmachtberichten üblicherweise nur bezüglich des Feindes, nicht deutscher Truppen gesprochen. Zu erwähnen ist in diesem Zusammenhang, daß am 23.2.1943 einmal – und zu wiederholen ist: nur einmal – für den Unterricht vermerkt ist:

> *Aussprache über die gegenwärtige Kriegslage. Was ist »Totaler Krieg«? Der Kampfschwur der Nation. Ausschnitte aus der Goebbelsrede.*

Allerdings wäre der Begriff »Totalitäres Regime« nicht nur für ihn ein fremder und unverständlicher Begriff gewesen.

Genaues über die Unvollständigkeit der Eintragungen läßt sich nicht ergründen. Die Vor- und Nachbereitungen enden im Mai 1943, weil sein Vater Soldat wurde (13.5.: »Einberufungsbefehl angekommen«) und am 15. Mai – sein Junge war an seinem Geburtstag in Krynica, Südpolen – beklagte, daß das seine letzte Unterrichtsstunde bis zum Kriegende sein würde. In Wirklichkeit konnte er, wie bereits berichtet, den Unterricht nach dem Kriegsende wegen der Entnazifizierung nicht sogleich wieder aufnehmen, sondern erst im Jahre 1950 und an einem anderen Ort, Hamburg. Als Zeuge stand sein Vater nicht mehr zur Verfügung, als sein Ältester mit der Niederschrift seiner Erinnerungen begann, weil er im Februar 1975 von einem Motorrad angefahren wurde und an den Verletzungsfolgen starb.

Nach diesem weitgehenden Einblick in die damaligen Zeitumstände geht es wieder zurück zur Beschreibung der näheren und ferneren Umgebung.

Die Stadt Storkow (Mark)

In einem dem Höhenzuge vorgelegenen Sumpfstück
stand ein Storch und sah sich ernst und nachdenklich um.
Es war, als such' er nach einem Wahr- und Erkennungszeichen
und könne nicht einig mit sich werden,
ob es auch die richtige Gegend sei.
Fontane: Spreeland S. 19

Ruhe und Erholung an schönen Seen und in Wäldern.
Poststempel von Storkow (Veranlaßt von Oberpostmeister Hermann Kaschner)

Die Überschrift ist aus damaliger kindlicher Sicht richtig; erst zeitlicher Abstand machte den Ort zu einem Ackerbürgerstädtchen. Zwei Stationen für die Eisenbahn oder acht Straßenkilometer für sein Fahrrad entfernt lag Storkow, liegt es noch heute, mit dem Storch im Wappen. Eins der mehreren bekannten zeigt den Storch auf der einen Hälfte und auf der anderen den halben Brandenburger Adler der Askanier, dessen linker Flügel im Jahr 1945 zugunsten Polens amputiert wurde (zum Ausgleich für den Landverlust östlich der Curzon-Linie). Auf der Landkarte hatte die Mark-Brandenburg nämlich die Form ihres Wappentiers.

Steige hoch, du roter A – ha – dler, hoch über Sumpf und Sand, hoch über dunklen Kiefernwä – häl – dern. Heil dir, mein Brandenburger Land!

So sangen sie den begeisternden Refrain mit.
Storkow wurde erstmals als Sturkuowe – aber im Vergleich zu der am Rhein von Römern geprägten Geschichte e r s t – im Jahre 1209 in

einer Urkunde des Kaisers Otto IV. erwähnt (Petersen S. 15, Scholz im 3. Wanderungsband S. 58) und im preußischen Deutschland dadurch bekannt, daß sein ehemaliger Bürgermeister Tschech am 26.7.1844 ein vergebliches Attentat auf König Friedrich Wilhelm IV. ausführte.

Ja, er traf die Landesmutter
durch den Rock ins Unterfutter

hieß es in einer Moritat. Briefmarkenfreunde kennen den Aufdruck »+10 Stadt Storkow« auf den ersten Berliner Briefmarken und die Marken der »Post« mit dem kurzbeinigen Storch.

Seine östlichen Wälder dienten im 16. Jahrhundert Hans Kohlhase, der durch Kleist als Michael Kohlhaas literarisch berühmt wurde, zeitweilig als Schlupfwinkel (de Bruyn S. 45/46, Scholz im 1. Wanderungsband S. 96). In dem Buch »Brille« (Gelnhausen: TRIGA 2008) von Magnus Schauen, eigentlich Willi Leppler aus Groß Schauen, ist die dortige NS-Zeit über 800 Seiten leicht verschlüsselt ausgebreitet. Es hat einen Bahnhof: »Storkow (Mark)« zur Unterscheidung von sechs anderen Storkows. Dem Stadtbeschreiber stehen außerdem vor Augen: ein Kino, ein Marktplatz mit einer Eiche (die, wie er nicht wußte, 1814 als »Friedenseiche« am ersten Jahrestag des Sieges über Napoleon gepflanzt worden war), daneben ein Kriegerdenkmal zur Erinnerung an die Opfer der Kriege von 1864, 1866 und 1870/71, ein renaissance-italienisch wirkendes Rathaus mit Storch im Wappen und drei Sternen darüber (von 1850), Geschäfte, eines mit Lineolspielsoldaten, neben anderen eine Bäckerei und Konditorei von Bachnik-Tribbensee, eine Kirche, ein Krankenhaus mit deutsch-lateinischem Namen Landambulatorium, früher Auguste-Victoria-Krankenhaus, in dem die vier Kinder geboren wurden.

Storkow hatte, außer dem Rathaus (bis 1945), der Kirche und der Burg, nichts Bedeutendes an Baulichkeiten zu bieten. Das wird nur festgestellt, weil der Erzähler dort geboren wurde. Beeskow dagegen kann sich einer mittelalterlichen Stadtmauer rühmen, einer großen alten gotischen Marienkirche und einer beeindruckenden Burganlage. »Die Liebfrauenkirche...ist eine der schönsten Kirchen in der Mark und der Efeu, der sich in die Spitzbogen emporrankt, scheint zu wissen, was er an ihr hat« (Fontane, Oderland, S. 434). Auf diese wichtigen Bauwerke wurde der Junge jedoch nicht so aufmerksam gemacht, daß er sie in seiner Erinnerung behalten hätte. Deshalb blieb ihm von seinen wenigen Besuchen diese Stadt nur als Ansammlung von ein- bis zweistöckigen Häusern genauso wie in Storkow im Gedächtnis. Die Geräusche der Fahrzeuge und Fußgänger auf Kopfsteinpflaster und Gehwegplatten in den selten unterbrochenen Häuserreihen unterschieden sich in beiden Städten nicht voneinander. Nicht ohne Grund stand im früheren Kreisnamen Beeskow an erster Stelle.

In dieser Kleinstadt residierte auch ihr praktischer Arzt, Doktor Rickers. Genauso wie Märkisch- Rietz war Storkow von einem Kanal durchzogen mit einer Schleuse, fließaufwärts Richtung Storkower See standen zwei Zugbrücken. Direkt neben der Zugbrücke der Hauptstraße war zusätzlich eine feste Brücke für Fußgänger gebaut, unter der die Schiffe die Masten oder Schornsteine umlegen mußten. Kurz davor, neben der Kirche, stand die Volks- und Mittelschule, die der Dorfjunge nur drei Monate besuchte, weil der Unterricht nach der Meinung seines Vaters für ihn zu leicht war aufgrund der ihm in den vier Jahren beigebrachten Kenntnisse und Fähigkeiten; am 4.7.42 war er nach der schriftlichen Aufnahmeprüfung von der mündlichen Prüfung befreit worden.

Von der Mittelschule kam er mit dreimonatiger Verzögerung gegenüber seinen gleichaltrigen Mitschülern auf die Oberschule in Königs Wusterhausen. Während der drei Storkow-Monate verpaßte er einmal den auf dem Bahnhof eingesetzten und wartenden Zug, weil Brigitte Abeling, die in seine Klasse ging, sich mit ihm unterhielt, das heißt: ihm etwas erzählte und sie beide dabei im Gehen bummelten und trödelten. Er jedenfalls hatte nie »Quasselwasser getrunken«, er war auch keine »Quasselstrippe«. Als er sofort nach der Abfahrt des Zuges nach Hause kam, es dauerte ja nur ungefähr sechs Minuten, schickte ihn seine Mutter sofort mit dem Fahrrad los mit den Worten: »Nu aber los! Beeile dich! Nu isses höchste Eisenbahn!«, so daß er noch, wenn auch verspätet, in die erste Unterrichtsstunde kam und anerkennende Worte des Lehrers anhören durfte. Die Mitschülerin kam erst mit dem nächsten Zug an, wahrscheinlich zur dritten Stunde, erregte überhaupt kein Aufsehen und kam nicht in Verlegenheit. Das berichtete er seiner Mutter in gekränktem Gerechtigkeitsgefühl ärgerlich und vorwurfsvoll, also in der Meinung, daß es in der Welt nicht immer gerecht zuginge.

Im Zeichenunterricht schnitten die Jungen aus einem Musterbogen und nach den Anleitungen eines Lehrers Vogelmodelle aus, z.B. eine Ente mit langem Hals und nach hinten angesetzten Flügeln, die im Gleitflug durch die Klasse, eine auch von den Lehrern gebrauchte Abkürzung für den Klassenraum, fliegen konnten. Vorher hatte er von seinem Vater schon gelernt, aus einer Schreibheftseite eine Schwalbe zu falten, die sich im Weitflug mit den Papiervögeln der anderen Kinder messen mußte.

Auf dem Hof der Mittelschule waren einmal viele Jungvolkmannschaften mit den dazugehörigen Zugführern zu einem Appell angetreten, nachdem sie »mit klingendem Spiel«, also Fanfaren und Landknechtstrommeln, an der Kirche während des Sonntagsgottesdienstes vorbeimarschiert waren, ohne sich etwas dabei zu denken, ohne zu fragen, ob das etwa den Gottesdienst stören könnte. »Dienst ist Dienst« hieß es ja auch bei den Erwachsenen.

Am Kanal unterhalb der Schleuse stand das Elternhaus seiner Mutter, deren Eltern nicht mehr lebten, ihre Mutter starb nämlich im Jahre 1921, ihr Vater 1938. Der Ruf ihres Vaters »Johann, spann an!« blieb ihr in fester Erinnerung, die sie ihren Kindern mit gewissem Stolz weitererzählte. Die »Ruhestätte der Familie Ernst Prömmel«, auf einer schwarzen Tafel eingemeißelt, auf dem Friedhof am Rande der einzigartigen Kiefern-

Sanddünen besuchte seine Mutter mit ihm mehrmals im Jahr. Das Haus war inzwischen in andere Hände übergegangen. Eine Schwester seiner Mutter, Gertrud, lebte bis 1943 in Storkow, sie war in der Apotheke neben dem Schlächter Wutzler beschäftigt, wo sie sie gelegentlich aufsuchten, wenn sie mit der Bahn oder mit ihren Rädern zum Einkaufen gefahren waren. Erkältung durch Zugluft, die Verhältnisse ihres Arbeitsplatzes, sollen für ihren frühen Tod ursächlich gewesen sein.
Als seine Mutter geboren wurde, sagte Hertha, die älteste Schwester mit 3 Jahren und vier Monaten: »Schmiet se in'n Kanal, ick hab' ja Tutti«, nämlich Gertrud, 1 Jahr und 11 Monate alt. Zu viele neugeborene Katzen wurden nämlich üblicherweise ertränkt. Seitdem blieb seine Mutter in den Augen seiner Tante immer die kleine Schwester. Diese Tante hat die Frage vom Geheimen Sanitätsrat Dr. Grünbaum (1934 in Storkow gestorben) an sie als krankes Mädchen überliefert: »Gehen die Winde? …??? … Na, kannste pupen?«

In dieser Stadt wohnte auch eine Patentante von ihm mit ihrer Tochter, die ebenfalls, aber erst ab 1944, mit der Bahn nach Königs Wusterhausen zur »Oberschule für Jungen« fuhr. Gegen Ende des Krieges fuhr er mit seinem Fahrrad oft allein nach Storkow. Nach Überqueren des beschrankten Bahnübergangs am Stadteingang fuhr er von der holperigen Kopfsteinpflasterstraße, die die Durchgangsstraße innerhalb der ganzen Stadt als dreistellige Reichsstraße bildete (die Straße Beeskow-Storkow wurde laut Schulchronik von Wendisch-Rietz 1863/64 gebaut), nach rechts in die Hohe Straße ab, deren Fußweg aus Sand bestand und angenehm mit sachtem Auf und Ab wie sonst auf den Waldwegen zu befahren war, bis er sozusagen von hinten her auf einem kurzen Verbindungsstück zum Marktplatz gelangte.

Auf dem Weg zum Friedhof konnte man die Badeanstalt des Sees sehen, in der seine Mutter als, wie sie selbst sagte, Wasserratte sich oft mit ihren Freundinnen getummelt hatte, wie sie immer wieder erzählte. In der Nähe des Friedhofs stand das Schützenhaus, vor diesem Gasthaus mit

Saal befand sich der Schützenplatz oder Rummelplatz, weil dort einmal im Jahr das Schützenfest stattfand.

Nach seiner Erinnerung hat er wenigstens einmal Karussell und die üblichen Schießbuden, die zu einem Jahrmarkt gehören, stehen gesehen. Und ihm wurde vom Karussellfahren furchtbar blümerant, so daß er sich übergeben mußte. Seitdem ist er nie wieder Karussell gefahren. Auch das Schaukeln auf der Schaukel in dem Hausflur verursachte ihm Kopfsausen. Seine Schwindlichkeit führten seine Eltern auf eine Mittelohrentzündung zurück, die sehr schmerzhaft war; nachts wurde er in einem Pferdefuhrwerk zu einem Arzt nach Fürstenwalde gefahren. Eine Zeit lang bekam er Höhensonnenbestrahlung bei ihrem Hausarzt in Storkow. Er lag splitterfasernackt einige Minuten auf dem Rücken, dann klingelte ein großer Wecker, und er mußte sich bis zum letzten Klingeln auf den Bauch legen. Interessant war die blaue Brille, die ihm aufgesetzt wurde, und es roch eigenartig. Außerdem bekam er einen dickflüssigen, weißlich-gelben, aber wohlschmeckenden Lebertran, »Emulsion«.

Nun muß aber das längst fällige Kapitel über die Eisenbahn folgen.

Die Eisenbahn

Räder müssen rollen für den Sieg!
Aufschrift auf Kriegslokomotiven

Das war die oft bestaunte und berochene VIERUNDSIEBZIGER: »Personenzugtenderlokomotive der Baureihe 74«, ausführlich in Klaus Gerlach: »Für unser Lokarchiv«, Transpress VEB Verlag für Verkehrswesen, Berlin 1961, beschrieben. Die letzte Vierundsiebziger wurde in Gotha 1965 abgestellt, bei der Deutschen Bundesbahn wurde die letzte 74 im Jahre 1966 ausgemustert.

Beiderseits der laut Schulchronik im Jahre 1898, am 20.9., eröffneten eingleisigen Bahnstrecke, vor allem im Wald, waren Brandschutzwege angelegt, damit in trockenen Sommern die durch Funkenflug der Lokomotiven entstandenen Grasbrände sich nicht auf die Bäume ausdehnten. Zwei parallele Wege, in Abständen von etwa zehn Metern durch einen Weg verbunden, wurden immer in einer Breite von etwa zwei Metern von Pflanzen freigehalten, damit mit dem Sand das Feuer am schnellsten gelöscht und der Funkenbrand erstickt werden konnte. Die Kinder wurden wieder und wieder davor gewarnt, bei der Fahrt den Kopf aus dem Fenster zu stecken, damit sie nicht glühende oder gerade erkaltete Kohlestückchen ins Gesicht, schlimmstenfalls in die Augen bekamen. Daran denkt der Chronist regelmäßig bei der Redewendung: Das kann ins Auge gehen.

Im Winter war es frühmorgens nach der Abfahrt nach Königs Wusterhausen kurz nach sieben Uhr besonders aufregend, wenn die Funken wie ein glühender Regen an den Fenstern vorbeistoben. Die Deckenlampen in den Abteilen waren durch blaue Farbe stark abgedunkelt; es war wegen der Kriegsverdunkelung nur eine Notbeleuchtung, bei der man nicht lesen konnte. Falls die Fahrschüler keinen Blödsinn oder Klamauk oder Fez machten, spielten sie Stadt-Land-Fluß-Pflanze-Tier oder Käsekästchen oder Schiffe-Versenken auf karierten Seiten, die sie aus der Mitte ihrer Rechenhefte herausgerissen hatten. Für das Händespiel Stein- Papier-Schere-Brunnen fühlten sie sich schon zu alt.

Im Jahre 1946 sah der Oberschüler in Travemünde, wie er in seinem Tagebuch vermerkte, einen abgestellten Zug mit dem Begleitschild (Fachausdruck laut Auskunft seines sachverständigen ältesten Sohnes: Laufschild): »Beeskow-Grunow«. Das waren also Wagen, die in Königs Wusterhausen eingesetzt worden und über Storkow/Mark und Scharmützelsee gefahren waren. Am 5. Juli sah er nämlich mit seinem kurz vorher aus der Kriegsgefangenschaft »heimgekehrten« Vater zum ersten Mal in seinem Leben die Ostsee und deutete das Travemünder Erlebnis als »Gruß aus der Heimat«. In der Lübecker Bucht ragte ein Teil des »Cap Arcona«-Wracks aus dem Wasser; am 3.5.45 war sie von britischen Bombern versenkt worden, nur 200 von 7.000 Häftlingen aus dem KZ Neuengamme hatten überlebt.

Bei jeder Fahrt sah es so aus, als ob die Telegraphenleitungen auf- und abschwangen und als ob die Masten von einer unsichtbaren Riesenhand durch die Drähte hindurchgezogen wurden. Ein beliebtes Unterhaltungsspiel seines Vaters war es, mit Hilfe des Geräuschs der Schienenstöße, die dadurch entstanden, daß die Schienen nicht miteinander verschweißt waren, oder an den Hektometersteinen die Geschwindigkeit des Zuges auszurechnen beziehungsweise als Lehrer vorzurechnen und dann nachrechnen zu lassen. Sie fuhren natürlich »Dritter«, das heißt in der 3. Klasse mit Holzbänken. Von seiner Berliner Großmutter, genau gesagt: Stiefgroßmutter, lernte er die Abkürzungen Hokla (=Holzklasse) und Pokla (=Polsterklasse), also 2. Klasse. Je zwei miteinander verbundene Abteile gab es für »Nichtraucher«, die Außen- und Innenschilder mit schwarzer Schrift auf weißem Untergrund trugen, und drei Abteile für »Raucher« mit Schildern weiß auf rot. Diese Schilder waren aber umdrehbar, wenn man, wie ein Junge in seiner Fahrgruppe, einen Vierkantschlüssel besaß.

Am Anfang des Zuges hinter dem Post- und Frachtgutwagen gab es einen Waggon mit einem großen besonderen Gepäckabteil, früher 4. Klasse, mit viel Platz in der Mitte für Koffer, Körbe, Kisten und Kinderwagen. An den Wänden waren nur wenige einfache Bretter als Sitze befestigt, die im Bedarfsfall hochgeklappt werden konnten. Der eine oder andere Junge wagte es mal, kurz vor der Abfahrt des Zuges auf einer Zwischenstation, wenn der Schaffner die Schülermonatskarten schon geprüft hatte und ein paar Wagen weiter vorn eingestiegen war, noch schnell in ein leeres 2. Klasse-Abteil zu schlüpfen, um bis zur nächsten Station die weichen Polster genießen zu können; er fühlte sicherlich Stolz, aber auch Angst.

Über diese Nebenstrecke sah er im Herbst 39 einen Truppentransportzug fahren, als er nach dem schrillen Pfiff der schwer stampfenden Lokomotive durch den kleinen Wald bis zu der oberen Kante der Böschung gelaufen war zwischen den zwei unbeschrankten Bahnübergängen. Er zählte die flachen Güterwagen, die mit langsamer Geschwindigkeit vorüberrollten. Soldaten winkten von den aufgeladenen Fahrzeugen, vor allem Lastwagen, zurück, nicht ahnend, wie lange der begonnene Krieg dauern und wie er enden würde.

Im Frühjahr 1944 erlebte er auf ihrem Bahnhof Scharmützelsee mit den niedrigen Bahnsteigen eine schmerzliche Abschiedsszene von seinem Vater, einen von Tausenden im Verlaufe dieses langen Krieges für Tausende von Kindern und Müttern. Bevor sein Vater auf das Trittbrett hochstieg, küßte er seine drei Jungen. Der älteste spürte noch lange den brennenden Schnurrbartkuß im Gesicht und war sich nicht darüber klar, daß es ein Abschied für immer hätte sein können. Als letztes folgte eine tränenreiche Umarmung mit seiner Mutter. Ein solcher Abschiedskuß eines Soldaten auf dem Bahnsteig war kein Thema der PROPAGANDA, der ein besonderes Kapitel gewidmet wird, w ä h r e n d des Krieges, sondern nur n a c h dem Krieg ein emotional geladenes mitleidrührendes Bild zur Dokumentation der Sinnlosigkeit eines Krieges.

Wenn er an die Eisenbahn vor 1945 denkt, dann nur im Zusammenhang mit Königs Wusterhausen.

Königs Wusterhausen

Das Schloß ist … in seiner Apartheit nicht ohne Interesse.
Fontane: Spreeland S.257

Der Schulmeister hat 66 Oestreich besiegt.
Fontane am 22.10.1890 an Friedlaender (geflügeltes Wort, das auf den Leipziger Geographen Oskar Peschel zurückgeht)

ein unsinniger Satz
Fontane: Der Stechlin S. 54

Täglich, außer sonntags, erreichte der Oberschüler in fünfzig Minuten Bahnfahrt die Stadt Königs Wusterhausen und benötigte dort noch etwa fünfzehn Minuten zu Fuß, um in die Oberschule zu kommen, die Friedrich-Wilhelm-Oberschule. Jeden Morgen kurz nach sechs Uhr wurde er von seiner Mutter geweckt. Er fand schwer aus dem Bett, hatte ein Angstgefühl im Magen, fröstelte und wurde trotz kalter Gesichts- und Oberkörperwäsche erst in Königs Wusterhausen richtig wach. Bei Fontane, einem Causeur französischer Schule, wird der Ortsname mit einem Bindestrich geschrieben, sogar mit einem doppelten. Ursprünglich Wendisch Wusterhausen, verdankt der Ort den neuen Namen Friedrich Wilhelm I., dem Soldatenkönig, der in dem 1717 erbauten Jagdschloß seine Tabakskollegien abhielt. Er war der Vater Friedrichs II. von Preußen, der damals, aber nicht nur damals, Friedrich der Große genannt wurde. Das Jagdschloß liegt in der Nähe der Schule, aber nicht am direkten Abkürzungsweg vom Bahnhof. Fontane (Spreeland) zitiert die

wenig schmeichelhafte Beschreibung … in den Memoiren der Markgräfin von Baireuth, der Lieblingsschwester Friedrichs des Großen (S. 252), die das Schloß zeitweilig bewohnte, in der Nähe des Flüßchens Notte, das von einer Straße überbrückt wurde. Das Jagdschloß war am Pfingstsonntag 1862 (S. 257)

> *aber doch noch mehr originell als häßlich, und in seiner Apartheit nicht ohne Interesse.*

Dieses Schloß sah der Junge mit anderen Fahrschülern nur einmal und nur von außen und nur deshalb, weil sie sich die Zerstörungen durch eine Luftmine in einer Häuserzeile ansehen wollten und deshalb einen Umweg durch die Stadt benutzten. Sonst wählten sie einen Fußweg am Bahndamm in Richtung Berlin. An diesem Weg wuchsen Holunderbüsche, aus deren Ästen sich die Jungen Blasrohre anfertigten, indem sie mit einem Draht das weiche Mark herauspulten. Als Munition verwendeten sie die harten grünen Holunderbeeren. In der Nähe des Bahnhofsvorplatzes bestaunten sie einmal ein totes Pferd, das von der Deichsel des von ihm gezogenen Fuhrwerks von hinten durchbohrt worden war und am Straßenrand lag.

In der Aula der Oberschule hingen zwei große Wandgemälde. Das eine zeigte an einem Ackerrand Friedrich den Großen, der kontrolliert, ob die von ihm eingeführten Kartoffeln gut gedeihen. Dieses Kartoffelackerbild war dem Oberschulanfänger nicht neu: es hieß »Der König überall« und stammte von Warthmüller (Bild 92 in »Bilder Deutscher Geschichte«, Werk 12, herausgegeben vom Cigaretten-Bilderdienst Altona-Bahrenfeld 1936). Friedrich der Große, König von Preußen, war die Lieblingsgestalt, gewissermaßen das Steckenpferd im Geschichtsunterricht seines Vaters gewesen und zu sehen auf Briefmarken 1926 unter den 13 berühmten Deutschen mit dem Wert zehn Pfennig karminrot und 1933 sechs Pfennig dunkelgrün, 12 Pfennig karmin und – heute sehr wertvoll – 25 Pfennig blau »Deutsches Reich«.

Das andere Bild an der Aulawand gegenüber hatte ein ähnliches Thema aus der preußischen Geschichte zum Gegenstand, vielleicht mit dem

Großen Kurfürsten oder wahrscheinlicher mit Friedrich Wilhelm, dessen Name ihre Schule trug.

Durch diese Aula mußten sie immer bei Schulbeginn, während der Pausen und nach Schulschluß gehen, um zu ihrem Klassenraum im östlichen Gebäudetrakt beziehungsweise auf den Schulhof zu kommen; denn der Haupteingang von der Straße her mit dem dazugehörigen Erdgeschoß des Ostflügels wurde als Lazarett benutzt. Einige Wochen hatten sie sogar in einem anderen Gebäude einer Volksschule ein paar Hundert Meter entfernt im ersten Stock Unterricht.

In der Aula sang er im Schulchor mit, nachdem der Musiklehrer durch systematisches Vorsingenlassen die musikalischen Kinder ausgewählt hatte. Sie sangen den Kanon:

Bona nox, bist a rechter Ochs

von Mozart mit dem Schluß:

Schlaf fei g'sund und bleib recht kugelrund.

Darin kommt auch vor:

Bona notte, liebe Lotte

und keiner dachte daran, daß Notte der Name des durch Königs Wusterhausen fließenden Flüßchens ist. Außerdem kann der Junge sich an den Kanon erinnern

C-a-f-f-e-e, trink nicht so viel Caffee,

eine Mahnung, die ihm einleuchtete, weil sein Vater in den Pausen zwischen den Schulstunden viel Bohnenkaffee trank. Dort in KW, eine später übliche Abkürzung, sagte bei einer Schulfeier ein uniformiertes Mädchen in schwarzem Rock und weißer Bluse mit fanatisch schriller Stimme – recht unangenehm für die vielen Zuhörer – »Ein Gleiches« (zu ergänzen: Gedicht wie davor) von Goethe auf, deklamierte dramatisierend und mit Emphase:

> *Nimmer sich beugen, kräftig sich zeigen, rufet die Arme der Götter herbei!*

Ein Junge seiner Klasse, der schon im SEE-Kapitel erwähnte Klaus Schaefer, wohnte in Königs Wusterhausen. Bei ihm war der Chronist mit 12 Jahren einmal, also im Jahre 1944, zum Geburtstag eingeladen. Dabei schossen sie mit einem Luftgewehr auf eine Zielscheibe im Garten hinter dem Haus. Das war vergleichsweise harmlos, wenn er daran denkt, daß er später mit einem richtigen Maschinengewehr schießen mußte. Ein anderer dem Leser von der Paddelbootsfahrt bekannter Mitschüler, Horst Kraft, wohnte in dem Nachbarort Wildau. Beim Bahnhof lag die Lokomotivenfabrik Schwartzkopff, deren neue Lokomotiven mit langem Tender sie oft durch den Wusterhausener Bahnhof probefahren sahen; im Jahr 44 war es die Baureihe 52 mit Kondensationstender. Auch dort war er einmal in der Stockwerkswohnung eines höheren Häuserblocks zum Geburtstag eingeladen, das war im August 44. Sie gingen zur Badeanstalt an der Dahme. Er ging aber nicht ins Wasser, weil seine Mutter es ihm verboten hatte und er es versprechen mußte, obwohl er gut schwimmen konnte. Aber seine Mutter hatte Angst, weil es für ihn unbekanntes Wasser war, außerdem war sein Vater nicht mehr zu Hause, sondern als Soldat in Albanien, wie bereits im SEE-Kapitel erzählt. So verbissen streng konnte seine Mutter sein, weil sie sich verpflichtet fühlte, auch den Vater zu vertreten. Auf einem Foto wurde er mit lustloser Miene festgehalten.

In Königs Wusterhausen wohnte ein Ehepaar, das war etwas älter als seine Eltern. Er war Lehrer und im Sommer 1940, wie viele Berliner, mit einem Segelboot zum Scharmützelsee gefahren. Dort hatte er seinen Vater kennen gelernt, von dem der Verfasser zum ersten Mal den Ausdruck »Kollege« hörte. Er wunderte sich, daß sein Vater von ihm als »meinem Kollegen« sprach nur deshalb, weil beide Männer Lehrer waren. Einmal durfte er eine Segelpartie auf dem See mitmachen, wirklich nur einmal, und diese Einmaligkeit bemerkte er mit Bedauern. Lt. Ansichtskarte wurden seine Tante und seine Mutter am 7.8.40 nachmittags von Herrn und Frau Dallmann in der Segeljacht mitgenommen. Frau Dallmann stellte später, als ihr Mann als Offizier zur Luftwaffe eingezogen worden war, wegen der Gefahr von Bombenangriffen einen Koffer bei ihnen unter, er lag dann im kleinen Zimmer unter dem einen Bett. Darin waren Kleider und eine Offiziersuniform eingepackt; das erfuhr seine Mutter erst nach dem Kriegsende, als Frau Dallmann voller Sorge zu Fuß in Märkisch-Rietz auftauchte und von ihrer Furcht erzählte, die Dorfschullehrerfrau könnte wegen der Uniform und wegen des Offiziersdolches umgebracht oder mindestens verhaftet worden sein. Zur Beruhigung und zum Trost erhielt sie von seiner Mutter eine große Tüte voll Salz, das es nicht mehr zu kaufen gab und das die Dorfbewohner in großen Mengen aus einem offenen Güterwagen vom Bahnhofsgelände geholt hatten.

Wißt ihr schon det Neuste? Schmeling boxt mit beede Fäuste!

waren Sätze, die er in der Schule so nebenbei lernte. Er lernte auch, mit erhobener geballter Faust mit dem Spruch zu imponieren:

Rache is Blutwurscht, Leberwurscht is Zeuge!

Eines Mittags sägte der ebenfalls schon erwähnte Peter Wildgrube, dem mit einem eigenen Kapitel gedacht werden wird, mit einer Eisensäge eine lanzenartige Spitze von einem Vorgartenzaun, der eigentlich schon längst als Schrott für die Kriegsrüstung hätte eingeschmolzen sein müssen, direkt gegenüber dem Schulhof ab, um sie an einen Stock zu binden, damit er einen richtigen Speer hatte. Es kam niemand, der ihm diesen Diebstahl verbot oder der sich über diese Straftat beschwerte. Unter Jungen der damaligen Zeit war das eine Heldentat:

Mönsch, det haste jut hinjekricht, du bist'n Pfundskerl!

Sie erlebten in einer Pause mit, wie eine obere Klasse, Sechzehnjährige, in Hitlerjugenduniform auf dem Schulhof in der Ecke beim Wohnhaus des Schuldirektors, bei ihnen Direx genannt, antrat, um den Dienst als Luftwaffenhelfer anzutreten. Rechtsgrundlage war der

Erlaß des Reichsministers für Wissenschaft, Erziehung und Volksbildung vom 22.1.1943 über die Heranziehung der Schüler der Geburtsjahrgänge 1926 und 1927 in den Klassen 6 und 7 der Höheren Schulen … zum Kriegshilfseinsatz bei der Luftwaffe (E III a 3360 III).

In den ersten Wochen seiner Oberschulzeit erhielt der Junge bei einer Abiturientin gleich nach der letzten Stunde wegen seiner schlechten Aussprache Englisch-Nachhilfeunterricht. Übewörter für das besondere englische »r« waren: rather early, das er noch abends im Bett vor sich hin übte und bis heute nicht vergessen hat und noch seinen Kindern beibringen konnte. Bei der Vokabel »people« grinsten und feixten sich die Jungen an, weil sie an ihren kleinen Piepel dachten, der in anderer Landschaft als »pars pro toto«, nämlich als »Teil für den ganzen« kleinen Jungen gebraucht wird. Beim »Schlappschwanz« dachten sie aber nicht an den männlichen Körperteil. In Biologie versagte er am Anfang, als er nicht wußte, warum die Kastanienblätter nach unten hängen. Er hatte den neuen Lernstil noch nicht erfaßt, der regelmäßig die häusliche Wiederholung des in der Schule Gehörten erforderte. Im Zeichnen, das ihm von Anfang an Spaß machte, malte er einen Bauernhof nach einem Vorbild ab, dabei erhielten alle Gegenstände eine schwarze Umrandung, und sagte als Reaktion auf Lobesworte:

Es is ja nur abgezeichnet!

Seine einzige Ohrfeige oder Backpfeife erhielt er in dieser Zeit, weil er auf dem Schulhof während einer Pause einen Schneeball trotz eines für ihn nicht verständlichen allgemeinen Verbots geworfen hatte. Er »krichte eine jeschwalbt« oder »jetachtelt« von einem »Stück Lehrkörper« (Thomas Mann: Buddenbrooks), einem langen, hageren dickbebrillten aufsichtführenden Studienrat, dem Vater eines Mitschülers, der ihm in Wuchs und Aussehen verblüffend ähnelte. Werfen mochte er eben gern, im Schlagballweitwurf in den unteren Klassen war er gut, weil er bei sich im großen Garten oder im Wald mit Steinen übte oder mit Kienäppeln, vor allem: einen Baumstamm zu treffen.

Wenn man den Namen des Turnvaters trägt, ist man gezwungenermaßen Hänseleien ausgesetzt; sie hielten sich aber in erträglichen Grenzen. Der neue Oberschüler machte als unsportlicher Namensvetter dem Turnvater Friedrich Ludwig Jahn nämlich keine Ehre, wie der Turnlehrer schnell erkannte und wie er selbst später offen bekannte. »Nicht verwandt und nicht verschwägert«: diese aus der Gerichtssprache bei Zeugenvernehmungen kommende Floskel benutzte er nicht, weil sie ihm vor seinem Jurastudium noch nicht bekannt war. Er wußte auch nicht, daß sein Namensvetter ein politischer Agitator und ein Juden- und Franzosenhasser wie Hitler und Ernst Moritz Arndt (1813: *Das ist des Deutschen Vaterland … wo jeder Franzmann heißet Feind.*) war und daß er den deutschen Mädchen verbieten wollte, französische Romane zu lesen, weil sie, wie er sich drastisch ausdrückte, zur »Hurerei« erziehen würden. Ein winziges Körnchen Wahrheit mag wohl darin stecken, falls es sich um Liebesromane der sogenannten galanten Art des 18. Jahrhunderts handelte.

War das der Grund, weshalb im Jahre 1947 die französische Militärregierung das Wort TURNEN in einem Koblenzer Vereinsnamen untersagte?

An diese Stelle gehört ein Zitat von Heinrich Heine (Die romantische Schule, 1836; Bd. 3 S. 285):

> *Der Patriotismus der Deutschen besteht darin, daß sein Herz enger wird … daß er das Fremdländische haßt, daß er nicht mehr Weltbürger, nicht mehr Europäer, sondern nur ein enger Deutscher sein will. Da sehen wir nun das idealische Flegeltum, das Herr Jahn in System gebracht; es begann die … Opposition gegen … Humanität … Menschenverbrüderung … Kosmopolitismus …*

Reck und Barren, an denen sich die Zwölfjährigen abquälen mußten, gehen auf den Turnvater zurück. Sein Wahlspruch »Frisch, fromm, fröhlich, frei«, als vier Fs zu einem Kreuz gruppiert, wurden vom Deutschen Turnerbund bis heute als selbstverständlich übernommen. Dieses Symbol findet sich sogar auf folgenden Sonderbriefmarken: Deutsche Bundespost Berlin: 1968 Deutsches Turnfest und 1978 Turnvater Jahn 200. Geburtstag, Deutsche Bundespost: Deutsches Turnfest 1973. Außerdem hat die DDR den Turnvater 1952 (Portrait) und 1978 (mit Turngerät Pferd) auf Briefmarken und 1977 auf einem Fünfmarkstück geehrt.

Seine Absicht, die jungen Deutschen durch Leibesübungen wehrtüchtig zu machen, paßte auch und gerade in die 12-jährige Zeit der totalen Erfassung und Beherrschung der deutschen Jugend. *»Die jungen Körper«* wurden laut Hitlers Mein-Kampf-Forderung (S.452/3) *»zweckentsprechend behandelt«* und erhielten *»die notwendige Stählung«* (in allen Schulen in »Reichsleistungswettkämpfen« überprüft, z.B. in Bugk am 29.8.1942). Deshalb hätte man bei den Briefmarken ein »Trotzdem« voranschreiben müssen als verkürzten kritischen Meinungsausdruck.

Eher wäre der Biograph damit einverstanden, daß man seine Verwandtschaft mit einem anderen Mann nachweisen könnte, der der Vater seines Großvaters, geboren im Jahre 1872 (gezeugt also im Reichsgründungsjahr), gewesen sein könnte und von dem Fontane in seinem Buch erzählt:

Kriegsgefangen. Erlebtes 1870, ausgewählt und für den Schulgebrauch herausgegeben von Dr. Adolf Busse, Gymnasialdirektor. Allein berechtigte Schulausgabe Velhagen & Clasing 1912

In der Einleitung heißt es:

Den Wanderungen parallel liefen die Kriegswerke, die sich ebenso durch Anschaulichkeit der Darstellung wie durch Wärme der Empfindung auszeichnen.

Dann ist in der 3. Abteilung »Ile d'Oléron« 10. folgendes zu finden:

Fünf vom 14. Jägerbataillon. Jäger Schönfeld erzählt: Das Detachement, wenn ich von mir absehe, war gut gewählt … Jäger Jahn … Mediziner. Sie waren alle aus gutem Hause und konnten parlieren. Jahn am besten … Jahn aus Schwerin, Sohn des Hofpredigers … Jahn und ich wurden an die Bäume der Chaussee gestellt, um hier das Schicksal Fritsches zu teilen. Ich war fertig und hatte nur noch ein Flimmern vor den Augen; aber Jahn (Gott segne jede französische Privatstunde, die er gehabt) sprang jetzt vor und harangierte – (hielt eine Ansprache an) – *die tobende Volksmasse. Ich weiß nicht mehr, was er sagte; er wird es selber kaum wissen; aber als er schwieg, setzten sie die Gewehre ab und erklärten uns als gefangen.*

Sein letztes Zeugnis der Friedrich-Wilhelm-Schule zu Königs Wusterhausen (Städtische Oberschule für Jungen) – obwohl ein Drittel Mädchen waren – vom 16.12.1944 begann nicht mit Religion wie noch in seinen ersten beiden Volksschulklassen, sondern mit der

Allgemeinen Beurteilung – untergliedert in –
Körperliches Streben: ausreichend
Charakterliches Streben: einwandtfrei

Geistiges Streben: befriedigend
Gesamterfolg: befriedigend

Dann folgte unter dem Abschnitt *Leistungen* als erstes

Leibeserziehung – noch unterteilt in –
Leichtathletik: ausreichend
Turnen: mangelhaft
Allgemeine körperliche Leistungsfähigkeit: ausreichend

und erst dann kamen die normalen Leistungsfächer.

Während nach 1945 das Wort SPORT üblich wurde, sagten auch die Jungen immer »Turnen«, das angeblich von F. L. Jahn in die Sportsprache eingeführt wurde. Darüber ist noch folgende Eigentümlichkeit zu berichten: Sie spielten nicht Fußball, das war als amerikanisch verpönt, sondern Handball. Für Völkerball der Volksschulzeit fühlten sie sich schon zu alt. Der Längste ihrer Klasse stand im Tor. Die stärksten Werfer übten, auf und in das Tor zu schießen. Dabei wehrte der Torhüter, den sie den Langen nannten, manchmal den harten Ball mit den bloßen Fäusten ab, was für ihn sehr schmerzhaft war.

Königs Wusterhausen lag schon am Rande von Berlin, der Hauptstadt des Großdeutschen Reiches; von der wird im folgenden Kapitel erzählt.

Die Reichshauptstadt

Je berlinischer man ist, je mehr schimpft man oder spöttelt man auf Berlin.
Fontane: Brief vom 14.5.1894 an Friedlaender

Das macht die Berliner Luft, Luft, Luft.
Paul Lincke: Kehrreim aus der Operette Frau Luna

In Königs Wusterhausen mußte man auf demselben Bahnsteig, an dem man aus »Scharmützelsee« ankam, in den Vorortzug mit Wagen, in denen jedes Abteil je eine Tür an beiden Seiten hatte, nach Berlin umsteigen, Endstation: Görlitzer Bahnhof. Von diesem Kopfbahnhof ging es zu Fuß etwa fünf Minuten bis zur U-Bahnstation Görlitzer Bahnhof; in diesem Streckenabschnitt fährt die U-Bahn als Hochbahn. Mit der Linie »Krumme Lanke«, die nach der südwestlichen Endstation benannt ist, gelangten sie nach 12 Stationen zum U-Bahnhof Rüdesheimer Platz im Stadtteil Wilmersdorf. Die Station davor heißt Heidelberger Platz, das merkte sich der Junge aus dem Dorf, weil auf diesem unterirdischen Bahnhof faßähnliche Granitsäulen standen und weil seine Großmutter ihm für sein Malzbier einen kleinen Krug geschenkt hatte, der eine Aufschrift vom Heidelberger Großen Faß und vom Zwerg Perkeo trug. Aus dem Untergrund – die Berliner sagten gewöhnlich: Wir fahren mit der Untergrund – an die Straßenoberfläche getaucht, erreichten sie nach einem kurzen Fußweg von knapp zehn Minuten mit überraschender Stille auf den linden- und kastanienbaumgesäumten Straßen die Mietwohnung seiner Großeltern in der Rauenthaler Straße 16 in der Nachbarschaft von Straßen mit Weinortsnamen und fünfstöckigen Häuserblocks.

Dort ist er mehrere Male zu Besuch gewesen, jeweils für wenige Stunden. Zentralheizung, fließendes Wasser aus der Wasserleitung mit dem ungewohnten Geräusch in der Wand, Gasherd, nach dem es immer roch (außerdem roch es nach Zigarrenrauch), Toilette mit Wasserspülung, abgekürzt WC, und eine Badewanne, in der eine große Waschschüssel in einem Gestell hing: das alles waren die Ergebnisse der technischen Fortschritte, die die Leute vom Lande bewundernd und wohl auch neidisch zur Kenntnis nahmen. Die Versorgungsschwierigkeiten im Krieg brachten aber andererseits Probleme für die Großstädter mit sich, die mit den rationierten Lebensmitteln auf Karten für »Normalverbraucher« auskommen mußten. Solche Ernährungsprobleme kannte die junge Familie auf dem Lande nicht, weil sie einen Gemüse- und Obstgarten hatte.

Es gehörte zu den Gewohnheiten seines Vaters und seines Großvaters, mit der Straßenbahn, der »Elektrischen«, zum Friedhof nach Plötzensee beim Stadtteil Moabit zu fahren, der gewissermaßen eine Oase der Ruhe mitten in der lauten Großstadt bildete. Hinzukam noch, daß die Erwachsenen auf diesem parkähnlichen Gelände voller Ehrfurcht vor den Toten nur leise sprachen.

Und ein heiliges Bewußtsein der Geschichte tat sich auf auf diesem Friedhof.
Gottfried Keller: Der Grüne Heinrich, Fischer TB S.140

Sie besuchten das Grab seiner Großmutter, die am 1.2.1932, also über drei Monate vor seiner Geburt, gestorben war. Plötzensee: dieser Name verbindet sich heute mit der Gedenkstätte für die hingerichteten Widerstandskämpfer nach dem Attentat auf Hitler am 20.Juli 1944. Es muß dort in der Nähe aber auch ein Irrenhaus gegeben haben; denn von seiner Mutter hörte er das Lied:

Du bist verrückt, mein Kind, jehörst nach Plötzensee. Wo die Verrückten sind, da jehörste hin.

abgewandelt nach einem Schlager aus einer Operette von Franz von Suppé. Vor dem Friedhof überquerten sie eine lange Brücke über die Anlagen eines Güterbahnhofs beim S-Bahnhof Beusselstraße und beim Westhafen am Berlin-Spandauer Schiffahrtskanal. Einmal gingen sie zu Fuß über diese Brücke, nachdem sie eine Haltestelle vorher aus der Elektrischen ausgestiegen waren, und zwar auf der linken Seite in Richtung Norden. Er war bei diesem Erlebnis noch so klein, daß er nicht über das Brückengeländer, sondern durch die gemusterten Löcher der eisernen Brüstung auf die vielen Schienen unter sich sehen konnte. Der Lärm der Dampflokomotiven, des Güterzugrangierbetriebs, der Schiffssirenen und Verladekräne waren für ihn fremde Geräusche, die er mit in die Stille des Dorfes nahm, an dem am Tage nur etwa alle zwei Stunden ein Zug vorüberfuhr.

Aus dieser Zeit stammt seine Vorliebe für Spaziergänge auf Friedhöfen, in die der Lärm des Verkehrs und der Industrie nur schwach und gefiltert hineindringen kann. Bei den Berlinbesuchen gewöhnte er sich an das Spazierengehen auf den mit Granitplatten belegten Bürgersteigen und gewann offensichtlich Gefallen daran. Dabei sah er zum ersten Mal auf einer verkehrsreichen Kreuzung einen Schupo. Er soll einmal geweint haben, als sie in die Wohnung seiner Großeltern zurückkehrten und sein Großvater und sein Vater wegen der harten Steinplatten-Bürgersteige ermüdet waren. Er empfand es nämlich schön, lange herumzuspazieren und die vielen unbekannten Eindrücke für Auge und Ohr auf sich wirken zu lassen, damals links und rechts von Opa und Papa, wie er sagte, an die Hände genommen, als er noch nicht zur Schule ging. Die Beine liefen dabei automatisch, und Müdigkeit war ihm offenbar fremd.

In Berlin passierte es, daß er neben seinem Großvater ging und, als der etwas zurückblieb, irrtümlich die Hand eines fremden Mannes nahm, wie ein Erwachsener sich in einer Straßenbahn oben an einer beweglichen Schlaufe festhält, wie er es gesehen hatte. Er wurde dann von dem Fremden und noch mehr von seinem Großvater und seinen Eltern belächelt; das ärgerte und wurmte den kleinen Jungen, weil er nichts Unrechtes getan hatte: das konnte er nicht verknusen, das war ihm nicht schnuppe, nicht piepe, nicht wurscht.

Zweimal war der Erzähler in Berlin im Zirkus: das erste Mal mit der Schwester seines Vaters, die in Spandau wohnte. Er erinnert sich daran, daß er weinte, weil ein Clown ziemlich nahe auf ihn und Tante Elsbeth, Elschen genannt, zukam und so tat, als wollte er die Trinkgläser auf einem Tablett über sie beide auskippen. Überraschenderweise waren sie festgeklebt und leer. Beim Hinausgehen nach dem Ende der Vorstellung beeindruckte ihn das starke Brummen eines Stromgenerators. Beim zweiten Mal war er mit seinem Vater (während des Soldatenurlaubs im Frühjahr 1944), seinem knapp 6-jährigen Bruder und seinem Großvater im Zirkus SARRASANI. Opa und Papa hatten vorher gesagt, sie wollten zusammen in den Zoologischen Garten, den ZOO, gehen. Er sah aber in einer unbeobachteten Minute, daß in der Innentasche der Jacke oder des Mantels seines Vaters an einem Haken im Flur neben der Tür zum Treppenhaus ein bunter Prospekt steckte, und nahm ihn heraus. Nachdem er erkannt hatte, daß es sich um ein Programm des Zirkus SARRASANI handelte, steckte er es wieder zurück, behielt aber diese unerlaubte Kenntnis für sich. Natürlich hatte er ein schlechtes Gewissen, weil er die Erwartung vortäuschen mußte, zum ZOO zu fahren, und im passenden Augenblick den Überraschten spielen mußte.

Der Zirkus war neben dem U-Bahnhof Prinzenstraße aufgebaut, wo die U- als Hochbahn fährt. Aus der Vorstellung ist ihm und seinem Bruder deutlich in Erinnerung geblieben, daß ein Motorradfahrer in einer großen aus Metallbändern bestehenden Kugel fast über Kopf fuhr, während unter ihm auf dem Boden ein mürrischer Löwe saß und den knatternden Lärm ertragen mußte. Außerdem sprang ein Artist in einem weißen Overall, nur mit einem Brustpolster geschützt, von der Zirkuskuppel mit dem Kopf voran auf eine steile Rutschbahn. Großvater, Vater und die beiden Kinder waren sehr beeindruckt. Die unerlaubte Vorkenntnis und aufgezwungene Verstellung und Schauspielerei hat er erst viele Jahre später als Erwachsener gebeichtet, als er sich mit dem damals elfjährigen Jungen nicht mehr identisch fühlte. Es war also nicht seine Beichte mit gleichzeitigem Reuegefühl, sondern nur das unbeteiligt scheinende Eingeständnis einer Neugierde für einen anderen Menschen.

Seine Großeltern hatten vorher in der Huttenstraße 67, im zweiten Stock, im Stadtteil Moabit gewohnt, in einer nicht so ruhigen und vornehmen Gegend. Es handelte sich um ein imposantes Haus innerhalb einer Häuserreihe aus der sogenannten Gründerzeit. Im Treppenhaus waren z.B. Treppenstufen und –geländer aus massivem Holz gebaut. Dort wurde es nie richtig hell, weil die Treppenhausfenster zum Innenhof zeigten und mit bunten Glasscheiben ausgestattet waren. Ein Blick in das Schlafzimmer ist ihm noch erinnerlich, wo zwei große Fotografien der Großeltern hingen, beide in stehender Haltung gezeigt. Beide Bilder kamen irgendwann einmal in die Wohnung in Märkisch-Rietz, wurden aber im Zimmer über dem Klassenraum aufgehängt. Der eine Zeigefinger der Großmutter sah auf den ersten Blick unnatürlich verlängert aus. Erst bei näherem Zusehen erkannte der Junge wie auf einem Vexierbild, daß es sich um die schmale helle Seite eines Buches handelte, das die Abgebildete in ihrer Hand trug, eines Gesangbuches, wie es damals üblich war. Heute würde ein Betrachter kritisieren: Das Großelternpaar posierte, hatte sich in Positur gestellt in einer Haltung, die den Willen zur Geradheit erkennen läßt und einige Zeit dauern mußte, bis das vom Fotografen gewünschte Erscheinungsbild auf die Platte gebannt werden konnte.

Sein Vater erzählte ihm, dessen Vater habe während des Kapp-Putsches vom Balkon aus auf die bewaffneten Revolutionäre hinuntergesehen, die hochriefen:

Wech vom Balkong, sonst wird jeschossen!

Das spielte sich in der Moabiter Huttenstraße ab, trotzdem stellte sich der Enkel diese Szene immer auf dem Balkon in der Wilmersdorfer Rauenthaler Straße bildhaft vor. Bei seinem letzten Kriegsbesuch sah er von diesem Balkon, daß schräg gegenüber ein Haus von einer Luftmine zertrümmert worden war. Ein Glassplitter der Balkontür steckte noch in einem Bild über dem Sofa.

Als sie einmal im Frühjahr zu Dritt in Berlin zu Besuch waren, blies durch die Straßenschluchten mit ihren entlaubten kahlen Bäumen ein eisiger Wind. Wie im Winter hatte er lange braune wollene Strümpfe an. Seine Kniestrümpfe, zeitweilig waren es weiße mit je zwei Bommeln an den Außenseiten, durfte er nämlich erst ab 16°C anziehen und außerdem nur in den Monaten, die kein »r« in ihrem Namen hatten. Im Frühling gab es also viele Morgen, an denen er voller Spannung auf das Minimum-Maximum-Thermometer am Fenster blickte, ob der für ihn günstige »Kniestrumpfstrich« schon erreicht war oder noch nicht; die Blicke zum Thermometer und Barometer hatte er sich nämlich vom Großvater abgeguckt. Seine Großmutter sagte zu ihm: »Geh' doch mal runter, mit den andern Kindern spielen.« Die Berliner Kinder auf der Straße, »auf'm Damm« beziehungsweise auf den breiten Bürgersteigen hatten schon Kniestrümpfe an, und er war zu schüchtern, um sich mit fremden Kindern anzufreunden. Von ihnen konnte er nur lernen:

Icke, dette, kieke mal: Oren, Fleesch un Beene.
Wenn de döst, verlierste se, wedder kriste keene.

oder:

Ick hau dir den Kopp mang de Rippen, daß de rauskiekst wie'n Affe aus'n Keefich!

oder:

Mönsch, willste Mönschen sehn, mußte auf'n Bahnhof jehn.
Mönsch, da kannste Mönschen sehn, daß dir die Ogen übergehn.

Die Berliner Schnauze war unter Erwachsenen mehr beliebt als berüchtigt.

So war seine Oma enttäuscht, als er bald wieder oben im vierten Stock erschien. Er fühlte sich von den Berliner Straßenkindern als Memme und Muttersöhnchen angesehen, das sich von seiner Mutter verpimpeln, das heißt: zu warm anziehen ließ.

Verleidet wurde dem Dorfjungen die Großstadt dadurch, daß er bei einer Einkaufsfahrt mit seiner Mutter keinen gesunden Darm hatte und in einem großen Kaufhaus, wahrscheinlich Tietz am Potsdamer Platz, mit weitläufigem Treppenhaus seine Notdurft nicht halten konnte, mit anderen Worten: er machte in die Hose, eigentlich in das Trikot, eine Kombination aus Unterhemd und Unterhose, vorn von oben bis unten aufzuknöpfen und hinten mit einem Schlitz. Er hatte also Durchfall oder, wie sie damals sagten: Durchmarsch oder Dünnpfiff. Von seiner Mutter in einer Toilette für »Frauen« trocken gewischt, fühlte er sich mit Bauchschmerzen elend in dem nassen und schon kalten und stachligen Trikot, das nicht aus weichem Material bestand, so daß es sowieso ständig auf der Haut kratzte.

Er trug lange Strümpfe, die mit Strumpfhaltern, einer an jedem Oberschenkel, am sogenannten Leibchen, also einer Art Unterjäckchen, befestigt waren. Strumpfhalter kannte er auch bei seiner Mutter, und deshalb war er innerlich wütend, das Gleiche zu tragen wie Frauen. Das war oft eine Qual mit dieser Bekleidung, bis er für den Winter eine unten zuzubindende Skihose erhielt, ein Teil der Uniform für die Pimpfe des Jungvolks der Deutschen Jugend. Sein Vater brachte im Frühjahr 44 aus Albanien Schafwolle mit, die ziemlich grob und hart war. Davon strickte die Mutter für ihren Sohn einen Pullover, der sehr kratzte, sogar durch das Hemd hindurch.

Der Gegensatz zwischen der Viermillionenstadt und dem Dreihundertdorf war größer kaum vorstellbar. Gewiß, der Dorfjunge wurde von dem betriebsamen Leben in der Großstadt angezogen, wo es so viele interessante Dinge zu sehen, zu hören und zu riechen gab und wo die Eindrücke durch bunte Reklame schnell wechselten. Andererseits überwog das Gefühl der Geborgenheit in dem Dorfschulhaus inmitten ländlicher, beschaulicher Umgebung, wo er seinen eigenen Gedanken bedachtsam und nahezu ungehindert nachgehen konnte. Die Heimfahrt von Berlin bedeutete immer die Entfernung aus dem lärmenden Vielerlei und die Rückkehr in die geistig kühle Stille, Beruhigung und Beschaulichkeit. Der Leser stelle sich folgendes Hörbild vor, das man beinahe als Idylle bezeichnen könnte, die der »viel bespöttelte« Schmidt von Werneuchen (so Fontane) mit inniger Naturliebe in lyrische Verse gebracht hätte:

Eine Sense wird mit dem Wetzstein geschärft, Tauben flattern im Schwarm vorüber und drehen ihre gemeinsamen Kreise, ein Buchfink schmettert seine kurze Erkennungsmelodie, Schwalben segeln mit schrillem Pfeifen schnell-elegant zu ihren Nestern oder unterhalten sich auf elektrischen Stromleitungen:

Wenn i wüßt, was du wüßt, und du wüßt, was i wüßt, dann wüßten's wir's alle zwee.

Ein Hahn kräht, ein Huhn gackert aufgeregt, weil es ein Ei gelegt hat, eine Lokomotive pfeift und läutet, eine Dreschmaschine mit großem Treibriemen brummt auf- und abschwellend irgendwo auf der Tenne einer offenen Scheune, jemand hämmert im Hof auf eine Sensenklinge mit regelmäßigen hellen Dengelschlägen ein, eine Kreissäge heult in unregelmäßigen Abständen auf, aus den geöffneten Fenstern der Schule dringt ein zweistimmiges Wanderlied: »Auf, du junger Wandersmann«, es nähert und entfernt sich wieder Getrappel von zwei Pferden, die auf der gekrümmten Ortsstraße einen Leiterwagen ziehen.

Das alles wurde nicht als störende Lärmimmission empfunden, es waren nur Geräusche. Was dagegen in Berlin passierte, mußte zurecht als Verkehrslärm bezeichnet werden, den ein Dorfbewohner nicht länger als einen Tag hätte ertragen wollen. Noch ahnte der junge Dörfler nicht, daß er ab November 45 zu einem, wenn auch nicht überzeugten Stadtmenschen werden sollte.

Besinnung

Wie der Erzieher ... so die Zukunft.
Fritz Wächtler, Erziehungsminister

Die Zeit ist hin:
Gedicht von Theodor Storm

Nachdem der Verfasser eine gute Strecke seines Lebensweges beschreibend hinter sich gebracht hat, setzt er dieses Pausier-, Verschnauf- und Atemholen-Kapitel als Markierungsstein, um eine Rück- und Vorschau zu halten. Genauso gut wie er sich in seinen Aufzeichnungen an die Zeit vor 1945 erinnert, könnte er einen anderen Lebensabschnitt schriftlich festhalten. Doch er meint, es sei wenig verlockend, etwa die 14 Jahre in Hamburg zu beschreiben. Aus heutiger Sicht jedenfalls scheinen ihm die Hamburger Jahre mit »normalem« Familienleben weniger beeindruckend gewesen zu sein, wenn auch die Herbststimmung in den Elbparks einen bleibenden Eindruck hinterlassen hat und sich jedes Jahr wiederholt. Anders verhält es sich mit den Jahren bis 1945. Erst einmal ist es die Zeit bis zu seinem 13. Lebensjahr, also dem wichtigsten Abschnitt seiner Kindheit. Das bestätigt Hermann Hesse:

> *Der Mensch erlebt das, was ihm zukommt, nur in der Jugend in seiner ganzen Schärfe und Frische, so bis zum dreizehnten, vierzehnten Jahr, und davon zehrt er sein Leben lang.*
> (V. Michels: Nachwort zu Meistererzählungen, S. 369, Diogenes TB 1977)

Außerdem ist er seit diesem geradezu welthistorischen Jahr fast 35 Jahre lang nicht an seinen damaligen Lebensstätten gewesen, so daß er die Niederschrift größtenteils auf eigene Erinnerungen, Fotos und Erinnerungen an Erzählungen seiner Eltern beschränkt. Aber gerade darin liegt für ihn der besondere Reiz, vor allen Dingen bei solchen Erlebnissen, die keinen Zuschauer gehabt haben, wie seine früheste Kindheitserinnerung: in Görsdorf schmierte er mit vier Jahren Mauerfugen an der Nordgiebelseite des Schulhauses mit »Eierpampe« als Mörtelersatz aus, so nannten sie wäßrigen glitschigen Sand, »schönen« Matsch. Es geht vorwiegend um seine eigenen authentischen Erlebnisse, Gefühle und Eindrücke aller fünf Sinne, wenn es auch schwierig ist, sich nach über 50 Jahren an Gefühle, Empfindungen und Gedanken aus der Kindheit zu erinnern.

Das schließt nicht aus, daß er zur zeitlichen Einordnung auf gleichzeitige, inzwischen für die Zeitgeschichte beachtlich gewordene Ereignisse hinweist, um den Eindruck des schwebenden Losgelöstseins und der Beziehungslosigkeit zu vermeiden. Die Bilder stellten sich bei ihm ein, genauso wie er sich bei einer bestimmten Folge von Tönen in bestimmtem Rhythmus an eine schon gehörte Melodie erinnert. Noch während er schrieb, taten sich gewissermaßen die Türen von großen und kleinen Kammern wie in manchen Märchen mit Erinnerungsmaterial auf, aus einer Assoziation ergab sich die nächste, und die Bilder tauchten wie im Film mit Überblendung auf, zogen an ihm vorüber und machten anderen Bildern, Gedankenverbindungen und Reflexionen Platz.

Schon in verhältnismäßig frühen Jahren bildete sich bei ihm die Vorstellung von der Relativität der Zeit, wie bei Thomas Manns Hanno Buddenbrook und Hans Castorp (Exkurs über den Zeitsinn im »Zauberberg«), über das unterschiedliche Zeitgefühl, zu dem ihm später als Vergleich eine gleichmäßige Schneefläche einfiel, auf der ein Baum näher zu stehen scheint, über kurze und lange Sommerferien, über kurzweilige und langweilige Tage. So kamen ihm die vier Tage der FLUCHT mit den vielen gedrängten und aufregenden Erlebnissen Ende April 45 sehr lang vor, und wenige Tage später schienen sie ihm schon mehrere Wochen zurückzuliegen. Er hörte aber auch, daß man sich Zeit nehmen, daß man die Zeit verbringen und vertreiben kann, woraus das Hauptwort Zeitvertreib im positiven wie im negativen Sinne gebildet wurde. So wurden »in Köln vor dem« Zeit und Heinzelmännchen vertrieben. Besonders erschreckend war, daß man die Zeit mit unnützer Beschäftigung, in anklagendem Ton »Muße« genannt, totschlagen kann; und doch ist sie nicht »totzukriegen«. »Die Zeit ist unendlich lang und ein jeder Tag ein Gefäß, in das sich sehr viel eingießen läßt, wenn man es wirklich ausfüllen will« (Goethe »Aus meinem Leben« Achtes Buch). Weitere Zeit-Zitate und geflügelte Worte begann er nicht zu sammeln, weil ihm die Zeit dafür fehlte.

BESINNUNG tat ihm wohl wie bei einem Blick in den klaren Sternenhimmel, in das Himmelszelt der Romantik, bei der Erkenntnis und dem Gefühl von der eigenen Bedeutungslosigkeit in Raum und Zeit und doch in dem Bewußtsein, ein winziges Glied in der riesigen Schöpfungsreihe zu sein: vor 13 Milliarden Jahren gab es den Urknall, vor vier Milliarden Jahren war die Erde in ihrer ersten Oberflächengestalt fertig, 60 Milliarden Jahre sagt man ihr noch voraus. Alle diese Zahlen sind bildlich nur vorstell- und begreifbar, wenn man eine Milliarde Jahre mit einem Kilometer vergleicht, dann bedeutet ein Millimeter EinTAUSEND Jahre: so rechnete der Chronist als Erwachsener. Die Weltraumberechnung mit Lichtjahren (über 9 Billionen Kilometer, Wagner »Persifal« 1. Aufzug: »zum Raum wird hier die Zeit«) übersteigt das menschliche Fassungsvermögen genauso wie ein Wassertropfen im Meer, ein Buchstabe in unzähligen Weltliteraturbüchern, eine Note in allen Musikwerken der Welt: Vergleiche, die die Grenzen der menschlichen Erkenntnis verdeutlichen.

In diesem Zusammenhang verlockt das Betrachten eines simplen »Feldsteins« zu der Rückschau auf den phantastischen Kreislauf der Gesteine. Dabei gibt es ein In-sich-Versenken, bis eine Boden- und Zeitlosigkeit erkennbar wird, vor der jeder zurückschaudert, von der jeder aber auch angezogen wird. Schon als Kind verlor er sich gern angesichts des Kant'schen »bestirnten Himmels über mir« wie unter einer riesigen Käseglocke, ein beruhigendes Bild der Himmelsbegrenzung als Abwehr gegen die unermeßliche Unendlichkeit, unversehens und unaufhaltsam in derartigen Wachträumereien, die wie bei richtigen Träumen nur ein paar Sekunden dauerten (»kosmische Verlorenheit«, G. Hauptmann: Vorbem. »Der große Traum« 1927). Dann rettete er sich wieder hinauf in das alltägliche Bewußtsein mit Konzentration auf die sichtbare Umgebung. Ähnlich erging es ihm jedesmal beim Frisör, wenn er sich in sein Spiegelbild versenkte. Wenn Büchners Woyzeck klagt: »Alles hohl da unten!« und dabei auf die Bühnenbretter stampft, so ist unter dem vordergründigen keinen-festen-Boden-unter-den- Füßen-Haben deutlich eine Angst zu verspüren vor dem Wegsinken des Bewußtseins in eine unergründlich ewige Tiefe, ein Aufgehen der Seele und des Geistes in Raum und Zeit.

Nach diesem Ausflug oder Ausbruch in die Zeit n a c h den TAUSEND Jahren geht es wieder weiter zurück in die Vergangenheit und zu seinen unbeirrbaren Bemühungen, die Erinnerungen zu Papier zu bringen. Ganz ohne Grundlage brauchte er im Jahre 1977 seine Niederschrift nicht zu beginnen. Mit 15 Jahren hatte er nämlich einige Erinnerungen aus dem Jahre 45 aufgeschrieben, die er in den letzten Kapiteln verwerten konnte. Außerdem kam ihm nicht erst mit 45 Jahren der Gedanke, die ZWÖLF Jahre seiner Kindheit schriftlich festzuhalten, sondern er erhielt Anregungen und den inneren Drang, sich sofort daran zu setzen (und doch schob er es als »gewagt« vor sich her), durch viele Schriftsteller: u.a. Fontane: Vor dem Sturm, Grass: Die Blechtrommel, Katz und Maus (gegen soviel Phantasie war er macht- und sprachlos), Bölls Erzählungen, dann in besonderem Maße Kempowski: Tadellöser und Wolf mit seiner mehrteiligen Fernsehverfilmung, außerdem Siegfried Lenz: Deutschstunde und Heimatmuseum, ferner Scholz: nicht nur Am grünen Strand der Spree, sondern auch seine mehrfach zitierten Wanderungen im Jahre 1972/73, sozusagen auf den Spuren Fontanes und im journalistischen Fontane-Plauderton, der ansteckend sein kann. Ferner erhielt er geistige

Unterstützung – »Was die können, das kannste auch, so etwas Ähnliches haste auch erlebt!« – durch Joseph Joffo: Ein Sack voller Murmeln, Christine Brückner: Jauche und Levkojen, von Fontane entlehnter Titel, Ilse von Bredow: Kartoffeln und Stippe und viele andere.

Alle diese Bücher ließen seine Hemmungen, Bedenken und Vorbehalte – »Wen interessiert das schon?« – aus der Sicht eines Schülers aufgrund leidvoller Erfahrungen mit Deutschaufsätzen beiseite schieben und seine Zurückhaltung vergessen, Selbsterlebtes aus der Zeit, aus seiner Zeit bis 1945 aufzuschreiben, ohne mit seinen daran angeknüpften Reflexionen überheblich zu werden. Als er die Aufzeichnungen mal wieder eine Zeit lang liegen gelassen hatte und sie wieder vornehmen wollte und als er mal wieder an den Scharmützelsee fahren wollte, hatte er am 1. März 1992 einen Traum kurz vor dem Aufwachen und schrieb ihn ausnahmsweise gleich auf:

> *Er saß in einem fahrenden Omnibus. Neben ihm saß eine Frau und erzählte, daß sie früher in Wendisch-Rietz gewohnt habe. »Einen Augenblick mal«, unterbrach er sie, »sagten Sie Wendisch-Rietz?« – »Ja« – »Das ist überraschend. Dort habe ich von 36 bis November 45 gewohnt. Ich bin in Storkow geboren und meine Frau in Weimar. Wie alt sind Sie? Oder besser, ich sage erst, daß ich Jahrgang 32 bin, und Sie?« – »Ich bin drei Jahre später geboren.« – »Ich habe in der Schule gewohnt, im ersten Haus links. Ich habe das Haus 85 zuletzt wiedergesehen. Jetzt ist darin die Gemeindeverwaltung. Und wo haben Sie gewohnt?« – »Nicht im Dorf, sondern in Neumühle hatte mein Vater ein Café.« – »Vor der großen Linkskurve auf der rechten Seite?« – »Ja, dort ist in letzter Zeit viel gebaut worden.«*

Sonst tummelten sich in den Träumen ungerufen viele Verwandte unbeherrscht und unbeherrschbar (mit einer Unzahl von un-Wörtern) rücksichtlos herum.

Schließlich sind noch DIE FOTOGRAFIEN seines Vaters zu erwähnen, die für viele Kapitel die erforderliche Anschaulichkeit boten. Und dann hatte er Gelegenheit, im Jahre 1979 den Familienfilm vom Oktober 1942 anzusehen: im Vordergrund Birken, im Hintergrund das Schulhaus, sein Vater geht und dessen zweiter Sohn fährt mit dem Roller auf der Straße vorbei, die Töchter des Filmers Kandler füttern Schwäne am See, anschließend sieht man »Kindergrün«, einen Schulnachmittag mit Tauziehen, anderen Spielen und Singen zu Akkordeonmusik. Der Titel lautet: »Freude ist alles«. Sein vierjähriger Bruder weint; der Grund ist diesem unvergeßlich geblieben: der Chronist, sechs Jahre älter, hatte ihm unverzeihlicherweise die Hand immer wieder heruntergezogen, die er sich vor die Augen gehalten hatte, weil die Sonne ihn blendete. Der »große Bruder« fragte sich, ob er noch heute deswegen sich schämen sollte. Der gestellte und später angeklebte Schluß zeigt: sein Vater kommt 1943 zu seinem ersten kurzen Soldatenurlaub von Fürstenwalde mit dem Fahrrad nach Hause, wird von seiner Mutter und seinen Brüdern begrüßt, der Älteste war »kinderlandverschickt«, seine Mutter wegen des Todes ihrer Storkower Schwester (12. April) in Schwarz, das heißt in Trauerkleidung.

Zum Schluß dieses Besinnungskapitels folgt noch eine Rückbesinnung auf die SCHULE UNTER DEM HAKENKREUZ, die von dem Landschullehrer geprägt wurde. Wenn es dafür noch eines Beweises bedarf, so läßt er seinen Vater zu Wort kommen über das Thema »Organisation und Verwaltung einer einklassigen Schule«. Den Vortrag hielt er am 18.9.1940 auf einer Amtlichen Lehrertagung des Kreises in Storkow:

> *... Auf die Landschule schaut die ganze Gemeinde und erst recht auf ihren Lehrer als den einzigen Beamten im Dorf und heute mehr denn je. Er als der Beamte des Dorfes trägt ja nicht nur das Parteiabzeichen, sondern verwaltet auch die meisten Parteiämter. Versteht es der Lehrer, mit dem Elternhaus zusammen zu arbeiten, die Elternschaft über die hohe Aufgabe der Volksschule aufzuklären und sie zur Mit-*

arbeit anzuregen, dann kann die Schule nicht den Dornröschenschlaf halten. Das wäre dann der schönste Lohn für die Mehrarbeit eines Landschullehrers. Hat der Lehrer dann noch die Kraft, auf Schulfesten das ganze Dorf um sich und seine Schulkinder zu versammeln, um in dieser Dorfgemeinschaft die Kulturgüter unseres Volkes lebendig werden und erleben zu lassen, dann muß die Schule zum Mittelpunkt des Dorfes werden, dann weiß auch die einfache Landschule neben den Gliederungen der Partei und des Staates den Weg zur wahren Volksgemeinschaft, zum vollen Einsatz für Führer, Volk und Vaterland. Das zu erreichen, stehen wir draußen in unseren Dörfern in vielseitiger, aber froher Arbeit eingedenk der Worte Fritz Wächtlers: Wie der Erzieher, so die Schule, wie die Schule, so die Jugend, wie die Jugend, so die Zukunft!

Er zitierte nicht einen Ausspruch Lenins, den sein Sohn in Klemperers Tagebuch gefunden hat:

Der Lehrer ist der Ingenieur der Seele.

Muttertag

Das Ziel der weiblichen Erziehung hat unverrückbar
die kommende Mutter zu sein.
Hitler: Mein Kampf S.460

Ehre der Mutter, der Trägerin ewigen deutschen Lebens.
»Parole der Woche« 1936/6

Ich habe nichts so lieb, so lieb / wie Dich, mein Mütterlein;
es müßte denn der liebe Gott / im Himmel droben sein.

Den lieb ich, weil er Dich mir gab / und weil er mir erhält
das allerbeste Mütterlein / in weiter, weiter Welt.

Du bist mir alles auf der Welt, / Du bist mir Sonn' und Stern.
Weil keiner mir so gut gefällt, / drum hab' ich Dich so gern.

Bin ich nur erst ein richt'ger Mann, / verdiene selbst mein Geld,
dann kauf" ich Dir, soviel ich kann, / und zeige Dir die Welt.

Ein jeder Tag im langen Jahr / soll Muttertag Dir sein.
Drum wünsche ich Dir immerdar / viel Freud und Sonnenschein.

Ein solches Lied nach der Melodie »Üb' immer Treu und Redlichkeit« und noch einiges mehr lernten die Schulkinder für die jährliche Feier des Muttertags in dem Gasthaussaal des Dorfes. Am 14. Mai 1933 wurde so der Muttertag in Görsdorf gefeiert, wie man in den Vor- und Nachbereitungen (u.a.: »Glückwunschblätter zeichnen«) seines Vaters lesen kann. Dieses Ereignis ist deshalb erwähnenswert, weil es der erste Muttertag für seine Mutter war.

Was bei einem Muttertag den Gästen geboten wurde, ergibt sich aus dem Programm zur »Feier des Muttertages 12.5.1935«:

1. *Mutterliebe(Edith).*
2. *Sprechchor: Hört uns Mütter (O).*
3. *Begrüßung. (in Gabelsberger Kurzschrift:) Deutsche Volksgenossen, liebe Görsdorfer und Premsdorfer, werte Gäste!Im Namen unserer Görsdorfer Schule heiße ich Sie alle herzlich willkommen und danke Ihnen, daß Sie unserer Einladung gefolgt sind. Heute am schönen Maiensonntag feiert das ganze deutsche Volk den Ehrentag der deutschen Mutter. Millionen deutscher Kinder groß und klein, Junge und Alte, Arme und Reiche haben am heutigen schönen Maiensonntag ihrer Mutter eine besondere Freude bereitet, Millionen deutscher Kinder haben in der Schule des Nachmittags zusammengesessen, genäht, gestrickt, gelackt, geleimt und all die kleinen niedlichen Sachen gebastelt, von denen so manches Ding ja auch auf Eurem Gabentisch stand, Ihr lieben Görsdorfer und Premsdorfer Mütter. Millionen deutscher Volksgenossen sind heute im Maiensonnenschein hinausgewandert auf die Friedhöfe, haben das frühe Grab der Mutter mit maifrischen Blumen geschmückt und auf der Rasenbank am Muttergrab derer in schmerzvoller Erinnerung gedacht, welche ihnen einst des Lebens Mutter und Leitstern gewesen war. Aber uns allen, die wir keine Mutter mehr haben, uns allen kommt es von Jahr zu Jahr immer mehr zum Bewußtsein, wo unser liebes Mütterchen in Wahrheit geblieben ist:* »Am Grab o Mutter …«. *Und wir, die wir das Liebste auf Erden verloren haben, wir wissen es nur zu genau, wie wahr des Dichters Worte sind:* »O lieb, so lang du lieben kannst …« *Wie unser heutiger Staat aber über den Wert der deutschen Mütter denkt, zeigt nicht nur das Hilfswerk NSV Mutter und Kind und nicht nur das Abzeichen, das uns heute zu einer Volksgemeinschaft verbindet, nein der deutschen Mutter soll heute in allen Gauen, in jeder Stadt, in jedem Dorf unseres Vaterlandes gedacht werden. Ihr deutschen Mütter, auf Euren Schultern*

ruht nicht allein des Tages Last und Plage. Ohne Euch deutschen Mütter gäbe es keine Familie, und ohne Familie haben wir keinen Staat, kein deutsches Volk, kein deutsches Mutter- und Vaterland, denn die Familie ist die Keimzelle, der Grundstein eines Volkes. Und darum, Ihr deutschen Mütter, die Ihr heute hierhergekommen seid, daß wir Euch ehren und erfreuen können: »Hört Eure Jungen, Mütter, hört Eure Töchter, hört Eure Kinder, Mütter, hört uns!: »Der schönste Name im Erdenrund…« Was Euch allen an diesem Abend des schönen Muttertages nun aus Kinderaugen winkt und was Kinderherzen Euch entgegensingt und klingt, aus allem, was Ihr nun sehen und hören werdet, nehmt die felsenfeste Gewißheit mit nach Haus, daß dieser Muttertag nicht erst im nächsten Jahr wiederkehren wird, nein, nehmt von der heutigen Feier die frohe Zuversicht mit nach Haus, daß Ihr von nun an es jeden Tag so schön haben werdet wie heute, daß es für Euch, Ihr deutschen Mütter, von nun an im Jahr 365 Muttertage haben wird. Daß es so wird, dafür werden Eure Kinder sorgen. Das versprechen sie Euch heute hoch und heilig, nicht wahr, Ihr Kinder (?!) und daß Ihr wirklich im Jahre 365 Muttertage so wie heute haben werdet, dafür wird sorgen der Vater Eurer Kinder, Ihr wißt, wen ich meine, liebe Mütter, Euer lieber Mann. Dies ist mein Wunsch für Euch Mütter. Und wenn dieser Wunsch tatsächlich überall in Erfüllung geht, dann waren unser Mühen und Sorgen nicht vergebens. Dann wird die heutige Feier des Muttertages reichen Segen bringen Euch Ihr Müttern und Euren Familien und somit unserem Dorf und unserem Vaterland.

4. Chor: Wenn du noch eine Mutter hast (O und M).
5. Der Liebe Dauer (Lotte).
6. Chor: Ich habe nichts so lieb.
7. An meine Mutter (Annemarie).
8. Der Mutter vorzusingen (6 Kinder, Halbkreis).
9. Sprechchor: Lieb Mütterlein, wir treten … (U).
10. Reigen: Wir feiern heute alle (M und U).

11. *Theater: drei kl. Mäuschen ... im schönsten Wiesengrunde.* Pause.
12. *Sprechchor: Mütterlein ... (M).*
13. *Ständchen zum Muttertag (Mundharmonika/Hauskapelle)*
14. *Der Mutter Schoß (Heinz M.).*
15. *Chor: Schlaf Herzenssöhnchen (O und M).*
16. *Gute Nacht (Ulla).*
17. *Chor: Engel vom Himmel.*
18. *Reigen: Wer ist die Allerschönste.*
19. *Theater: Das Erkennen.*
20. *Sprechchor: Schlußwort.Ansage: Zum Schluß singen wir gemeinsam Deutsche Frauen.Gem. Gesang: Deutsche Frauen ...*

Später, als der Junge im lernfähigen Alter war, dichtete sein Vater, der seit dem Geburtsjahr seines Erstgeborenen keine Mutter mehr hatte, selbst. Der Älteste mußte das Gedicht in Schönschrift abschreiben und mit Blumen, insbesondere Tulpen, die sein Vater gut vorzeichnen konnte, verzieren und umranken, und das tat er noch 1948 und 49. Der Kaffeetisch wurde frühmorgens mit Blumen geschmückt, sein Vater deckte den Tisch selbst, was sonst immer seine Mutter tat, er half ihm dabei. Weiße stark duftende Blüten aus dem Vorgarten, Spireen, legten sie um den Teller seiner Mutter. Außerdem hatten sie kleine liegende Glasvasen in Form von Glasröhren mit eidechsenähnlichen Füßen, in die sie Stiefmütterchen oder Vergißmeinnicht steckten. Das Gedicht mußte er auswendig lernen und aufsagen, was die Vorfreude auf den Kuchen ziemlich eintrübte, um anmaßend mit Schiller zu reden (Anfang der »Braut von Messina«):

... der Not gehorchend, nicht dem eignen Trieb.

Er dachte dabei sehnsüchtig an frühere Jahre zurück, als er zum Geburtstag seiner Mutter nur die zwei Zeilen aufzusagen brauchte:

Ich bin klein, der Kuchen groß.
Ich hoffe, es geht bald nun los.

Wahrscheinlich wird aber ein zweizeiliger Glückwunsch das Gedicht eingeleitet haben. Der Tag war voller Spannung, weil von ihm absolutes Artigsein erwartet wurde. Die Stimmung war daher bedrückt, und er war froh, wenn der Tag vorbei war. Daß er diesen Tag nicht mit Freude erwartete, ist deshalb nur zu verständlich. Das ist auch der Grund, warum er dieses für einen Lehrer und seinen Unterricht, vorwiegend und nachdrücklich im Dritten Reich, dankbare Thema nur in einem auffallend kurzen Kapitel geschildert hat.
Zum Ausgleich folgt ein besonders langes Kapitel über ein bestimmtes halbes Jahr, einen konkreten Ausschnitt aus den TAUSEND Jahren, nämlich die erste Hälfte des Jahres 1943, genauer gesagt: vom 21. Januar bis zum 16. Juli, wie die »Leistungsbescheinigung« ausweist (»RdErl. d. RMWEV vom 19.12.1941 – E I a 1416 II, E II, E III«).

Kinderlandverschickung

Paß auf, daß der sich jeden Abend die Füße wäscht!
Lagermannschaftsführer zum Stubenältesten

Der Zehnjährige wacht auf, weil seine langen braunen Strümpfe um die Knie herum feucht und kalt geworden sind. Es ist Nacht, er sitzt in einem D-Zug von Berlin nach Krynica, das im Süden von Polen liegt, einige Jahre Generalgouvernement genannt. Sein Gegenüber hatte sich erbrochen, weil er wahrscheinlich aus Angst vor dem Ungewissen zu viel gegessen hatte, und die Knie haben etwas davon abbekommen, das heißt: von dem säuerlich riechenden Mageninhalt. Der andere Junge muß zuviel und durcheinander von dem gegessen haben, was seine besorgte Mutter ihm für die lange Reise eingepackt hatte. Vor dem Einschlafen war es so lustig gewesen, wenn auch kalt vom Fenster her. Er saß links auf einem Fensterplatz, entgegengesetzt der Fahrtrichtung, während er lieber vorwärts fährt. Bei der Abfahrt hatte er noch richtig gesessen, also mußte der Zug inzwischen auf einem Kopfbahnhof oder in Frankfurt/Oder gewendet haben. Die Mitschüler seiner Klasse und einer anderen Klasse hatten harmlose Späße gemacht, wie sie zehnjährigen Jungen einfallen. Einer sprach mit schauspielerisch talentierter Aufregung von seinem Telefon (zu Hause in Märkisch-Rietz hatten sie keins), sagte aber immer »Tellifong«, worauf alle im Abteil in Lachen ausbrachen.

Sie waren am späten Nachmittag eines trüben Tages in der zweiten Hälfte des Monats Januar von Berlin losgefahren. Seine Mutter hatte ihn von Märkisch-Rietz bis zum Sonderzug, ungefähr zwei Stunden, begleitet. Sein Vater blieb zu Hause, sie verabschiedeten sich von ihm, als er noch Unterricht gab, und von seinen beiden jüngeren Brüdern, die damals eineinviertel und viereinhalb Jahre alt waren. Als die Oberschüler klassenweise auf dem Platz auf der Ostseite des Bahnhofs Zoo angetreten waren, kam die in Spandau wohnende unverheiratete Schwester seines Vaters hinzu, eine von seinen drei Patentanten. Beide Frauen winkten ihm zum Abschied vom Bahnsteig aus nach, als der Zug in die dunkle Ungewißheit losfuhr.

Die beiden Frauen mochten sich nicht leiden, diese Spannung spürte auch er. So fand es seine Mutter »unmöglich«, also skandalös, daß ihre Schwägerin sich in langer Hose rittlings auf einem Stuhl hatte fotografieren lassen. Andererseits war die Tante eifersüchtig auf seine Mutter, weil sie ihr den Bruder Alfred weggenommen hatte.

Die feuchten Strümpfe behielt er bis zur Ankunft im Heim an, während der Fahrt müssen sie auf der Haut getrocknet sein. Bei Tageslicht fuhren sie durch Oberschlesien und dann nach Polen hinein. Draußen lag viel Schnee. In der dürftigen Birkenwaldlandschaft machten sich die jungen Bahnfahrer auf einige Kreuze von Soldatengräbern aufmerksam, die etwas nachdenklich stimmten und sie daran erinnerten, daß sie im Krieg lebten und daß sie deshalb auf die lange Reise geschickt worden waren. Am späten Abend kamen sie in Krynica an und wurden mit Pferdeschlitten vom Bahnhof abgeholt; er hatte noch nie in einem Pferdeschlitten gesessen.

Erst nach einem halben Jahr verließen sie diesen Ort wieder, zum ersten Mal waren sie so lange von ihren Eltern und Geschwistern getrennt. Kinderlandverschickung wurde mit den drei Buchstaben Ka-El-Vau (KLV) abgekürzt. Kinderleichenverschleppung sagten die Schüler in kindlicher Unbekümmertheit. Der makabre wahre Hintergrund war ihnen nicht bekannt, daß es nämlich Kindertransporte in den Tod wirklich gab und daß in Südpolen das Vernichtungslager Auschwitz lag. Sie dagegen wurden nicht in Lagern untergebracht, obwohl in der zitierten Leistungsbescheinigung diese Unterkunft als Lager und sie selbst als Lagerteilnehmer bezeichnet wurden, sondern zuerst in einer Fremdenpension in einem Holzhaus, wie es für die dortige Gegend üblich ist.

Am ersten Tag wurden sie von dem Lagermannschaftsführer über den Tagesablauf, den »Tagesplan«, instruiert, und für jedes Zimmer wurde ein sogenannter Stubenältester bestimmt. Als es dabei hieß: »Jeden Abend werden die Füße gewaschen!», meldete sich der junge Stubeninsasse, indem er den rechten Arm hochreckte und mit Mittelfinger und Daumen schnalzte, was bei seinem Vater in der Schule verboten war, stand auf wie in der Schule und erklärte mit Nachdruck: »Zu Hause wasche ich mir die Füße nur einmal in der Woche!» Nach einer verdutzten Pause hörte er: »Wer ist für den der Stubenälteste? – Also paß auf, daß der sich jeden Abend die Füße wäscht!« So fiel er gleich am Anfang irgendwie auf, es blieb nicht das einzige Mal.

Nach wenigen Tagen zogen sie in ein neues steinernes Gebäude um, das bisher als Kinderheim gedient hatte, Haus Sonne hieß es. Der Lagerstempel hatte folgenden Text:

KLV.-Lager (GG 13)
Haus »In der Sonne«
Krynica, Distr.Krakau
Generalgouvernement

Als er später in Lübeck Französisch lernte, notierte er sich: Beim kleinen »c« im Ortsnamen fehlt ein C-Cédille; denn es wurde Krünitza ausgesprochen. Doch dabei hatte er nicht bedacht, daß es ein polnisches Wort ist mit anderen Ausspracheregeln. Die jungen Deutschen wurden von polnischen Nonnen oder Schwestern nicht nur bekocht, sondern allgemein versorgt, ihre Sachen wurden gewaschen und ihre Strümpfe gestopft, und sie fühlten sich dort sehr gut aufgehoben. Er ist noch im Besitz einer Ansichtskarte, die er am 25. Januar an seine Eltern geschrieben und auf der er als Absender schon Haus Sonne vermerkt hatte. Der Grund für den Umzug ist ihm heute nicht mehr bekannt, wahrscheinlich war er den zehnjährigen Jungen damals auch nicht bekannt, er war ihnen wohl auch egal. Gab es Läuse oder war der Eigentümer Jude? Aus der Karte ergibt sich, daß wöchentlich eine Schreibstunde für einen Brief nach Hause in die Heimat vorgesehen war.

In diesem Heim – Lager als offizielle Bezeichnung war wegen der guten Betreuung ein viel zu negativ belastetes Wort – hatte er es, was die Hygiene angeht, viel besser als im Dorfschulhaus. Es gab fließendes kaltes und warmes Wasser in jedem Zimmer und moderne Toiletten mit Wasserspülung auf dem Flur. Die Zimmer waren zentral beheizt wie bei seinen Großeltern in Berlin. Mit zwei anderen Jungen, den dem Leser bekannten Klaus Schaefer und Horst Kraft, war er in einem großen hellen Zimmer untergebracht mit einem Waschbecken und einem Südbalkon, der mit den Balkonen anderer Zimmer verbunden war. Bei sonnigem Wetter hielten sie sich oft auf den Balkonen auf. Dort wurde er einmal von seinem athletischen Nennfreund Peter von hinten umfaßt und dicht am Geländer hochgehoben, so daß er in der erzwungenen Schwebe Angst bekam hinunterzufallen.

Sein Bett stand an der linken Wand, die beiden anderen Betten standen auf der rechten Seite, eines parallel zum Fenster, das andere an der Wand vor dem Waschbecken in der Ecke. Direkt rechts neben der Tür stand der gemeinsame Wäscheschrank für die drei Stubeninsassen. Sie bildeten nicht immer eine einige Dreiergruppe, sondern waren meistens in zwei gegen einen aufgeteilt, wobei die stimmungsmäßige Zusammensetzung der Zweiergruppe alle paar Tage wechselte. An den Wänden über den Betten waren Wandbehänge mit Landschaftsbildern in gewebtem Stoff angebracht. Eine Fotografie zeigt, daß sie 26 Schüler waren, die das Heim belegt hatten. Es standen zehn Schlafräume zur Verfügung, die in damaligem Wehrmachtsdeutsch Stuben genannt wurden, es können sechs Dreier- und vier Zweierzimmer gewesen sein, alle im ersten Stockwerk gelegen.

Im Erdgeschoß befanden sich der Essenssaal, in dem sie auch Schule hatten, die Küche und die Wohnräume der Nonnen. Dem Erzähler gelang nur einmal ein zufälliger kurzer Blick in die Hauskapelle, als sich die Tür von innen etwas öffnete. »Die sind katholisch« dachte er, weil es ihm fremd war. Die Treppenstufen bestanden aus Steinplatten, die alle Jungen an einem bestimmten Tag laut hinunter- und heraufklapperten, als jeder von ihnen Holzsandalen als Hausschuhe geschenkt bekommen hatte. Wegen des lärmenden Unfugs durften sie sie am nächsten Tag nicht mehr anziehen. Im ersten Stock hatte eine einzige Zweierstube statt normaler Fenster zwei Oberlichtfenster, so daß die beiden Jungen nur den Himmel sehen konnten. Der untere Rand der Fenster schloß mit einem Flachdach ab. Einmal sprach es sich bei allen im Haus herum, daß einer von den beiden erwischt worden war, wie er gerade vom Flachdach wieder in die Stube zurückkletterte. Die beiden Jungen müssen auf die anderen wegen der normalen Fenster und Balkontüren neidisch gewesen sein. Irgendwelche tätliche Reaktionen hat er aber nicht in Erinnerung, die wahrscheinlich unangenehme Dinge verdrängte.

Das gilt auch vom Heimweh: er kann sich nicht erinnern, ein solches Gefühl gehabt zu haben. Sie lebten zu Anfang des Halbjahres in der Vorstellung und offiziellen Begründung, die Kinderlandverschickung solle sie vor dem Unterrichtsausfall durch Fliegerangriffe bewahren. Allerdings konnte der Stundenplan in Königs Wusterhausen erst im Jahre 1944 nicht mehr eingehalten werden. Außerdem hatte er keine Angst, daß es Luftangriffe auf sein unbedeutendes Dorf geben würde, wo weder industrielle noch militärische Ziele zu bombardieren waren. Wie sich später herausstellte, war dieses Sicherheitsgefühl wegen der Zerstörung vieler reiner Wohngebiete völlig unbegründet. Es dauerte nicht lange, bis sie kaum noch an ihre Heimat, sondern fast nur noch an die Schule und die Wanderungen und Ausflüge dachten, die Abwechslung in ihr tägliches Einerlei des Zusammenlebens brachten.

Die Verpflegung war sehr gut. Morgens – nur an das Frühstück kann er sich erinnern – wurde ihnen Haferbrei in Suppentellern aufgetischt, der bewirkte, daß sein Gewicht zunahm und er vor allem im Gesicht dicker wurde. Einmal aßen sie sogar um die Wette und aßen in einer Art Massenhysterie noch einen zweiten Teller leer, bis die Nonnen sagten, es sei nichts mehr da. Das war aber nur an einem einzigen Morgen, daß sie sich regelrecht vollgefressen hatten. Danach blieb es bei dem üblichen einen tiefen Teller. Die Pausbacken fielen seiner Mutter bei der Rückkehr auf dem Bahnhof in Fürstenwalde gleich auf: »Bist du aber dick geworden!« Um bei diesem Vorausblick zu bleiben: In Fürstenwalde wurden sie fotografiert mit ihren Köpfen in den Abteilfenstern, ehe sie in geordneter Reihenfolge aussteigen und sich von den Müttern umarmen lassen durften – Organisation ist alles beziehungsweise war damals alles.

Der Leiter ihrer Klasse, der Lagerleiter, war Studienrat Schaefer, der Vater seines Stubenfreundes, er trug eine dunkelblaue Uniform mit Hakenkreuzbinde um den linken Oberarm. Außerdem gehörte zur Leitung noch ein – schon genannter – Lagermannschaftsführer, Lamafü in dem zur Gewohnheit werdenden Abkürzungsfimmel, ein Hitlerjunge von etwa 18 Jahren, aus ihrer Sicht von Zehnjährigen sehr groß gewachsen. Er kam nicht aus Königs Wusterhausen wie alle Lehrer und Lagerleiter, sondern aus dem Ruhrgebiet. Er war zuständig für die Zeit außerhalb des Unterrichts, der von den Leitern der anderen Klassen gehalten wurde.

Der Lagermannschaftsführer gab zum Beispiel frühmorgens beim Appell die sogenannte Parole aus, die erste hieß »Tauroggen«. Das Wort wurde zwar erklärt; erst aus späterer Geschichtsstunde aber ist im Gedächtnis geblieben, daß in diesem Ort der preußische General York von Wartenberg am 30.12.1812 eigenmächtig sein Bündnis mit den Franzosen aufkündigte und sich durch eine Konvention (das preußische Hilfskorps wird für neutral erklärt) den Russen, General Diebitsch, anschloß. Für den Zehnjährigen war das ein unverständliches, ja verräterisches Ereignis, wie man erst gegen die Russen kämpft und dann, als die Niederlage der verbündeten Franzosen offensichtlich ist (»Mit Mann und Roß und Wagen hat sie der Herr geschlagen«), zwar vorerst nur passiv bleibt, aber dann mit den Russen gegen die Franzosen marschieren und kämpfen kann. So war jedenfalls sein damaliger Eindruck.

Diese Geschichte paßte nach seiner Meinung nicht in die militärische Lage des Jahres 1943, an dessen Anfang die ihm sicher nicht zum vollen Bewußtsein gekommene Katastrophe von Stalingrad lag. Davon abgesehen war ihm damals nicht klar, welchen Sinn es haben sollte, eine Parole zu hören und sich zu merken. Das ominöse Wort »Tauroggen« merkte er sich nur deshalb, weil er es auf der erwähnten Karte nach Haus geschrieben hatte. Zur selben Zeit wurde »Tauroggen« vom Kreisauer Kreis (mit einem Ururenkel Yorks) als Signal und Vorbild der Auflehnung gegen die diktatorischen Machthaber verstanden. Damit ist das Thema aus heutiger Sicht leider immer noch nicht erschöpft: Die (damalige) DDR hat die preußisch-russische Allianz propagandistisch ausgeschlachtet und hervorgehoben zur historischen Untermauerung und Untermalung der deutsch-sowjetischen Waffenbrüderschaft. Vorher, am 3.9.1902, hatte Wilhelm II. in seiner Posener Ansprache die »Waffenbrüderschaft … seit einem Jahrhundert« mit dem russischen Heer betont.

Der Lagermannschaftsführer war dazu da, den Jungen Zucht und Ordnung beizubringen, sie vormilitärisch auszubilden, wie man es heutzutage nennen würde. So führt die Leistungsbescheinigung in Form eines Zeugnisses als erstes auf:

> *Führung und Haltung in der Lagergemeinschaft:*
> *Einsatzbereitschaft, Disziplin, kameradschaftliches Verhalten und Ordnung.*

Auf der Volksschule bei seinem Vater-Lehrer hatte noch an erster Stelle des Zeugnisses Religion gestanden. Er empfand es aber nicht als Nachteil, daß hier kein Religionsunterricht gegeben wurde. Denn das fiel nicht auf, weil er seit seinem Verlassen der Volksschule keine Religionsstunden mehr gehabt hatte. Der Lagermannschaftsführer kontrollierte z.B., ob die Betten richtig »gebaut« waren und ob die Kleidungsstücke, zu denen sie: Sachen zum Anziehen oder Klamotten sagten, die seine Mutter wunschgemäß mit Namensstreifen benäht hatte, im Schrank richtig übereinander, Kante an Kante, gelegt waren. Wie bei den Soldaten wurden die Sachen aus Schikane herausgeworfen, und abends wurde Kleiderwechsel inszeniert, wofür der soldatische Kommißausdruck »Maskenball« verwendet wurde, das bedeutete: innerhalb einer bestimmten Zeit, die der Lamafü mit einer Extrauhr stoppte, mußten sie, wenn sie schon im Schlafanzug im Bett lagen, bei einem Signal auf der Trillerpfeife die Uniform anziehen, sich bei dem Lamafü in dessen Zimmer, natürlich Wachstube wie beim Militär genannt, melden und dann sofort wieder umgezogen im Bett liegen. Der Biograph hatte in seinem ersten Pimpfenjahr allerdings nur ein braunes Uniformhemd mit schwarzem Halstuch und eine dunkelblaue Schimütze. Dafür teilte die Hitlerjugend extra einen Bezugsschein für Spinnstoffwaren zu, damit seine Mutter diese Kleidungsstücke in Storkow kaufen konnte.

Als er in der ersten Unterkunft, dem Holzhaus, Dienst hatte im täglichen Wechsel mit anderen Jungen, das bedeutete: auf Ruhe und Ordnung achten mußte, erhielt er den Befehl, seine Uniform wieder auszuziehen, und ein anderer Junge wurde zum Tagesdiensthabenden bestimmt. Vielleicht bestand der Befehl nur aus einem vorwurfsvoll-gutmütigen »Menschenskind!«? Was war geschehen? Er hatte es geduldet, daß zwei Jungen aus dem Fenster auf das direkt darunter liegende Verandadach gestiegen waren und sich dort gesonnt hatten, ohne irgendwelche Ruhe und Ordnung zu stören. Diese disziplinarische und pädagogisch abschreckende Strafmaßnahme der »Postenenthebung« machte auf den angeblich Pflichtvergessenen aber nicht den von ihrer Führung erwarteten entehrenden Eindruck, er war nur vorübergehend ärgerlich über dieses in seinen Augen rigorose ungerechtfertigte Vorgehen. Der Lagerleiter Schaefer hat ihm »letzten Endes« (der KLV) am 3.7.43 schriftlich seine Disziplin klar als gut »bezeugt«.

Eine drastischere Disziplinarmaßnahme erlebten sie alle mit, als mehrere Jungen einer älteren Klasse, also einer anderen Lagermannschaft, nach Hause geschickt wurden, weil sie etwas in einem polnischen Laden gestohlen hatten. Noch nachts wurden alle Lagerinsassen der Stadt auf einer Wiese hinter einem Heim oder Wintersporthotel versammelt. Alle traten in Pimpfenuniform lagerweise und noch verschlafen im großen Karree an. Dort wurde ihnen eine Degradierung mit demonstrativem Abreißen der Schulterstücke vorgeführt, die von Zivilisten immer, wie ihnen geringschätzig erklärt wurde, als Achselklappen bezeichnet wurden; Epauletten waren militärsprachlich überholt.

Übrigens waren zwei oder drei Jungen bereits während der Bahnfahrt nach Krynica auf halbem Weg zurückgeschickt worden, weil sie eigenmächtig auf einem kleinen Bahnhof ausgestiegen waren, um sich an der frischen Luft die Beine zu vertreten. Ja, Zucht und Ordnung mußten herrschen! Für die Zehnjährigen war diese Maßnahme zwar interessant, aber nicht besonders beeindruckend, weil sie als jüngste Teilnehmer, als »die Kleinen«, ganz gehorsam und fügsam waren.

So empfand er es auch nicht als Zwang, für ein halbes Jahr mit in ein KLV-Lager fahren zu müssen, war er doch mit allen Jungen seiner Klasse zusammen. Und die Mädchen, in seiner Wusterhausener Klasse waren es ungefähr zwölf, waren in einem anderen Heim zusammen mit Mädchen einer anderen Klasse untergebracht, ohne daß sie sich mal mit ihnen getroffen hätten. Andere Mädchen sahen sie höchstens auf der Straße in Dreierkolonne marschieren genauso wie die Jungen es taten. Der Lagermannschaftsführer forderte sie zu zackiger Haltung auf, um wahrscheinlich nach der getuschelten Meinung der Jungen vor der Lagermannschaftsführerin anzugeben; ob er sie näher kannte, wußten sie aber nicht.

Das in diesem Kapitel geschilderte gemeinschaftliche Lagerleben erleichterte natürlich die Eingewöhnung des »Neuen« in die Klassengemeinschaft, die er vor und auch nach diesem halben Jahr nur während der Schulstunden, eigentlich nur während der Schulpausen, erlebte. So gewöhnte er sich Spitznamen an wie z.B. Gnitze, also winzige Mücke, für den Kleinsten ihrer Klasse. In dieser Zeit hielt er sein Gesicht trotz seiner auffällig hohen Stirn für ein Allerweltsgesicht, das nichts Einzigartiges hatte, nichts, was es aus der Masse der gleichaltrigen Jungen heraushob. Bei anderen Jungen bemerkte er die auffälligen Besonderheiten: eine große Nase, große Augen, vorstehende Zähne, zurückgebildetes Kinn, abstehende Ohren, breite Backenknochen und Ähnliches. Einer, den er auf dem oben erwähnten Gruppenbild genau erkennt, hatte abstehende Ohren, vorstehende Zähne, eine meckerige Stimme und war mager und schmächtig; deshalb wurde er oft gehänselt. Bei sich selbst wollte er derartige Besonderheiten und Merkmale nicht wahrhaben. Im Spiegel erschien ihm ein unauffälliges, gleichmäßiges Gesicht, weil er sich nicht objektiv betrachten konnte.

Für ihn waren die Beskiden eine ungewohnte Landschaft, bergig wie im Harz, den er erst im November 1945 auf seiner Flucht in den Westen sah, und mit viel Schnee. Darin lag der Kurort mit Pensionen, Sanatorien, mit einem neuen Kurhaus und sämtlichen Sporteinrichtungen, besonders für Wintersport, also Eisstadion, Bobbahn, Schisprungschanze, mit vielen Wanderwegen, einer Zahnradbahn auf den Parkberg, mit viel Schnee, das wiederholt er absichtlich, mit richtigem Winter, dann Frühling mit seinen Besonderheiten in einem Mittelgebirge. Bei der Bergstation des Parkbergs stand ein Kinderklettergerüst aus Stahlrohren, wie er es noch nie gesehen hatte. Er kletterte mit anderen Jungen hinauf, oben rutschte er aber mit seinen feuchten Schuhsohlen auf der Stange aus und fiel kopfüber in den tiefen Schnee. Sekundenlang blieb ihm die Luft weg, und er hatte Schmerzen in der Brust, bis er wieder richtig atmen konnte. Während des Winters gingen sie einmal auch in das Eisstadion. Er lieh sich bei einem anderen Jungen Schlittschuhe, die er an sein einziges Paar hohe Schnürschuhe anschnallte, kippte aber schon beim Stehen und Gehen mit den Knöcheln um und gab es bald auf. Es löste sich sogar ein Absatz, so daß er am nächsten Tag im Hause warten mußte, bis der Schuh bei einem Schuster repariert war.

Hinter dem von ihnen zuerst bewohnten Holzhaus waren sie mit den Schuhen einmal auf dem mit einer dünnen Eisschicht bedeckten Schnee eine Böschung hinuntergerutscht, was ihm viel Spaß gemacht hatte, weil er diese Schlitterei als einer der ersten versucht hatte. Das Vergnügen hatte aber nur kurz gedauert, weil sie bald durch die Kruste in den tiefen Schnee eingebrochen und kopfüber zum Gaudium der schadenfrohen Zuschauer hinuntergekullert waren. Eines Tages liefen und rutschten sie die Bobbahn hinunter, weil sie keine Schlitten besaßen und keinen Schlitten ausleihen konnten. Als er unten am Ende der Bobbahn als einer der ersten noch gedankenverloren und träumend dastand, fuhr ihm ein Schlitten seitlich gegen die Beine, und er lag auf den beiden Fahrern und wurde das letzte Stück mitgenommen, ohne daß ihm ein Schaden zugefügt worden wäre. Natürlich gab es viel Gelächter bei seinen Mitschülern, die später immer wieder davon erzählten. Aus dieser Zeit ist ihm eine bestimmte Art von Schneegeruch in Erinnerung geblieben, der ihm noch heute unweigerlich ein Bild von Krynica im Schnee vor Augen bringt.

Mitten im lang sich hinstreckenden und auf Seitentäler verteilten Ort stand ein großes modernes Kurhaus mit überdachten Wandelgängen und Läden im Erdgeschoß. Dort kaufte er ein Katzenbuch für seinen Bruder Karl-Heinz und schickte es ihm zum Osterfest, dieses Geschenk besaß er noch lange. Im Mai durfte er sich zu seinem Geburtstag vom Lagerleiter ein Buch wünschen. Er erhielt ein »Soldatenbuch« über den Frankreichfeldzug. Darin interessierten ihn besonders die Bilder über Panzer, die zur wichtigsten Waffengattung im Blitzkrieg gehörten.

Wenn sie gemeinsam durch die Stadt gingen, geschah das meistens in militärischer Marschformation, angeführt vom Lagermannschaftsführer und »ein Lied auf den Lippen«, wie er als Bildunterschrift in dem Buch lesen konnte. Zur polnischen Bevölkerung hatten sie keinen Kontakt, kaum kamen sie mit »ihren« Nonnen in Berührung, die sie verpflegten und betreuten, ihnen die Knöpfe annähten, Strümpfe stopften und das Haus in Ordnung hielten. Mit der ganzen Lagermannschaft waren sie nachmittags nach den gemeinsamen und beaufsichtigten Schularbeiten meistens irgendwo draußen, wanderten einen Talweg aufwärts, mal in östlicher, mal in südlicher Richtung. Waldesstille, Fichten- und Wiesengeruch, Bachplätschern im Sonnenlicht: das sind für ihn neue Eindrücke gewesen, die sich erst wiederholten, als er mit einer anderen Klasse aus Hamburg einige Jahre später im Harz unterwegs war, wo die anderen Jungen sich über seinen von ihnen so genannten preußischen Eilschritt lustig machten. Seinen weit ausholenden Schritt hatte schon früher in Märkisch-Rietz sein Onkel Walter auf einem Foto festgehalten.

Bei einer längeren Wanderung, noch im Winter, konnten sie von einem Berggipfel aus die felsigen, zackigen, schneebedeckten Berge der Hohen Tatra am westlichen Horizont erkennen. Vor ihrem »Haus Sonne« rauschte ein großer mit Steinen eingefaßter Bach vorbei. Sie mußten immer, wenn sie aus dem Haus traten, über eine Holzbrücke marschieren und taten das gern im Gleichschritt, obwohl es verboten wurde, weil dann die Brücke so »schön« schwankte. Es wurde ihnen erklärt, die Brücke könnte durch gleichmäßige Schwingungen zusammenbrechen. Unterhalb des Parkbergs in der Nähe von Tennisplätzen verschwand ein Bach in einen Tunnel. Mehrere Jungen entdeckten ihn und durchwanderten die annähernd hundert Meter breitbeinig mit kurzen Schritten und eingezogenen Köpfen. Dunkelheit, Feuchtigkeit und ihr dumpf widerhallendes unterirdisches Gegröle hinterließen bei dem Einzelgänger aus einem märkischen Dorf den bleibenden Eindruck eines gemeinsam erlebten großen Abenteuers.

Einmal fuhr seine Klasse auf mehreren polnischen Pferdefuhrwerken in östlicher Richtung und machte dann Rast in einem kleinen Ausflugslokal, einer Berghütte aus Holz, wo die mitgebrachten Stullen, die belegten Brotscheiben, verzehrt wurden. Mit dem Pferdefuhrwerk gefahren werden, das war ihm nicht unbekannt, das hatte er immer erlebt, wenn er bei seinem Onkel in Lebus zu Besuch war, was im Einzelnen noch zu erzählen sein wird. Bei einem anderen nachmittäglichen Ausflug kehrten sie in einem Café ein, das ihm in Erinnerung blieb, weil Spiegel an zwei Wänden gegenüber hingen, so daß jeder sich mehrmals hintereinander betrachten konnte.

In dem großen Sanatorium »Löwenburg« wurden alle deutschen Schüler mehrmals geimpft, sowohl in den Oberarm als auch später in den Oberschenkel. Alle mußten sich in dem vornehmen Foyer in einer Reihe mit bloßem Oberkörper aufstellen. Da die Impfung schmerzhaft war, blieb ihm seitdem eine Abneigung gegen Spritzen erhalten. Am 17.6.33 war er mit einem Messer zum ersten Mal gegen Pocken geimpft worden, »mit Erfolg« laut rotem Impfschein. Als eine Impfung, wohl gegen Typhus, besonders weh tat und er den Arm nur schwer bewegen konnte, nahm er sein schwarzes Uniform-Dreieckshalstuch und machte daraus eine Schlinge, in die er den angeschwollenen Arm legte, der nun entlastet war, weil der Hals ihn mittrug. Dabei kam er sich sehr wichtig vor, weil er sich mit einem verwundeten Soldaten verglich, dem man voller Ehrfurcht begegnet. So hatten sie mal bei den Nachmittagsausflügen einen Landser getroffen, der sich sonnte und von einer Verwundung erholte und sie fragte, woher sie kämen und was sie hier machten.

Mindestens einen Film sahen sie in dem Stadtkino. Er schilderte den Bauernkrieg in der Schweiz, die Auflehnung gegen die militärische Macht des Landesherrn. Als ein Trupp schwer bewaffneter und gepanzerter Reiter durch eine bewaldete Schlucht reitet, fallen plötzlich vor und hinter den Soldaten viele hohe Fichten über den Weg, so daß die Eingeschlossenen mit ihren Pferden nicht vorwärts und nicht rückwärts entfliehen können. Ein Reiter versucht, zu Fuß über den einen steilen Berghang zu entkommen, wird aber von den Freischärlern totgeschossen oder mit einer Axt erschlagen. Dann schießen die Bauern mit ihren Gewehren auch die übrigen Reiter ab oder erschlagen sie mit ihren Äxten. Die Sympathie der Zuschauer war eindeutig auf der Seite der Bauern, die sicherlich als Patrioten, als Freiheitskämpfer und Vaterlandsverteidiger bezeichnet wurden, so jedenfalls war der Film angelegt. Das wichtigste – prima, dufte und knorke, ein von Claire Waldoff geprägter Ausdruck – war für die Jungen, daß der Film nicht jugendfrei war, weil einer der feindlichen Eindringlinge ein Bauernmädchen gewaltsam anfaßte und mit ihr in einer Holzhütte am Berghang verschwand. Sie konnte aber von ihrem Vater mit einer Axt befreit werden, die er dem Untäter auf den Kopf hieb, worüber sich alle freuten. So glaubt er sich zu erinnern, doch sind möglicherweise die Erinnerungslücken später mit Wunschphantasien aufgefüllt worden.

In dem Theater mit mehreren Zuschauerrängen fand einmal eine Kameradschaftsveranstaltung, ein »Bunter Nachmittag«, statt, der durch Plakate für alle Deutschen angekündigt worden war. Dafür hatten auch die Jungen geprobt, und zwar einen Volkstanz mit verteilten Rollen, vom Drehen wurde dem Erzähler gleich ganz schwindlig; von den Folgen einer Storkower Karussellfahrt wurde bereits berichtet. Er mußte ein Mädchen darstellen, verkörpern konnte er es natürlich nicht. Es waren zwar auch Mädchen ihrer Jungenoberschule und anderer Schulen aus der Berliner Gegend nach Krynica gefahren, die Klassen und Lager für sich bildeten, aber sie waren in der Minderzahl. Erst während der Vorstellung und kurz vor ihrem Auftritt lieh ihm ein Jungmädel ihre weiße Uniformbluse, die wegen ihres vorangegangenen eigenen Auftritts unter den Armen trotz Achselblättern durchgeschwitzt war, so daß ihm der Geruch und die Feuchtigkeit unangenehm auffielen.

Für Erwachsene muß ihre Darbietung albern ausgesehen haben, und alle haben sich wahrscheinlich auf Kosten der Jungen amüsiert. Im Zuschauerraum saßen nicht nur die deutschen Schulklassen mit ihren Lehrern, sondern auch verwundete Soldaten und Genesungsurlauber wie der Verwundete, der sich mit ihnen an einem Nachmittag in der Nachbarschaft ihres Heims unterhalten hatte, der Lehrer war und auch aus der Berliner Gegend stammte oder dort zu Hause war. Der kleine Dorfjunge stand dabei zum ersten Mal auf einer Bühne. Nach ihrem Auftritt gingen die Jungen unter Beifall und erlöst von der Bühne hintenrum hoch auf einen Rang und sahen den übrigen Nummern der Vorstellung zu. Natürlich wurden Marsch- und Volkslieder gesungen, und ein kleines Orchester wird auch gespielt haben.

Er bekam zwar nicht viel Taschengeld. Doch hat er es später bereut, nicht die damals gültigen schönen Bautenbriefmarken des Generalgouvernements gekauft zu haben. In dieser Zeit hatte er noch keinen Sinn für das Sammeln allgemein, das normalerweise erst mit der Pubertätszeit beginnt. Was das Briefmarkensammeln angeht war ihm sein sechs Jahre jüngerer Bruder voraus, der sich aus dem in dem Lattenschuppen, der früher zum Unterstellen der Fahrräder der Dahmsdorfer Schulkinder diente, von der Schuljugend gesammelten Altpapier die Briefmarken heraussuchte und sie mit Spucke in ein altes Schulheft klebte, ohne Rücksicht darauf, daß diese ungewöhnliche Art der Befestigung nicht lange hielt.

Ein besonders aufregendes Ereignis war für alle der Besuch einer Sauna, ein- oder zweimal. Der beklemmende heiße Wasserdampf machte das Atmen schwer und spannte die Kopfhaut. Das klopfende Herz wunderte sich sicherlich über diese ungewohnte Strapaze und belastende Behandlung, während sie mit lautem Gequassel auf den ansteigenden Gitterrostreihen wie gerupfte Hühner auf der Stange saßen. So ein ähnliches Holzgestell gab es zu Hause in dem Hühnerstall. Draußen an der frostigen Luft fühlten sie sich erfrischt, gleichzeitig aber wohlig müde und sehnsüchtig nach dem Bett, um auszuruhen und schlafen zu können. Es wurde auch Mittagsruhe angeordnet.

Wegen der Nähe zu Krynica und zu Auschwitz hielt er später folgendes für erwähnenswert: Ein Regierungsbaurat beim Baubevollmächtigten

Kattowitz (Abteilung Bauwirtschaft), der von Oktober 42 bis Juli 44 in Oberschlesien Baugenehmigungen erteilte und der im August 44 aus dem Führer-Hauptquartier seine Beförderungsurkunde IM NAMEN DES DEUTSCHEN VOLKES (Format: 25,5x35cm) zum Oberregierungsbaurat, von Adolf Hitler unterschrieben, erhielt, wurde nach zwanzig Jahren sein Schwiegervater.

Während des halben Krynica-Jahres wurde sein Vater Soldat, so daß der heimkehrende Sohn veränderte Familienverhältnisse vorfand und spürte, daß die frühere Zeit unwiederbringlich verschwunden war. Erst nach mehr als fünf Jahren lebte er wieder im vollen Familienkreis, aber in Hamburg.

Wie schicksalhaft und lebensbedeutsam seine Abreise im Januar 1943 war, war ihm damals gewiß nicht bewußt. Seine Mutter, die ihn bis zum Berliner Bahnhof Zoo begleitet hatte, wird sich aber Gedanken gemacht haben, ob er in diesen unsicheren Kriegszeiten gesund heimkehren würde. Sie hatte auf irgendeine Weise, wahrscheinlich durch Beziehungen zu Bekannten in Storkow, davon erfahren, daß in Polen Partisanen den Deutschen das Leben schwer machten. Er konnte sie aber, wenn auch erst nach seiner Rückkehr, mit der Versicherung beruhigen, daß in der Umgebung von Krynica keine Partisanen gewesen waren, höchstens weit nördlich davon, wie gemunkelt wurde. Außerdem hätten sie bestimmt, so glaubten sie jedenfalls, keinen Eisenbahnzug überfallen, in dem sich lediglich Kinder befanden, allerdings angeblich die Zukunft des Großdeutschen Reiches darstellend.

Dazu gehörte auch Peter.

Der Freund

Ein treuer Freund ist ein starker Schutz; wer den hat, der hat einen großen Schatz.

Buch Jesus Sirach 6, 14 (Büchmann, S. 26)

Einen wahren Freund halte ich für eine Himmelsgabe. Nach meiner Ansicht gibt es ohne Freundschaft kein Glück.

(Friedrich der Große)

In vielerlei Hinsicht handelt es sich hier um ein besonderes Kapitel. Der Chronist hat sich eingebildet, nie einen Freund besessen zu haben. Für die Zeit vor dem Oberschulbesuch trifft das auch hundertprozentig zu. Ab 1943 war er aber mit Peter Wildgrube befreundet, mit dem er vom Bahnhof Scharmützelsee aus zur Schule nach Königs Wusterhausen fuhr. Er wohnte in Behrensdorf, vor Ahrensdorf, etwa drei Kilometer entfernt in Richtung Süden, und er benutzte für diese Strecke ein Fahrrad, er war ein muskulöser Junge und im Turnunterricht, nämlich beim Laufen, Springen und vor allem im Geräteturnen der Erste der Klasse. Die Übungen am Reck, zum Beispiel Felgumschwung und Knieaufschwung, mit denen die Schüler im Alter von elf/zwölf Jahren begannen, hat der Biograph nie richtig gelernt und beherrscht; sie waren noch Gegenstand seines Sportabiturs in Hamburg.

Peter dagegen schaffte damals schon mit Hilfestellung des Turnlehrers die Riesenwelle am Reck und war in dieser Disziplin ungeschlagen. Der kleine Jahn hatte keinen Ehrgeiz, besondere turnerische oder leichtathletische Leistungen zu vollbringen. Seine körperliche Überlegenheit ließ Peter natürlich spüren, und dazu war auf der 50-minütigen Bahnfahrt, jedenfalls üblicherweise auf der Rückfahrt, genügend Gelegenheit.

Eine seiner Mutproben bestand darin, während der Fahrt auf dem Trittbrett an mehreren Abteilen vorbeizugehen und wieder zurückzukommen, und das bei 80 Stundenkilometern Höchstgeschwindigkeit des Personenzuges auf der längsten geraden Strecke am Segelflugplatz Friedersdorf. Mehrmals drückte er ihn gegen die Rückwand der Sitzbank, wobei er sich mit den Füßen gegen die andere Holzbank stemmte. Der Unterlegene rief dann immer: »Au-au!«, obwohl ihm kein ernstlicher Schaden zugefügt wurde. Wenn im Nebenabteil Leute saßen, schimpften sie natürlich über das Geschrei. Oder er erdrückte ihn mit seinem Gewicht, indem er sich auf ihn legte oder setzte. Wenn er in voller Länge auf ihm lag, während der Schwächere auf dem Bauch auf der harten Holzbank lag, drückte er noch besonders nach und betonte, daß er der Hengst sei, der auf der Stute reite.

Diese jungenhaften Quälereien nutzten die Schwäche des Mitfahrers aus, für den Widerstand nutzlos war, weil das Sich-Wehren nur zu härteren Angriffen geführt hätte. Trotzdem blieb er während der ganzen Fahrt immer mit Peter zusammen in demselben Abteil im letzten Wagen des Zuges. Er hätte sicherlich auch in ein Abteil in der Zugmitte einsteigen können, wo er unter Erwachsenen gegen die Angriffe seines Freundes geschützt gewesen wäre. Aber Feigling, Memme oder Waschlappen wollte er sich nicht nachsagen lassen. Außerdem fürchtete er Gewalttätigkeiten nach der Bahnfahrt, vor denen niemand ihn hätte schützen können. Er fand sich mit dieser Situation ab, empfand es wohl nicht als erniedrigend, es war für ihn halb so schlimm, deshalb hat er niemandem davon erzählt. Er lud Peter auch zu dem Geburtstag ein, an dem sie mit den zwei anderen Schulfreunden im Paddelboot losfuhren. Auch bei ihm war er an einem Sonntag zum Geburtstag eingeladen. Das auf dem großen landwirtschaftlichen Anwesen stehende Windrad war schon von weitem zu sehen. In einem saalartigen Zimmer des Gutshauses aß er zum ersten und letzten Mal eine gebratene oder gekochte Taube. Dieses Gutshaus diente ihm später als Vor-Bild, als er die Romane von Tolstoi und Dostojewski las. An diesem Tag besichtigten sie die Kuh- und Schweineställe.

Als er ein anderes Mal mit dem Fahrrad hingefahren war, schlich der Hofhund um ihn herum, ohne zu bellen, und packte plötzlich sein linkes Bein und drückte dabei einen Zahn in seinen Unterschenkel. Es tat sehr weh, blutete aber kaum, wie er leider feststellen mußte. Die rundliche Narbe ist seitdem geblieben als Erinnerung an den hinterhältigen Hund. Der Verletzte war ärgerlich, daß Peter und dessen Mutter auf seine weinerliche Beschwerde kaum reagierten und den Hund nicht züchtigten, wie er es erwartet hatte.

Peters Vater hat er nie erlebt, wahrscheinlich war er als Gutsbesitzer Wehrmachtsoffizier, sondern nur seine Mutter, eine schwarzhaarige, dunkelhäutige, spanisch aussehende Frau. Dementsprechend waren auch Peter, sein zwei Jahre älterer Bruder und seine jüngere Schwester dunkle Typen, das genaue Gegenteil von den nationalsozialistischen rassekundegemäßen idealen Vorstellungen über einen nordischen Menschen, einen blonden und blauäugigen Germanen. Wie die Mutter des Erzählers wiederholt belustigt sich erinnerte, redeten zwei Frauen miteinander, als sie die beiden Jungen miteinander sahen: »Wen magst du lieber?« – »Ich den Schwarzhaarigen.« – »Nein, ich den Blonden.« Er beneidete ihn nur um die athletischen Arme und ungewöhnlichen Kräfte.
Wegen der weiten Entfernung zwischen dem Schulwohnhaus in Märkisch-Rietz und der Schule in Königs Wusterhausen sahen sie sich außerhalb der Bahnfahrten und der Schulzeit sehr selten, und damit war er zufrieden. Von einer Freundschaft im üblichen Sinn, von einer Freundschaft »durch dick und dünn«, konnte also nicht gesprochen werden. Wenn andere Jungen mit ihren Freunden »angaben«, tröstete er sich damit, solche Beziehungen als oberflächlich anzusehen. Diese Einstellung blieb nicht auf seine Jugendzeit beschränkt und wurde in seinen Augen u.a. beim Lesen von der »Speer«-Psychoanalyse von Gitta Sereny bestätigt, die über das Werden und Vergehen vieler Freundschaften berichtet. Nur damit die Erwachsenen zufrieden waren und er seine Ruhe vor ihnen hatte, antwortete er auf die wiederholte Frage. »Hast du einen Freund?« mit »Ja« und nannte Peter.

So blieb er ein Einzelgänger, war »still und bescheiden«, wie ein Zeugnis attestierte, und hielt fast alle anderen Jungen für Angeber. Schlagfertig war er zwar nicht, auf den Kopf gefallen war er aber auch nicht, er war weder pampig noch patzig. Als er 12 Jahre alt war, war sein nächster Bruder sechs Jahre und sein zweiter Bruder drei Jahre alt, so daß er wegen des großen Altersunterschieds wenig mit ihnen spielte, aber andererseits mußte er seiner Mutter viel helfen, was er ohne Widerwillen tat, war er in dieser Zeit doch noch nicht im Trotzalter, er war auch nicht zur Aufsässigkeit veranlagt, er war nicht kiebig und machte keine Menkenke. Eher hatte er die Einstellung, aus jeder Situation das Beste zu machen und jeder schwierigen und nachteiligen Tätigkeit etwas Gutes abzugewinnen. Aus dieser Zeit stammt die Vorliebe, das zeitweilige Stubenhocken, wie die Erwachsenen und die »richtigen« Jungen das Lesen und Lernen nannten, durch Bewegung und Tätigkeiten im Garten, nämlich Gießen, (»Wässern«), Umgraben, Obst- und Gemüse-Ernten, an der sogenannten frischen Luft wohltuend auszugleichen.

Im letzten Kriegsjahr, also im Frühjahr 45, fuhr er nicht mehr zur Schule und sah Peter nicht mehr. Erst in Lübeck las er in einem Brief von Peters Mutter, daß Peter am 8.5.1947 beim Fischen mit einem Handgranatensprengsatz ums Leben kam. Als er der Mutter schriftlich seine Anteilnahme aussprach, erhielt er eine Antwort, in der sie ihm die näheren Umstände seines Todes mitteilte. Aus Pietätsgründen erspart er sich Einzelheiten aus dem Brief, den er in seinem kleinen Archiv aufbewahrt hat. Im August 1982 wurde ihm Peters Grab in Wendisch Rietz gezeigt. Es war am Ende einer Rundfahrt, seiner zweiten nach 40 Jahren, um den Scharmützelsee, und der Besuch des Friedhofs war nicht geplant gewesen. Er wollte nur Grabsteinnamen lesen, um sich in seine Kindheit zurückzuversetzen. So stand er unvorbereitet vor dem schlichten Grab seines Schulfreundes, das die Überreste eines 15-jährigen Jungen enthielt, den er vor 38 Jahren zuletzt gesehen hatte. Er fühlte seine leeren Hände, spürte, daß sie nach Blumen greifen wollten, um sie vor dem Holzkreuz abzulegen als vergängliches Zeichen seines Hierseins und

Gedenkens. Es blieb für ihn nur übrig, mit gefalteten Händen gedankenvoll und still eine Minute im tiefen märkischen Sand stehen zu bleiben.

Später, ab dem Jahre 1948, als er in Hamburg-Blankenese – im wahrsten Sinn des Wortes – zur Schule ging, wurde er ständig an Peter Wildgrube erinnert, weil der Klassenfreund Peter L. ein ähnlicher schwarzer Typ mit spanischen Vorfahren war. Bei diesem neuen Freundschaftsverhältnis gab es natürlich keine körperlichen Quälereien. Dazu waren sie zu alt und zu vernünftig. Der Zufall wollte es, daß mit einem dritten Peter ein persönlicher und brieflicher Kontakt geblieben ist, einem Altersgenossen von derselben Schule, allerdings von schmalem und großen nordischen Menschenschlag, während er meint, selbst aus wendischem und hugenottischem Ursprung gemischt zu sein. Scholz schreibt im 2. Wanderungsband (S. 75) zu diesem Thema:

> *Die Märker sind eine Koloniallandmischung mehrerer deutscher Stämme mit vielfach vorgemischten Bewohnern aus der Zeit vor der Eindeutschung. Sind eine gesamtdeutsche Mischung. Und mit späteren Zumischungen aus Frankreich, Böhmen, Sachsen, Polen usw. Eine überaus komplizierte Mixtur.*

Ein anderes Mischmasch, allerdings im Rheinland, malt General Harras in Zuckmayers »Des Teufels General« wortreich aus. Hierzu paßt auch ein längeres Zitat aus Fontanes Aufsatz »Die Märker und die Berliner«, S. 544 in: Fünf Schlösser, (weitere Urteile finden sich in den Briefen, aus denen im SEE-Kapitel zitiert wurde):

> *Die Märker sind gesunden Geistes und unbestechlichen Gefühls, nüchtern, charaktervoll und anstellig, anstellig auch in Kunst, Wissenschaft und Religion, aber sie sind ohne rechte Begeisterungsfähigkeit und vor allem ohne rechte Liebenswürdigkeit… Die Märker haben viel Pflichtgefühl und verstehen zu gehorchen und zu befehlen, und das ist besser als der »Mut ohne Ende«. Das Pflichtgefühl der Märker, ihr Lern-*

trieb, ihr Ordnungssinn, ihre Sparsamkeit, – das ist ihr Bestes. Und das sind die Eigenschaften, wodurch sie's zu was gebracht haben. Im übrigen sind sie neidisch, schabernackisch und engherzig und haben in hervorragender Weise den ridikülen Zug, alles, was sie besitzen oder leisten, für etwas ganz Ungeheures anzusehen. Eine Folge früherer Ärmlichkeit, wo das Kleinste für wertvoll galt.

Diese Charakterisierung kann der Erzähler in seinem Rückblick aus eigener Erfahrung bestätigen. Das zuletzt angeprangerte Phänomen fiel ihm sogar als eine besondere Eigenart der Lübecker Schwester seiner Mutter auf. (Am 4.8.41 schrieb sie auf einer Ansichtskarte aus Märkisch-Rietz: »Eitel Freude über alles Mitgebrachte.« Darunter wird sicher Marzipan von Niederegger gewesen sein.) Ein unvergeßliches Ei-Erlebnis hat Fontane wunderbar als Ballade verdichtet (1897).

Friedrich der Große schreibt in seinem Politischen Testament von 1768 (Weißbuch S. 55, München: dtv 1986):

Die Märker haben weniger Verstand. Sie sind verschwenderisch und leichtfertig, es gibt darunter wenige, die man mit Vorteil verwenden kann. Das Volk ist in seinen Meinungen eigensinnig und ein geschworener Feind von Neuheiten. Es lehnt sogar die Fremden ab, aber es ist nicht schlecht.

Dieses negative königliche Urteil läßt sich wohl nur aus den überholten Verhältnissen des 18. Jahrhunderts verstehen. Bis ins 20./21. Jahrhundert ist aber die Abneigung gegen Neuheiten und Fremde erhalten geblieben. Die Erinnerung an Peter Wildgrube hat sich lebendig erhalten, gerade weil dieser anders war als er. Es war immer die Art des Verfassers, zu anderen Menschen aufzublicken aus einer Stellung, die man »mit dem Rücken an der Wand« bezeichnen kann. So wurde er auch im übrigen Sinn mehr ein Beobachter aus gesicherter Grundstellung, mehr auf Abwehr, auf Beobachtung als auf Vorwärtsdrängen und Angriff bedacht.

Wenn es nicht zu vermeiden war, hat er notgedrungen »mitgemacht«. Auf dieser Linie liegt auch das Sprichwort »Reden ist Silber, Schweigen ist Gold«. Lieber ließ er die Leute reden und zog daraus seine Schlüsse, um dann entsprechend zu reagieren. Zu dieser Haltung ist er also mitverursachend durch das freundschaftsähnliche Verhältnis zu Peter Wildgrube geprägt worden, der ihm immer als Bild, nicht als Vorbild, für jugendliche Kraft, aber auch für Leiden zufügende Angriffslust vor Augen bleibt. Eine gewisse, wenn auch schwache Parallele besteht zu »Törleß« in dem gleichnamigen Roman von Robert Musil, der die Leiden der Juden und anderer unterdrückter Menschen in den TAUSEND Jahren, die nur ZWÖLF Jahre dauerten, vorwegnimmt. Verfehlt und sehr übertrieben würde es aber sein, den nun folgenden DIENST als Leidenszeit zu bezeichnen.

Jungvolkdienst

Flink wie Windhunde, zäh wie Leder und hart wie Kruppstahl.
Hitler: Mein Kampf S. 392

Es liegt im Wesen einer Organisation, daß sie nur bestehen kann, wenn einer höchsten geistigen Führung eine breite, mehr gefühlmäßig eingestellte Masse dient.
a.a.O. S. 509

Diese Überschrift müßte in Anführungszeichen stehen. Gänsefüßchen sagten die Schüler, er denkt später, selbst sie müßten in Anführungszeichen stehen, weil sie zwar ein eingebürgertes, bildnishaftes Wort für Satzzeichen darstellen. Die Anführungsstriche für den Begriff das JUNGVOLK sollten Abstand schaffen, ihn als besondere Sprachschöpfung vorübergehender Art kennzeichnen. Andernfalls könnte der Anschein der Vertrautheit erweckt werden, die im Laufe der Nachkriegsjahre ihre aktuelle Bedeutung nach und nach einbüßte.

Da die Überschrift ohne Anführungsstriche geschrieben wurde, könnte der heutige Leser denken, es handle sich um einen positiven, altgewohnten, einen zu bejahenden, nicht außergewöhnlichen Begriff, mit dem sich immer noch auf vertrautem Fuße leben lasse. Das Jungvolk ist zwar als uniformierte Jugendorganisation aus der Zeit des Dritten Reiches nicht wegzudenken, hat aber keine aktuell-vertraute Ausstrahlungstendenz über diese Zeit hinaus. Trotzdem unterläßt der Biograph die Gänsefüßchen und verwendet sie möglichst nur für wörtliche Zitate, soweit diese nicht durch Einrücken hervorgehoben sind. Andernfalls würde es in seinem Bericht aus der Zeit der TAUSEND, in Wahrheit nur ZWÖLF Jahre wegen der Vielzahl der neuen Wortverbindungen von Gänsefüßchen nur so wimmeln. Klemperer hat in sein Tagebuch am 24.11.1936 geschrieben, daß der systematische Gebrauch der Anführungsstriche als Mittel der Verächtlichung diente. In seiner »Sprache des dritten Reichs« (LTI S. 96) nennt er die Anführungszeichen ironische. Und das war in Deutschland auch später üblich, als man zum Beispiel die drei Buchstaben DDR in Anführungsstriche setzte.

Als der Chronist zehn Jahre alt war, gehörte er als Sohn des Dorfschullehrers und PGs der NSDAP selbstverständlich zur Hitlerjugend, war also Pimpf im Deutschen Jungvolk (DJ). Die Hitlerjugend war die einzige NS-Organisation, die Hitlers Namen trug. Niemand sagte den Jungen, daß Pimpf eigentlich kleiner Furz bedeutete. Deutsche Jugend, in der die Zehn- bis Vierzehnjährigen organisiert waren, hörte sich in der Abkürzung wie Deejott an genauso wie das stöhnende O-Jott-o-Jott-o-Jott in der dort üblichen Berliner Mundart. Die drei Buchstaben der Abkürzung Be-De-Em vom Bund Deutscher Mädel verlängerten die Jungen gern zu den Wörtern »Bubi drück mich«.

Als Pimpf mußte er an dem wöchentlich einmal nachmittags stattfindenden DIENST teilnehmen, er gehörte also zu der dienenden Jugend. Es gab damals ein Plakat mit dem Spruch »Jugend dient dem Führer«. Im Jahr 1946 las er »Ich dien« auf dem Emblem der Baretts einer Einheit der britischen Besatzungstruppen in Lübeck, das war die Devise auf dem Badge, dem Abzeichen der Prinzen von Wales. Ihm fiel nicht auf, daß das Wort Dienst auch in dem Wort Gottesdienst steckte, genausowenig wie er es merkte, daß irgendein Herr Schmidt denselben Namen wie sein Onkel in Lübeck trug. Das gleiche gilt von der Bahnstation Müllrose auf der Fahrt nach Frankfurt und Lebus: keiner dachte an Müll und eine Rose. Es gab, wenigstens für ihn, unbewußt eine Barriere, jeweils beide Wörter in Gedanken miteinander zu verbinden.

Der Dienst bestand zum Teil in Marschübungen, Exerzieren wie bei den Soldaten auf dem Kasernenhof. Die Anfänge wurden den Kindern allerdings schon im Schulunterricht als »Ordnungs- und Marschübungen« beigebracht, und zwar an vielen Montagen in der letzten Stunde, und außer »heimatkundlichen Wanderungen« gab es »Geländemärsche«.

> *Stillgestann – richt euch – Augen gee-ra-dee aus – rührt euch!* (linkes Bein mit nach vorn geknicktem Knie) --- *Stillgestann – rä-chts uhm – im Gleichschritt marrsch! – Ein Lied!*

Sie waren angetreten, standen in Reih und Glied wie die Soldaten mit den Händen an der rechten und linken Hosennaht stramm, und er lernte, was es im übertragenen Sinn heißt: Jemanden auf Vordermann zu bringen. Sie wurden dabei angebrüllt wie die Rekruten auf dem Kasernenhof und auf dem Exerzierplatz; das gehörte zu einem echten Kommandoton, zum Beispiel:

> *Alles hört auf mein Kommando! – Marsch, marsch bis an den Horizont! – Hinlegen! – Auf! – Hinlegen! – Volle Deckung!*

Sie wurden zusammengestaucht und geschlaucht, man fuhr mit ihnen Schlitten, sie wurden zur Sau gemacht mit den gleichen rücksichtslosen Methoden wie beim Kommißdrill. Es hatte keinen Zweck, sich mausig zu machen oder sich zu verdrücken. Der Dienst konnte auch eine besondere Art von Versteck- und Indianerspiel sein mit militärischem Anschleichen und Robben auf allen Vieren und auf dem Bauch, und das zu einer Zeit, als die kindliche Eierpampenbegeisterung längst verschwunden war.

Als er bei einem Geländespiel zusammen mit drei oder vier anderen Pimpfen versteckt, »in Deckung« am Bahndamm in der Nähe des Schulhauses lag, flüsterte der Fähnleinführer ihm zu: »Sag' mal ganz schnell: Braunsch heißt der Mann!« Der Angesprochene faßte das als Befehl auf und verwechselte Schnelligkeit mit Lautstärke, so daß er laut rief: »Braun scheißt der Mann.« Die jungen Zuhörer waren erst mal perplex und verdutzt, dann aber war das Gelächter natürlich groß und die gegnerische Gruppe zum Glück so weit entfernt, daß sie den Ausruf und das spontane Lachen nicht hörte. Sobald das Geländespiel zu Ende war, wurde dieses besondere Ereignis mit dem wohlerzogenen Lehrersohn den anderen Pimpfen ganz frisch erzählt, so daß er noch ein zweites Mal Grund zum schadenfrohen Lachen gab. Übrigens hatte der Fähnleinführer, der Sohn des Bahnhofvorstehers mit Namen Horst Krüger, auffällig muskulöse dicke Oberschenkel, gewissermaßen in die Augen springend wegen der betont kurzen schwarzen Uniformhose, während er selbst überhaupt keine sportliche Figur hatte.

Bei Regen wurden in dem Schulraum das Leben Adolf Hitlers, geboren am 20. April 1889 in Braunau am Inn, der Vater war Zollbeamter und so weiter, eingepaukt (für einen Paukersohn war das keine Schwierigkeit), Marschlieder eingeübt oder Spiele gespielt. Beim Zeppelinfliegen mußten die Neulinge vor die Tür auf den Hausflur gehen und wurden einzeln hereingerufen. Ihm als erstem wurden die Augen verbunden, nachdem er auf den Lehrerstuhl gestiegen war, dann wurde er um seine Achse gedreht und schließlich hochgehoben und spürte einen leichten Schlag auf den Kopf, dann ließ man ihn fallen und sagte, indem man ihm die Binde von den Augen nahm: »Eben warst du mit deinem Kopf an der Zimmerdecke.« Als der nächste Junge an der Reihe war, sah er als erster, daß einer mit einer Latte voller Zahlen (»Rechenlatte« in den Unterrichtstagebüchern seines Vaters), die an der Schultafel hing, dem Delinquenten leicht auf den Kopf schlug, um das Anstoßen an der Decke vorzutäuschen. Sie lernten auch die Dienstränge des Heeres auswendig, von denen er noch folgende, sicherlich nicht vollständig, weiß: Schütze, Gefreiter, Obergefreiter, Unteroffizier, Feldwebel, Hauptfeldwebel, Leutnant, Oberleutnant, Hauptmann, Major, Generalleutnant, Generalmajor, General.

WH (=Wehrmacht Heer) war das Kennzeichen an den Kraftfahrzeugen, die er in militärisch strammer Haltung an sich vorbeifahren ließ, wie es eine Fotografie dokumentiert. Offensichtlich war es an einem Sonntag, denn er hatte einen Matrosenanzug an, das Überbleibsel der wilhelminischen Marinebegeisterung. So hatte Wilhelm II. am 23.9.1898 in Stettin und am 18.6.1901 in Hamburg hinausposaunt: *»Unsere Zukunft liegt auf dem Wasser«*, am 18.6.1897 in Köln: *»Der Dreizack gehört in unsere Faust!«* und am 15.12.1897 in Kiel: *»Reichsgewalt bedeutet Seegewalt.«* Autos mit WL (=Wehrmacht Luftwaffe) und WM (=Wehrmacht Marine) fuhren dort nicht durch.

Im Dorf waren sie nur etwa zehn Jungen in dem Alter, das zum Dienst verpflichtete. Einmal ist er nicht zum Dienst gegangen, er weiß nicht mehr, aus welchem Grund: wahrscheinlich mußte er in der Küche helfen oder auf seine Geschwister aufpassen oder Schularbeiten machen. Seine Mutter erhielt eine Mahnung oder eine anders bezeichnete schriftliche Aufforderung, ihren Sohn zum Dienst zu schicken und ihn nicht unentschuldigt fehlen zu lassen. Es war eine Verwarnung, im Wiederholungsfalle würde man den säumigen Pimpf polizeilich holen lassen. Seine Mutter erzählte ihm, sie habe das Schreiben vor den Augen des uniformierten Überbringers zerrissen. Er erinnert sich nicht, daß diese unerschrockene Tat der unerwarteten Auflehnung irgendwelche auffälligen nachteiligen Folgen für ihn gehabt hätte.

Dem Jungvolkdienst stand er dann widerwillig gegenüber, wenn sogenannte Geländespiele mit anderen Fähnlein und Jungzügen durchgeführt wurden, wie einmal am nördlichen Stadtrand von Storkow in sandigem hügeligem Kiefernwaldgelände, wo sich die größte Binnendüne Deutschlands befindet. Diese Spiele bestanden im allgemeinen darin, einen Hügel mit trigonometrischem Punkt und aufgepflanzter Fahne zu erobern, was praktisch nur durch eine Balgerei, eine Klopperei möglich war, bei der man versohlt, verhauen, vertobakt, vermöbelt wurde und eine Tracht Prügel bekommen und Senge beziehen, schlimmstenfalls sich eine Brüsche am Deetz holen konnte. Vor solchen rigorosen und schonungslosen Spielen in Uniform hatte er Angst weniger wegen der Gefahr des Verdroschenwerdens als vielmehr deswegen, weil er fürchtete, es könnte etwas von seinen Sachen verkrunschelt, zerknautscht, rungeniert, kaputtgerissen, versaut oder dreckig werden – statt dieses Wortes sollte er nach dem Willen seines Vaters »schmutzig« sagen – wenn sie sich im Sand wälzten. Er hatte Angst vor seiner Mutter, die schimpfte: »Das is ja hanebüchen!« Dieses seltene Wort verwendet auch Klemperer in einer Tagebucheintragung vom 22.6.1941. Einmal beschwerte sich sogar seine Mutter wegen verschmutzter Sachen beim zuständigen Jungzugführer, weil sie dadurch zusätzliche Arbeit hatte. Bestand doch ihr Leben seit Jahren nur aus Arbeit von früh bis spät, und das besonders im Krieg, als es Kleidung nicht beliebig, sondern nur auf Bezugsscheinen zu kaufen gab. Kartoffelschälen, Essenkochen, Abwasch des Geschirrs und Strümpfestopfen waren nach seiner Erinnerung die regelmäßig wiederkehrenden täglichen ermüdenden Hausarbeiten seiner Mutter.

Natürlich hatte sie noch vielerlei anderes zu tun. Zu ihr paßt, was Friedrich Wilhelm I. an seinen Freund, den Fürsten von Anhalt-Dessau, den »Alten Dessauer«, in einem Brief vom 28.7.1721 schrieb:

Parol' auf dieser Welt ist nichts als Müh' und Arbeit.

Lagerleben in Zelten, wie er es als Unbeteiligter einmal bei Silberberg zwischen der Landstraße und dem Scharmützelsee sah, lernte er damals nicht kennen, erst im Jahr 1947 an der Ostsee, selbstverständlich in ganz unmilitärischer und nicht uniformierter Erziehung in der Klassengemeinschaft der Oberschule für Jungen in Lübeck. Aber er hatte gerade dort noch sein Braunhemd aus der Pimpfenzeit an, war es doch fest und stabil im Gegensatz zu seinen wenigen anderen Hemden in dieser Notzeit, als neue Bekleidung noch Mangelware war.

Während des Dienstes wurden die Pimpfe auch an einem Maschinengewehr ausgebildet. Das klingt pompöser als es war: Auf einem Kahlschlag links von der Straße nach Storkow kam auch er an die Reihe, legte sich hinter das Mordinstrument, hielt es mit beiden Händen fest, und als die knallenden Schüsse durch seinen Fingerzug losgingen und über die Pappzielscheibe in den Sand des Hügels schlugen, hatte er kaum die Kraft, den schlagenden Kolben gegen die rechte Backe zu drücken, und er wurde durchgeschüttelt und war nach den paar Sekunden richtig benommen und sprachlos, denn das Gehämmer ging in seinem Kopf weiter. Bei dieser einen Schießübung blieb es. Erst nach dem Kriegsende nahm er ein Gewehr in die Hand, das er mit abgeschlagenem Kolben in einem Schützengraben in der Nähe der Schule und zwar östlich des Bahnübergangs entdeckt hatte. Ein Knall – und der Sand stob nach allen Seiten, denn er hatte die Gewehrmündung nach unten in den Sand gehalten. Und er lief erschrocken weg genauso wie der jüngere Gerd Richter, der neben ihm gestanden hatte. Er behielt für sich, daß in dem Graben zwei Fotos lagen, auf denen er in Großaufnahme die menschlichen Genitalien gesehen hatte.

Zweimal stellte er sich in Uniform zum Fotografiertwerden im Vorgarten auf. In der gleichen Zeit wurde er in schwarzer Turnhose geknipst und mit Indianerkopfschmuck, bemaltem Holzschild in der linken und ein Holzmesser in der rechten Hand. Das Stirnband mit den bunten Häuptlingsfedern war eng und drückte so auf die Kopfhaut, daß er es nicht lange aufbehalten konnte, obwohl er auf den Federschmuck sehr stolz war, weil er bis auf den Rücken hinunter hing. Mit dem Flitzbogen schoß er Pfeile mit Gummisaugpfropfen auf eine Pappzielscheibe.

Die zwei anderen Fotos zeigen ihn in der Jungvolkuniform: schwarze kurze Kordhose, die auf Zuwachs gekauft worden war, so daß sie ihm noch zu groß war und deshalb von anderen Pimpfen A-Pee (=Aaschpanzer, ein »r« sprachen sie in dem verbotenen Wort nicht aus) genannt wurde, und das zur Belustigung der Gleichaltrigen. An dem Koppel mit »Blut und Ehre« auf dem Schloß (auf dem der Soldaten stand »Gott mit uns«, das war die Losung, die Gustav Adolf vor der Schlacht auf dem Breiten Felde bei Leipzig am 17.9.1631 ausgab: Büchmann S. 73) war links das Fahrtenmesser mit der Hitlerjugendraute auf dem Griff und der Blutrinne – bei diesem Wort schauderte er zusammen – in der Klinge umgeschnallt.

Das Messer gehörte zur Uniform wie das Seitengewehr bei den Soldaten. Die Jungen benutzten es lediglich dazu, es so in die Luft zu werfen, daß es sich während des Fluges ein- oder zweimal um sich selbst drehte. Es entwickelte sich ein richtiges Messersteckspiel, bei dem es darauf ankam, aus einem abgesteckten Grasfeld durch Wurf Stücke in bestimmtem Winkel herauszuschneiden. Sie probierten aber auch, auf Bäume zu werfen, indem sie die Klinge zum Wurf zwischen Daumen und Zeigefinger nahmen. Dabei brach nicht selten einem von ihnen die Klinge des Fahrtenmessers ab und blieb im Baumstamm »hacken«. Über dieses Wort war seine Mutter böse: »Das sagen nur gewöhnliche Dorfbengels!« Sein Fahrtenmesser ruht im Seeufer, wohin er es vor dem unmittelbaren Kriegsende steckte und wo es inzwischen ganz verrostet sein wird.

Zu dem Braunhemd mit zwei großen Brusttaschen wie bei den feldgrauen oder khakifarbenen Uniformjacken der Soldaten trugen sie ein schwarzes Tuch, das durch einen hellbraunen geflochtenen Lederknoten gezogen und um den Hals gelegt wurde, aber unter den Hemdkragen. »Gau Mark Brandenburg« im Dreieck, dem sogenannten Gebietsdreieck, hatte seine Mutter auf den oberen Teil des linken Ärmels genäht und zwei Finger breit darunter eine schwarze Stoffkreisscheibe mit weißer stilisierter Siegrune, ein angeblich germanisches S in Form eines Blitzes, also das halbe SS-Symbol. Auf der rechten Schulter war ein schwarzes schmalbändiges Schulterstück mit der Nummer des Fähnleins befestigt. Bei der zweiten Aufnahme trug er ein braunes Käppi, auf das er stolz war. Zur selben Zeit wurde ein KZ-Häftling nur deswegen erschossen, weil er keine Mütze aufgesetzt hatte; sie war ihm gestohlen worden.

Für den Winter hatte er nur die dunkelblaue Schihose und die Schimütze, von seiner Mutter mit besonderem Spinnstoff-Bezugsschein gekauft. Es fehlte ihm die dicke blaue kurze Uniformjacke. Er war nicht der einzige, der nicht vollständig uniformiert war. Andererseits gab es fast keinen Erwachsenen, der nicht irgendeine Uniform trug. Das klingt übertrieben, aber bei Festlichkeiten trugen die Männer von Reichspost, Reichsbahn, Feuerwehr, Wehrmacht, Forstverwaltung, Kyffhäuser-Verein und Partei ihre Uniformen und nur wenige Männer Zivilkleidung.

Aus dieser Zeit blieb dem vom Elternhaus Wohlbehüteten eine Abneigung gegen Uniformität der Kleidung, gegen das So-wie-andere-Angezogensein bewahrt. Widersprüchlich wirkt es wahrscheinlich auf den heutigen Leser, daß er lange eine Abscheu vor Hüten hatte: er trug nach dem Krieg eine Schimütze wie im Winter zur Pimpfenuniform, später eine Baskenmütze und als Erwachsener gegen Sonnenstrahlen eine weiße Sportmütze, früher Schiebermütze genannt, bei kalten Wintertemperaturen eine Pelzmütze. Richtig eingekleidet im Sinne der Uniformordnung waren nur der Jungenschaftsführer, mit rot-weißer Führer-Schnur (oder Kordel) – von den Pimpfen Affenschaukel genannt – vom Schulterstreifen zum Knopf der Brusttasche des Braunhemds, und die höheren Dienstränge: Jungzugführer mit grüner, Fähnleinführer grün-weißer und Stammführer mit weißer Kordel.

Die Zugehörigkeit zu einer uniformierten Staatsjugendorganisation hatte Folgen für sein privates, für sein ziviles Leben. Als er einmal im Regen – es war mehr als eine Husche und weniger als ein pladdernder Platzregen – einkaufen gehen sollte, gab seine Mutter ihm zum ersten Mal in seinem Leben, unbekümmert um seine Proteste, ihren Regenschirm mit auf den Weg. Früher hatte er in einem solchen Fall ein grünes Wollcape mit Kapuze übergezogen. Er wollte den Schirm nicht nehmen, es durfte ihn als Pimpf doch niemand mit dem Regenschirm sehen, wenn er auch die Uniform nicht angezogen hatte. Genauso »unmöglich« wäre ein Soldat mit Regenschirm gewesen, sagte er sich. Muttersöhnchen wäre der schlimmste Titel, es wäre eine Blamage gewesen. Er war beim Schwimmen kein Feigling und kein Schlappschwanz, er war weder zimperlich noch wasserscheu, deshalb durfte er auf keinen Fall im Dorf mit einem Regenschirm gesehen werden, der das ständige Propagandawitzattribut des verhaßten Engländers Chamberlain war. »Doch, Freedi, du nimmst ihn, du wirst sonst ganz naß!« befahl seine Mutter ganz energisch. Er ging mit ihm ein paar Schritte. Sobald sie jedoch die Haustür hinter sich geschlossen hatte, klappte er den Schirm zusammen, ging die paar Meter klammheimlich zurück und stellte ihn in die linke Ecke oben auf der Treppe vor die Haustür. Er zog 'nen Flunsch und los. Als er vom Einkaufen zurückkam, sagte er gleich zur Entschuldigung wegen seiner nassen Jacke und nassen Haare zu seiner Mutter: »Ich habe den Schirm vor der Tür stehen gelassen.« Ihm war dabei alles schnuppe. Zum Glück war er nicht quatschnaß, deshalb hatte dieses offene Bekenntnis nur Kopfschütteln und einen ärgerlichen Blick zur Folge.

Mehrmals wurde von Fotos erzählt, drum wird ein besonderes Kapitel dem Fotografieren gewidmet.

Die Fotografien

Bitte recht freundlich!
Die übliche Aufforderung eines Fotografen.

Sein Vater besaß einen Fotoapparat der Marke AGFA mit Rollfilm im Bildformat sechs mal neun Zentimeter und mit ziehharmonikaähnlich herausschiebbarem Objektiv. Er fotografierte gern, so daß viele Fotografien in Alben gesammelt wurden, nachdem die Filme in der Drogerie, Foto-Roesener, in Storkow am Markt entwickelt und die Abzugsbilder, wie damals üblich, mit weißem Büttenrand geschnitten worden waren. Der Älteste hörte seinen Vater bei der Bestellung sagen: »Sechsmalneun schamoa bitte«.

Gute Fotos stammten aus der vorehelichen Zeit, als sein Vater Schulkinder in Graal an der Ostsee betreute, es waren Stimmungsbilder vom Ostseeufer mit Sonne im Gegenlicht. Später knipste er nur noch die Familie, oft mit Tante Hertha (»Herrta«) und Onkel Walter (»Wallta«) aus Lübeck, und verschickte je einen Abzug an seine Eltern, an seine Schwester und nach Lübeck. Auf diese Weise wurden »Momente« zum größten Teil als Außenaufnahmen von jedem Lebensjahr der Familie festgehalten. Heutzutage fällt auf, daß Vater und Onkel sonn- und feiertags in Hemd und Krawatte – höchstens mit hochgekrempelten Hemdsärmeln – und im guten Anzug (mit Parteiabzeichen auf dem linken Revers) spazieren gingen. Schon ehe der Biograph zur Schule ging, nahm er an Schulausflügen teil, wie es ein Foto aus dem Jahr 1936 beweist. Sein Vater hatte auf den Auslöser gedrückt und dadurch eine Lichtbildaufnahme gemacht, wie es im amtlichen Deutsch hieß. Auf einem Selchower Schulausflugsbild vom 30.6.1930 ist sogar sein Großvater mit Brille und Zigarre zu sehen, wie er mit dessen Sohn, dem Kollegen Metzler und Schulkindern auf ein Meßtischblatt als »Lehr- und Lernmittel« blickt, das monatelang Unterrichtsstoff war, wie sich aus den dem Leser inzwischen bekannt gemachten Vor- und Nachbereitungen ergibt.

Aus der Görsdorfer Zeit sind – außer den im SPIELZEUG-Kapitel beschriebenen – drei Fotos erwähnenswert. Auf einem von 1935 ist er als einziges Kind unter lauter Erwachsenen zu sehen, hinter ihm stand im Freien, wahrscheinlich beim Pfingstausflug am 30.5., das von seinem Vater geleitete neun Mann starke »Notstandsorchester«. Es bestand aus Landwirten und Handwerksmeistern mit ihren Musikinstrumenten: zwei Geigen, zwei Trompeten, eine Ziehharmonika, eine Mandoline, eine Gitarre, ein Banjo und ein Schlaginstrument. Davor knieten oder saßen die dazugehörigen Frauen, alle mit Hut oder Kappe, ausgenommen seine Mutter, sie war ohne Kopfbedeckung: »typisch« pflegte die Lübecker Tante wohlwollend kritisch meckernd über ihre jüngere Schwester zu bemerken. Übrigens gibt es von ihm nur ein Bild mit seinem Roller und leider keine Bilder, die ihn auf dem Fahrrad zeigen.

Das zweite, sogar vergrößerte Bild knipste sein Vater, als er in einer viel zu großen Soldatenjacke steckte, die von seiner Mutter unten umgesteckt worden war, so daß die Jacke wie ein Mantel aussah. Auf dem Kopf hatte er einen Stahlhelm. Ein auf dem Boden stehendes Luftgewehr hielt er mit der rechten Hand fest, also »Gewehr bei Fuß«, und wurde selbst in viel zu großen Stiefeln wie festgenagelt festgehalten, so als könnte er nicht bis drei zählen. Auf der Rückseite des Fotos steht in der Schrift seines Vaters: »Allgemeine Wehrpflicht, Jahrgang 1932, eingezogen am 20.3.1935.« Seine Eltern erzählten zu diesem besonderen Bild jedem Betrachter, man habe dem kleinen Sohn gesagt, er solle zum Fotografiertwerden »Schön still stehen bleiben!« Darauf hätte er geantwortet: »I tann ja nit fott«, wobei er, wie man sieht, die Sprache noch nicht voll beherrschte und das k durch ein t ersetzte. Gerade diese Kleinigkeit mit dem Sprachfehler – mit vier Jahren sagte er noch statt Schwan Schran und statt Schwein Schrein – war immer wieder Anlaß zu Wiederholungen der Geschichte, einer lustigen Episode, die aus heutiger Sicht fragwürdig erscheint.

An dieses Foto wird er erinnert, wenn er den sogenannten historischen Händedruck zwischen Hindenburg und Hitler in Potsdam am 21.3.1933 sieht. Die Bildunterschrift lautete in dem »Sonderheft der Berliner Illustrirten Zeitung«:

> *Nach dem Festakt in der Garnisonkirche: Der Reichspräsident verabschiedet sich vom Reichskanzler.*

Denn genau über ihren vereinigten Händen steht im Hintergrund ein Soldat mit Stahlhelm stramm, an dessen Stelle durch Fotomontage sein Kindergesicht treten könnte. Es gibt ein Weihnachtsfoto von 1942, das ein Geschwisterpaar vor einer Puppenstube zeigt, und an der Zimmerwand ist das Potsdamer Bild zu erkennen, der Soldat ist aber wegretouchiert. Dieses Wandbild hing in einem Lehrer-, nicht Schulhaus von Nürnberg, der Stadt der Reichsparteitage, für die die Reichspost jeweils Ende August/Anfang September von 1934 bis 1939 eine Sonderbriefmarke herausgab, obwohl der letzte Parteitag, der »des Friedens« (!) wegen des Kriegsbeginns nicht mehr stattfand. Am 20.4.1945, dem letzten Führergeburtstag, fehlte die seit 1938 übliche Gedenkmarke, und die Stadt wurde an diesem Tag nicht mehr von Deutschen, sondern von Amerikanern beherrscht, lag aber in Trümmern.

Erst beim zweiten Mal fiel ihm auf dem Bild eine als schicksalhafte Vorbedeutung zu charakterisierende Einzelheit auf: an Hitlers Nacken befindet sich ein Totenkopf, nämlich der von der Husaren-Pelzmütze des 83-jährigen Generalfeldmarschalls von Mackensen, der sogar zu den Spielsoldaten des Dorfschullehrerjungen gehörte. Diesen Totenkopf, Schädel mit gekreuzten Knochen, übernahm die SS mit der Waffen-SS und den sogenannten Totenkopfverbänden als unheilschwangeres Abzeichen u.a. auf der Uniformmützenstirnseite statt der bei der Wehrmacht üblichen schwarz-weiß-roten Kokarde im Eichenkranz. An dieser Stelle kann auf einen kuriosen Irrtum Hindenburgs hingewiesen werden: als er von dem »böhmischen Gefreiten« sprach, verwechselte er das tschechische Braunau mit dem österreichischen bzw. »ostmärkischen« am Inn (Sonderbriefmarke zum 50. Geburtstag Hitlers 1939).

Zu seinem einzigen Soldatenuniformbild ist noch zu ergänzen, daß er nach dem Krieg zu den sogenannten weißen Jahrgängen gehörte, also nicht zum Wehrdienst eingezogen wurde, weil er bis zum Ende der TAUSEND Jahre noch nicht alt genug und danach schon zu alt war, um den »schlichten Uniformrock« zu tragen. Er konnte also vergessen, was er als Kind gesungen hatte, nämlich die Mahnung:

> *Büblein, wirst du ein Rekrut, merk' dir dieses Liedchen gut!*

Das Lied beginnt:

> *Wer will unter die Soldaten, der muß haben ein Gewehr, der muß haben ein Gewehr, das muß er mit Pulver laden und mit einer Kugel schwer. (Friedrich Güll, 1812-1879)*

Beim dritten Foto, 1936 am Kaffeetisch im Garten, denkt er immer daran, daß ihm der Kaffeekannentropfenfänger »kaputtgegangen« war.

Aufnahmen im Zimmer waren mit Schwierigkeiten verbunden, weil es noch keine Blitzlichtapparate für den Hausgebrauch gab, sondern es wurde Blitzlichtpulver entzündet, bei seinen Eltern oben auf dem Büfett. Es erzeugte einen so hellen Schein, daß er mit zweieinhalb Jahren erschrak, als er auf dem Schaukelpferd vor dem Weihnachtsbaum saß und dann lange weinte und weitere Bilder unmöglich machte. Damals zählte er für sich noch den dritten Weihnachtstag; in Fontanes Romanen »Unwiederbringlich« und »Vor dem Sturm« gibt es ebenfalls einen dritten Feiertag genauso wie in Bachs Weihnachtsoratorium.

Sein Vater verwendete oft Stativ und Selbstauslöser, so daß viele Bilder, die sich erhalten haben, von der ganzen Familie produziert wurden. Dabei denkt er vor allem an die vergrößerte und eingerahmte fünfköpfige Familie, die auch noch in späteren Jahren im Schlafzimmer seiner Mutter hing. Dieses Lichtbild entstand, wie er sich genau erinnert, an einem Waldwegrand mit eingezäunter Schonung, so daß die Sonne voll einfallen konnte, westlich von der Straße zwischen dem Bahnhof Scharmützelsee und dem Forsthaus am Fließ vom Glubigsee. Das war im Frühling 1942, als in der Nacht zum Palmsonntag Lübecks Altstadt zerstört wurde. Sein Vater trug ein Polohemd mit Schillerkragen über dem Jackett, ging also nicht »pertallje«, wie seine Mutter gern sagte, sein nächster Bruder den weißen Matrosenanzug, mit dem der Älteste schon oft fotografiert worden war, auch mit der blauen Jacke und dem blauen Mantel.

In seltenen Fällen wurde ein Fotograf bemüht wie im Jahr 1935 in Berlin, als sich der Großvater mit seinem Sohn und seinem Enkel verewigen ließ, und das offensichtlich mit einigem Stolz, noch ganz in dem in der sogenannten Gründerzeit und um die Jahrhundertwende zur Schau gestellten steifen Salonstil im Gegensatz zu den privaten Schnappschüssen.

Der Fotoapparat wurde auch benutzt, als sein Vater Soldat (Dienstgrad: Reiter, obwohl er ein »Unberittener« war) wurde, zuerst in Fürstenwalde Pferde betreuen mußte, z.B. durften keine Pferdeäpfel im Stall liegen bleiben, dann aber in Albanien in Elbasan bei der Platzkommandantur lag oder stand: beide Ausdrücke waren im militärischen Wortschatz möglich.

Dieses Stichwort verleitet zu folgenden Bemerkungen: Es war nicht zu übersehen, daß militärische Redensarten in das Zivilleben eindrangen. Was beispielsweise Protzen waren, wußte jedes Kind, nämlich: die Pferdefuhrwerke oder motorisierten Fahrzeuge zum Ziehen von Geschützen.

Der Ausdruck und Befehl »Abprotzen!« bedeutete also: ein Geschütz abhängen oder abladen, um es in Stellung zu bringen. Es bürgerte sich bald der Landserjargon ein, vom Abprotzen zu sprechen, wenn man sich draußen in der Natur die Hosen runterziehen mußte, um sich hinter einem Busch zum Stuhlgang hinzuhocken. Bei ihm zu Haus wurde immer nur vom Stuhlgang gesprochen, nicht von Kot oder Exkrementen oder Fäkalien. Einen solchen stinkenden Haufen im Wald nannten die Kinder Spitzmorchel oder Tretmine: »Vorsicht, nicht hineintreten!« Kacke durften sie nicht sagen, ganz zu schweigen von Scheiße, und »seine Notdurft verrichten« war nur gehobenes Schriftdeutsch. Üblich und nicht zu beanstanden war: ich muß mal austreten. Und noch ein Beispiel von der »Heimatfront«: Wenn Berliner Damen eine »Entwarnungsfrisur« bekamen, hieß das: »Alles nach oben!«

Entweder fotografierte seine Mutter ihre Kinder, oder sie ließ sich mit ihnen von Herrn Kandler fotografieren wie im Frühjahr 1945, damit der Vater seine Tochter zum ersten Mal sehen und gleichzeitig die übrige Familie betrachten konnte. Ob er die Abzüge mit der Feldpost noch erhalten hat, ist sehr fraglich, weil er schon auf dem Rückmarsch durch Kroatien, wie sich aus seinem einzig erhaltenen 339. (!) Brief vom 18.3. ergibt, in Richtung Vaterland war, die Soldaten des Großdeutschen Reiches sagten aber lieber: Heimat. Als der geordnete Rückzug, die planmäßige Absetzbewegung, über den Balkan unter dem Schutz deutschfreundlicher Partisanen, der kroatischen Ustascha, ohne direkte »Feindberührung« verlief, stolperte sein Vater und fiel auf das Seitengewehr, einen Säbel, den jeder Soldat am Koppel trug und für den Nahkampf als Bajonett auf das Gewehr aufpflanzen konnte. In dem »Soldbuch zugleich Personalausweis« wurde das Seitengewehr mit der Fertigungsnummer 3876 auf der Seite »Besitznachweis über Waffen und Gerät:« am 17.9.1943 eingetragen. Erst ein paar Monate später stellte ein Arzt fest, daß bei diesem Vorfall eine Rippe gebrochen und inzwischen wieder verheilt war.

Der aus amerikanischer Kriegsgefangenschaft 1946 Entlassene spielte auf Hitler als den Gefreiten des ersten Weltkriegs an, wenn er sich schmunzelnd als den Gefreiten des zweiten Weltkriegs bezeichnete.

Das Kriegsende brachte eine notwendige Zwangsunterbrechung, einmal, weil die Notzeit keinen Anreiz zum Fotografieren bot, und zum andern, weil es keine Filme zu kaufen gab und sie wahrscheinlich nicht entwickelt worden wären. Die Konzentration auf bestimmte Bildmotive ist auch ein wichtiges Mittel, um die PROPAGANDA zu unterstützen, womit zum nächsten, schon angekündigten Kapitel übergeleitet wird.

Propaganda

In diesem Kampf sind alle Regeln der Billigkeit und des Anstands vergessen. Die zivilisiertesten Nationen kämpfen wie wilde Tiere. Ich schäme mich der Menschheit und erröte für mein Jahrhundert.
Friedrich der Große (Gooch S. 232)

Moral ist die Abkehr vom Willen zum Dasein. Wer darüber nachdenkt, auf welche Weise der Typus Mensch zu seiner größten Pracht und Mächtigkeit gesteigert werden kann, der wird zuallererst begreifen, daß er sich außerhalb der Moral stellen muß.
Nietzsche: Der Wille zur Macht S. 13 u. 607

Wenn aber diese Gesichtspunkte von Humanität und Schönheit für den Kampf erst einmal ausscheiden, dann können sie auch nicht als Maßstab für Propaganda Verwendung finden.
Hitler: Mein Kampf S. 196

Die Propaganda ist in Inhalt und Form auf die breite Masse anzusetzen und ihre Richtigkeit ist ausschließlich zu messen an ihrem wirksamen Erfolg.
a.a.O. S. 376

Ohne Propaganda wäre die Faszination des Nationalsozialismus mit seiner Weltanschauung und seinen absichtlich und hinterhältig nicht immer deutlich erklärten Zielen nicht denkbar. Propaganda war damals nicht ein anrüchiger und an Verruchtheit grenzender Begriff. So nannte sich Goebbels seit dem 13.3.1933 ganz offiziell und unverhohlen Reichsminister für Volksaufklärung und Propaganda.
Er praktizierte die von Hitler (Mein Kampf S. 536) geforderte Massensuggestion, er nutzte die Begeisterungsfähigkeit, den Enthusiasmus, den frenetischen und hysterischen Beifall der eingeschüchterten und ergriffe-

nen Menge bei sogenannten Großkundgebungen aus, deren teuflischste die im Berliner Sportpalast im Februar 1943 war. Jemand der gesagt hätte: »Das ist ja alles nur Propaganda«, mit andern Worten: »Alles Lüge, alles Lug und Trug!«, wäre verständnislos angesehen worden. Daß es sich in den ausgewählten Schilderungen und Filmen der Berichterstatter der Propagandakompanien, der PK-Leute, teilweise und sogar zum großen Teil nicht nur um die einseitige Betonung positiver Seiten handelte, sondern auch um die Vortäuschung von nicht vorhandenen Massen an Soldaten und Waffen – »Menschen und Material« hieß das damals in der leicht faßlichen alliterierenden Formulierung – und die Vorgaukelung von militärischen Erfolgen, hatten die damaligen Zeitgenossen entweder nicht erkannt oder nicht zu sagen gewagt.

Mit den pompösen und schließlich »aufgeblasenen« Begriffen Armee und Division gingen die Propagandisten und obersten Militärbefehlshaber sehr sorglos und bewußt verschleiernd um. Noch im Jahr 1954 war ein italienischer Bekannter des Chronisten in Venedig geradezu verzaubert von dem aggressiven und packenden Tonfall des Nachrichtensprechers im Radio: »Deutsche Panzerdivisionen im Vormarsch.« Daran erinnerte sich der Italiener, weil sein deutscher Besucher den Namen seiner Freundin mit jeweils zwei »r« in Vor- und Zuname mit Rachenlauten, nicht mit italienischem Zungen-R ausgeprochen hatte. Als Verrat wurde gebrandmarkt, wenn gegen den Befehl des Führers, der sich bekanntlich um Kleinigkeiten kümmerte, frische Divisionen, die früher aus 10.000 Mann bestanden, nicht in die vorderste Front »geworfen« wurden. In Wirklichkeit handelte es sich in den letzten Kriegsmonaten z.B. um ein paar hundert, vielleicht sogar tausend Luftwaffensoldaten des Bodenpersonals, die nur mit Gewehren ausgerüstet und im Kampf überhaupt nicht ausgebildet waren, wie bei Tieke bis ins Einzelne nachgelesen werden kann. Diese Menschen wären ein sinnloses Opfer gegen die Panzerflut, gegen die schweren Waffen, Granatwerfer und Geschütze und gegen die vielen russischen Schlachtflieger und Bombenflugzeuge geworden.

Was vom Führerhauptquartier in der Wolfsschanze bei Rastenburg in Ostpreußen und schließlich vom Berliner Führerbunker aus als bewußter Nichteinsatz kampfkräftiger und die Schlacht um Berlin und das Schicksal Deutschlands entscheidender Heeres- und Waffen-SS-Verbände eingeschätzt wurde, war wirklich nur organisatorische Ohnmacht angesichts der täglichen Verluste an Menschen und Material durch einen mehr als zehnfach überlegenen Gegner, vielleicht auch die absichtliche Vermeidung sinnlosen Blutvergießens, das als furchtbar makabrer Ausdruck oft verwendet wurde. Wenn in den letzten Monaten des sogenannten gigantischen Ringens um Sein oder Nichtsein, »dieses weltgeschichtlich gewaltigsten Kampfes aller Zeiten«, so im »Aufruf des Führers an das deutsche Volk« vom 31.12.1943, die Wehrmachtberichte eine »verschärfte Luftlage« erwähnten, verbarg sich dahinter der Zusammenbruch des Eisenbahnverkehrs, des militärischen Nachschubs von Munition und Proviant auf den Straßen und der Tod von Tausenden von Bombenopfern unter der Zivilbevölkerung und die Not der Ausgebombten und Geflohenen, denen es an Kleidung, Nahrung und Unterkunft fehlte. Dies alles scheint nicht in das Bewußtsein des »Größten Feldherrn aller Zeiten«, das war Hitler aus der Sicht des Generalfeldmarschalls Keitel, gedrungen zu sein.

Schon am 6.7.1933 wird in Schulaufsätzen Hitler, der aus seinem Bild wie »Big Brother is watching you!« in dem Buch »1984« von George Orwell auf jedes einzelne Kind herunterblickt, etwas in den Mund gelegt:

Nimmer wird das Reich zerstöret, wenn ihr einig seid und treu.

Dieser Zweizeiler ist nach einem Gedicht von Schenkendorf, der 1817 in Koblenz starb, aus dem Granit des Denkmalssockels am Deutschen Eck herausgemeißelt, und das seit 1897. Darunter sind die großen Buchstaben zu entziffern: WILHELM DEM GROSSEN. Diesen Titel hätte er sich von seinem Enkel, Wilhelm II., verbeten (von Krockow: Bismarck S. 112). Zu dessen 100. Geburtstag hatte der Provinzialverband der Rheinprovinz diesen »gefrorenen Mist« und »Faustschlag aus Stein« (Tucholsky 1930: Panter, Tiger & Co, rororo TB 1954) errichten lassen. Das Schenkendorf-Zitat hatte sein Lehrer-Vater wahrscheinlich von einem Wahlplakat für die Liste 1 mit der Fotomontage der Portraits von Hindenburg und Hitler entliehen. Genauso wie Hitler von dem Bild in der Schule schaut Christus jedem Betrachter, gleichgültig wo er steht, direkt in die Augen, und zwar auf einem Gemälde im Lübecker Dom vom Ende des 17. Jahrhunderts:

Klage JESU CHRISTI an die undanckbare Welt.

Die Inschrift enthält eine elfzeilige Mahnpredigt, in der es u.a. heißt:

Ich bin ein Lehrer, man folget mier nicht.

Die Kriegspropaganda hatte erreicht, daß man eine rote Fahne und den roten fünfeckigen Stern abscheulich und verabscheuungswürdig fand. Bei diesen beiden Gegenständen erregte die rote Farbe einen sofortigen Widerwillen, ohne daß man sich darüber klar wurde, daß die Hakenkreuzfahne ebenfalls ein rotes Tuch war, auf das eine weiße kreisrunde Stoffscheibe mit einem schwarzen Hakenkreuz genäht war. Das ist allerdings denen bewußt geworden, die beim sogenannten Einmarsch der Russen nach Abtrennen der weißen Scheibe die rote Fahne aus dem Haus gehängt hatten als Zeichen widerstandsloser Unterwerfung und die dann aus dem roten Stoff Röcke oder Kleider nähten. Außerdem störte sie die rote Farbe in dem Brandenburger Adler nicht, sie stießen sich nicht an den roten Kerzen und Bändern am Adventskranz. Die rote Farbe der gezeichneten Herzen als Symbol der Liebe war ihnen ebenfalls nicht verhaßt.

Nicht Liebe wurde aber in dieser Zeit propagiert, sondern fanatischer Haß. Hitler, Goebbels und andere NS-Größen lenkten in ihren Reden die Aufmerksamkeit des Volkes auf den abgrundtiefen Haß der Juden und kündigten damit die Judenvernichtung an und rechtfertigten sie.

Oder: Das Wort Kommissar, in »Mein Kampf« als jüdisch-bolschewistisch abgestempelt, wurde so verwendet, wie wenn es nur auf den russischen Parteifunktionär in der aus »Untermenschen« bestehenden Roten Armee passen würde, während es in Deutschland doch die Berufsbezeichnungen Kriminal- und Enteignungskommissar und Reichskommissar als Fremdwort für einen Beauftragten gab. Diese Widersprüchlichkeit wurde damals vielen Menschen nicht bewußt.

Typisch für die Propaganda des Dritten Reiches war der wiederholte Hinweis in den dreißiger Jahren auf das Vaterland, das wieder aufgebaut und zu strahlender Größe geführt werden müßte. Von Mutterland wurde nicht gesprochen, höchstens im Zusammenhang mit Kolonien. Das lag in der damaligen Tendenz der Heranziehung und Züchtung männlicher Kreaturen, während der Frau vorbehalten sein sollte, Kinder zu »kriegen«, möglichst männlichen, tapferen soldatischen Nachwuchs, und die Familie zu versorgen.

> *Die Hauptaufgabe der deutschen Frau… liegt… in der stillen Arbeit im Hause und in der Familie.*

So redete schon Wilhelm II. am 25.8.1910 in Königsberg. In der »Parole der Woche« 1936/6 zum Muttertag wird Hitler zitiert:

> *Mit jedem Kind, das die Frau der Nation zur Welt bringt, kämpft sie ihren Kampf für die Nation.*

Ein Knabe, ein Junge, ein Bub wurde dem Führer geboren und geschenkt. Sterben konnte er schon nach kurzem Leben für Führer, Volk und Vaterland. So konnte es zu einem lebenslang nicht überwundenen Trauma, eine schmerzliche nicht zu heilende und nicht zuheilende seelische Wunde eines Vaters (seines späteren Schwiegervaters) kommen, der seinen kleinen Sohn 1943 durch eine schwere Krankheit verlor. Nach der Geburt 1940 hatte er geschrieben: »Möge Gott unseren Buben zu unser aller Freude heranwachsen lassen, damit er unseren Namen weitertrage in eine bessere deutsche Zukunft! Die großen »Hermann« der deutschen Geschichte und der Gegenwart sollen ihm Vorbild sein.« Ihn konnten die späteren zwei Schwiegersöhne über den Verlust seines Sohnes nicht hinwegtrösten.

Nietzsche schreibt in seinem Buch »Der Wille zur Macht« (S. 609-612) über Erziehung als Züchtung von starken und eisernen Menschen, einer Herren-Rasse jenseits von Gut und Böse und vom Übermenschen als Ziel (S. 589, 658, 674).

Auch sonst war schon vor Kriegsbeginn in der neuen Terminologie viel von Kampf und Schlacht die Rede, zum Beispiel:

Die nationalsozialistische Arbeitsschlacht schreitet siegreich vorwärts

in der »Parole der Woche« 1936/16. Es wurden neue Wörter gebildet: Erzeugungsschlacht des Bauern als Träger des Nährstandes, Deutsche Arbeitsfront (DAF), die Organisation aller schaffenden Menschen der Stirn und der Faust, Machtübernahme statt Staatsstreich, Gleichschaltung statt Mord und Terror gegen Andersdenkende, Polen- und Frankreichfeldzug statt Überfall, statt Bruch der Neutralität und Angriffskrieg. »Ausgebrochen« war der Krieg wie ein millionenfacher Raubmörder aus dem Zuchthaus. Als man am ersten Kriegstag im Radio hörte: »Das Oberkommando der Wehrmacht gibt bekannt…«, wurde darin vom »aktiven Schutz des Reiches« und vom »Gegenangriff« gesprochen. Hitler am 1. September: »Seit 5 Uhr 45 wird zurückgeschossen.« Eine Stunde früher waren aber schon die ersten deutschen Schüsse gefallen, nämlich auf die Westerplatte, eine Art Seefestung bei Danzig. Am selben Tag zerstörte die Luftwaffe die Kleinstadt Wielun. Das war der »Fall Weiß«, dem viele »Fälle« folgen sollten.

Sehr eingehend hat Klemperer in seinem Buch LTI als Philologe die »Sprache des dritten Reichs« aus eigenem Erleben behandelt. Auf S.26 schreibt er:

> *Nein, die stärkste Wirkung wurde nicht durch Einzelreden ausgeübt, auch nicht durch Artikel oder Flugblätter, durch Plakate und Fahnen, sie wurden durch nichts erzielt, was man mit bewußtem Denken oder bewußtem Fühlen in sich aufnehmen mußte. Sondern der Nazismus glitt in Fleisch und Blut der Menge über durch die Einzelworte, die Redewendungen, die Satzformen, die er ihr in millionenfachen Wiederholungen aufzwang und die mechanisch und unbewußt übernommen wurden.*

Als besonderer propagandistischer Kniff ist folgendes Beispiel heranzuziehen: In der für TAUSEND Jahre angepriesenen, aber nur ZWÖLF Jahre allein und diktatorisch herrschenden ARBEITERpartei, die sich NATIONAL, SOZIALISTISCH und DEUTSCH nannte, war die Intelligenz, also Wissenschaft, Lehre, Forschung ebensowenig angesprochen wie in der 40- jährigen Bezeichnung »Der erste Arbeiter- und Bauernstaat auf deutschem Boden« für einen Teil des früheren Deutschlands (Artikel 1 der DDR-Verfassung von 1968). Am 30.6.1938 notiert Klemperer:

> *Hitler und der Nationalsozialismus verachten die Intelligenz, die Wissenschaft, soweit sie nicht technischen Nutzen bringt.*

Die Intelligenz war allerdings schon früher von Herrschern als verabscheuungswürdig angesehen worden. So sagte Wilhelm II.:

> *An und für sich empfand ich für die Juristen keine besondere Zuneigung, da in der Juristerei für meinen Geschmack oft zuviel Pedanterie, Weltferne und Doktrinarismus zutage tritt.*

In dieselbe Kerbe haut Hitler, als er meint,

> *kein vernünftiger Mensch verstehe überhaupt die Rechtslehren, die die Juristen sich – nicht zuletzt auf Grund des Einflusses von Juden – zurecht gedacht hatten...er werde deshalb alles tun, um das Rechtsstudium... so verächtlich zu machen wie irgend möglich... heute erkläre er deshalb klar und eindeutig, daß für ihn jeder, der Jurist sei, entweder von Natur defekt sein müsse, oder aber es mit der Zeit werde...*

Sogar Fontane läßt Dubslav von Stechlin (S. 53) sagen: *Alle Lehrer sind nämlich verrückt.* Damals wurde die Kluft, ein auch für die Parteiuniform verwendetes Wort, obwohl es aus dem Jiddischen stammt, zwischen Arbeitern und Intelligenz dadurch überbrückt, daß die führenden Köpfe der Partei von den Arbeitern des Kopfes und der Hand oder der Stirn und der Faust sprachen. Dafür gab es schon ein Vorbild mit wagnerischer Alliteration:

> *Mittler zwischen Hirn und Hand ist das Herz*

in dem Lang'schen Stummfilm »Metropolis« vom Jahre 1927. Nur so konnte die fanatische Ideologie des autoritären Führerstaates alle Schichten des Volkes für die alleinige ARBEITERpartei werben und mit dem nationalsozialistischen Gedankengut durchdringen. Der Lebensteilbeschreiber denkt dabei verständlicherweise in erster Linie an seinen Vater als Dorfschulmeister, dessen frühere Kollegen dem Schriftsteller Fontane bei seinen historischen Nachforschungen für seine »Wanderungen durch die Mark Brandenburg« gute Hilfe leisteten und denen Fontane im Schlußwort über das Spreeland vom 14.11.1881 und im Vorwort vom 20.9.1888 zu den »Fünf Schlössern« ein ehrliches Dankeschön ausspricht. Der Lehrer wurde in den zwölf Jahren ideologisch beeinflußt und abgewertet genauso wie viele andere Berufe, indem die gleichmachende Parole vom Arbeiter der Stirn und der Faust verbreitet wurde.

Besonders empörend mußten die verbürgten Äußerungen Hitlers auf alle Lehrkräfte wirken, der sich über die Lehrer beklagte und nach Art Friedrichs des Großen verkündete, ein ausgedienter Feldwebel könne den Kindern viel besser Zucht und Ordnung beibringen und weniger Wissen eintrichtern. Denn »körperliche Ertüchtigung« wurde schon in »Mein Kampf« (S. 453) groß geschrieben und in Nr. 21 des Programms der NSDAP vom 24.2.1920.

Von Anfang an war die gepriesene Ritterlichkeit der Kriegsführung auf Seiten der Deutschen fragwürdig, und mit dem Ehrbegriff wurde Schindluder getrieben. Es soll nur erinnert sein an den fingierten und vom Sicherheitsdienst (SD) durch Himmler und Heydrich inszenierten Überfall auf den Sender Gleiwitz Ende August 1939 oder an den gleichzeitigen Freundschaftsbesuch des deutschen Kriegsschiffes »Schleswig-Holstein« bei dem polnischen Kommandanten der Westerplatte, während eine gefechtsbereite Truppe im Schiffsinnern wie in einem trojanischen Pferd auf den Einsatzbefehl wartete.

Im weiteren Verlauf des Krieges wich die grausame Wirklichkeit immer mehr von den hochgehaltenen Idealen des Soldatentums ab, insbesondere was die »Behandlung« der Kriegsgefangenen und einheimischen Bevölkerung in den besetzten Gebieten betraf. Russische Kommissare sollten laut Kommissarbefehl vom 6.6.1941 erschossen werden, und laut Führerbefehl vom Dezember 42 sollte auf Parlamentäre sofort »das Feuer eröffnet« werden: das war ein glatter Verstoß gegen die Genfer Konvention von 1929. Und so klingt es wie Hohn, wenn man in dem Aufruf des Führers an das deutsche Volk vom 31.12.1943 folgendes liest:

> *Das Heldentum unserer Soldaten des Heeres, der Marine, der Luftwaffe und der Waffen-SS ist ein geschichtlich einmaliges!*

Außer dem im nächsten Kapitel zu behandelnden RUNDFUNK ist das Kino mit seiner unwiderstehlichen Faszination der bewegten Bilder zu erwähnen, das in der Schule begann und dem man einen eigenen Abschnitt widmen könnte. Die ersten Filme sah er in seiner Volksschulzeit. Sein Vater sprach den Text zu den Stummfilmen, die er von der Kreisbildstelle in Storkow geborgt hatte und mit einem Schmalfilmgerät vorführte. Märchenfilme mit der Igelfamilie, angefangen mit dem »Wettlauf zwischen Hase und Igel« mit dem Mecki von Diehl- Film, waren bei den Kindern sehr beliebt, z.B.: »Von einem, der auszog, das Gruseln zu lernen«, »Tischlein deck dich« in drei Teilen, »Der Wolf und die sieben Geißlein« und »Stadt- und Landmaus«. In diesen Filmen bewegten sich Puppen etwas ruckartig und tun es noch heute vor seinem inneren Auge, die Kinder hörten zum ersten Mal den Ausdruck Trickfilm. Von den Spielfilmen hat der Biograph noch im Gedächtnis behalten: »Robert Koch« mit Emil Jannings und seinen Bakterien-»Tierchen, Tierchen«, die Kinder singen in der Schulstube »Licht und Luft und Sonnenschein laßt ins off'ne Fenster rein«, der Lehrer, gespielt von Erich Ponto, ein Gegenspieler Kochs, schließt die Fenster sofort wieder. In einem der Vorfilme, die Kulturfilme hießen, sahen sie die »Rettung Schiffbrüchiger« (10.8.1940: »Schmalfilmvorführung für O, M und U«), wegen dramatischer echter Aufnahmen mit einer Rettungshose hat er noch einige Szenen in Erinnerung. In einem andern Film wartet eine Affenmutter, bis ihr zurückgebliebenes Kleines auf der Flucht nachkommt: Mitleid rührte die Kinder bei soviel Mutterliebe.

Auch im Dorf wurden für alle Einwohner Filme gezeigt, und zwar im Gasthaus Selchow auf der linken Seite vor der Auffahrt zur Brücke, wo auch ein »Bunter Nachmittag« der Hitlerjugend stattfand, ohne daß der Lehrer Regie führte. Ein Junge steckte bei dieser Veranstaltung den Kopf in der Mitte zwischen den beiden Bühnenvorhängen heraus, erzählte irgendeinen Witz mit verstellten Stimmen, imitierte ein Zwiegespräch und verschwand dann »ab trimo durch die Mitte«. Der Schlußsatz mit der Pointe war so schnell und undeutlich gesprochen, was für seinen Vater-Lehrer sehr tadelnswert war, daß jeder seinen Nachbarn fragte:

»Was hat er gesagt?« und der Witz, wahrscheinlich nur ein Kalauer, bei den Zuschauern überhaupt nicht ankam.

Durch Soldaten des in Märkisch-Rietz stationierten Landesschützenbataillons 313 wurden u.a. die Filme »Der große König« und der »Choral von Leuthen« (am 11.3.1942) vorgeführt. Dort sah er auch den Film »Der ewige Jude«. Aus diesem Film, den er mit noch nicht neun Jahren sah, ist ihm ein Gewimmel von Ratten schauderhaft in Erinnerung geblieben, die die große Ratte auf dem Mühlendach einbezieht. Er glaubt noch zu hören, wie seine Eltern hinterher sagten: »Dieser Film ist aber nichts für Kinder.« Gerade deswegen wäre es erforderlich gewesen, im Unterricht über diesen Film zu sprechen, nicht im Sinne der stereotypen Hetzpropaganda, im widerlichen Stil des Volksschullehrers Streicher, also zum Schüren des Hasses gegen die Juden, sondern zur Beruhigung der Kinder zu betonen, daß es nur ein Film sei, daß es bei ihnen keine Ratten gäbe, daß man sie erfolgreich bekämpfen könne. »Kampf dem Verderb« wäre in diesem Zusammenhang das geeignete Thema gewesen, das bereits im Jahre 1937 Unterrichtsstoff war. Erst am 18.11.1942 wurde »Rattenbekämpfung ist Pflicht« besprochen, ohne die Juden zu erwähnen.

Einige Filme sahen sich seine Eltern vorher im Schulraum an. Eines Abends wachte der Junge nach dem ersten Schlaf auf, ging in das Klassenzimmer und sah gerade das Ende der »Geheimakte W.B.1«: Wilhelm Bauer, der Erfinder des Unterseeboots, entkommt mit dem neuesten Exemplar aus dem Petersburger Hafen, indem er mit einer Unterwasserkanone das sich schließende Hafentor sprengt und dann durch Untertauchen entkommt.

In Storkow in dem »Capitol-Lichtspieltheater« im »Bahnhofshotel« nicht weit weg vom Bahnhof sah er »D III 88«, »Stukas«, »Kopf hoch Johannes« und u.a. »Mutterliebe«: ein Junge verliert sein Augenlicht, weil er aufgrund einer Wette oder Mutprobe in ein enges Rohr unter einem

Bahndamm kriecht, man sieht, wie sich darüber zwei schwere Güterzüge in voller Fahrt begegnen, und er muß nachts herausgeholt werden, die Mutter opfert ein Auge für ihren Sohn. Außerdem sah er: »Quax, der Bruchpilot« mit Heinz Rühmann, »Mein bester Freund«, einen spannenden Kriminalfilm mit einem Schäferhund, sehr aufregend und zum Weinen – die Redewendung »er drückte auf die Tränendrüsen« lernten sie erst später – und die auch heute noch bekannte und immer wieder im Fernsehen aufgeführte »Feuerzangenbowle«.

»Was hast du denn im Kino gesehen?« fragte er eines Tages ein Mädchen. »Wochenschau« antwortete es. »Was ist das ?« – »Wie Frauen für Soldaten Strümpfe stricken« oder »Wie Mütter Babysachen häkeln« oder so etwas Ähnliches »und was so alles in der Woche passiert.« Er meinte: »Ooch, so was sehe ich mir nich an.« – »Die Wochenschau gibt es aber dazu!« Das merkte er dann bei seinem nächsten Kinobesuch, doch beeindruckten ihn die Berichte der am Anfang dieses Kapitels erwähnten PK-Berichter über die Kriegsschauplätze im Osten und Westen viel mehr, als was das Mädchen für wichtig gehalten hatte.

Sein Vater schließt den Auszug der Schulchronik folgendermaßen:

> *Am 25.10.1942 wurde hier ein Schulfilm »Freude ist alles« vom fröhlichen Treiben, Spiel, Scherz und Tanz der Schuljugend gedreht und am 3.1.1943 uraufgeführt.*

Über ein paar Einzelheiten dieses Films ist der Leser schon informiert (S.182). Auch im nächsten Kapitel wird es sich nicht vermeiden lassen, über die Propaganda zu reden, deren wichtiges Organ die RUNDFUNKsendungen waren. Vor allem versuchte die Propaganda, jeden davon zu überzeugen und ihm einzuimpfen, daß er als Deutscher ein besonders herausragender Mensch sei. Nur wenige werden in Heines Briefen aus Berlin von 1822 gelesen haben (Bd. 2, S. 164):

Wenn man so viele Herrlichkeiten bei Fremden sieht, gehört wirklich eine ungeheure Dosis Patriotismus dazu, sich noch immer einzubilden: Das Vortrefflichste und Köstlichste, was die Erde trägt, sei – ein Deutscher!

oder in Fontanes Brief vom 19.3.1895 an Friedlaender:

Der Deutsche, wenn er nicht besoffen ist, ist ein ungeselliges, langweiliges und furchtbar eingebildetes Biest.

Rundfunk

Üb' immer Treu und Redlichkeit …
Pausenzeichen des Deutschlandsenders und Glockenspiel an der Potsdamer Garnisonkirche

Unerschöpflich gab das Riesenreich des Zaren immer neue Soldaten und dem Kriege seine neuen Opfer. Wie lange konnte Deutschland dieses Rennen mitmachen? Mußte nicht einmal der Tag kommen, an dem nach einem letzten deutschen Siege immer noch nicht die letzten russischen Armeen zur allerletzten Schlacht antreten würden? Und was dann? Nach menschlichem Ermessen konnte der Sieg Rußlands wohl hinausgeschoben werden, aber er mußte kommen.
Hitler: Mein Kampf S. 215

Ein Bündnis, dessen Ziel nicht die Absicht zu einem Kriege umfaßt, ist sinn- und wertlos. Bündnisse schließt man nur zum Kampf. Und mag die Auseinandersetzung im Augenblick des Abschlusses eines Bündnisvertrages in noch so weiter Ferne liegen, die Aussicht auf eine kriegerische Verwicklung ist nichtsdestoweniger die innere Veranlassung zu ihm. So liegt schon in der Tatsache des Abschlusses eines Bündnisses mit Rußland die Anweisung für den nächsten Krieg. Sein Ausgang wäre das Ende Deutschlands. *a.a.O. S. 794*

Der Rundfunk formt den deutschen Menschen im Geiste Adolf Hitlers.
Propagandaspruch der Berliner Funkausstellung 1936

Der Radioapparat seiner Eltern bestand aus zwei Teilen: dem Rundfunkempfänger und dem Lautsprecher, einem trichterförmigen Gebilde, dessen Form an den Schalltrichter der Elektrola-Schallplattenfirma mit dem horchenden Hund und »Die Stimme seines Herrn« denken ließ. Diese am Ende des 20. Jahrhunderts wieder moderne Art der zweiteiligen Anlage stand auf einem kleinen hohen Tisch in der Ecke links vom Büfett links von der Tür zum Hausflur. Die Eltern hatten keinen sogenannten Volksempfänger (Deutscher Kleinempfänger 1938), den man im Volksmund nur leise »Goebbelsschnauze« nannte, der nur für den Deutschlandsender gebaut beziehungsweise so eingestellt war, daß alle deutschen Volksgenossen und Volksgenossinnen nicht einen als Feindsender bezeichneten ausländischen Rundfunksender hören konnten.

Im Haus existierte noch ein moderner Radioapparat, ein größerer Holzkasten, in dem der Lautsprecher – wie noch weitere Jahrzehnte üblich – eingebaut war. Dieses Gerät war Schuleigentum und stand im Klassenzimmer auf dem hohen Kartenschrank rechts vom äußerst rechten Fenster. Es wurde zu Führerreden oder ähnlichen Ansprachen während des Unterrichts eingeschaltet, so am 30.1.1937: Dr. Goebbels, am 15.3.1938: der Führer aus Wien, am 30.1.1939: Dr. Goebbels, am 28.4.1939: der Führer, am 3.4.40: Hermann Göring, am 20.4.1940: Adolf Hitler, am 6.5.1940: Reichsminister Rust, am 10.5.1940: Erklärung der Reichsregierung: Deutsche Truppen überschreiten zum Schutz der neutralen Staaten die Grenzen Hollands, Belgiens und Luxemburgs, am 24.6.1940: der Leiter des Rassenpolitischen Amtes Prof. Dr. Groß, am 1.7.1940: Hauptmann Zierach, am 30.1.1943: der Reichsjugendführer.

Es wurde aber nie privat benutzt, jedenfalls solange sein Vater die Schule leitete. Erst kurz vor Kriegsende, als vom Nachfolger seines Vaters keine Schule mehr gehalten wurde, nahm der Zwölfjährige, wie der Leser weiß, das Gerät mit in sein für einige Monate bewohntes kleines Zimmer hinter dem Wohnzimmer und hörte dort, was unter Strafe stand, den Feindsender mit dem Pausenzeichen: Paukenschläge »dam dam dam dam« aus dem ersten Satz der Beethovensymphonie Nummer fünf: SO POCHT DAS SCHICKSAL AN DIE PFORTE.

Er hörte auf diese verbotene Weise zum ersten Mal Meldungen über das Vordringen der Engländer und Amerikaner auf den westlichen und südlichen Kriegsschauplätzen in Europa, während im Deutschlandsender aus Königs Wusterhausen mit dem Einleitungssatz »Das Oberkommando der Wehrmacht gibt bekannt« immer nur von schweren und erfolgreichen Abwehrschlachten, Abriegelungen, planmäßigen Frontverkürzungen, Absetzbewegungen und von den zum Stehen gebrachten Feinden die Rede war und man nur aus den wechselnden Ortsangaben der Operationsräume hätte erkennen können, daß die Deutschen an allen Frontabschnitten sich auf einem verlustreichen Rückzug befanden und sich dabei teilweise in wandernden Kesseln zurückkämpfen mußten, wofür der generalstabsdeutsche schachspielstrategische Begriff »rochieren« verwendet wurde. Daß die deutschen Truppen dabei geschlagen, aufgerieben und vernichtet wurden, war ihm bis dahin nicht klar geworden.

Ihm wurde erst jetzt bewußt, daß viele deutsche Soldaten »gefallen« waren, wie ein Wort das oft qualvolle Erleiden des Todes verschleierte und beschönigte.

Früher und später umschrieb man das Sterben mit den Floskeln: er hat das Zeitliche gesegnet, er wurde aus dieser Zeitlichkeit abgerufen, er ist eingeschlafen, er ist verschieden, er ist von uns gegangen, er hat uns verlassen, er hat ins Gras gebissen, er ist umgekommen, er ist ums Leben, er ist unter die Erde gekommen (in Wirklichkeit in die Erde). Von einer Granate bis zur Unkenntlichkeit verletzt, von einer Maschinengewehrgarbe durchsiebt, nach schweren Verletzungen qualvoll gestorben, nach Amputation von Gliedmaßen verblutet, durch Kopfschuß getötet, in einem explodierenden Panzer verbrannt, durch Bobensplitter verletzt und den Verwundungen erlegen, und viele andere Arten gab es, wie die Menschen sich gegenseitig umbrachten. Abmurksen, kaltmachen: diese Wörter vermied man, die Ausdrücke krepieren wie bei Granaten und verrecken wie bei Tieren wurden aber bedenkenlos verwendet. Die Phantasie reicht nicht aus, alles zu beschreiben, was mit den Worten »gefallen, …sein junges Leben lassen mußte, …von Feindfahrt nicht zurückgekehrt, …sein Leben gab, …den Soldatentod, den Heldentod fand« umschrieben und mit dem Eisernen Kreuz auf den Todesanzeigen einheitlich zugedeckt wurde; ein anschauliches Beispiel ist das Hamburger Fremdenblatt vom 1.1.1944, S. 4 (fotokopiert als Anhang V).

Auch Speer sprach von eigenen Toten als »Ausfälle« und war »groß im Erfinden euphemistischer Ersatzvokabeln« (Spandauer Tagebücher, S. 44). Das Fremdwort Deportation klang weniger schrecklich als das Wort Verschleppung.

Auch heute noch ist der Sprachschatz nicht frei von Schönfärberei, von beschönigenden Umschreibungen, wenn man sagt: Städte wurden durch Kriegseinwirkungen in Mitleidenschaft gezogen; deutlicher war schon, wenn sie »dem Erdboden gleichgemacht« wurden.

Der Junge erfuhr erst aus dem im Zusammenhang mit seinen Radfahrten erwähnten Flugblatt und aus dem verbotenen Abhören eines Feindsenders, daß sehr viele deutsche Soldaten – die Zahlen gingen in die Hunderttausende – sich in Gefangenschaft befanden, so daß der grausame Krieg für sie schon zu Ende war. Es war ein Gespinst von Propaganda und verharmlosenden Meldungen in sprachlichen Formulierungen, die Siegesgewißheit und Glaube an den Endsieg (auch so ein neues Wort, das über Niederlagen hinweghelfen sollte) vortäuschten und diejenigen Menschen, die nicht zwischen den Zeilen lasen, bewußt über die wahre katastrophale militärische Lage im Unklaren ließen. Zäh und verbissen wurde weiter gekämpft, mit fanatischer Entschlossenheit und in trotzigem Aufbäumen wurde blindlings versucht, die deutschen Fronten auf fremdem Boden zu Lande, zu Wasser und in der Luft zu verteidigen.

Einen deutlichen Widerspruch zur nationalsozialistischen Ost-Expansionspolitik enthält – außer der erwähnten Umsiedlungsaktion von 1941/42 – das Ende des folgenden Satzes in der Rundfunkansprache von Goebbels an das deutsche Volk zu Silvester 1943/44 (Hamburger Fremdenblatt, S.2):

> *Die bolschewistischen Offensivarmeen haben nicht bis an die deutsche Reichsgrenze vorstoßen können, wie sie wollten und planen; unser Ost-*

heer bietet ihnen vielmehr an einer Front erbitterten Widerstand, die weit außerhalb unserer eigentlichen Lebens- und Interessensphäre liegt.

Seit diesem Zeitpunkt las der Zwölfjährige täglich die Wehrmachtberichte im Storkower Lokalanzeiger genau, kritisch und auch zwischen den Zeilen, indem er den Atlas hinzuzog, einen DIERKE, und die aufgeführten Orte mit dem Zeigefinger aufsuchte, z.B. im Wehrmachtbericht vom 31.12.1943 (siehe Anhang V). Nun wurde ihm auch klar, warum in Storkow in einem bestimmten Schaufenster auf der linken Seite hinter der Kampffmeyer-Mühle (»Dampf- und Wassermühle« von 1883 zur Elektroenergieversorgung) und vor dem zweiten Frisör schon lange nicht mehr eine Europakarte hing, auf der die Linie der deutschen Fronten mit Fähnchen und verbindender Kordel immer weiter nach Osten vorgeschoben worden war. Die hervorgehobenen Heldentaten und »Husarenstücke« einer bestimmten Division oder von einzelnen Soldaten, die russische T-34-Panzer abschossen, wie auch von Tieke oft berichtet, oder mit geballter Sprengladung »erledigten«, oder die Radio-Sondermeldungen über deutsche Unterseeboote, die so und so viele Bruttoregistertonnen aus amerikanischen Geleitzügen im Atlantik versenkt hatten, täuschten Kriegserfolge vor und verschwiegen, daß drei von vier U-Bootfahrern nicht heimkehrten, also im U-Boot erstickten oder ertranken.

Was der Junge damals noch nicht wußte: genauso hatte es früher schon Caesar, der geniale Feldherr – nicht der »größte Feldherr aller Zeiten« (=GRÖFAZ), damit war Hitler gemeint – in seinem »Gallischen Krieg« getan. Der Lateinlehrer, selbst ehemaliger aktiver Kriegsteilnehmer und Frontsoldat, machte in Hamburg Ende der Vierziger Jahre besonders auf diese Taktik der alten Kriegsberichterstattung aufmerksam, die gerade in schlechter und sogar aussichtsloser Gesamtsituation angewendet wurde. Dazu trugen – im 20. Jahrhundert – auch dramatische Zeichnungen bei, wie z.B. ein deutscher Soldat auf einen T 34 klettert und durch die Turmluke eine

Sprengladung hineinwirft. Auf die Idee kam so schnell keiner, daß es sich um eine Verzweiflungstat handelte aus Mangel an richtigen panzerbrechenden Abwehrwaffen gegen die weit überlegene Vielzahl von Kampfpanzern.

Das Vorführen eines neuen Königstigers in der Wochenschau, an die der Verfasser sich gut erinnert, wie er eine hohe Kiefer umfährt und unversehrt durch ein Haus hindurchfährt, demonstrierte die gewaltsame Kraft dieses Kriegsfahrzeugs, gab aber keine Auskunft darüber, wie viele Panzer von dieser Sorte hergestellt und ob diese Panzer an der Front mit ausreichend Treibstoff versorgt werden konnten.

Wie schon erwähnt, war er dabei, als im Radio der »Einmarsch« der deutschen Truppen in Rußland bekannt gegeben wurde. Aus heutiger Sicht war das der Überfall auf die Union der Sozialistischen Sowjetrepubliken. Es hörten zu: seine Eltern und eine junge Lehramtsanwärterin, Fräulein Gerczuk, die aus der Ukraine mit den sogenannten Umsiedlern nach Deutschland »Heim ins Reich« gekommen war. Sie schlug die Hände über dem Kopf zusammen und sagte sinngemäß: »Das nimmt ein schlimmes Ende für Deutschland. Denn ich weiß, wie groß Rußland und seine Armeen sind.« Diese warnende Stimme ist dem Erzähler bis heute im Ohr geblieben. Es dauerte nur drei Jahre, bis dieser Kassandra-Ruf jedem zur Gewißheit wurde. Wer hatte damals schon »Mein Kampf« gelesen? Klemperer wunderte sich besonders in seinem Buch über die Sprache des dritten Reichs, daß viele katastrophale Forderungen und menschenverachtenden Bekenntnisse, die vor und in dem Krieg verwirklicht wurden, in diesem Buch ausgesprochen waren, das sogar als das heilige Buch des Nationalsozialismus gerühmt wurde. Auf den Seiten 36 und 37 schreibt Klemperer:

> *Nie ist ein Lehrbuch der Propaganda mit schamloserer Offenheit geschrieben worden als Hitlers »Mein Kampf«. Es wird immer das größte Rätsel des Dritten Reichs bleiben, wie dieses Buch in voller Öffentlich-*

keit verbreitet werden durfte, ja mußte, und wie es dennoch zur Herrschaft Hitlers und zu zwölfjähriger Dauer dieser Herrschaft kommen konnte, obwohl die Bibel des Nationalsozialismus schon Jahre vor der Machtübernahme kursierte.

Die diesem Kapitel vorangestellten Hitler-Zitate, von denen sich das erste auf den ersten Weltkrieg bezieht, beweisen, daß Hitler das Ende Deutschlands für den Fall eines Krieges mit Rußland vorausgesagt hatte. Eine noch frühere Prophetie ist bei Treitschke (S. 35) zitiert; denn er beklagt (!) sich:

Alle unsere Publizisten bis herab auf Pütter und Johannes Müller warnen die friedliche Welt vor der verderblichen Macht der deutschen Einheit und schließen das Lob des Heiligen Reiches mit der inbrünstigen Mahnung: Wehe der Freiheit des Weltteils, wenn die hunderttausend deutscher Bajonette jemals einem Herrscher gehorchten!

Welche prophetische Gabe hatten doch die angeprangerten Publizisten; denn deren Befürchtungen haben sich leider in zwei Weltkriegen bewahrheitet. Nur folgerichtig, wenn auch mit lebensmißachtendem teuflischem Hohn, sind Hitlers nicht erst kurz vor seinem Selbstmord abgegebenen Erklärungen, das deutsche Volk habe sich als zu schwach erwiesen und seine Probe vor der Geschichte nicht bestanden. Die genauen Äußerungen werden vor dem Kapitel DER KRIEG IST AUS zitiert.

Außerdem vermittelte das Radio die schon angetippten Sondermeldungen, die durch die Fanfaren aus den »Préludes« von Franz Liszt angekündigt wurden. Schließlich hörte der Junge mit, wenn seine Eltern die Sonntagssendung mit Operetten- und Volksmusik anstellten. Eine beliebte Sendung war »Wunschkonzert«, das auch mit Zarah Leander verfilmt wurde. Militärmusik suggerierte Zuversicht und Hoffnung, Unterhaltungsmusik beschwichtigte Kummer und Sorgen wegen des täglichen Ärgers mit dem Kochen, Reinemachen und Kinder-, Vieh- und Gartenversorgen.

Im Radio hörte der Junge die Militärmärsche, einige hatte Beethoven komponiert, sie wurden für Militärblasorchester umgeschrieben, wie z.B. der York'sche Marsch. »Alte Kameraden« wurden besonders gern gehört. Der Hohenfriedberger Marsch stammt angeblich von Friedrich dem Großen. Im Sonntagmittagskonzert genoß er mit geschlossenen Augen den Triumph-Marsch aus Verdis Oper »Aida«, er fühlte sich wie die Erwachsenen in der Begeisterung für Marschmusik durch derartige Werke von klassischen Komponisten bestätigt. Wenn schon Beethoven und Verdi so gute Märsche geschrieben hatten, dann könnte man auch neue zackige Märsche mit einem Text singen, der in die damals als »neu« bezeichnete Zeit paßte mit ihrer Begeisterung für marschierende Soldaten entsprechend der Redewendung »Marschmusik geht in die Beine«.

Mit seinem Großvater erlebte er einmal vor dem Besuch des Zeughauses die Wachablösung vor dem Schinkel'schen Ehrenmahl Unter den Linden. So eine Ehrenkompanie im Paradestechschritt sah natürlich anders aus als ein auf staubigen oder morastigen Wegen sich mühsam vorwärts – oder eher rückwärts – bewegendes, sich dahinschleppendes Regiment oder eine kleine Kampfgruppe aus den übrig gebliebenen Resten von mehreren Regimentern, sogar von einer ganzen Division, besonders wenn der Wochenschau-Zuschauer an Rußland mit seinen Schlammperioden und Schneestürmen mit extremen Frosttemperaturen gedacht hätte. Für die Jungen war Musik gleichbedeutend mit Marschliedern oder Volksliedern. Wenn sie im Oberschulchor C-a-f-f-e-e sangen, so war das nur eine Ausnahme, die die Regel bestätigte.

Doch soll hier das Kapitel schließen und die Musik dem folgenden Kapitel vorbehalten werden.

Musik

Wir marschieren für Hitler durch Nacht und durch Not...
Aus einem NS-Marschlied.

Deutschland wird entweder Weltmacht oder überhaupt nicht sein. Zur Weltmacht aber braucht es jene Größe, die ihm in der heutigen Zeit die notwendige Bedeutung und seinen Bürgern das Leben gibt.
Hitler: Mein Kampf S. 742

Das Klavier war schwarz und stand im Wohnzimmer, wie bereits in einem der ersten Kapitel erzählt wurde. Darüber hing ein breites schwarzgerahmtes Glasbild mit den Köpfen von Bach, Beethoven und Mozart. Als der Biograph sechs Jahre alt war und auf einem Xylophon die einfachsten Kinderlieder erklingen lassen konnte, begann sein Vater, ihm Klavierunterricht zu geben. Der Mundharmonikaunterricht war schon gescheitert, obwohl sein Vater seit dem Jahr 1933 jeweils in den Volksschulen ein Mundharmonikaorchester einstudiert hatte. Sein Ältester bekam aber Kopfschmerzen, weil er beim Üben zu stark in das Instrument hineinblies und das nicht ändern konnte. In dem Auszug aus der Schulchronik schreibt sein Vater:

Am 20.4.1938 erschien der Aufnahmewagen des Berliner Rundfunks und nahm Lieder und Märsche des Mundharmonikaorchesters unserer Schule und der »Märkisch-Rietzer Hauskapelle«, welche der Lehrer mit 16 Einwohnern gegründet hatte, auf. Am 24.4. wurde die Wachsplatte im »Echo der Kurmark« gesendet.

Im 17. Jahrhundert Chur-Marck geschrieben, mußte sich die Kurmark später gefallen lassen, für eine Zigarettenmarke zu werben.
Der Klavierunterricht bei seinem Vater war eine Tortur, weil sein Vater

die Geduld, die er vormittags in der Schule zur Genüge aufbrachte und dafür vom Schulrat gelobt wurde, am Nachmittag für seinen eigenen Sohn nicht mehr hatte. Als er ihn auf der Geige begleitete, wurde er einmal über seinen Sohn oder über sein falsches Taktgefühl so ärgerlich, daß er mit dem Geigenbogen auf die Schulter seines Privatschülers schlug. Es gab nicht nur bei diesem Vorfall viele Tränen. Wenn der Chronist auch nicht unmusikalisch ist, so machte ihm die Technik des Spielens doch viel Mühe. Seine Mutter meinte: »Du hast ja Wurschtfinger«. Der Unterricht wird auch nicht regelmäßig stattgefunden haben. Jedenfalls machte er in vier Jahren keine nennenswerten Fortschritte. Als er elf Jahre alt war, erhielt er in Königs Wusterhausen durch Vermittlung der Frau Dallmann Unterricht bei einer Klavierlehrerin, die mit ihrer Schwester eine private Klavierschule unterhielt. Beide Frauen, keine Damen, waren über 50 Jahre alt, also in den Augen von Schülern sehr alt. Frau Dallmann hatte gewünscht, daß er zu dem jüngeren und freundlicheren Frollein Werner gehe, aber das klappte nicht. Seine Lehrerin, Frollein Pfingsthorn, hatte für seine damaligen Begriffe ein verschrumpeltes Gesicht und eine raue und verraucht klingende Stimme, sie rauchte nämlich Zigarren. Bei dem systematischen Unterricht, der wahrscheinlich fast von vorn begann, kam es vor, daß sie einen seiner Wurschtfinger nahm und wiederholt gewaltsam auf eine bestimmte Klaviertaste drückte und mehrmals die Note nannte, die er anschlagen sollte: »Dee! Dee! Dee!«

Als besonders beschämend für ihn ist ihm folgender Vorfall in Erinnerung geblieben, den er niemandem erzählte: Die Lehrerin war mal wieder ärgerlich über ihn und seine Spielversuche und beanstandete, daß er bisher so wenig gelernt hätte. »Wieder nicheübt!« genau wie Walter Kempowski in seinem Erinnerungsbuch (»Alles frei erfunden!«? Von wegen (S. 137, 139). Da rechtfertigte er sich: »Ich kann aber Über den Wellen (von Joventino Rosas) spielen, soll ich Ihnen das vorspielen?« Sie wurde noch ärgerlicher und spielte, nein: hieb auf die Tasten ein und sang mit betonter Hervorhebung des Dreiviertel-Taktes das Stück:

»La – zwei drei, Lala-lala – zwei drei eins, Lalala-lalala-lalalaaa.« Er erlebte einen richtigen Wutausbruch, der ihm deutlich machte, daß sie entsetzt war, weil er dieses Stück mit seinem Geklimper überhaupt als Musik ansah. Er erkannte auch, daß sie über seinen Vater erbost war, der ihm dieses Klavierstück beigebracht hatte. Sie vermutete vielleicht, daß sein Vater zu Dorftänzen aufspielte, eine in den Augen der Lehrerin unwürdige Beschäftigung mit der Musik.

Das hat sein Vater in seiner Junglehrerzeit sogar getan, aber mit der Geige. Nach bestandener erster Lehrerprüfung war er in den Jahren 1924 bis 1926 in Patzig's Conservatorium der Musik, Berlin, als Lehrer für Violine, Klavier und Theorie, anschließend im Ernst'schen Musik Institut Berlin, Direktor: Eugen (»Euschen«) Ernst, als Lehrer für Klavier, Mandoline, Laute & Violine beschäftigt. Außerdem gründete er an jeder Volksschule entweder ein Mundharmonika- oder Handharmonikaorchester (mit »Quetschkommoden«), in Görsdorf und in Märkisch-Rietz leitete er ein Blas-, Streich- und Zupforchester mit erwachsenen Spielern. Auf einer Okarina blies er nur selten und nur zum Vergnügen seines Ältesten.

Dieses Erlebnis mit der wütenden Klavierlehrerin gab ihm den ersten musikalischen Stich in dem Sinne, daß er begriff, daß es außer der Unterhaltungsmusik und den Volks- und Marschliedern noch die sogenannte ernste Musik gab, also von den Komponisten, deren Abbilder über ihrem Klavier hingen. Nur für diese gute Musik, das spürte er jetzt deutlich, war seine damalige Klavierlehrerin zuständig. Als Trauma verblieb ihm seitdem ein Widerwille gegen 3/4-Takt-Musik, wie z.B. die Strauß-Walzer.

Es können im Spätsommer 1943 nicht viele Unterrichtsstunden gewesen sein, die er am Klavier in Königs Wusterhausen erhielt, und zwar erst nach dem Schulunterricht um die Mittagszeit, so daß er ein bis zwei Stunden später als sonst nach Hause und endlich an den Mittagstisch in der Küche kam. Noch im selben Jahr erhielt er wohltuenden Unterricht bei einer Berliner Klavierlehrerin, die »ausgebombt« war – ein schnell eingeprägtes neues Wort – und in ihr Sommerhaus in der Behrensdorfer Siedlung gezogen war, die später nach Wendisch Rietz eingemeindet wurde. Dieses Haus erreichte er mit seinem Fahrrad in etwa einer Viertelstunde. Die Dame war geduldig, so daß er gern zu ihr fuhr. Sein beschriebener Freund Peter aus Behrensdorf hatte dort ebenfalls Unterricht. Daß der im Stoff schon etwas weiter war, machte ihm nichts aus, weil er gewohnt war, ihm unterlegen zu sein.

Das Kriegsende brachte auch dem Klavierunterricht das Ende. Erst als die Mark Brandenburg und Preußen aufgehört hatten zu existieren, hörte er die Brandenburgischen Konzerte von Johann Sebastian Bach und die Preußischen Quartette von Mozart.

> *Der Staat Preußen, der seit jeher Träger des Militarismus und der Reaktion in Deutschland gewesen ist, hat in Wirklichkeit zu bestehen aufgehört.*

So beginnt das Gesetz Nummer 46 des Alliierten Kontrollrates vom 25.2.1947 in Berlin. Zum Stichwort Preußen fällt ihm noch folgende, seltsamerweise gerade aus der Zeit des Soldatenkönigs, Friedrich Wilhelms I., stammende Redensart ein: »So schnell schießen die Preußen nicht«, das sollte heißen: So schnell erschießen die Preußen einen Deserteur nicht (Haffner S. 79), mit anderen Worten: »Nu machma langsam!« – Das ergibt das nächste Stichwort: in der Schule wurde geübt, das Allerweltswort »machen« durch viele andere Wörter zu ersetzen. Trotzdem sagten auch die Erwachsenen: Mach die Tür auf oder zu, mach das Licht an oder aus! Das war aus der Sicht eines auf ordentliches Hochdeutsch bedachten Volksschullehrers »fatal« im Sinne von Wilhelm Busch (unvergeßlich: »Plisch und Plum«). Der Stolz seines Vaters als Lehrers war es, daß die Kinder innerhalb kurzer Zeit für »sagen« über einhundert verschiedene »sinnverwandte Wörter (Wortfelder)« gefunden hatten. Auf S. 30 des 16 Pfg. teuren Heftes »122 deutsche Sprachbausteine«, »ein Hilfsmittel für alle Schüler und für jeden Volksgenossen« sind es nur 75. Auf der braunen Umschlagseite – dazu paßt das mischfarbige Marschlied »Schwarzbraun ist die Haselnuß…« – sind die Gliederungen der NSDAP und der ihr angeschlossenen Verbände aufgelistet, und auf S. 17 wird für die Zeichensetzung der wörtlichen Rede variiert: Der Führer sagt: »Wer nicht streiten will…« wie auf S. 130 oben zitiert.

Seine Eltern besaßen ein Koffergrammophon. Es wurde mit einer Kurbel aufgezogen, das reichte gerade für das Abspielen einer Schallplatte. Handelte es sich um eine große Platte, mußte, sobald die Töne tiefer klangen, die Platte sich also langsamer drehte, der Apparat noch einmal mit der Kurbel aufgezogen werden wie ein Uhrwerk. Den schwenkbaren metallenen Tonarm mußte sein Vater hochheben und für jede Platte eine neue Nadel vorn am Tonabnehmer hineinstecken und mit einer kleinen Schraube festdrehen. Seine Eltern hatten nicht viel mehr als zehn Schallplatten, vor allem Potpourris aus Liedern, in zwei Alben gesammelt: z.B. »Schlösser, die im Monde liegen« aus der Operette »Frau Luna« von Paul Lincke. Sie besaßen auch eine Weihnachtsplatte mit den bekannten Weihnachtsliedern und eine Platte mit einem Männerchor, der »Die Himmel rühmen des Ewigen Ehre« (von Gellert / Beethoven) und »Lützows wilde verwegene Jagd« (von Theodor Körner / Carl Maria von Weber) sang. Beliebter waren »Heinzelmännchens Wachtparade« (von Kurt Noack, op. 5) und die Kindersymphonie von Leopold Mozart, damals noch Joseph Haydn zugeschrieben.

Irgendjemand, vermutlich Herr Kandler, schenkte ihnen »Zehn kleine Negerlein«, von einem Tenor mit blechern klingender Orchesterbegleitung gesungen. Das Grammophon wurde aber sehr selten benutzt. Sein Großvater hatte in Berlin ein Grammophon, das in einem kleinen Schrank unter dem modernen Radioapparat eingebaut war. er legte immer nur das Intermezzo aus der Oper »Cavalleria rusticana« von Mascagni auf, deshalb war das Rauschen der Platte laut und störend. Oma sagte zu ihm, der etwas schwerhörig war: »Ach laß doch, das rauscht zu doll.«

In der Schule lernten die Kinder Volkslieder, Wanderlieder, Marschlieder, Kampflieder und Frontlieder, wie sich aus den Aufzeichnungen seines Vaters, besonders im Jahre 1940 ergibt.

Wildgänse rauschen durch die Nacht mit schrillem Schrei nach Norden. Unstete Fahrt, habt acht, habt acht, die Welt ist voller Morden.

Das sangen die zehnjährigen Jungen, wenn sie durch das polnische Krynica im Generalgouvernement marschierten, ohne zu ahnen, wie makaber und wirklichkeitsnah diese Strophe war. Denn sie befanden sich mitten im Weltkrieg, dem zweiten, und mitten im eroberten und besetzten Ausland, damals gleichbedeutend mit Feindesland, in einem Land, das im Laufe der letzten 200 Jahre nicht weniger als sieben Mal geteilt worden war, und die Welt war wirklich voller Morden. Die Jungen dachten in ihrem Alter nur daran, daß die Wildgänse mit diesem Lied vor dem Ermordetwerden gewarnt werden sollten. Auch sonst waren sie beim Singen nicht zimperlich:

Wir lagen vor Madagaskar und hatten die Pest an Bord.
In den Kesseln, da faulte das Wasser, und täglich ging einer über Bord.

oder:

In den Teichen schwimmen Leichen mit den aufgeschlitzten Bäuchen

mit dem Kehrreim:

Umba-Umbalaka, umba-ö-hö-hö-hö-hö,

ein ähnliches Lied wie:

Heiß brennt die Äquatorsonne auf die öde Steppe nieder, nur im Krale der Ovambo singt voll Wonne seine Lieder: Kalitschkakauka-tschulima ... mit Wiederholungen,

oder:

Warte, warte nur ein Weilchen, dann kommt Haarmann auch zu dir. Mit dem scharfen Hackebeilchen macht er Büchsenfleisch (oder *Leberwurscht?) aus dir.*

Haarmann war ein 24-facher Mörder, der seine Opfer zerstückelte und in Dosen verkaufte.

Es zittern die morschen Knochen der Welt vor dem roten Krieg.
Wir haben den Schrecken gebrochen, für uns war's ein großer Sieg.
Wir werden weiter marschieren, wenn alles in Scherben fällt,
denn heute da hört uns Deutschland und morgen die ganze Welt.

Nach dem Ende des Krieges, wurde gesagt, es sei gesungen worden:

... heute g e h ö r t uns Deutschland ...

Das bekunde mit aller Deutlichkeit den damaligen Größenwahn. Es mag sein, daß viele Menschen dieses Lied so gesungen haben; sie aber, so erinnert sich der Verfasser, sangen:

... heute d a hört uns Deutschland ...

Daß das eine extra angeordnete Abweichung vom Urtext war, hat Klemperer in einem besonderen Abschnitt seines Buches LTI (Die eine Silbe, S. 314 ff) beschrieben und nachgewiesen. Außerdem hat das Oberlandesgericht Celle in seinem Urteil vom 3.7.1990, veröffentlicht in der Neuen Juristischen Wochenschrift (1991, S. 1497), diese zweite Fassung aus dem im Auftrag des Oberkommandos der Wehrmacht herausgegebenen Liederbuch der deutschen Soldaten »Morgen marschieren wir« (Ludwig Doggenreiter Verlag 1939) zitiert und unbestritten gelassen, daß das Lied 1932 von Horst Baumann, später Referent in der Reichsjugendführung, für die katholische Jugend komponiert und dann von den Nationalsozialisten übernommen worden war. Es wurden aber auch viele harmlose, politisch neutrale Lieder gesungen:

Schwarzbraun ist die Haselnuß... O du schöner Westerwald... Märkische Heide...

das sein Vater 1933 als »der Brandenburger Trutzlied« bezeichnete,

Kein schöner Land in dieser Zeit als hier das unsre weit und breit... Wem Gott will rechte Gunst erweisen, den schickt er in die Wurschtfabrik...

So sangen die Halbwüchsigen das Lied schon damals in geänderter Fassung.

Wenn die bunten Fahnen wehen... Aus grauer Städte Ma-hau-ern...
Wer recht in Freuden wandern will, der geh der Sonn' entgegen,
da ist der Wald so kirchenstill...

Das letzte Wort war für ihn neu, aber gleich verständlich, weil er von der Kirchenstille immer beeindruckt war. Sein Vater hatte eine Vorliebe für Musik, und so lernte auch sein Ältester außerdem folgende Lieder:

Ein Jäger aus Kurpfalz... Es, es, es und es, es ist ein harter Schluß... Zeigt her eure Füßchen, zeigt her eure Schuh'... Auf, auf zum fröhlichen Jagen... Wer will fleißige Handwerker seh'n... Auf, du junger Wandersmann... Nun ade, du mein lieb Heimatland... Im schönsten

Wiesengrunde… Alle Vögel sind schon da… Gestern abend ging ich aus… Kuckuck, kuckuck ruft's aus dem Wald… Am Brunnen vor dem Tore… Die Leineweber haben eine saubere Zunft… Winter ade, Scheiden tut weh… Ein Vogel wollte Hochzeit machen… Ein Jäger längs dem Weiher ging… Der Mai ist gekommen mit dem Schluß: *Wiehie bist du doch so schön, o du weite weite Welt!*

Das sangen die Dorfschulkinder gedankenlos angesichts der kriegsbedingten Häßlichkeiten. In diesem weltweiten Krieg war die besungene »weite weite Welt« wahrlich nicht mehr schön. Denn Menschen zerstörten die Natur und machten das Antlitz der Erde häßlich.

Der Mond ist aufgegangen… Guten Abend, gute Nacht… Guter Mond, du gehst so stille… Weißt du, wieviel Sternlein stehen…

Von seiner Mutter lernte er schon vor seiner Schulzeit:

Backe, backe Kuchen… Hänschen klein… A, B, C, das Kätzchen lief in'n Schnee… Alle meine Entchen… Fuchs, du hast die Gans gestohlen… Summ, summ, summ, Bienchen summ herum… Der Sandmann ist da… Häschen in der Grube… Auf unsrer Wiese gehet was… Suse, liebe Suse, was raschelt im Stroh… Schlaf Kindchen schlaf…

Später sang er in der Schule mit den andern Kindern:

Im Märzen der Bauer… Wollt ihr wissen, wie der Bauer… Das Wandern ist des Müllers Lust… Hänsel und Gretel verliefen sich im Wald… Wenn ich ein Vöglein wär… Kommt ein Vogel geflogen… Ein Männlein steht im Walde…

und noch andere Volkslieder (siehe oben).

Die Pimpfe sangen natürlich, wenn sie in uniformierter Formation zakkig im Gleichschritt und Dreierreihen marschierten, auch Soldatenlieder, deren Melodien einprägsam waren und »in die Beine gingen«:

Auf der Heide blüht ein kleines Blümelein – bum – bum – bum – und das heißt – bum – bum – bum – Erika

von Ernst Nielebock, wie jeder – etwas leiser – sagte, der aber Herms Niel genannt wurde. Oder das Lied von der Legion Condor in Spanien:

Hoch über der spanischen Erde, mit Fliegern Italiens vereint. Wir sind deutsche Legionäre, die Bombenflieger der Nation.

Was dort in den Jahren 1936 und 37 in dem Bürgerkrieg geschehen war, wußten die Elfjährigen nicht, denn es wurde ihnen nichts davon erzählt. Hemingway schrieb darüber seinen Roman »Wem die Stunde schlägt«, der besonders durch den amerikanischen Film von 1943 mit Ingrid Bergmann und Gary Cooper bekannt wurde, allerdings erst in der Nachkriegszeit. Und das Riesengemälde »Guernica« mit dem Thema des Schreckens eines Bombenangriffs durch die deutschen Söldner war von Pablo Picasso noch nicht gemalt worden.

Unsre Fahne flattert uns voran, unsre Fahne ist die neue Zeit. Wir marschieren für Hitler durch Nacht und durch Not
mit der Fahne der Jugend für Freiheit und Brot.
Wiederholung: *Unsre Fahne flattert…*
mit dem Schluß: *Ja die Fahne ist mehr als der Tod.*

Das war der Refrain zu dem Lied (des Reichsjugendführers Baldur von Schirach), dessen erste Strophe lautet:

Vorwärts, vorwärts schmettern die hellen Fanfaren, vorwärts, vorwärts, Jugend kennt keine Gefahren.

Ist das Ziel auch noch so hoch, Jugend zwingt es doch!

und das er auf seinem Lübecker Nachkriegsschulweg vor sich hin summte, offenbar ohne Skrupel.

Die Aufzählung ist nicht vollständig, aber es wurden nur diejenigen Lieder erwähnt, an deren Melodie der Verfasser sich genau erinnern kann. Nicht zu vergessen ist *Deutschland, Deutschland über alles…* und sofort anschließend in schnellerem Marschtakt: *Die Fahne hoch,* das Horst-Wessel-Lied. Allen Kindern hätte das Deutschlandlied gereicht, weil sie wie die Erwachsenen während des Singens den rechten Arm die ganze Zeit zum Deutschen Gruß hochhalten mußten, so daß er ihnen bald wehtat. Sonst wurde ja die »schöne« Hand von den Erwachsenen zur Begrüßung zu drücken verlangt.
Die bekannten Weihnachtslieder lernten die Kinder in der Schule und zu Haus auswendig:

Morgen kommt der Weihnachtsmann… Trommel, Pfeife und Gewehr und ein ganzes Kriegesheer möcht' ich gerne haben… (eine damalige Abweichung vom Fallersleben-Originaltex) *Laßt uns froh und munter sein… Alle Jahre wieder… Stille Nacht, heilige Nacht… O du fröhliche, o du selige… O Tannenbaum, o Tannenbaum…*

Hohe Nacht der klaren Sterne…, das die altbekannten und eingebürgerten Lieder verdrängen sollte, setzte sich nicht durch, jedenfalls nicht bei seinem Vater.

Es steht eine Mühle im Schwarzwäldertal… hörte der Chronist am 14.12.1980 zufällig im Radio wieder. Im Jahr 1943 hatte dieses Lied eine marschierende Jungmädelkolonne in Krynica gesungen. Als die Jungen sie näherkommen sahen, wurden sie vom Lagermannschaftsführer ermahnt: »Nehmt euch zusammen! Marschiert zackig und singt lauter!« Ihre Stimmung war auf diese Weise gegen dieses »komische weibische« Lied und damit auch gegen die von ihnen so genannten Weiber aufgeputscht.

Bücher

Anschauung ist das absolute Fundament aller Erkenntnis.
Schulweisheit

Sobald der Erzähler lesen konnte, las er gern und sehr viel. Das Lesen ersetzte in großem Umfang das Spielen. Zuerst hatten es ihm die Märchen angetan, besonders das Buch mit Grimms Märchen: »Und wenn sie nicht gestorben sind, leben sie noch.« Darin waren schöne bunte Zeichnungen, wie jeder sie heute noch in der Knaur-Ausgabe kaufen kann. »Der süße Brei« war eine der ersten Geschichten, die ihm vorgelesen und ihm so anschaulich wurde, weil er sich süßen Grießbrei vorstellen konnte und gerne mit Zucker aß, besonders die dicke Haut, die sich beim Erkalten bildete. »Bloß ein bißchen Grieß« war ein beliebter Rechtschreibungs- Merkspruch seines Lehrer-Vaters für das Eszett. Das Märchen las er später mehrmals selbst, außerdem den »Struwwelpeter« von Heinrich Hoffmann, »Max und Moritz« von Wilhelm Busch und ein ähnliches Buch über »Bock und Beck, der Klassenschreck«: die beiden Lausejungen bissen beispielsweise vor einer Blaskapelle in eine Zitrone mit dem Erfolg, daß sämtliche Bläser ihre Lippen zusammenkniffen und nicht mehr blasen konnten. Oder sie ahmten das »Kiwitt« als »Komm mit« des sogenannten Totenvogels nach, um eine alte Tante in ihrem Bett furchtbar zu erschrecken.
Später, als die Zeit der Kinder-Bilderbücher zu Ende ging, kamen Soldatengeschichten in kleinen Kriegsbüchern an die Reihe. Besonders beeindruckte die Geschichte eines jungen Mannes im ersten Weltkrieg, der auf dem Balkan unter dem Schlamm, der Kälte und dem Durchfall leiden mußte. Er war kein Held, kein Draufgänger, sondern ein stiller Dulder, der die Gefühle des jungen Lesers tief berührte. Billig waren Hefte über kurze Kriegserlebnisse, zum Beispiel aus dem Polenfeldzug, wobei erst später auffiel, daß das Wort Krieg immer vermieden

wurde. Dort tauchte ein Panzerzug auf, etwas ganz Ungewöhnliches, und dort lernte er das erste polnische Wort: stoi = halt! Diese Hefte waren billig, kosteten nämlich nur 20 Pfennige und enthielten einige spannende Zeichnungen. Eins hieß »Giftzwerg, der Minenmixer«, dieses Groschenheft kaufte der Junge in der Nähe des Bahnhofs Frankfurt/ Oder. Es schilderte das aufregende Leben auf einem Minenleger, einem Kriegsschiff, in der Nordsee. »Krieg und Frieden« von Leo Tolstoi, erst viel später, nach dem Krieg gelesen, ist ein spannendes Zeitgemälde, lag aber über hundert Jahre zurück. Die zeitgemäßen Hefte mit Kriegserlebnissen waren zwar literarisch nicht wertvoll, packten aber wegen der Gegenwartsnähe. Und die Kinder wußten ja nichts von literarischem Wert.

Die Mitschüler auf der Oberschule erzählten in den Unterrichtspausen von Karl-May-Büchern, prahlten mit dem langen Namen »Hadschi Halef Omar Ben Hadschi Abul Abbas Ibn Hadschi Dawuhd al Gossarah« und identifizierten sich mit den Buchhelden. Außerdem war Tarzan ein häufiges Gesprächsthema. Ein Buch über Panzer erhielt der Zehnjährige als Preis aus einem Wettbewerb über das Thema »Welcher Waffengattung will ich angehören?« Er hatte nämlich im Juni 1942 einen Aufsatz über die Vorzüge der Panzerwaffe geschrieben und über die Zusammenarbeit mit den Fußsoldaten, den Panzergrenadieren, und der Luftwaffe. Zeitungsausschnitte mit Fotos und Bildern aus Illustrierten hatte er eingeklebt. Dabei dachte er zurück an das Foto mit dem Görsdorfer Handwagen, den Heinz Müller mit leeren Kartoffelsäcken zu einem Panzerwagen zum Kriegspielen verkleidet hatte. Sein Vater gab ihm Anregungen, aber geschrieben hat der Junge den Text selbst und auch das Heft selbst zusammengestellt. Der Text stammte also nicht von seinem Vater, so daß er den Aufsatz als seine eigene Leistung betrachten konnte. Trotzdem hatte er schon damals das Gefühl, daß die Jungen aus der Volksschule ihn beneideten und annahmen, sein Vater habe nicht nur geholfen, sondern ihm praktisch die Sätze in die Feder diktiert. Auf dieses Panzerbuch war er natürlich sehr stolz, zumal es mit vielen Fotos illustriert war. Später, viel später, hat er von einem mit Verbrennungen dritten Grades am Leben gebliebenen Augenzeugen (Ladeschütze in einem Tigerpanzer an seinem 18. Geburtstag am Dnjepr, Artikel der Koblenzer Rhein-Zeitung am 11.4.1979) mit Entsetzen gelesen, wie unvorstellbar schrecklich es ist, in einem Panzer zu verbrennen, wenn der Treibstofftank explodiert.

Als er sein elftes Lebensjahr vollendete und seinen Geburtstag in ungewohntem Rahmen in Krynica feierte, erhielt er, wie berichtet, von dem Lagerleiter ein dickes Buch über den Frankreichfeldzug geschenkt, nachdem er gefragt worden war, was er sich wünsche. »Der Würfel ist gefallen« lautete der Titel nach Caesers Ausspruch »Alea iacta est« oder vielleicht nur die Unterschrift zu einem Foto, das zeigt, wie deutsche Truppen über die französische Grenze fahren. Für ihn war es damals ein packendes militärisches Buch, eine andere Meinung war nicht denkbar. Latein lernte er erst ab der zweiten Hälfte des Jahres 44.

Dagegen kritisiert Fontane in seinem Buch »Kriegsgefangen, 1870« (2. Abteilung »Comme officier superieur«, 3. Moulins am Ende) das Buch »La grande Armée« von Rabou (1860):

> *...ich war verstimmt. Und ich glaube mit Grund. »Solche Bücher«, sagt' ich mir, »schreibst du selbst. Sind sie ebenso, so taugen sie nichts. Die bloße Verherrlichung des Militärischen ohne sittlichen Inhalt und großen Zweck ist widerlich.«*

Als der Junge zur Oberschule nach Königs Wusterhausen fuhr, hatte er zum Lesen nicht mehr viel Zeit, weil er erst gegen zwei oder drei Uhr zu Hause war und nach dem Mittagessen fleißig Schularbeiten anfertigte. Als Ältester seiner Geschwister half er dann seiner Mutter beim Kaninchen- und Hühnerfüttern, er hackte Holz oder goß im Garten mit der Gießkanne, was bei dem trockenen Sandboden im Sommer täglich nötig war. Außerdem hatte er Klavierunterricht und mußte dafür üben; die

Radfahrt zur Behrensdorfer Siedlung nutzte er auf dem Nachhauseweg, wie geschildert, wenigstens zu einem Umweg aus. Er ging auch zum Einkaufen, zum Einholen, wie man immer sagte. Bei einem solchen Gang zum Bäckerladen verlor er einmal einen 20-Mark-Schein und fand ihn nicht wieder, obwohl er den Weg langsam wieder ablief. Das war bitter, nicht nur für seine Mutter, sondern auch für ihn. Dabei erinnerte er sich genau der belehrenden Worte seines Vaters: »Du mußt dir merken: Bei Geld hört die Freundschaft auf.« Deshalb sollte er sich kein Geld, zu dem sie auch Pinke-Pinke sagten, pumpen. Über den Verlust des Geldscheins konnte ihn auch nicht das Volkslied hinwegtrösten: »Was frag ich viel nach Geld und Gut«.

In dem kleinen Hinterzimmer, das er während einiger Monate bewohnte, stand zwar der schwarze Bücherschrank seines Vaters mit drei Türen, von denen die mittlere durchsichtig verglast war, er nahm sich aber kein Buch zum Lesen heraus, weil ihm die Titel nichts sagten. Die Bücher mit Lederrücken aus der Deutschen Buchgemeinschaft sahen zwar in dem Schrank sehr schön aus, doch kann der Biograph sich nicht entsinnen, darin gelesen zu haben. »Volk ohne Raum«, der Roman von Hans Grimm 1926, war ein besonders auffälliger Titel auf dem Buchrücken. Entweder traute sich der Elf- oder Zwölfjährige nicht, danach zu fragen, oder er sah mal rein, hielt den Inhalt aber nicht für interessant. Wahrscheinlich fehlte ihm auch das Verständnis für die gute erzählende Literatur, weil er nur Märchen kannte und als Extrem Geschichten aus dem ersten Weltkrieg, dem Stellungskrieg und über die Materialschlachten in Frankreich, wo es angeblich um Heldentum ging, was in Wirklichkeit nur Duldung in das Unvermeidliche oder verzweifelnder Ausbruch aus einer Zwangslage bedeutete. Er gewöhnte es sich an oder es ergab sich einfach so, daß er sich das Geschehen oder die Landschaft, die Örtlichkeit bildhaft vor Augen stellte, oder genauer gesagt: beim Lesen bildete sich bei ihm eine Vorstellung von dem Geschehen ab, so daß er eine solche Gegend in der Wirklichkeit wiedererkannt hätte. Sein Vater wiederholte oft als Lehrer den pädagogischen Grundsatz: »Anschauung ist das absolute Fundament aller Erkenntnis.« Diese bildhafte Vorstellung ersetzte dem Sohn eine Verfilmung des Buchgegenstands, was seitdem ein gewohnter Vorgang blieb. Ein anderes Beispiel ist das weihnachtliche Nüsseknacken, das ihm bildlich vor Augen steht, wenn ein schwieriges hartes Problem gelöst werden soll.

Aus der anfänglichen Vorliebe für Kriegsbücher entwickelte sich das Interesse an der Geschichte der Deutschen, und daraus ergab sich nach der Schulzeit eine in Ansatzpunkten wissenschaftliche Beschäftigung mit vielen Sparten der Geschichte, mag sie nun die geologische Entwicklung der Erde betreffen oder die Veränderungen in der Architektur, in der Musik und allgemein in den vielgestaltigen Kulturen der Menschheit.

Säuberungen

…und sehet den fleißigen Waschfrauen zu.
Aus einem Kinderlied.

Diese Überschrift unmittelbar nach dem Kapitel über die Bücher erinnert an Bücherverbrennungen, an die Beseitigung unlauterer Elemente, also mißliebiger Personen, an die Nacht- und Nebelaktionen der Geheimen Staatspolizei, insbesondere an das »Großreinemachen« nach dem Attentat auf Hitler am 20.7.1944, gegen Widerstandskämpfer, an den Kampf gegen Partisanen in den besetzten Gebieten und an die Ausrottung der Juden. Derartige Assoziationen können nicht schaden. In diesem Kapitel geht es aber wirklich nur um die Reinigung von Wäsche, Wohnung und Körper.

Es beginnt mit einem schockierenden Ereignis: Als der Verfasser etwa vier Jahre alt war und oben im Schlafzimmer in dem Gitter-Kinderbett neben der Tür schlief, passierte es mehrmals, daß er schreiend aufwachte, weil er ins Bett »groß« gemacht und im Schlaf den Kot mit den Händen auf dem Bett und an der Tapete verschmiert hatte. Auf sein Geschrei kamen die Eltern nach oben gelaufen. Er zitterte am ganzen Körper, seine Mutter mußte die »Kleedasche« (Kledage) ausziehen und den Nackedei in eine Schüssel mit warmem Wasser stellen und von oben bis unten die »Muschpoke« abwischen. Dieser Ausdruck hatte sich seltsamerweise für jede Art von Schmutz eingebürgert, obwohl das jiddische »Mischpoche« Familie und Verwandtschaft bedeutet. Nachdem das Bettzeug gewechselt war, schlief er, angewärmt und sauber dann zufrieden in einem frischen Nachthemd, auf einem frischen Bettlaken und unter einer frisch bezogenen Zudecke wieder ein. Er kann nicht ausschließen, daß seine Abneigung gegen frisches, glattes Bettzeug aus dieser Zeit stammt, als das Bett frisch bezogen werden mußte, weil er es ekelerregend schmutzig gemacht hatte.

In der Waschküche unter der Küche wurde in einer großen Zinkwanne die Wäsche über einem Waschbrett gerubbelt, nachdem sie im großen Kessel über Holzfeuer in dem gemauerten Herd gekocht worden war. Vor Wasserdampf konnte man kaum etwas sehen, das Kellerfenster war nämlich für eine ausreichende Lüftung nicht groß genug. Und so blieb ihm anschaulich vor Augen, was es bedeutet, wenn von Waschküche statt von dichtem Nebel gesprochen wird. Die Nachbarsfrau Richter war die Waschfrau, seine Mutter half ihr. Die Wäsche wurde zum Trocknen im Hof aufgehängt – im Winter auf dem Boden, dem Dachgeschoß des Schulhauses – auf einer Leine, die zwischen dem Haus und dem Stallgebäude an Haken aufgespannt war. Dazwischen wurde die Leine von Wäschestützen hochgehalten, das waren Kiefernholzstangen mit einem Astansatz oder einer Einkerbung am oberen Ende, damit die Wäschestücke nicht auf die Erde aufstukten. Die einzelnen Teile wurden mit einfachen Holzklammern oder mit Patentklammern mit Federspannung auf der Wäscheleine festgesteckt. Die Klammern waren in einer besonderen Schürze mit großem Beutel aufgehoben, die der Junge sich umhängte, obwohl sie ihm zu groß war. Durch einen Knoten mit Schleife verkürzte seine Mutter das obere Band der Klammerschürze. Wenn jemand einen anderen als verrückt umschreiben wollte, sagte er: »Dich ham se woll mit'n Klammerbeutel jepudert!« Mit den Patentklammern konnte er Krokodil spielen und die Finger dazwischenstecken. Er reichte seiner Mutter immer zwei Klammern gleichzeitig so zu, daß sie sie richtig in die rechte Hand nehmen konnte, wenn sie die Wäsche aufhängte. Umgekehrt nahm er ihr die Klammern ab, wenn sie die trockenen, frisch riechenden weißen Laken, Bezüge von Zudecken und Kopfkissen, Handtücher und Tischdecken von der Leine herunternahm.

Die großen Stücke rollte seine Mutter auf einer hölzernen Rolle mit herunterklappbarer Tischplatte, die auf dem weiträumigen Boden über der Wohnung stand. In Lübeck bei seiner Tante wurde die Wäsche ebenfalls auf dem Dachboden gemangelt, wie er später nach Kriegsende feststellte. Er durfte die Kurbel drehen, während seine Mutter die Wäschestücke paßgerecht auf die Platte legte und zwischen die Holzrollen steckte. Dabei erzählte sie, daß ihre Kusine Lotte zwischen den Holzrollen einen Teil eines Fingers eingequetscht und eingebüßt habe. Die kleinen Wäschestücke und die Körperwäsche plättete seine Mutter mit einem elektrischen Plätteisen in der Küche, wo das Bügelbrett auf den Tisch einerseits und auf die Lehne eines Stuhls andererseits gelegt wurde. Heute und in anderen Gegenden sagt man umgekehrt: Wäsche wird auf einem Plättbrett gebügelt. Vorher wurden die Stücke durch Einsprengen mit Wasser angefeuchtet, seine Mutter spritzte das Leitungswasser aus einer Schüssel mit den Fingern auf die Wäscheteile. Später hatte sie einen metallenen Wasserbehälter mit einer gießkannenähnlichen Brause, die zum Wassereinfüllen abgeschraubt wurde. Diese Blechbrause hatte bald eine Delle, war also eingebeult.

Die fertig geglättete Wäsche legte seine Mutter in den Kleiderschrank im Schlafzimmer. Hinter der ersten Tür befanden sich Fächer, hinter den beiden anderen Türen wurden Kleider und Anzüge auf Bügeln über eine Querstange gehängt. Wo die Kleider und Anzüge seiner Eltern hingen, roch es intensiv nach Mottenkugeln. Dort hing auch die Parteiuniform seines Vaters, bestehend aus brauner Uniformjacke mit Hakenkreuzbinde um den linken Ärmel, Breecheshose mit reiterhosenähnlichen Ausbuchtungen an den beiden Außenseiten. Dazu trug er lederne Wickelgamaschen, wie sie Generalfeldmarschall von Hindenburg anhatte, als er im Sommer 1933 im Ehrenhof des Tannenbergdenkmals bei Allenstein in Ostpreußen zwischen Reichskanzler Hitler und Göring saß, dem letzten preußischen Ministerpräsidenten. Diese Gamaschen schmierte der Älteste mit einer Bürste und schwarzer Schuhwichse ein und wienerte sie mit einer großen Bürste blank. In dem großen Schlafzimmerschrank, der die Tür zu dem früher erwähnten kleinen Vorderzimmer verbarg, war es ziemlich eng. Unter den hängenden Kleidern und Anzügen versteckte er sich gern, wenn seine Mutter die frisch gebügelte Wäsche einsortierte.

Sein Vater konnte am Körper sehr heißes Wasser vertragen. Wenn er sich die Füße in einer ovalen Zinkwanne wusch, dampfte es, und er mußte sich die Brille abnehmen, weil die Gläser beschlugen. Wenn der älteste Sohn anschließend, etwa nach einer Viertelstunde seine Füße hinein steckte, konnte er die Temperatur gerade noch aushalten. Sein Vater stellte seine großen Zehen, die großen Onkel, senkrecht hoch, was unnachahmlich blieb.

An jedem Waschtag wurde das Holzfeuer in der Waschküche dazu ausgenutzt, anschließend Wasser warm zu machen, damit sie alle baden konnten. Für die Kinder gab es eine kleine runde Waschwanne, für seine Eltern eine längliche, nach oben zu breiter werdende Zinkbadewanne. Erst wurde er von seiner Mutter gebadet, dann kamen seine Geschwister an die Reihe, dann badete sein Vater, anschließend seine Mutter; das sahen die Kinder aber nie.

Eine spezielle körperliche Säuberungsaktion erregte jedes Mal den Unwillen seiner Eltern mit dem Ausruf: »Popel nicht in der Nase!« Er hatte bei andern Kindern in der Schule gesehen, daß sich herausgepolkte feste Nasenpopel gut mit dem rechten Mittelfinger als Geschoß wegschnipsen ließen. Ein Katapult, das ihm seine Eltern verboten hatten, bauten die Jungen aus einer Astgabel und einem roten Gummiweckring, und als Munition nahmen sie Kiesel oder Mini-Feldsteine von millionenjähriger, feinkörniger granitener Zusammensetzung.

Zum Großreinemachen der Wohnung gehörte das Klopfen der Teppiche. Dabei half der Älteste seinem Vater und seiner Mutter; für diese Arbeit hatte er einen kleinen Teppichklopfer, der in Friedenszeiten bei einem Händler gekauft worden war, der mit einem großen Lastkraftwagen voller Korbwaren umherzog. Ein großer Teppich mit Persermuster und eine Brücke lagen im Wohnzimmer, das ja nicht ständig benutzt wurde, außerdem lagen drei Läufer im Schlafzimmer. Diese Teppiche wurden jede Woche geklopft. Die Teppichstange ruhte auf zwei Wäschepfählen und wurde nach Gebrauch abgenommen; sie standen auf dem Hof hinten in der Nähe des Stalls, dort wo in den ersten Jahren der Hundezwinger war. Anschließend wurden die Teppiche mit einer speziellen harten Bürste abgebürstet. Später wurden sie von seiner Mutter mit dem Staubsauger wöchentlich gereinigt, einem Modell, das sich seine Form im Prinzip durch Jahrzehnte bewahrt hat: es war ein kleiner runder mit drei Rädern versehener elektrischer Apparat, den seine Mutter mit Hilfe des biegsamen Staubsaugrohrs hinter sich herzog. Als kleiner Junge benutzte der Erzähler das Gerät als Pferd, das er mit den Beinen nach vorne abstieß. Der Staub sammelte sich in einem Leinenbeutel, der von Zeit zu Zeit entleert werden mußte.

Die mit brauner Farbe gestrichenen Holzdielen wischte seine Mutter sonnabends nachmittags mit Scheuerlappen und Schrubber auf, den Lappen wrang sie über dem Wassereimer aus; das Geräusch hat ihr Ältester noch immer im Ohr. Vorher fegte sie mit einem Besen aus und den Schmutzhaufen mit einem Handfeger auf die Müllschippe.

Als Reinigungsmittel gab es ATA. Für die Wäsche wurde IMI oder PERSIL genommen, zum Einweichen der großen Wäsche HENKEL. Schon damals wurde dafür Reklame gemacht durch große Plakate und Emailschilder in den Kaufläden oder außen an den Hauswänden. Für die Schuhcreme oder Schuhwichse war ein Reklamespruch nachhaltig einprägsam: »Ich hab's: Urbin!« mit dem Bild eines Mannes, der mit dem rechten Zeigefinger auf seine Stirn tippt zum Zeichen dafür, welche Erleuchtung ihm gekommen, welches Licht ihm aufgegangen ist.

Haustiere

Ich bin so satt, ich mag kein Blatt, meh, meh, meh.
Aus einem Märchen der Brüder Grimm.

Die Eltern hatten ein paar Hühner, weiße Leghorn, die sein Vater als Junghennen bei 18 Grad Kälte, wie schon erzählt wurde, mit seinem Motorrad aus Görsdorf bei Storkow geholt hatte. Die Tiere hatten einen Holzverschlag in dem Stall neben den vielen vom alten Rensch gebauten Kaninchenbuchten und konnten durch eine viereckige Öffnung und über eine Sprossenstange in den Hof hüpfen, wenn sie nicht gleich von oben losflogen, nachdem sie nachtsüber eingeschlossen waren. Sie wurden nach dem Lockruf »put, put, put« mit Körnern gefüttert. Drinnen hockten sie nachts auf mehreren Stangen, auf einer richtigen Hühnerleiter, an die der Erzähler immer denken mußte, wenn jemand in der Wusterhausener Schule oder im Kinderlandverschickungslager sich wichtig machen wollte: »Das Leben ist eine Hühnerleiter: kurz und bescheiden.« Es dachte aber jeder bei sich: »...beschissen«. Die Hühnerleiter wurde mit einem Kinderhemd ausgewechselt, und auch so paßte der wichtige Satz als die den Erwachsenen nachgeplapperte erste kindliche Erkenntnis einer Lebensweisheit.

Wenn der Hahn eine Henne trat, erbarmte der älteste Sohn sich der Henne und scheuchte den Hahn herunter. Seine Mutter nahm seine Einmischung in natürliche Vorgänge amüsiert und verlegen zur Kenntnis und erzählte sein Verhalten wohl auch zur Belustigung anderer Erwachsener weiter, während es besser gewesen wäre, sie hätte ihn aufgeklärt, daß erst der Hahn die Eier fruchtbar machen muß, so daß Küken ausschlüpfen können, an denen er so viel Freude hatte. Beim früher geschilderten Füttern der Küken auf dem Küchentisch wäre die beste Gelegenheit dazu gewesen. So dauerte es noch viele Jahre, bis der Junge begriff, wie sich die Vögel trotz des Fehlens eines sichtbaren Zeugungsorgans begatten im Gegensatz zum Beispiel von Hunden, bei denen er in Königs Wusterhausen auf dem Schulrückweg zum Bahnhof Zeuge der körperlichen Vereinigung war.

Außerdem hatten seine Eltern immer Kaninchen, die in drei oder gar vier Holzbuchtenreihen übereinander mit Maschendrahtzauntüren in Holzrahmen in dem Stallgebäude untergebracht waren. Er erinnert sich, wie sein Vater mit ihm aus der winterlichen Kälte in den angenehm warmen viehriechenden Stall ging, um die Kaninchen mit Mohrrüben und gekochten Kartoffeln, gemischt mit Roggenschrot, zu füttern. Da es in dieser Jahreszeit am späten Nachmittag schon dunkel war, zündete sein Vater eine Stallaterne an, die in den Augen seines Vaters in der Rolle eines Lehrers nur deshalb interessant war, weil sie sich entsprechend den eingedrillten Rechtschreibungsregeln nicht mit drei »l« schrieb. Es war eine Petroleumlampe, die sein Ältester und gelehriger Schüler mit beiden Händen an dem Tragebügel halten durfte. Die Kaninchen hatten oft Nachwuchs. Gelegentlich kam es vor, daß eine Zippe ein Junges an- oder auffraß. So bedauerlich es war, sein Vater konnte den Kannibalismus nicht verhindern, weil die Jungen noch zu klein waren, als daß man sie hätte füttern können.

An dieser Stelle erinnert sich der Biograph an eine Episode, die seine Mutter mehrmals erzählte: Sein Vater stand mit ihr und ihm bei Tageslicht vor der Stalltür und fragte: »Wo ist der Junge? Wo ist der Junge?« Er hielt aber den gesuchten Günter auf seinem linken Arm, während er sich suchend hin und her drehte.

Die vielen Kaninchen – bis zu 30 Stück – zogen sie groß, weil sie im Krieg zusätzlich zu den Lebensmittelrationen Sonntagsfleisch lieferten. Am 03.09.1939 war im Dorf nämlich folgendes bekannt gemacht worden:

Benachrichtigungszettel.
(In den Briefkasten zu stecken oder an die Tür zu heften,
wenn niemand im Haushalt anwesend ist).
Sie werden hierdurch benachrichtigt, daß nach
Anordnung der Deutschen Reichsregierung von morgen an
Lebensmittel, Seife und Kohle
zum Zwecke einer gerechten Verteilung unter alle Volksgenossen
nur noch auf Bezugsscheine
ausgegeben werden.
Sie wollen daher die Ihnen für Ihre Haushaltsangehörigen zustehenden Bezugsscheine umgehend im Bürgermeisteramt abholen.
Der Bürgermeister
....

Sein Vater schlachtete das Kaninchen, er hielt es mit der linken Hand an den Hinterpfoten und schlug mit einem Knüppel einmal kräftig auf den Hinterkopf. Seine Mutter zog das Fell des Karnickels, wie man meistens sagte, in der Küche ab, der Sohn mußte dabei Hilfestellung leisten. Sie begann mit einem scharfen Küchenmesser, das vorher noch extra mit einem Wetzstein geschärft worden war, an den Hinterpfoten. Das Geräusch des durch das dünne Fell und die Haut auf den Knochen sägenden Messers klang ihm unangenehm in den Ohren. Von den Pfoten aus wurden dann die Innenschenkel und der Bauch aufgeschnitten und die Därme herausgezogen und in einen Wassereimer fallen gelassen. Seine Mutter machte ihn besonders darauf aufmerksam, wie vorsichtig sie die Galle aus der Leber herausschnitt. Hätte sie die Galle verletzt, wäre die Leber verdorben und nicht mehr genießbar gewesen. Die Kaninchenfelle wurden von einem Kürschner in Storkow gegerbt und zu gefütterten Handschuhen und einer Jacke verarbeitet. Die Felle waren überraschend leicht und wärmten gut. Er strich gern mit den Händen darüber hin und her oder ließ sie an seinen Backen vorbeigleiten. Hühner wurden selten geschlachtet, weil es Legehennen waren und man von ihnen möglichst viele Eier als unentbehrliche und vielseitig verwendbare Nahrungsmittel haben wollte. Übrigens wurden die Haustiere in einer amtlichen Zählung erfaßt. Bis zu einer bestimmten Anzahl waren sie erlaubt, ohne daß die mit Lebensmittelkarten zugeteilten Rationen gekürzt wurden.

Viele Monate lang hatten sie auch eine Ziege, die Zicke Resie, die im Sommer auf der Wiese im großen Garten, an einen Pflock mit langer Kette angebunden, grasen konnte und im Winter dicken »Drank« zu fressen bekam, nämlich mit der Schale gestampfte Kartoffeln, in einem Kartoffeldämpfer – so groß wie der Wecktopf – vorher gar gedämpft und mit heißem Wasser und Kraftfutter, Schrot oder ähnlichem verrührt. Das schlürfte die Ziege mit erkennbarem Genuß aus einem Eimer, wobei sie die Oberlippe hochzog, wie er immer wieder interessiert feststellte. Erst später hörte er die aus dem Tierreich kommende Redewendung: Das war ein gefundenes Fressen. Er streichelte die Resie gern am Hals, wo sie zwei weiche Bommeln hatte, oder er sah zu, wie sie rohe Kartoffelschalen kaute, indem sie den Unterkiefer hin- und hermahlen ließ. Der Käse von ihrer Milch schmeckte immer sehr gut zu Pellkartoffeln und Leinöl.

In einem Jahr hatten sie zwei Schafe, die Wolle lieferten, die verkauft oder gegen fertige Strickwolle getauscht wurde. Er erlebte mit, wie sie von einem Mann geschoren wurden und dann seltsam dünn und wie nackt aussahen, weil sie die dicke Wolle verloren hatten. Die Schafe waren verhältnismäßig genügsam. Er bemerkte selbst, daß sie das Gras in dem großen Garten gleichmäßig und gründlich abfraßen, während die Ziege wählerisch war und Vorliebe für saftige Gräser, Blätter und Stauden hatte. So konnte er sich gut vorstellen, daß in dem Anfang des Märchens vom »Tischleindeckdich« die Ziege der Grund dafür ist, daß der Vater alle seine drei Söhne – sie waren ja drei Brüder – nacheinander verjagt und es dann bereut, als er die Boshaftigkeit der Ziege selbst erleben muß.

Lange Jahre hatten sie einen Schäferhund, schon bevor sie im Jahr 1936 an den Scharmützelsee zogen. Er war eine Hündin, Bella gerufen, die ihren Zwinger in der Ecke vor dem Stall hatte. »Bei Fuß!« – »Apport!« – »Kusch!« oder »Leg dich!« waren einige der Dressurkommandos seines Vaters. Später fragte sich der Sohn, ob die Kindererziehung zum großen Teil nicht auch aus Dressur bestand. »Ein Blick – und er pariert« meinte der Vater gegenüber Erwachsenen nämlich von ihm, nicht von dem Hund. Es gibt mehrere Fotos von dem Hund, mit dem sich das Kind wohl gut vertragen hat. Im Krieg wurde er aber bissig, ohne daß es offensichtlich etwas mit dem Krieg zu tun hatte, und fiel den Vater einmal an, als er in den Zwinger gehen wollte. Da wurde Bella verkauft. Der Käufer soll einen Pastor zum Nachbarn mit Hühnern gehabt haben, die der Hund gerissen haben soll. Daraufhin soll Bella als Wachhund zu einer Autobahnbaustelle gekommen sein. Seitdem besaßen sie nie wieder einen Hund, so daß sie nur noch sogenannte Nutztiere hatten, was in der Zeit der Lebensmittelkarten zur Bereicherung und Abwechslung der Mahlzeiten erwünscht war.

Eine Katze hatten sie nur kurze Zeit, bis sie von einem Auto überfahren wurde. Der Vierjährige soll sie einmal am Schwanz genommen und hin- und hergeschwenkt haben mit dem strahlenden Ausruf »Micki Bimbam«. Vielleicht begründete dieses Erlebnis seine spätere Abneigung gegen Katzen. Wie Klemperer am 15.5.1942 notiert, wird Juden das Halten von Haustieren verboten.

Lediglich als Kuriosum ist schließlich zu erwähnen, daß in Berlin auf dem Schreibtisch seines Großvaters ein Schildkrötenpanzer lag, den er bequem in eine Hand nehmen konnte. Dieses Überbleibsel stammte von einer Schildkröte, die in der Wohnung frei herumgelaufen war, bis sie von seinem Großvater in einer Tür zu Tode gequetscht wurde, wie ihm sein Vater erzählte. Dort stand auch als Aschenbecher ein Granatsplitter, 1 kg schwer mit 7,5 cm Durchmesser, mit kupfernem Führungsband.

Das Essen

Sitz gerade! Nimm die Ellbogen vom Tisch!
Elterliche Tischkommandos.

Das Essen im Sinne von Nahrungsmitteln, nicht das Kauen, Trinken, Schlucken, ist ein besonders umfangreiches Kapitel, weil es der besonderen Wichtigkeit in der damaligen Zeit entspricht. Ihre Hauptmahlzeit bestand aus geschälten und gekochten Kartoffeln mit Gemüse, und zwar abwechselnd Schoten und Mohrrüben, wie sie für Karotten – in Lübeck lernte er sie als Wurzeln kennen – und Erbsen sagten, mit Petersilie, oder Weißkohl, Wirsingkohl, Spinat, Kohlrabi, Kohlrüben (mit Schweinebauch in kleinen Würfeln zusammengekocht), grüne Bohnen mit brauner Mehlschwitze: mehrere Löffel Mehl wurden in die heiße Bratpfanne geschüttet, es wurde über der Feuerstelle mit einem großen Löffel gerührt und gedrückt, bis es braun wurde, dann goß seine Mutter aus einem Teekessel nach und nach unter ständigem Rühren heißes Wasser darüber, bis eine braune Soße entstand. Niemand wird auf die Idee gekommen sein, die braune Soße ironisierend auf die Bekundungen und Appelle der Braunhemden-Partei zu beziehen.

Zu seinen Hilfstätigkeiten gehörte es, Erbsen aus den Schoten zu palen, außerdem half der Junge bei der Ernte von Busch- und Stangenbohnen und Mohrrüben. So konnte er am Erntedankfest in der Dahmsdorfer Kirche mit Überzeugung und vollem Verständnis mitsingen:

Nun danket alle Gott mit Herzen, Mund und Händen. (von Martin Rinckart)

Am liebsten aß er die Mohrrüben roh gleich im Garten, frisch aus der Erde gezogen. Er kam sich beim Knabbern wie ein Kaninchen vor.

Zur Säuberung drehte er die Rübe einmal in der Hand mit dem Kraut herum. »Sand reinigt den Magen« sagte er vorsorglich, weil er schon den Vorwurf seiner Mutter hörte: »Die sind aber nicht sauber!«

Wenn es nach seinem Vater gegangen wäre, hätte es jeden Tag Gemüseeintopf als Mittagessen gegeben, nämlich Kartoffeln mit Gemüse und Fleisch zusammengekocht. Die nationalsozialistische Propaganda, die durch Zeitungsbilder und –berichte über Volksgenossen an großen Tischen unter freiem Himmel oder in einem großen Gasthaussaal für Eintopfessen warb, kam dem Geschmack seines Vaters entgegen und gab ihm die ideologische Begründung für Zusammengekochtes. Die NS-Ideologie als Eintopfgericht: das war allerdings eine nicht geduldete Vorstellung.

Kartoffeln hatten sie in ausreichender Menge im Keller gelagert, »eingekellert«, und zwar mehrere Zentner. Kartoffeln aßen sie praktisch jeden Tag, meistens Salzkartoffeln, ausnahmsweise Kartoffelklöße aus Pellkartoffeln, also in der Schale gekochten Kartoffeln, mit Backobst; das waren gedörrte Pflaumen, Aprikosen und Apfelringe, die seine Mutter selbst ausgestochen und getrocknet hatte. Kartoffelpuffer nannten sie Plinze, die aßen sie nicht so oft, wie der Erzähler sie gern gegessen hätte. Denn seiner Mutter war die zusätzliche anstrengende Arbeit mit dem Reiben der besonders großen rohen Kartoffeln nicht oft zuzumuten. Die Plinze wurden pfannengroß gebraten, gebacken sagten sie nur beim Kuchen. Er sah gern zu, wenn seine Mutter durch ruckartiges Hochheben der Pfanne den Plinz in der Luft wendete. Die Plinze wurden mit Zucker bestreut, für die Kinder dann in kleine Quadrate geschnitten, während sein Vater den Plinz zusammenrollte und dann scheibenweise abschnitt, was der älteste Sohn als Vorrecht der Erwachsenen mit stillem Ärger empfand. Solange es Leinöl auf Fettmarken zu kaufen gab, wurden die Plinze mit diesem Öl gebraten, später mit Bienenwachs, das seine Mutter von der Frau eines Kollegen seines Vaters aus Buckow (Oehlandt) erhielt, dahin waren sie einmal mit der Bahn gefahren, es ist die zweite

Station Richtung Beeskow. Nach Kriegsende probierte seine Mutter, dieses Lieblingsgericht nur mit Salz zu braten, dabei vergaß sie aber, das Salz für den Teig wegzulassen, so daß alle hinterher großen Durst bekamen, das war nach dem Umzug in Metzings Villa.

Seine Eltern tranken immer Kaffee zu den Plinzen, zur besseren Verdauung hieß es, und er Kathreiner Malzkaffee. Zur weiteren fleischlosen Abwechslung gab's aus der Pfanne Eierkuchen.

Fleisch konnte man damals nicht konservieren, lediglich etwas Kaninchenfleisch weckte seine Mutter ein. Ein anderes Lieblingsessen war für ihn Schweineleber, die mit Apfelscheiben und Zwiebeln gebraten wurde. Das Gemüse und das Obst kam aus dem eigenen Garten, das auch für den Winter eingeweckt wurde, also in dem großen Wecktopf »eingemacht«. Die Kartoffeln bekamen sie von dem schuleigenen Ackergelände zwischen dem Garten und dem See. So brauchten sie niemals zu hungern. Rühr- oder Quetschkartoffeln mit Mehlsoße, süßsauer abgeschmeckt und mit einem weich gekochten Ei aß er gern. Sie sagten auch Stampfkartoffeln, weil die gekochten Kartoffeln mit einem metallenen Stampfer, der oben einen Holzgriff und am unteren Ende eine durchlöcherte runde Platte hatte, in dem Kochtopf auf dem Herd gestampft wurden, nachdem das Wasser abgegossen und Milch zugegossen worden war. »Komm, halt mal fest!« rief seine Mutter. Dabei mußte er sich ganz schön anstrengen, damit nicht der Topf über dem Feuer durch das kräftige Stampfen und Rühren seiner Mutter verrutschte.

Sie aßen, wie gesagt, auch Kohlrabi, aber leider holzige, die bei ihm deshalb nicht beliebt waren, oder grüne Busch- oder Stangenbohnen, allerdings mit Fäden. Später erzählte sein Vater wiederholt, sein Bruder Karl-Heinz sei auf der Bahnfahrt nach Storkow – zum Frisör oder zum Arzt – nach dem Mittagessen so auffallend still gewesen entgegen seiner lebhaften Art, erst in Storkow habe er plötzlich zu reden begonnen: »Jetzt habe ich die grünen Bohnen runtergeschluckt«.

Auch Radieschen waren nicht selten holzig, das lag an dem sandigen Gartenboden. Seine Mutter pflanzte u.a. Tomaten. Er soll einmal als Kleinkind strahlend zu ihr gelaufen sein und sie zu den Tomatenpflanzen geführt haben, die er ordentlich in eine Reihe gelegt habe, nachdem er die frisch gepflanzten kleinen Tomatenpflanzen herausgerissen hatte. Wenn seine Mutter diese Untat erzählte, schämte er sich immer wieder.

Reis – sie aßen Milchreis mit Zimt und Zucker – wurde im Krieg einmal überraschenderweise auf Nährmittelabschnitten zugeteilt. Es hieß, es seien einige Schiffe auf dem langen Wasserweg von Japan durchgekommen, nämlich durch die feindliche Seeblockade. Vielleicht war das nur ein Gerücht; denn der Reis kann ja auch aus Italien gekommen sein. Klemperer vermerkt am 18.7.1941 in Dresden:

> *Jetzt haben sogar wir Juden-Leute eine einmalige Zulage von je 500 Gramm Reis erhalten.*

Aus Japan war ein deutscher Junge für einige Zeit in die Rietzer Volksschule gekommen und stand im Mittelpunkt des kindlichen Interesses, das von seinem Vater extra pädagogisch geweckt und für den Unterricht verwertet wurde.

Daß er in seiner frühesten Kindheit Apfelsinen gegessen hatte, daran erinnerte nur noch ein spezielles Messer mit abgerundeter Spitze und kleinem Schaber, der Rillen in die Schale grub.

Ab und zu kochte seine Mutter Kartoffelsuppe mit würzig schmeckendem Suppenkraut und Sellerie. Dazu aßen sie gesalzene, mit Schinkenspeckwürfeln gebratene Eierkuchen, die seine Mutter übereinanderstapelte und dann in Tortenstücke schnitt, die jedem auf den Tellerrand gelegt wurden. Nach seiner Erinnerung löffelten sie dieses Gericht vor allem am Waschtag, wenn Frau Richter die große Wäsche für die Lehrerfamilie wusch. Es roch dann nicht nur nach Wrasen, sondern auch nach Kartoffelsuppe. Nicht zu vergessen sind: Pellkartoffeln und weißer Käse mit Leinöl.

Sonntags aßen sie zu Kartoffeln außer Gemüse – im Winter besonders gern mit Essig und Zucker abgeschmeckten Rotkohl, ganz selten Rosenkohl – einen Braten, u.a. einen »falschen Hasen«, also Gehacktes, mit geriebenen Schrippen (Paniermehl) und einem Ei zubereitet.

Sonst gab es entweder das auf Lebensmittelkarten für Normalverbraucher rationierte Rind- oder Schweinefleischstück, das seine Mutter beim Schlächter Wutzler in Storkow gekauft hatte, oder eben einen Braten aus dem Stall von den vielen Karnickelwürfen. An mehreren Sonntagen in den Wintermonaten wurde ein Kaninchen zubereitet, das auch ihm, dem meistens ein Vorderlauf und noch etwas schieres Fleisch von der Brust oder dem Rücken zugeteilt wurde, mit Kartoffeln und Rotkohl immer wieder gut schmeckte. Bevor die Bratpfanne in die Bratröhre geschoben wurde, bestrich seine Mutter das Kaninchen dick mit Senf, zu dem sie Mostrich sagten. Der Rücken war, wenn möglich, mit Speckstreifen gespickt. Der Mostrichgeschmack verzog sich jedoch beim Braten in der länglichen schwarzen Bratpfanne, die seine Mutter ab und zu herauszog – hmm, duftete das gut! –, um das Fleisch mit der brutzelnden Flüssigkeit zu übergießen.

Den Senf kaufte seine Mutter in einem kleinen Glastopf, darauf stand lediglich »Mo«, und darunter war ein Strich gezogen, so: Mo. Mein Vater erklärte jedem, der diese Schreibweise nicht kannte, daß das Mo-Strich heiße. Mostrich strich sein Vater auch auf Wurst, Buletten und Harzer Käse. »Du verdirbst dir ja den Geschmack« hörte er seine Mutter in leicht vorwurfsvollem Ton sagen. Schwarz-rot-Mostrich wurden die Farben der Vorgängerin der Hakenkreuzfahne aus der Weimarer Republik herabgewürdigt, der geringschätzig Systemzeit bezeichneten Regierungsperiode.

Kürbisse mußten sie, wie im Gartenkapitel erwähnt, mit dem Handwagen aus dem großen Garten über die Straße fahren, so schwer waren sie. Sie wurden zu Nebengerichten oder Beilagen verarbeitet, die für viele Mahlzeiten ausreichten. Beim Zerschneiden half er und probierte die Kerne. Die Würfelstücke wurden mit Essig und Zucker süßsauer eingelegt. Für ihn war aber Kürbis als Gemüseersatz oder anstelle von grünem Salat zu sauer.

Dagegen aß er die von seiner Mutter eingelegten sauren (Salz-) Gurken gern. Obenauf in den großen Steinguttopf wurden Weinblätter gelegt, alles wurde mit einem runden Brett abgedeckt und mit einem Feldstein beschwert, der mit der Zeit wegen eines feinen Schimmelüberzugs glitschig wurde. Es gab auch Gurkensalat zu essen, für den Sprößling aber nicht, weil seine Mutter sagte: »Kindern liegt der Gurkensalat zu schwer im Magen.« Die auf einem Metallgerät mit verschiedenen Schlitzen, Messern und Löchern gehobelten Gurkenscheiben wurden etwas eingesalzen, nach einer gewissen Zeit, wenn sie Saft gezogen hatten, ausgedrückt, und die Salzlauge wurde weggeschüttet. Dann wurden Essig und Zucker untergerührt. Sein Vater quetschte und manschte das gern mit gekochten Kartoffeln und – im Frieden – mit einem Stück Butter. Diesen Brei nannte er ganz ungeniert Schweinefutter. Die Gurken, einen ganzen Zentner, bezogen die Eltern per Bahn als Frachtgut von seinem Patenonkel, dem Vetter seines Vaters aus Lebus, oder sie wurden von ihnen in einem Tragekorb auf der Rückfahrt im Gepäckabteil mitgenommen. Gewürfelte saure Gurken gehörten in die Soße zum Lungenhaschee, das er sehr gern mit Stampfkartoffeln aß.

Sie sagten damals aber nicht Soße, sondern Tunke, also: Bratentunke oder Vanilletunke (zu Schokoladenpudding mit Mandelstücken: Hmm!). Damit wurde sein Vater als Soldat aufgezogen und gehänselt, wie er gern erzählte: »Hat Alfred seine Tunke? Hier hast du deine Tunke!« Sein Vater hatte Spaß daran, weil er wegen dieses einen Wortes zum Gesprächsmittelpunkt seiner Kameraden wurde.

In einem Herbst hobelten seine Eltern mehrere Köpfe Weißkohl und legten ihn zu Sauerkohl in einen großen Steinguttopf ein, in dem der Kohl mit einem dicken Holzstück gestampft wurde. Und Sauerkohlstampfer nannten die Jungen dicke Frauenbeine.

Kartoffeln, deren Anbau am 18.7.1748 von Friedrich dem Großen befohlen worden war, »…so hat das Amt Storkow zur Befolgung des Kgl. Befehls den Bau der Tartüffeln sich angelegen sein zu lassen, auch die Unterthanen gleichfalls dazu zu encouragieren und ihnen den daraus zu hoffenden Nutzen recht begreiflich zu machen«, waren für sie das wichtigste Hauptnahrungsmittel, das – wie schon erzählt – im Herbst eingekellert wurde, und zwar jährlich ungefähr 12 Zentner. Im Volksmund hießen die Kartoffeln Knollen. Heutzutage gibt es Haushalte, in denen Kartoffeln die Ausnahme sind. Ohne Brot hätten sie leben können, nicht aber ohne Kartoffeln. Seine Mutter stellte aus ihnen auch Kartoffelmehl in kleinerer Menge her, dieser Vorgang wurde im Rahmen des Naturkundeunterrichts besprochen, z.B. am 3.9.1942: »Kartoffelstärke (Versuch)«, indem sie geschälte Kartoffeln auf dem beschriebenen Metallbrett oder auf einem runden Reibeisen rieb und durch ein Seihtuch laufen ließ, das an den vier Beinen des umgekehrt mit der Sitzfläche auf den Tisch gestellten Küchenstuhls festgebunden war. Am Boden der Schüssel setzte sich das Kartoffelmehl ab, das dann nur getrocknet zu werden brauchte und vielfältig verwendet wurde, u.a. um Soßen sämig zu machen oder Suppen anzudicken.

Kartoffeln, Weißkohl und Rotkohl kauften sie einmal, es war im Jahr 45 nach dem Kriegsende, in Görsdorf bei Müllers im zweiten Haus auf der linken Seite des Ortseingangs. Vor Görsdorf, östlich der Ahrensdorfer Straße stand eine Windmühle an einem parallelen Feldweg, der nach Premsdorf führt und gleichzeitig der Schulweg für die Premsdorfer Kinder war und auch der Weg zu Görsdorfs Kirche und Friedhof. Er wurde deshalb im Dörflermund Totenweg genannt. Diese Mühle stellte sich als Vorbild vor seinem inneren Auge ein, sobald von Kornmahlen die Rede war oder vom Märchen »Der Müllerbursch und das Kätzchen.« Ihm fiel auf, daß der Ofen im Müller'schen Wohnzimmer von der angrenzenden Kammer neben der Küche aus geheizt wurde. In der Sage vom Räuberberg bei Görsdorf können so die Eltern der zurückgekehrten Tochter hören, was sie dem Ofen von ihrer Gefangenschaft erzählt. Das Haus brannte aber in den letzten Kriegswochen ab. Die beiden Leute hausten deshalb in der Waschküche im Stallgebäude, waren aber froh, mit dem Leben davongekommen zu sein, und wollten demnächst mit dem Wiederaufbau des Wohnhauses beginnen. Bei einem ihrer Besuche war eine junge Frau »in anderen Umständen«. Sein siebenjähriger Bruder sagte hinterher zu seiner Mutter: »Mama, hat d i e aber viel Kartoffeln gegessen!«

Als Nachtisch – es gab ihn meistens am Sonntag – waren gekochter Vanillepudding oder Flammeri mit eingezuckerten Himbeeren oder Erdbeeren oder nur gezuckerte Blaubeeren mit Milch oder Rhabarberkompott bei ihm sehr beliebt, im Winter eingemachtes Obst aus Weckgläsern, in denen die Erdbeeren leider ihre kräftig-rote Farbe verloren, aber trotzdem am besten schmeckten, vor allem der dickflüssige Erdbeersaft war schön süß.

Seine Mutter hatte zu Anfang ihrer Ehe Schwierigkeiten, den durch die Mutter seines Vaters geprägten wählerischen Essenswünschen gerecht zu werden. Sie hatte ständig gegen das Motto anzukämpfen: »Wat de Buhr nich kennt, dat freet häi nich«. Sie konnte ihn aber davon überzeugen, daß der von ihr gekochte Vanillepudding gut schmeckte. Sie hatte dafür eine Sonnenblumenform und eine Fischform aus Porzellan. Im Sommer 43 brachte sie dem »Papa« einen ganzen Pudding nach Fürstenwalde mit, den er gleich in ihrem Beisein aufaß, als sie ihn mit Fahrrädern besuchten. Dabei zeigte er ein Foto, auf dem man ihn als einen aus dem Kochgeschirr löffelnden Rekruten auf dem Truppenübungsplatz Döberitz (seit 1895) erkannte. In der Mars-la-tour-Kaserne

(1.Vet.Ers.u.Ausb.A.3) wurde er, wie berichtet, zum »Pferdeknecht« ausgebildet, ohne diese Ausbildung im Krieg ausnützen zu können. Fontane schreibt, daß früher die Fürstenwalder Ulanen bekannt waren, und zwar in dem Ulanen-Regiment Kaiser Alexander II. von Rußland (1. Brandenburgisches) Nr. 3. In Fürstenwalde war übrigens der Großvater seiner Mutter Pastor gewesen, Archidiakonus von 1857 bis 1892 am Evangelischen St. Marien-Dom.

Sein Vater mußte also als Lehrer außer Dienst wieder Schüler sein; denn er besuchte die »Schule der Nation«, abschätzig Barras genannt, damit bezeichnete man den Wehr-, Militär- und Kriegsdienst. In »Mein Kampf« (S. 306) nennt Hitler das Heer »die gewaltigste Schule der deutschen Nation«. Wilhelm II., sein vielfältig uniformierter Vorgänger, hatte am 26.4.1902 in Karlsruhe die Armee als »eine unvergleichliche Schule für die Erziehung unseres Volkes« und am 4.6.1903 in Döberitz als »eine großartige Schule für die Erziehung unserer Jugend im nationalen Sinne« bezeichnet.

Zur Zeit der Kirschenernte fuhr der Junge einmal, es war im Jahr 1944, allein mit der Bahn nach Berlin, von dort mit Frau Gropengießer (geborene Tribbensee, eine Schulfreundin der Lübecker Schwester seiner Mutter) über Potsdam – er erinnert sich an die gerade Eisenbahnstrecke im Grunewald parallel zur AVUS (autobahngleiche »Automobil-Verkehrs- und Übungs Straße« von 1921, 9,8 km lang) – nach Werder. Dort marschierten sie noch ein langes Stück auf sandigen Wegen durch riesige Kirschbaumplantagen. Mit zwei gefüllten Körben im Rucksack und einem in der Hand kehrte er auf demselben Weg wieder nach Hause zurück. Hin- und Rückweg müssen ungefähr je drei Stunden gedauert haben. Der Junge fragte sich nicht, warum er so weit fahren mußte. Zwar hatte er für die Bahnfahrt Königs Wusterhausen hin und zurück seine Schülermonatskarte; für die übrigen weiteren Strecken mußte er aber eine Fahrkarte lösen, also bezahlen. Diese Sauerkirschen werden dann wohl dieselben gewesen sein, die die Familie nach der Rückkehr von ihrer FLUCHT am 29. April 1945 auf dem Eßzimmertisch vorfanden, und zwar Reste aus Weckgläsern, mit Zucker und Glasscherben vermischt. Übrigens behaupten Nichtberliner, die Brandenburger würden »Kürschen« sagen ähnlich wie die Zahl »ölf« (vor der zwölf).

Sonntagnachmittags genossen sie regelmäßig Kuchen, den seine Mutter gebacken hatte: Blechkuchen, nämlich Hefekuchen mit Apfelscheiben oder geraspelten Äpfeln oder mit Pflaumen belegt, Streußelkuchen oder Bienenstich auf einem großen schwarzen Blech, oder Napfkuchen mit Rosinen in der braunen Keramikringform. Es war verboten, Rosinen aus dem Kuchen zu polken. Das Bild von diesem prima Kuchen hat sich ihm für alle Zukunft für die übertragene Bedeutung von den »Rosinen im Kuchen« fest eingeprägt. Überhaupt war die Aussicht, am Nachmittag Kuchen zu essen, neben der Schulfreiheit, dem Gut-Angezogen-Sein, dem gelegentlichen Gottesdienst und dem besseren Mittagessen das hervorragendste Merkmal seines festlichen Sonntagsgefühls. Waffeln aus Eierkuchenteig in einem drehbaren eisernen Waffeleisen gebacken, mit Zucker bestreut, waren ein seltener und ersehnter Genuß. Mehrschichtige Buttercremetorte, eine – nur zeitweilige – Spezialität seiner Mutter gab es erst in späterer Zukunft, lange nach 45, und war »wehrsam«; den Ausdruck hörte er zuerst in Lübeck.

Weihnachten ohne Stolle war nicht denkbar, mit schwerem feuchten Honig- und Sirupteig und vielen Rosinen, außerdem Pfefferkuchen, nämlich in Herzen, Sternen und Vögeln ausgestanzte braune Kuchen, mit Zucker- oder Schokoladenguß überzogen, von denen er schon beim anfänglichen Gang durch das Dorf erzählt hat. Als sie einmal in Beeskow in ein Café gingen, bekamen sie Kuchen serviert, und zwar Tortenstücke, in denen ein paar Ameisen lagen. Sein Vater beschwerte sich und machte einen Witz mit Fleischmarken, etwa so: »Wir haben nur Abschnitte für Teigwaren abgegeben, nicht noch für Fleischwaren.« Das war am 8.8.1941 (Ansichtskarte mit Marienkirche von Tante Hertha und seinen Eltern an Onkel Walter nach Lübeck).

Zu Weinachten aßen sie entweder Kaninchen- oder Gänsebraten, es gab auch mal Karpfen mit Honigkuchen in polnischer Braunbiersoße. Das aber waren Festessen, auf die sich nicht nur die Kinder schon Wochen vorher freuten. Das jeweilige Tier, natürlich nicht der Karpfen, hing ohne Fell beziehungsweise ohne Federn innen an dem offenen, aber mit grünem Gazegitter verschlossenen Fenster der Speisekammer.

Frühmorgens stand Schwarzbrot, das mit der Alexanderwerk-Maschine geschnitten wurde, mit Marmelade oder Gelee oder Pflaumenmus auf dem Tisch, von seiner Mutter selbstverständlich eingekocht. Johannisbeeren konnte der Junge durch den Fleischwolf drehen, hinten kam der Abfall als Wurst heraus, vorn der dickflüssige Saft, der wie geriebene Kartoffeln durchgeseiht und dann zu Gelee eingekocht wurde. Der dicke Rest wurde zu roter Grütze verwendet, das war mit Kirschen und Vanilletunke eine abendlich oder mittäglich erfrischende Sommerdelikatesse.

Im Krieg schmierten sie auf das Frühstücksbrot zur Abwechslung Kunsthonig, den sie mit dem Messer aus einer runden Pappschachtel herausschabten, oder dunkelbraunen Sirup aus Zuckerrüben; beides wurde auf Zuckermarken zugeteilt. Pflaumenmus wurde in die Berliner Pfannkuchen eingebacken, die seine Mutter mit einem Rotweinglas aus dem ausgerollten Teig ausstach, und zwar zum Jahreswechsel, zu Silvester.

Butter – schon damals im charakteristischen rechteckigen 1/2 Pfund-Päckchen – wurde nur abends auf die Stullen geschmiert, darauf legten sie Tomaten- oder Radieschenscheiben, nicht immer konnten sie Wurst oder Schinken auf die Brotscheiben legen. Oder sie kleckssten weißen Käse drauf. Schmalz mit Grieben gab es leider selten. Eine Scheibe Schwarzbrot, mit Butter bestrichen und einer Scheibe geräuchertem Schinken belegt, dann in kleine Würfel geschnitten: das nannte er Hoppereiter. Für die Schulpausen in Königs Wusterhausen packte seine Mutter frühmorgens eine doppelte Wurststulle mit Braunschweiger ein, das war eine Schmierwurst ähnlich der Rügenwalder Teewurst. Im Frieden frühstückten sie mit knusprigen Schrippen, Brötchen, die in einem weißen Leinenbeutel außen an der Klinke der Haustür hingen; denn der Bäckerlehrling hatte sie in einem Korb auf dem Fahrrad ausgefahren. Unter die Marmelade oder den Honig noch Butter zu schmieren, wurde als Luxus nicht erlaubt und stand ihm deshalb als Friedenswunsch vor Augen.

An und für sich war er nicht kiesettich, das soll heißen: besonders essensbegierig oder wählerisch, er wurde auch nicht verpäppelt. Lediglich einmal in Lebus, als er mit seinem Vater und seinem Patenonkel von einer längeren Fahrt auf der Ladefläche eines Lastkraftwagens mit großer Plane nach Guben erst spät abends in der Dunkelheit zurückgekehrt war, aß er sieben große Stücke Streußelkuchen. Zur Kontrolle legte er für jedes Stück einen Krümel auf den Tellerrand. Onkel Günther und Tante Mariechen – Mariechenkäfer sagten die Kinder zu den Marienkäfern – redeten ihm immer noch zu und nötigten ihn nach hinterpommerscher Art zum Zugreifen und Essen. Das war ein Erlebnis, das durch Erzählungen der Erwachsenen immer wieder in seiner Erinnerung aufgefrischt wurde.

Es kam auch mal, wenn auch sehr selten, vor, daß ihm schlecht wurde, dann mußte er einen Löffel Bullrich-Salz mit einem Schluck Wasser hinunterschlucken, das förderte den Brechreiz und brachte ihm Erleichterung. Wenn er Grippe hatte oder sein Magen verdorben war, er sich also übergeben mußte und Leibschmerzen hatte – er sagte immer Bauchschmerzen, was seine Mutter beanstandete – und eine blecherne Wärmekruke seinen Bauch warm beschwerte, schabte seine Mutter auf einer gläsernen Reibe einen rohen Apfel, was gut schmeckte, erfrischend war und auf den Magen beruhigend wirkte. Bei regelrechter Verstopfung mußte er die Prozedur mit einem Klistier über sich ergehen lassen. Außerdem ist als Ausnahme anzusehen, daß er während des halben Jahres der Kinderlandverschickung an Gewicht, besonders im Gesicht, zunahm, weil alle Schüler zum Frühstück jeden Morgen einen tiefen

Suppenteller voll Haferbrei aßen. Anschließend normalisierte sich zu Hause das Körpergewicht wieder, weil es bei ihnen keinen Haferbrei zu essen gab, höchstens mal Hafermehlsuppe, sondern wie gesagt Brot, Kartoffeln, Gemüse und Obst.

Trotzdem war er in »Leibeserziehung« (in den Zeugnissen ab dem Schuljahr 40/41, vorher: »Leibesübungen«) schwerfällig. Dem Leser ist auch schon bekannt, daß er lediglich mit dem ledernen Schlagball weit werfen konnte. Wie sein Vater niederschrieb, fand am 13.9.1941 eine »Herbstbesichtigungsprüfung« in Bugk statt mit Schlagballweitwurf, Weitsprung und 60-Meter- Lauf. Der Chronist erinnert sich, daß sie bei der noch zu beschreibenden FLUCHT am 26. April 1945 an diesem Sportplatz im Wald vorbeikamen und er sich dabei an diese Veranstaltung erinnerte, insbesondere daran, daß dieser Platz im Sandboden neu angelegt und die Lauf- und die Sprunganlaufbahn mit Kiefernborkestücken primitiv befestigt war. Außerdem schwamm er sehr gern und hatte durch das erwähnte Fahrtenschwimmen so viele Punkte gesammelt, daß die schlechten Leistungen in den anderen Turndisziplinen wenigstens etwas ausgeglichen wurden. Und er bekam sogar das DJL (DJ-Leistungsabzeichen), ein helles Metallabzeichen mit Siegrune, das er an die linke Brusttasche des braunen Hemdes der Pimpfenuniform steckte.

Milch holte er direkt vom Landwirt Krüger hinter dem Gasthof Selchow in einer Milchkanne für drei Liter. An heißen Sommerabenden war eine Satte dicker Milch, mit Zucker bestreut, sehr erfrischend. Dafür goß seine Mutter die Milch in gläserne Satten und ließ sie sauer werden. Die Haut, die er Pelle nannte, auf der abgekochten Milch konnte er dagegen nicht runterschlucken. Er versuchte immer heimlich, sie mit dem rechten Zeigefinger herunterzunehmen.

»Mama, ich habe kalten Durst!« – »Es heißt doch: ich habe Durst auf etwas Kaltes!« Ebenso beanstandet wurde seine Antwortfloskel: »Ich glaube ja, aber ich weiß nicht genau.« Dann erhielt er Obstsaft oder

Brause, die aus Tütenbrausepulver fabriziert wurde. Wenn er in der Krüger'schen Futterküche wartete, sah er zu, wie Milch in die Zentrifuge geschüttet und wie gebuttert wurde bei singendem Geräusch der Zentrifuge. Von dort holte er einmal in der Milchkanne Wurstsuppe, als ein Schwein geschlachtet und gewurstet worden war.

Dieser Landwirt – Bauer wäre verletzend gewesen – spielte bei ihnen an jedem Heiligen Abend den Weihnachtsmann, jedenfalls solange, bis er von dem kleinen Schuljungen an der Stimme erkannt wurde. Bei seinem Schulbeginn, es war ja im eigentlichen Sinn keine »Einschulung«, erhielt er von seinen Eltern keine Schultüte mit Süßigkeiten wie die anderen Kinder des Dorfes. Das paßte angeblich nicht zu dem Lehrersohn, so ein Geschenk war verpönt. Im Dorf waren seit Jahren Schultüten für die ABC-Schützen bei der Einschulung üblich. Was hilft es da, daß ein Leitsatz des Urteils des Bundesverwaltungsgerichts vom 21.1.1993 (NJW S. 2192) lautet:

> *Der Besitz einer Schultüte gehört zum notwendigen Lebensunterhalt eines Kindes, das eingeschult wird.*

Beim ersten Lesen mußte der Erzähler wegen seiner entgegengesetzten Kindheitserfahrung innerlich darüber lachen.

Vor dem Krieg bestellten seine Eltern an Hand eines Prospektes bei der Firma OGO- Kaffeerösterei & Carl Wilhelmi, Bremen, Bönicke-Zigarren, –Kaffee, –Tee und –Schokolade. Für Kaffeewasser hatten seine Eltern einen elektrischen Tauchsieder, mit dem auch für seinen Vater das Wasser zum Rasieren erhitzt wurde. Sonst stand auf dem Küchenherd ein Teekessel, der aber nur Wasser enthielt, mit dem »Kaffe« aufgebrüht wurde. Den Kaffee goß seine Mutter durch ein Sieb in die Kaffeetassen.

»Das Brot der frühen Jahre« von Heinrich Böll gibt Anlaß zu verschiedenen Assoziationen:

Im Jahr 1944 zogen ausgehungerte russische Kriegsgefangene durch das Dorf, bewacht von Landwehrsoldaten. Für ein aus Stroh geflochtenes Kästchen gab seine Mutter an der Hoftür zur Straße einem Russen ein halbes Brot (oder war es ein ganzes?). Wie viele Stunden mag der Russe für diese kunsthandwerkliche Arbeit wohl benötigt haben? »Unser täglich' Brot gib uns heute«: diese Bitte aus dem Vaterunser (Matthäus 6, 11) lernte der Junge bald mit ebensoviel Verständnis beten wie die Erwachsenen, die die Kriegsnot beten lehrte.

Nach Kriegsende wurde beim Dorfbäcker Schwarzbrot verkauft (vorher nannte man es Kommißbrot), das nicht nur mit Schrotmehl, sondern auch mit Kartoffeln gebacken war. Er kaufte einmal eines, noch auf Marken, und brach gleich auf dem Rückweg die frische Kruste, den Knust oder den Kanten an einem Ende ab und knabberte ihn genüßlich auf. Dabei fiel ihm seine Frage aus besserer Zeit ein: »Is det wah, Onkel Wallta, jib det Kraft?« Innen war das Brot ganz klietschig. Seine Mutter schimpfte nicht, sie stand gerade bei einer Nachbarin, die sagte: »Trocken Brot macht Wangen rot«. Darüber war er irritiert, weil er sich über das Brotstück gefreut hatte, auch ohne etwas draufzuschmieren. Seit dieser Zeit fühlte er sich verpflichtet, Lebensmittel sorgfältig zu verwenden und Verschwendung zu vermeiden.

Eine Scheibe geröstetes Schwarzbrot, das zwiebackähnlich schmeckte, bekamen Gerd Richter und er von einem russischen Trainsoldaten, damit sie aufpaßten, daß die Pferde nicht wieder in den großen Garten eindrangen. Wahrscheinlich war es dieser freundliche Russe, der sie über den Unterschied von Wehrmacht und Waffen-SS wie folgt aufklärte:

> *Voggel hier* – auf der rechten Uniformjackenbrust – *gutt,*
> *Voggel hier* – auf dem linken Uniformoberarm – *nix gutt!*

Viele Jahre später erkannte der Chronist diese volkstümlich einfache Unterscheidung als propagandistisch eingeimpftes Klischee, als suggeriertes Vorstellungsbild genauso wie der in der Sowjetunion zum Heldentum verklärte Sturm auf den Reichstag als letztem Bollwerk des deutschen Faschismus, obwohl dieses Staatsgebäude seit dem Brand von 1933 Ruine war. Die weltweit verbreitete symbolträchtig sein sollende Fotografie vom 2.5.1945 zeigt den Soldaten Militon Kantarija, der auf dem östlichen Dachrand eine rote Fahne mit Hammer und Sichel und fünfeckigem Stern angeblich »hißte«. In Wirklichkeit sieht man, wie er für den Fotografen und den Kameramann die Fahnenstange an einem Fialtürmchen festhält, während ein anderer (Jagorow), der bei manchen veröffentlichten Bildern – wie auf dem 50-Pfennig-Briefmarkenblock der DDR »30. Jahrestag der Befreiung vom Faschismus« – wegretouchiert ist, das linke Bein seines Kameraden auf dem unsicheren Balance-Posten mit dem rechten Arm absichert und zwar deutlich erkennbar nach Ende der Kampfhandlungen. Die erste Siegesfahne hatte aber der Rotarmist Minin zwei Tage früher an einer anderen Stelle des Daches, nämlich auf dem westlichen Portalvorbau mit der Stange in die Krone einer auf einem Pferd sitzenden Siegesgöttin gesteckt; das hätte ein viel symbolträchtigeres Bild gegeben.

Eine Scheibe vom Maisbrot, das Untermietern in Lübeck gehörte, schnitt der Junge im Jahre 1946 heimlich ab und verzehrte sie. Die Angst, entdeckt zu werden, war dabei so groß, daß er diese juristisch einwandfrei als Mundraub zu subsumierende Straftat nicht wiederholte. Aber etwas Ähnliches ließ er sich zuschulden kommen: Auf einer Trave-Motorboot-Hamsterfahrt 1946 nach Hamberge zog er eine Karotte durch das Loch eines unbeaufsichtigten Sackes heraus, als es schon dunkel geworden war. Selbst Prof. Dr. Klemperer hat ehrlicherweise und sehr beschämt schriftlich festgehalten, daß er im ersten Dresdener Judenhaus (1941) mehrmals aus Hunger sich etwas Brot oder Wurst oder eine Kartoffel von Mitbewohnern angeeignet hat. Um eine Scheibe Brot geht es auch in der unvergeßlichen Erzählung von Wolfgang Borchert, der nur 26 Jahre und 6 Monate alt wurde.

Und als das Brot gebacken war, lag das Kind auf der Totenbahr'.

Das von Mahler vertonte Gedicht beeindruckte ihn mit seiner atemberaubenden Eindringlichkeit erst 35 Jahre später.

Mutter, ach Mutter, es hungert mich. Gib mir Brot, sonst sterbe ich.

Dieses selbe Lied singt in der Novelle »Der Kinderkreuzzug« von Ernst Wiechert die kleine Eva und löst damit »zu Ende des großen Krieges«, also des ersten Weltkriegs, eine Wanderung aus und eine Rückkehr mit glücklichem Ausgang, genauso wie in dem Leben des Biographen.

Großvater

Da is ja det Ende von wech.
Großväterlicher Ausspruch.

Seinem Großvater aus Berlin nach dem großen Kapitel über das Essen einen besonderen Abschnitt zu widmen, ist gar nicht so verkehrt. Denn wenn der Großstädter während des Krieges bei ihnen im Dorf zu Besuch war, brachte er es nicht fertig, eine Suppenschüssel oder einen Gemüsetopf mit einem Rest vom Tisch abräumen zu lassen. Er machte nämlich gern Rest. Diese Vorliebe vererbte er seinem ältesten Enkel. Sonst wurden bei ihnen kleine Essensreste üblicherweise als Futter für das Vieh verwendet und verwertet. Er konnte viel verputzen und aß beinahe wie ein Scheunendrescher. Er war ein guter, anders ausgedrückt: ein starker Esser (und ein Zigarrenraucher). Seine Schwiegertochter bemerkte das vorwurfsvoll gegenüber dessen Sohn mit folgenden Worten:

Ich weiß ja nicht mehr, wie ich deinen Vater satt kriegen soll!

Da sie selbst keine Eltern mehr hatte, glaubte seine Mutter, das Recht zu haben, ihren Schwiegervater umso kritischer beurteilen zu dürfen. Die Lübecker Tante sagte aber nicht: mein, dein, unser Vater, sondern einfach: Vater, was ihrem Neffen und Patenkind fremd klang, ebenso wie der Lübecker Roman von Thomas Mann nicht »Die Buddenbrooks«, sondern »Buddenbrooks« heißt.

In der Kriegs- und Nachkriegszeit hatte der Großvater in Berlin Heißhunger, einen richtigen Jieper auf Süßes: er naschte Marmelade und Gelee. Nicht ohne gewisse Rührung wegen des Rückfalls in eine kindliche Unart stellte seine zweite Frau, die für die vier Kinder die einzige

Oma war, das fest, als sie Kleckerspuren auf dem Fußboden der Küche und im Vorratsschrank fand und ihnen das gleich erzählte. Eine senile Geschmackstaubheit mag der Grund für diese Naschsucht gewesen sein, aber auch ein instinktiver Drang nach lebenswichtigen Aufbaustoffen zum Ausgleich für fehlende andere Nahrungsmittel, die nämlich nur kalorienweise zugeteilt wurden, ohne sich nach den Bedürfnissen und dem Sättigungsgrad der Verbraucher zu richten.

Sein Großvater, Jahrgang 1872, war Berufssoldat gewesen, bis er von dem Reichs- und Preußischen Arbeitsministerium als Beamter, als sogenannter Zwölfender übernommen wurde. Pensioniert wurde er als Ministerial-Kanzleiobersekretär. Erhalten geblieben ist ein Manöverbuch (1896-1900) mit russischen Militärvokabeln. Eine seiner an Hauptmann Noël gerichteten Meldungen begann:

> *Nachtfelddienstübung am 26.Juni 1900*
> Allgemeine Kriegslage:
> *Cüstrin ist armiert und von Blau besetzt. Rothe Truppen haben dasselbe auf dem rechten Oderufer eingeschlossen. Der Artilleriekampf ist im Gange. Das linke Oderufer ist völlig frei vom Feinde…*

Daran wird der ehemalige Manöversoldat wohl durch die Ereignisse im April 45 erinnert worden sein. Auf einer anderen Seite schreibt er:

> *Nachrichten vom Feinde: Nichts Neues.*
> Daneben steht von dem Vorgesetzten v. Wedel die Marginalie:
>
> *Ich weiß das Alte auch nicht.*

Eine zweite Urkunde ist eine Feldpostkarte vom 13.08.1918 an seine Frau Bertha in Havelberg, abgestempelt: *Kaiserl. Deutsches Generalgouvernement Warschau.*

Ein Schnurrbart gab dem Vizefeldwebel mit einfacher Uniform, aber langem Säbel, ein grimmiges martialisches Aussehen, wie Fotos dokumentieren. Sein Sohn, der Vater des Chronisten, wurde in einer Kaserne in Küstrin an der Mündung der Warthe in die Oder geboren. Seine Geburtsurkunde lautet, abweichend vom üblichen Formulartext (»Vorstehend 15 Druckworte gestrichen«):

Geburtsurkunde

Nr.273

Cüstrin, am 20. August 1903.

Vor dem unterzeichneten Standesbeamten machte heute der militärische Kasernenvorstand der neuen Kaserne schriftlich die amtliche Anzeige, daß von der
Bertha Wilhelmine Pauline Jahn geborenen Schwerdt,
Ehefrau des Vicefeldwebels im Infanterie-Regiment No. 48
Karl Erdmann Jahn,
beide evangelischer Religion, wohnhaft bei ihrem Ehemanne, zu Cüstrin II, in der Wohnung ihres Ehemannes, neue Kaserne am siebenzehnten August des Jahres tausend neunhundert drei nachmittags um sechs Uhr ein Knabe geboren worden sei und daß das Kind die Vornamen
Alfred Karl Günther
erhalten habe.
Der Standesbeamte
In Vertretung: Schütz.

In Küstrin hatte bekanntlich Friedrich als Kronprinz, später als König »der Große« benannt, zusehen müssen, wie sein Freund Katte hingerichtet wurde, weil sie beide nach England hatten fliehen wollen. Das war ein Ereignis, das im Geschichtsunterricht nicht fehlen durfte, nach damaligem Verständnis nichts weiter als eine besonders drastische Erziehungsmaßnahme, die heutzutage als brutal und inhuman zu brandmarken ist. Die Bedeutung für den Schulunterricht an einer Volksschule ist aus folgender Eintragung seines Vaters am 12.2.1935 erkennbar:

> *Wir erkennen in Friedrich Wilhelm I. den Zuchtmeister, den Erzieher seines Volkes*
> *1. durch seine rauhe Tugend, 2. seinen soldatischen Eifer, 3. seine strenge Verwaltung, 4. seine treue Fürsorge, 5. seine schlichte Frömmigkeit.*

Bei dem Wort »Zucht« hört der Erzähler eine Haselnußgerte oder einen Rohrstock durch die Luft pfeifen, es ist für ihn ein Wort der Lautmalerei, wie er am eigenen Leibe durch seinen Vater schmerzhaft erfahren hatte und wie es Friedrich der Große durch seinen Vater mehrfach hatte erdulden müssen.

> *Friedrich Wilhelm war der große, der schlechthin überragende und dauerhaft prägende Erzieher zu einer spezifischen Einstellung und Haltung, zu jenem kantigen Gefüge von Tugenden, die wir seither als »typisch preußisch« oder – von Preußen her – als »typisch deutsch« einzustufen gelernt haben: Fleiß und Pflichterfüllung, Ordnungssinn und Sparsamkeit, Disziplin, Nüchternheit, Präzision und Pünktlichkeit. (v .Krockow: Friedrich der Große S. 16)*

Scholz schreibt im 7. Wanderungsband, S. 79:

> *Die Mutter von Fontane, Emilie geborene Labry, war echt hugenottisch-calvinistisch, nüchtern, streng und sparsam.*

Der Junge hat seinen Großvater einmal in Märkisch-Rietz sehr geärgert, und das weiß er noch so genau, als der auf dem Abort – man sagte zu der in Berlin »Bedürfnisanstalt« genannten Einrichtung in oder außerhalb der Wohnung Klosett oder einfach Klo oder Lokus – im Hof saß und sein ältester Enkel die Tür, die nur zugeklinkt werden konnte, mehrmals aufriß. Opa schimpfte:

> *Laß das! Wirst du woll! Mach, daß du wechkommst! Ick werde dir helfen!*

mußte er doch in der gleichbleibend sitzenden Haltung mühselig nach vorn rutschen und die Tür wieder zuziehen. Sein Enkel weiß nicht, welcher böse und schadenfrohe Wille ihn da gepackt hatte. Es machte ihm offensichtlich Freude, die spaßige Hockstellung vom Opa, das entblößte Hinterteil nach hinten gestreckt und die Hose mit den Hosenträgern über den Knien hängend, den Kopf in den Händen und die Ellbogen auf den Knien, als lächerlich zu erkennen und schamlos auszunutzen. Es wird dem Leser aufgefallen sein, daß der Siebzigjährige mehrmals schon wegen seiner praktischen Fähigkeiten – im Gegensatz zu dessen Sohn – gelobt wurde. Falls es aber bisher noch nicht gesagt wurde: sein Vater, sonst unbeholfen, ungeschickt und unpraktisch veranlagt, war mit Leib und Seele Lehrer, also aus Überzeugung. Er faßte seinen Beruf als Berufung auf, er fühlte sich zum Lehrer regelrecht und geradezu berufen, zur Belehrung und Erziehung von Kindern, wie er seinem Ältesten mehrmals sagte, indem er ihm empfahl, sich ebenfalls zu einem bestimmten Beruf berufen zu fühlen.

Eine gewisse Bereitschaft und Anfälligkeit gegenüber Fremdwörtern war nichts Besonderes bei seinem Großvater, vielmehr eine typisch deutsche Erscheinung der damaligen – und späteren – Zeit. Scholz zitiert in seinem 8. Wanderungsband (S.168) den im Jahre 1542 geborenen Georg Rollenhagen:

> *Der Deutsche aber lässet vor allen, was frembde ist, sich besser gefallen, lernt frembde Sprachen reden, schreiben, sein Muttersprach muß verachtet bleiben…*

Nur ein paar damals geläufige Beispiele sollen aufgeführt werden: Billett, Kuvert (sagen die eingefleischten, die waschechten Berliner wie selbstverständlich, wie z.B. Scholz; Fontane schrieb immer: Couvert, z.B. im Brief vom 3.2.1898 an Friedlaender), Regulator, Coupé, Perron, Chaiselongue, Portemonnaie (Portmonnee), Trumeau, Buffet, Vertiko, Plumeau, Trottoir, Momang (Moment mal!). »Er ist schwer von Kapee« hörte er von den Erwachsenen statt: »Er ist begriffsstutzig«. Wenn jemand sich zierte oder zimperlich war, war er »etepetete« (être peutêtre). Auch die neuen Machthaber waren davon nicht ausgenommen trotz ihrer übertriebenen Deutschtümelei. Sehr ausführlich beschäftigt sich Klemperer mit den Fremdwörtern (Seite 321 seiner »Sprache des dritten Reichs«). Andererseits setzten sich viele Lehrer einschließlich seines Vaters für eine Eindeutschung der Sprache ein (»Kampf gegen das Fremdwortunwesen« im Anhang III.), was ihn nicht hinderte, gelegentlich »geschwollen« zu reden, z.B. sagte er: »Das entzieht sich meiner Kenntnis. Ich weiß nicht Bescheid. Ich werde von der Schule in Beschlag genommen.« »Der Purist« ist in Goethes und Schillers Xenien 1797 wie folgt kritisch bedichtet:

Sinnreich bist du, die Sprache von fremden Wörtern zu säubern;
Nun sage doch, Freund, wie man Pedant uns verdeutscht.
Kann eigentlich Fremdwörter nicht leiden. Aber mitunter sind sie ein Segen (Fontanes Dubslaw von Stechlin, S. 64).

»Da is ja det Ende von wech« und »Det is doch nich die Meechlichkeit!« und »Haste Töne?!« waren beliebte Redensarten, wenn sein Großvater etwas negativ beurteilte. »Du bis woll nich bei Troste! Nu machma halblang!« – sein ältester Enkel verstand immer »Halbblank« wie beim Frisör – waren ebenfalls Ausrufe, die Kritik in wohlwollender Form enthielten. »Wo sind deine Muskeln?« fragte er in seiner rauen und burschikosen und kurz angebundenen Art ihn eines Tages in Görsdorf. »In der Laube« kam die prompte Antwort, wie bei passenden Gelegenheiten von den Erwachsenen immer wieder erzählt wurde. Keiner wußte, was der Kleine sich dabei gedacht hatte. Auch er selbst weiß es nicht mehr, kann nur vermuten, daß es sich um Gegenstände gehandelt hatte, wie z.B. Spielstöcke, die er in der Laube versteckt hatte. Ein unter den Großen gern wiederholter anderer Ausspruch von ihm war: »Mama, kuckma, ich schüttle meine Pupillen aus«, dabei soll er sein Taschentuch ausgeschüttelt und Bazillen gemeint haben. Der Leser wird dabei an die Geschichte über die schnupfennassen Windeln seines Vaters über den Ofentüren zurückdenken.

Sein Großvater brachte ihm bei, die Schuhe auch von unten zu putzen, er meinte natürlich nur die Fläche zwischen Absatz und Sohle. Der Enkel faßte diesen Rat anfangs aber so auf, als ob er auch die Sohle mit Schuhwichse einschmieren müßte.

Karl von Ossietzki, im selben Jahr wie Hitler geboren, erhielt im Jahr 1936, das war zwei Jahre vor seinem Tode, den Friedensnobelpreis, sollte ihn aber auf Wunsch Görings nicht annehmen. Solche Ereignisse drangen nicht ohne weiteres bis in die Dörfer, aber sein Großvater registrierte sie als hellwacher und skeptischer Großstadtmensch und möglicherweise auf Grund von Verbindungen zu ehemaligen Kollegen seines Ministeriums auch nach seiner Pensionierung und hielt derartige Informationen aus der Reichshauptstadt seinem Vater mit kritischen Bemerkungen vor. Das gleiche gilt vom 20. Juli in seinem Geburtsjahr 1932, als Reichskanzler Papen die preußische Staatsregierung absetzte, so daß der preußische Staat endete. Der Putschversuch genau 12 Jahre später hatte dann nichts mehr mit Preußen zu tun (so schreibt Haffner in seinem Buch »Preußen ohne Legende«, S. 348). So werden seinem Vater auch nicht die für alle Deutschen schicksalhaften Folgen der sogenannten Machtübernahme (Hindenburg ernennt Hitler zum Reichskanzler) am 30. Januar und des Reichstagsbrandes am 27. Februar 1933 bewußt geworden sein. Nur wenige Menschen von damals wußten und die Menschen von heute wissen, daß die Notverordnung zum Schutz von Volk und Staat vom nächsten Tage und anschließende Gesetze den Rechtsstaat mit seinen verfassungsgemäßen Grundrechten ausschalteten und den Weg für einen Unrechtsstaat frei machten. Zum Opernplatzfeuer am 10.5.1933 paßt Heine (Hassan in »Almansor« 1821, Bd. 2, S. 392):

> *Das war ein Vorspiel nur; dort wo man Bücher verbrennt, verbrennt man auch am Ende Menschen.*

Ein prophetischer Ausspruch als Reaktion auf die unerhörte Neuigkeit, daß man während der spanischen Christianisierung »den Koran in eines Scheiterhaufens Flamme warf!« Heute liegt dort eine Gedenkplatte mit dem Zitat.

Man kann sich vorstellen, daß sein Großvater gegenüber seinem Vater den Judenpogrom, insbesondere die Ereignisse der Kristallnacht vom 9./10. November 1938, kritisch zur Sprache brachte mit Redewendungen wie: »Det willick dir jesacht ha'm!«, »Die sind ja überkandidelt!« oder: »Siehste, ha' ick ja imma jesacht!« Auch Klemperer hielt die vielfache Berufung auf das gesunde Rechtsempfinden des Volkes für eine gesetzlose Willkürmethode (Tagebucheintragung vom 6.12.1938). Die seit 1934 praktizierte Beseitigung der Gewaltenteilung wurde im Beschluß des Reichstags vom 26.4.1942, veröffentlicht im Reichsgesetzblatt, deutlich ausgesprochen:

> *Der Führer muß, ohne an bestehende Rechtsvorschriften gebunden zu sein, in seiner Eigenschaft als Führer der Nation, als oberster Befehlshaber der Wehrmacht, als Regierungschef und als oberster Inhaber der vollziehenden Gewalt, als oberster Gerichtsherr und als Führer der Partei jederzeit in der Lage sein, jeden Deutschen… mit allen ihm geeignet erscheinenden Mitteln zur Erfüllung seiner Pflichten anzuhalten und bei Verletzung dieser Pflichten… ohne Rücksicht auf sogenannte wohlerworbene Rechte mit der ihm gebührenden Sühne zu belegen, ihn im besonderen ohne Einleitung vorgeschriebener Verfahren aus dem Amte… zu entfernen.*

Diese Ausrufung zum obersten Gerichtsherrn hält Klemperer in seinem Tagebuch fest, natürlich mit anklagendem Kommentar. Schon anläßlich der Ermordungen im Zusammenhang mit dem angeblichen Röhm-Putsch – »Nacht der langen Messer« – schreibt der Staatsrechtler Professor Carl Schmitt am 30.6.1934 in einem Rechtfertigungsartikel:

> *Der Führer schützt das Recht: Der Führer schafft kraft seines Führertums als oberster Gerichtsherr unmittelbar Recht.*

Und im Jahr 1937 war von ihm ein Beitrag zu lesen mit der Überschrift »Totaler Feind, totaler Krieg, totaler Staat«. Da also der Führer Rechtsquelle, Gesetzgeber, oberster Gerichtsherr und die oberste vollziehende Gewalt war, gab es keine Gewaltenteilung und –trennung mehr.

Bei den Spaziergängen, die im Kapitel über die REICHSHAUPTSTADT erwähnt wurden, führte sein Großvater seinen Vater und ihn einmal zur neuen Reichskanzlei in die Voßstraße. Sehr beeindruckend war für ihn folgendes Erlebnis: Auf den freien Platz vor dem Gebäude fuhr eine schwarze Limousine Daimler-Benz der Schutzstaffel (SS) und hielt auf den großen Granitplatten an. Dann verschwand das Auto langsam im Erdboden, nachdem sich ein Geländer zur Absperrung aufgerichtet hatte. Unten angelangt, fuhr der schwarze Personenkraftwagen sicher in eine unterirdische Garage. Die Fahrstuhlplatte kam langsam wieder an die Oberfläche des Platzes hoch, das Geländer klappte um, wie von Geisterhänden gelenkt, und nichts ließ mehr dieses märchenhafte Sesam-Öffne-Dich erahnen.

An Märchen-Erzählen oder –Vorlesen durch seinen Großvater kann er sich nicht erinnern. Was der über Siebzigjährige sagte, hatte allerdings für ihn ein besonderes Gewicht; das ist nicht ohne weiteres verständlich. Denn sein Vater war streng, und sein Großvater war grob und unwirsch, er hatte eine harte Schale, ob mit weichem Kern, war für ihn als Kind wohl kaum zu spüren. Als ihm zum Essen kein Pichel mehr wie zur Zeit des als Pappapp bezeichneten Kinderbreis umgebunden wurde und er sich einmal trotz der Mahnung »Benimm dich manierlich!« vollgeklekkert hatte, maulte Opa:

> *Deine Mama nimmt einen leeren Kartoffelsack, schneidet unten und an den Seiten Schlitze rein, stülpt ihn dir über den Kopf und setzt dich an den runden Steintisch!*

Er meinte damit den Tisch, den sie in der Laube im großen Garten zu stehen hatten. Sein Enkel war zu Recht eingeschnappt, er konnte das nicht verknusen.

Und noch ein weiterer Verwandter mit seiner Umwelt verdient ein eigenes Kapitel, obwohl es sich gar nicht um eine echte Tante handelt, sondern um eine Großtante.

Tante Frieda

Der Jude hat ein Schwein geschlacht'.
Wat willste davon hahm?
Nicht-arisches Spiel von Ariern.

Tante Frieda war die Schwester der Mutter seines Vaters. Sie lebte mit ihrem Sohn, seinem Patenonkel Günther (außerdem hatte der Chronist drei Patentanten) und dessen Frau Marie geborene Grunzke (wie kann man nur so heißen! dachte so mancher in der Verwandtschaft) in einem Wohnhaus eines landwirtschaftlichen und gärtnerischen Betriebes an der Reichsstraße von Lebus nach Küstrin, Küstriner Chaussee. Der nächste Ort heißt Podelzig und liegt schon im tieferen Oderbruch. Tante Frieda Nielow war über 70 Jahre alt, klein und schwerhörig und wurde oft von ihrer Schwiegertochter angebrüllt, wahrscheinlich zu laut, weil Tante Frieda regelmäßig ärgerlich etwas vor sich hinmurmelte. Sie schlief in einem kleinen Zimmer, einer Kammer hinter der Küche mit Fenster zum Hof. Darin war es nie richtig hell, weil draußen an der Hauswand wilder Wein oder ähnliches Gewächs sich hochgerankt hatte und weil ein zum Hof hin offener Holzverschlag den Raum verdunkelte.

Ihr Bett stand links vom Fenster an der Außenwand, daneben noch ein Bett, in dem der Großneffe in einer einzigen Nacht schlief. Das Zimmer wurde nie richtig gelüftet, es roch nach alter Frau, zumal nachtsüber ein Nachttopf, wie damals üblich, unter dem Bett stand. Denn der Abort befand sich außerhalb des Wohnhauses, nämlich im Stallgebäude auf dem Hof dicht bei dem Misthaufen. Dort stank es »natürlich«. Später lernte der Junge die lateinische Weisheit: naturalia non sunt turpia, das heißt: Alles, was mit dem Natürlichen zusammenhängt, ist weder schlecht noch gut, hat nichts mit Moral zu tun, muß sich also jeder

Bewertung entziehen. Natürliche Dinge und Vorgänge dürfen nicht mit »Pfui« oder »Ba-Ba!« betitelt werden, wie es üblicherweise Eltern gegenüber ihren kleinen Kindern taten. In dem erwähnten Zimmer – mit gütiger Erlaubnis des Lesers sei es gerade herausgesagt – stank es nach Altweiberpisse. Deshalb sagte seine Mutter nach der ersten Nacht zu ihm: »Da kannst du nicht schlafen, du wirst woanders schlafen.« Seitdem nächtigte er entweder auf dem Sofa im Wohnzimmer oder im Schlafzimmer im ersten Stock über dem Wohnzimmer.

Seine Mutter bezeichnete Onkel Günther, ohne daß es für die Ohren des Jungen bestimmt war, als gewöhnlich, was soviel bedeutete wie: primitiv oder ordinär, ungebildet, und machte dabei mit vielsagendem Gesichtsausdruck Andeutungen von Erzählungen aus seiner Matrosenzeit im ersten Weltkrieg. Der Onkel hatte ein narbiges Gesicht und kratzte oft an der Haut. Es hieß, das komme vom Kunstdünger, der ihm ins Gesicht geflogen sei. Aus einem deutlichen Schweigen seiner Mutter entnahm das Patenkind, daß vielleicht eine andere Ursache geheimnisvoll dahinter steckte. Außerdem hatte seine Mutter kein Verständnis dafür, wenn sein Vater mit kindlicher Freude erzählte, daß er zusammen mit seinem Vetter frühmorgens im Pferdestall, wo es so schön vieh-warm war und keine der drei Frauen den beiden Männern dort etwas verbieten konnte, rohe Eier zu Zuckerei schlugen: das Eigelb und das Eiweiß für sich und dann, wenn das eine cremig und das andere sahnig war, zusammenrührten und genüßlich aus Kaffeetassen mit einer Art diebischen oder spitzbübischen Genugtuung löffelten. Sie nannten sich übrigens Bruderherz und redeten sich auch in ihren Briefen so an.

Tante Frieda machte mit ihrem jüngsten Besucher Aufsage-Spiele. Zu alt war er zwar inzwischen für:

Da hasten Taler, geh zum Markt, kauf dir 'ne Kuh, Kälbchen dazu.
Faß es ans Schwänzchen, ans Kringel-, Kringelschwänzchen.

Der Anfang eines andern Spiels ist ihm aber noch erinnerlich. Sie sagte: »Der Jude hat ein Schwein geschlacht'. Wat willste davon hahm?« Er mußte dann antworten: »Schinken« oder ein anderes Schweinekörperteil. Sie wiederholte jeweils die Antwort, also wie im Beispiel: »Schinken« und klopfte ihm dabei auf seinen Podex oder Po. Sagte er »Rippe«, dann kitzelte sie ihn in der Seite. Antwortete er »Ohr«, was sehr beliebt war, zupfte sie ihn sanft am Ohrläppchen, und so fort. Dieses Spiel wurde von seinen Eltern nur mit mißbilligenden Blicken geduldet, weil andauernd von dem Juden – sie kannten ja gar keinen Juden – die Rede war, während gewöhnlich jeder Erwachsene in diesen Jahren nichts mit Juden zu tun haben wollte. Er ahnte nicht, daß dieses Spiel die Juden verhöhnte, weil sie kein Schweinefleisch essen dürfen, weil es nicht koscher ist.

Beim Stichwort Jude erinnert der Biograph sich an folgende eigenartige Episode: Sein Großvater fragte ihn eines Tages: »Wie wischen sich die Juden den Hintern ab?« – Der Gefragte zuckte mit den Schultern. – »So« und steckte seinen rechten Mittelfinger mitten durch ein Blatt Klosettpapier hindurch. Das gab es in Berlin noch, wenn auch härter als in Friedenszeiten, während sie in Märkisch-Rietz oder in Lebus in handliche Stücke zerrissenes Zeitungspapier nahmen, das an einem gebogenen Drahtstück aufgespießt war. Ob es nun seinem Opa Spaß oder Ernst war, seinen Enkel jedenfalls beeindruckte diese drastisch andeutende Abwisch-Vorführung nicht besonders, er wußte nicht, was er davon halten sollte.

Tante Friedas Bruder war Onkel Alfred, ein kleines schmales Männchen, das man auf dem Haustreppen-Familienfoto von 1938 unter den Gästen anläßlich der Taufe seines ersten Bruders erkennen kann. Außerdem gibt es noch ein späteres rührendes Foto von dem Geschwisterpaar. Onkel Alfred ist im August 1942 gestorben, sein Neffe fuhr zur Beerdigung nach Lebus, die Schule fiel an zwei Tagen aus, wie sich aus den schriftlichen Unterrichtsvorbereitungen ergibt. Der Großonkel Alfred ist ihm nur deshalb in Erinnerung geblieben, weil er als Unikum eine lustige

Lebendigkeit um sich verbreiten konnte, was in seiner Verwandtschaft die Ausnahme war. Was es für Späße waren, das weiß er allerdings nicht mehr. Er erinnert sich nur, daß der Onkel mit dem Mund täuschend ähnliche Trompetentöne blasen konnte. Onkel Alfred und Tante Frieda vertraten für seine Begriffe die alte Generation. Es waren alte Menschen, die in seiner Erinnerung viel älter waren als sein verhältnismäßig rüstiger Großvater.

Die Umgebung der Kleinstadt Lebus war für den Erzähler ein abwechslungsreicher Ferienort, von dem er im Wachen träumte. Einmal ist er in den Sommerferien allein mit der Bahn hingefahren, er mußte wie üblich in Grunow umsteigen. Auf seinem kleinen Fußmarsch über einen Feldweg als Abkürzung vom Bahnhof Lebus zum Anwesen seines Patenonkels – der Junge hatte frühzeitig einen ausgeprägten Orientierungssinn – »schwirrten die Lerchen hoch vor Lust«, sonst war in der sommerlich flimmernden Luft nichts zu hören. Er durfte im großen Garten allein herumstreifen, in dem Gurken angepflanzt waren, getrennt durch Grasstreifen mit Johannisbeersträuchern und mit Kirschbäumen, in die er kletterte, um sich halbsatt zu essen anstelle der Stare, die sich von ihm als Vogelscheuche vertreiben ließen. Die Kirschen blieben sein Lieblingsobst.

Er fuhr auf dem Pferdefuhrwerk aufs Feld mit und führte das Pferd beim Pflügen am Kopfgeschirr. Weil er sich offenbar ungeschickt anstellte und zu dicht neben dem Pferd ging, trat es ihm einmal – das eine Mal reichte ihm! – auf einen Fuß. Das war ziemlich schmerzhaft, hatte aber wegen des weichen Ackerbodens keine Verletzungsfolgen. Er durfte auch auf dem Leiterwagen zur Heuernte zu den Wiesen direkt an der Oder mitfahren, zu denen sie durch einen Hohlweg von der höher liegenden Felderebene mit den regelmäßig aufgebauten Getreidemandeln, je 15 zusammengestellte Garben, gelangten. An der Oder endete in seinen Vorstellungen Deutschland. Schon früher war die Mark Brandenburg Grenzland, zu Fontanes Zeiten Reichsmitte, und seit dem Kriegsende ist die nördliche Oder tatsächlich wieder Grenzfluß im Osten. Hier war im Jahr 1945 *das Feld der Endschlacht, die den Untergang des Dritten Reiches besiegelte (Scholz im ersten Wanderungsband S. 78).*

Wenn in Lebus von Gnesen die Rede war, wohin sein Onkel mal gefahren war, so lag diese Stadt unvorstellbar weit im Osten jenseits der Oder. Seine Vorfahren väterlicherseits stammen aus der Neumark, also von östlich der Oder, so kam es, daß sein Vater wie gesagt in Küstrin geboren wurde.

Eine längere Fahrt auf dem Kutschbock nach Seelow ist dem Jungen noch erinnerlich, die Straßen waren asphaltiert und von schattenspendenden Bäumen begleitet. Er sah schräg vor sich in Höhe seiner Füße von den frisch gestriegelten Pferden die Hinterteile, die sie im Takt auf und ab bewegten, und erschrak, als sie während des Trabens äpfelten. Die beiden Pferde, deren Namen er nicht behalten hat, trugen am Kopf Scheuklappen aus Leder, so daß er später sofort den übertragenen Sinn von Scheuklappen beim Menschen verstand. Das Getrappel der eisenbeschlagenen Hufe auf dem Asphalt blieb kurze Zeit im Gleichschritt, dann wurde es in einzelne Schrittgeräusche aufgelöst. Diese wechselnden Klappgeräusche reizten zum taktgemäßen Mitsummen und hörte sich etwa so an:

> *trab-trab-trab-trab – trabetraptrabedab – trabetrabebe – trab-trab-trab-trab*

und so weiter wieder von vorn. Zeitweilig hielt er die Zügel und die Peitsche, wenn sie vom Hof in Richtung Lebus, also nach Süden fuhren. An dieses Bild erinnerte er sich, als er Fontanes Empfehlung im Vorwort zur 2. Auflage der »Grafschaft Ruppin« las:

> *Verschmähe nicht den Strohsack neben dem Kutscher.*

Vor dem nächsten Bauernhof waren am Chausseerand Blumenkohlköpfe zum Verkauf ausgestellt, die größer waren als Kinderköpfe, wie er später erzählte, und wunderbar gleichmäßig gewachsen. Fontane läßt Frau Dörr in dem Roman »Irrungen, Wirrungen« sagen:

> *Der Strunk ist eigentlich das beste, da sitzt die Kraft drin. Und die Kraft ist immer die Hauptsache.*

Schon vor der Bekanntschaft mit Fontane hatte der Chronist den Strunk am liebsten gegessen.

Eines Tages sind sein Vater und er auf Fahrrädern von Lebus über Podelzig und Reitwein nach Göritz gefahren. Das ist die Gegend, in der der Fontane-Roman »Vor dem Sturm« um die Jahreswende 1812/13 spielt. Reitwein, links der Oder, das im April 45 für die Russen ein wichtiger Brückenkopf war, wird in dem Roman Hohen-Vietz genannt. In der alten Stadt Göritz, rechts der Oder, war Friedrich der Große am Abend der unglücklichen Schlacht von Kunersdorf (12.8.1759) zusammen mit Rittmeister von Prittwitz angelangt, der ihm das Leben gerettet hatte, nachdem sein Pferd tödlich getroffen worden war. Geschichtsdaten wurden bei seinem Vater und Lehrer auswendig gelernt, der im Geschichtsunterricht Wert darauf legte, zwischen äußerem Anlaß und innerer Ursache zu unterscheiden. Der König verbrachte die Nacht im Dorfe Ötscher.

Anderntags nahm er Quartier in Reitwein, damals noch den Burgdorffs gehörig.

So schreibt Fontane in seinem Wanderungsband »Oderland« (S. 10). In Göritz waren die Eltern der Schulhelferin Gerczuk aus der Ukraine angesiedelt worden, die in ihrer Kassandra-Rolle beim Beginn des Krieges gegen Rußland zweimal erwähnt wurde.

Und damit ist der Biograph wieder beim Krieg, der ein wesentlicher Bestandteil, nämlich die Hälfte seines ZWÖLF-jährigen Lebensabschnitts war.

Der Krieg

Wenn diese Erde wirklich für alle Raum zum Leben hat, dann möge man uns also den uns zum Leben nötigen Boden geben. Man wird das freilich nicht gerne tun. Dann jedoch tritt das Recht der Selbsterhaltung in seine Wirkung; und was der Güte verweigert wird, hat eben die Faust sich zu nehmen.

Hitler: Mein Kampf S. 152

Darüber muß man sich doch wohl klar sein, daß die Wiedergewinnung der verlorenen Gebiete nicht durch feierliche Anrufungen des lieben Herrgotts erfolgt, sondern nur durch Waffengewalt.

a.a.O. S. 708

Wenn wir aber heute in Europa von neuem Grund und Boden reden, können wir in erster Linie nur an Rußland und die ihm untertanen Randstaaten denken.

a.a.O. S. 742

Unsere Aufgabe, die Mission der Nationalsozialistischen Bewegung, aber ist, unser eigenes Volk zu jener politischen Einsicht zu bringen, daß es sein Zukunftsziel nicht im berauschenden Eindruck eines neuen Alexanderzuges erfüllt sieht, sondern vielmehr in der emsigen Arbeit des deutschen Pfluges, dem das Schwert nur den Boden zu geben hat.

a.a.O. S. 743

Nicht West- und nicht Ostorientierung darf das künftige Ziel unserer Außenpolitik sein, sondern Ostpolitik im Sinne der Erwerbung der notwendigen Scholle für unser deutsches Volk.

a.a.O. S. 757

Das Thema Krieg ist schon in mehreren Kapiteln vorgekommen, kein Wunder; denn von den ZWÖLF Jahren lebte der Verfasser fast sechs Jahre im Krieg, der sich zwar in 10 Taschenbücher (Desch, München 1968) pressen ließ, mit denen aber die vielen Millionen Opfer nicht zu erfassen sind. Im Januar 1943, als er in Krynica war, wird Stalingrad von den Russen zurückerobert, ein von den Deutschen heraufbeschworenes Ereignis, das ihm nicht im Gedächtnis geblieben ist. Das ist eine Nachwirkung der Propaganda, die nicht wahrhaben wollte und es herunterspielen mußte, daß es sich hierbei um den signalhaften deutlichen Anfang vom katastrophalen Ende handelte.

Dagegen war die Invasion der Westalliierten ein besonderes Ereignis, das auch die Schulkinder im Juni 1944 beschäftigte. Er fragte erst einmal: »Was heißt denn Invasion?« Ein Lehrer erklärte es mit der lateinischen Herkunft dieses Fremdwortes; mit Latein nämlich fing seine Klasse erst im Juli des fünften Kriegsjahrs an. Gegen dieses feindliche »Hineintreten« war das Großdeutsche Reich angeblich gerüstet. Mit dem Schlagwort ATLANTIKWALL, den sich die Menschen als ununterbrochene uneinnehmbare Festungslinie vorstellten, wurde eine gewisse Unruhe beschwichtigt. Von Generalfeldmarschall Rommel ist aber die Aussage überliefert, daß es an der französischen Atlantikküste Stellen gäbe, wo Schulkinder klassenweise hindurchmarschieren könnten.

Wenn das Sammeln eine Kompensation von libidinösen Stauungen im Sinne Sigmund Freuds ist, dann gab es dafür im Krieg genügend Gelegenheiten, nämlich bezüglich Altmaterial, Arzneipflanzen, Heilkräutern. Auf dem großen Dachboden des Schulhauses waren auf Zeitungs- und Packpapier zum Trocknen ausgebreitet:

> *Brombeerblätter, Breitwegerichkraut, Ackerschachtelhalm, Birken- und Haselnußblätter, Holunderblätter und –blüten, durchlöchertes Johanniskraut, Quendel, Vogelbeeren, Heidekraut und Heidekrautblüten, Schafgarbe, Katzenpfötchen, Hagebutten,*

wie sein Vater in seiner Rolle als Lehrer, ordnungsliebend, pedantisch und stolz aufschrieb, ohne allerdings hinzuzufügen:

> *Sie sammeln und wissen nicht, wer es kriegen wird.*
> *Psalm 39,7, vertont im Deutschen Requiem von Brahms.*

Schon im September 37 wurden bei Silberberg 3 1/2 Zentner Kastanien gesammelt und an den Förster verkauft. In der Schulchronik als Abschluß seiner Vor- und Nachbereitungen der Kriegsjahre hat sein Vater folgendes festgehalten:

> *Im Rahmen des Kriegseinsatzes der deutschen Schuljugend sammelte unsere Schule in den Jahren 1940: 450 kg Altmaterial, 65,5 kg Heilkräuter,*
> *1941: 9270 kg Altmaterial, 1240 leere Flaschen,*
> *1942: 475 kg Lumpen, 311 Kleidungsstücke und am 15.9.42: Sammeln von Ebereschen für die Revierförsterei*
> *Dahmsdorf zur Wildfütterung im Winter.*

Es gibt ein Foto nach einer erfolgreichen Altmaterial-Sammelaktion: es zeigt viele Kinder, den ältesten Lehrersohn eingeschlossen, mit mehreren Handwagen auf dem Hof. Den Handwagen der Eltern benutzte er mit seinem Bruder aber auch als Spielzeug: einer schob und stellte sich dann von hinten auf den Wagen, der andre saß und lenkte die Deichsel zwischen den Beinen, oder er stand und lenkte die hochgeklappte Deichsel mit beiden Händen, was gar nicht so einfach war. Jungs hörte er laut ausrufen: »Lumpen, Knochen, Eisen und Papier, ausgeschlagene Zähne sammeln wir.«

Die Aufzählung der gesammelten Gegenstände ist noch nicht zu Ende: Geld für das Winterhilfswerk, Abzeichen, Weihnachtsbaumfiguren, Anhänger, Briefmarken, Papier, Lumpen unter der Überschrift: Altkleider- und Altspinnstoffsammlung. Im Mai 41 schrieb der Lehrer in sein Schultagebuch: »150 kg Altmetall aus der Müllgrube geholt.« Für das Sammelergebnis wurden Punkte nach einem bestimmten Schema angerechnet, und die Schule mit den meisten Punkten erhielt eine Belohnung.

»Eine kleine Spende für das Winterhilfswerk« riefen die Kinder, möglichst in Uniform, mit der Sammelbüchse in der Hand klappernd, weniger als Bitte denn als Aufforderung, gewissermaßen mit Ausrufezeichen wie § 1 Absatz 2 der Verfassung für das Winterhilfswerk des deutschen Volks vom 24.3.1937 (RG Bl. I S. 423):

> *Die Arbeit des Winterhilfswerks des deutschen Volks wird bestimmt von dem Leitsatz: Gemeinnutz vor Eigennutz!*

Im Februar 1939 wurden entsprechend der Niederschrift seines Vaters als WHW-Plaketten Verkehrszeichen verteilt, in anderen Jahren Anhänger für den Weihnachtsbaum. Auch nach dem Krieg klapperte er mit einer Sammelbüchse bei einer Straßensammlung in Lübeck und erinnerte sich sehr deutlich an das »WeHaWe«, als er um »eine kleine Spende« für das Evangelische Hilfswerk, EHaWe, bat.

Im Jahr 1943 oder 44 wurde ein Schultag der Oberschule als Ersatz für einen Wandertag (in Friedenszeiten) dazu benutzt, daß sie von Königs Wusterhausen aus mit dem Zug nach Niederlehme fuhren und in dem nördlich der Bahnlinie in der Nähe der Autobahn nach Frankfurt/Oder gelegenen Sandhügelgelände Sanddornbeeren pflückten. Von den Lehrern erfuhren sie, daß die Beeren zu Drops für Unterseebootfahrer verarbeitet werden würden, weil die Beeren sehr vitaminhaltig seien.

Das nächtliche Heulen der Sirene des Dorfes zur Warnung vor Angriffen aus der Luft drang auch in seinen tiefen Kinderschlaf. Das Sirenengeheul wirkte bei ihm sogar noch nach dem Krieg: Wenn eine Sirene bei Feueralarm oder nur zur Probe, einmal im Monat um 12 Uhr, losging, spürte er noch viele Jahre später einen Druck im Magen, ihm wurde mulmig, und er erinnerte sich lebhaft an die Zeit, als er verschlafen, mit kalten Füßen in eine Wolldecke gehüllt auf die Entwarnung durch einen langen Sirenenton wartete. Eines Nachts ließen ihn seine Eltern aus der nördlichen Dachluke sehen, das war im Frühjahr 44, als sein Vater auf Urlaub von Albanien gekommen war. Er erinnert sich an einen roten und flackernden Himmel, den Widerschein eines schweren Terrorangriffs von angloamerikanischen Bombern und fliegenden Festungen auf Berlin, wie die damalige Sprache »geregelt« wurde. Viele Kriegsausdrücke bezüglich der Feinde wurden nach 1945 nicht wieder verwendet, die Bezeichnung Terrorangriff für die sinnlose Bombardierung der Wohnviertel und Baudenkmäler Dresdens und vieler anderer Städte wurde aber beibehalten.

Auf dem Dachboden standen seit langer Zeit Wassereimer, Sandkiste und Feuerpatsche zum »Luftschutz« bereit, in dem die Lehrer bereits im Jahr 1933 theoretisch geschult worden waren, wie sein Vater für sich und die Nachwelt aufgeschrieben hat: Luftschutzlehrgang Berlin (Techn. Hochschule) 4.-7.10.1933, 30.8.1934: Luftschutztagung in Storkow, und ab Juni 36 war er Unterrichtsstoff.

Die Mutter weckte ihren ältesten Sprößling, wenn solche Angriffe in nordwestlicher Ferne oder sogar Flugzeuge über ihnen in großer Höhe zu hören waren. Sie war besonders feinhörig: »Hörst du nichts?« fragte sie immer. Er mußte sich sehr anstrengen, und es dauerte einige Zeit, bis auch er die herannahenden Flugzeuge brummen hörte; alle Leute sagten »Flieger«, wie auch Klemperer notiert hat. Als sein Vater in Albanien war, wurde nur der Stammhalter geweckt, nicht seine Geschwister. Genauso mußte er aufstehen, wenn nachts ein schweres Gewitter über ihnen stand und sich entlud. »Das Gewitter kommt nicht über den See rüber und bleibt davor hängen«, hieß es. Für ihn war es also nichts Neues, wenn vom Himmel Gefahren drohten. Einen Blitzableiter hatten sie nicht auf dem Dach; wegen der Nähe der Bäume sei er nicht nötig, wurden seine Eltern beruhigt.

Wenn es sich bei Tage wie fernes Gewitter im Südwesten anhörte, dann war es der Geschützdonner vom Truppenübungsplatz Jüterbog. Als sein Vater zum Kriegsdienst eingezogen war und sich in Fürstenwalde oder schon im albanischen Elbasan aufhielt und der Älteste eines Nachts mit seiner Mutter auf der Ofenbank saß, näherte sich aus der Luft ein unheimliches Heulen und Sausen. Beide zogen unbewußt die Köpfe ein, sie spürten, wie etwas dicht über das Haus hinwegbrauste. Im Süden krachte es sofort, und sie sahen, als sie das Licht ausgeknipst, die Verdunkelungsdecke beiseitegeschoben und den Fensterladen einen Spalt breit geöffnet hatten, durch die Bäume hindurch ein Feuer. Etwa 300 Meter entfernt war ein deutsches Jagdflugzeug, ein Nachtjäger, dicht an der Straße beim Bahnhof abgestürzt. Das erfuhren sie am nächsten Morgen; es hieß, der Pilot sei mit dem Fallschirm rechtzeitig abgesprungen.

Zum Thema Luftkrieg gehört folgendes Erinnerungserlebnis: Seine Mutter las aus einem Brief ihrer Schwester aus Lübeck vor, die über die Folgen eines Bombenangriffs berichtete und unter anderem schrieb, der Tiergarten sei getroffen worden und Giraffen seien brennend herum gelaufen. Sein Vater schimpfte mit unterdrückter Stimme, wohl im Bewußtsein seiner Aufgabe als NS-Propagandaleiter: »Wie kann deine Schwester so etwas schreiben, und wie kannst du so etwas auch noch laut vorlesen!« Geschwiegen wurde über die vielen Todesopfer, bedauert wurde aber das Verbrennen der gebackenen Konfirmationskuchen zum Palmsonntag 1942.

Eines Tages schenkte ihm ein Soldat des im Dorf stationierten Landwehrbataillons eine kleine Papprröhre, in der Watte mit einem Streichholz angezündet wurde. Da der Junge von oben hineinsah, kam ihm eine Stichflamme ins Gesicht geschossen. Warum er dieses gefährliche Feuerwerk bekommen hatte, weiß er nicht mehr. Seine Mutter schickte ihn sofort zum Sanitäter im ehemaligen Landjahrheim. Seine Gesichtshaut war gerötet und gespannt, die Augenbrauen waren abgesengt und rochen schrecklich brenzlich. Sein Gesicht wurde mit Lebertransalbe eingekremt und heilte in ein paar Tagen. Die Augenlider hatte er instinktiv geschlossen, darüber wunderten sich alle, die davon hörten.

Eines anderen Tages erregte es großes Aufsehen bei den Kindern, als schwimmende Holzgestelle aus sechs Balken, etwa drei Meter im Quadrat, in der Mitte mit zwei etwa einen halben Meter hohen über Kreuz gestellten Blechen, von einem Schlepper auf den Scharmützelsee gezogen wurden. Sie vermuteten, daß diese Schwimmkörper den Zielübungen für Geschütze oder Torpedos dienen sollten. Sie konnten und wollten sich aber keine Gewißheit verschaffen. Aus heutiger Sicht ist zu bemerken, daß diese Blechplattenflöße als RADAR-Reflektoren den großen See tarnen sollten, indem sie die Navigationshilfe für die nächtlichen Angriffe der Royal Airforce verhinderten (dankenswerte Aufklärung durch H.R.). Diese auffällige Aktion erinnerte ihn daran, daß einige Zeit davor eine etwa drei Meter lange naturgetreue Nachbildung der »Titanic« an der Kanalbrücke durchgeschleust worden war. Es hieß damals, es würden auf dem See Filmszenen über den Untergang der Titanic gedreht; das Filmschiff war die »Cap Arcona« im Jahr 1943.

Direkt links neben der Bahnstrecke zwischen Zernsdorf und Niederlehme lag ein mit hohem Stacheldraht eingezäuntes Barackenlager, in dem Tommies, also britische Kriegsgefangene untergebracht waren. Am Bahnhof Zernsdorf mußten die Fahrschüler mehrere Tage lang jeweils aussteigen, weil zwei oder drei Bomben die Gleisstrecke in Richtung Kablow getroffen hatten, gerade an der Engstelle zwischen dem Krüpelsee und dem Zernsdorfer Lanken-See.

Die Kriegsgefangenen reparierten den Schaden, indem sie unter Anleitung eines Reichsbahnbediensteten die Bombentrichter auffüllten und neue Bohlen und Schienen verlegten. Auf dem Platz vor dem Zernsdorfer Bahnhofsgebäude zeigte an einem dieser Tage ein Junge, wie man auf einem Fahrrad mit dem Rücken zur Fahrtrichtung fahren kann. Ein anderer Junge führte die Fahrschüler voller Stolz zu einer Gartenlaube, in der ein toter kanadischer Pilot in seinem Fliegeroverall und dicken Stiefeln lag. Einer der Zuschauer trat mit seinem Schuh gegen den Kopf des Toten und sagte: »Dieses Schwein!« Darüber war der Lehrersohn entsetzt wegen der Sinnlosigkeit und Rohheit gegenüber einem toten Menschen, der ihn nur erschreckte, weil er noch nie einen Toten gesehen hatte. Ein Erwachsener hätte ihn sentimental genannt, was nicht in die angeblich heroische Zeit paßte.

Diese Verrohung der Gefühle durch den Krieg spürte der Junge noch nach dem Krieg, als ihm ein ehemaliger Soldat und Rußlandkriegteilnehmer in Hamburg lächelnd erzählte, daß im Winter ein wie eine Briefmarke plattgewalzter und dann gefrorener Russe als Wegweiser an der Rollbahn aufgestellt war, eine makabre Überspielung der Furcht vor dem Tod.

An einem frühen Nachmittag hielt der Zug auf der Rückfahrt von Königs Wusterhausen nach Scharmützelsee auf freier Strecke zwischen Kablow und Friedersdorf an. Alle Reichsbahnfahrer sprangen auf der Waldseite von den Trittbrettern herunter, weil Tiefflieger über den Zug hinwegbrausten. Er kann sich aber nicht erinnern, daß geschossen wurde. Nach kurzer Zeit der Aufregung hörten sie den Zugführer rufen: »Alles wieder einsteigen!«

Im Dezember 1944 lag seine Mutter im Storkower Krankenhaus, seine Schwester wurde nämlich am Nikolaustag geboren. Kurz darauf sah er, wie die Windel aufgemacht und das Baby von seinem ersten oder zweiten Stuhlgang, einem grünen Brei befreit wurde. »Hat die Spinat gegessen?« fragte er. Die Antwort bestand nur aus einem lächelnden »Nein«. Als er bei einem zweiten Besuch auf dem Bettrand saß, hörten sie aus dem Nachbarzimmer lautes Stöhnen »Eu – eu – eu« von einer Frau, die ihre Wehen hatte. Er sah seine Mutter fragend an, die ihm die Wehlaute zu erklären versuchte: »Ja, es tut etwas weh, und manche Frauen können sich nicht zusammennehmen.« Noch viele Jahre später erinnerten sich beide gegenseitig bei passenden Gelegenheiten an diesen Schmerzensruf: »Weißt du noch? Eu – eu – eu?«, und es stellte sich ein Gefühl der Gemeinsamkeit und Zusammengehörigkeit ein, dessen Grund nur sie beide kannten.

Die Geburt von Brigitte verleitete Tante Hertha und Onkel Walter, die kinderlos blieben, zu der Äußerung, es sei unverantwortlich, in solchen Kriegszeiten ein viertes Kind in die Welt zu setzen. Das verursachte bei seinen Eltern auch später noch nach dem Krieg Unverständnis und Verstimmung; denn sein Vater war überzeugt (Nr. 33 seiner Sprüchesammlung):

Wer keine Kinder aber hat, Um sorgenfrei zu leben, Versündigt sich an Güt' und Gnad', Die Gott ihm wollte geben.

eingedenk des Psalms 127, 3:

Siehe, Kinder sind eine Gabe des Herrn, und Leibesfrucht ist ein Geschenk.

Es ist allerdings nicht zu bestreiten, daß – objektiv gesehen – seiner Mutter viel Kummer und Sorgen erspart geblieben wären, die wohl nicht durch Freude an der einzigen Tochter aufgewogen wurden. Das Mutterkreuz erhielt sie nicht; mit der NS-Kreisleiterin gab es nämlich Ärger, warum, das erzählte seine Mutter ihm nicht.

Als seine Mutter und er im Frühjahr 1945 mit der Bahn nach Storkow zum Einkaufen gefahren waren, fuhr kein Zug mehr zurück. Zwischen der ehemals Kaiserlichen Post, die 1893/94 von Baumeister Johannes Prömmel (1941 in Storkow gestorben), dem Bruder des Vaters seiner Mutter errichtet worden war, und dem Amtsgericht, das 1896/97 als Neues Königliches Amtsgericht von demselben Verwandten gebaut worden war, standen an der Durchgangsstraße zwei Posten der Feldgendarmerie, der damaligen Militärpolizei – man durfte wegen des an einer Kette hängenden Brustschildes nicht laut »Kettenhunde« sagen – und hielten alle motorisierten Fahrzeuge an, um die Marschbefehle von Wehrmachtsangehörigen zu kontrollieren und wartende Zivilpersonen mitfahren zu lassen. Die den LKW-Fahrern aufgezwungenen Fahrgäste mußten auf die Ladefläche eines Lastkraftwagens klettern. Dabei stellte der Zwölfjährige sich offenbar unbeholfen an und hörte jemanden lästern: »Die Mutter kommt ja schneller hoch als der Sohn!« Der Laster fuhr mit Holzgas. Auf halber Strecke blieb er stehen, der Fahrer stieg aus und stocherte mit einem langen Schürhaken unten in dem Kessel hinter dem Führerhaus herum und legte kleine Holstückchen nach, damit die Fahrt weitergehen konnte.

Einige Monate hatte seine Mutter eine Reichsarbeitsdienstmaid als Haushaltshilfe, sonst Pflichtjahrmädchen. An zwei von ihnen kann er sich genau erinnern: das eine kam täglich mit dem Fahrrad aus einer Wochenendhaussiedlung im südlichen Teil von Bad Saarow, wo ausgebombte Berliner Familien eine Bleibe gefunden hatten. Die Eltern des Mädchens hatten in Berlin ein Fischgeschäft, deshalb brachte es mehrmals einen fetten geräucherten Bückling mit. Es war ziemlich dick und von der Mutter des Haussohns nicht gern gesehen, weil es nicht schnell genug für die Familie arbeitete und deshalb für faul gehalten wurde. Eines Nachmittags oder Abends radelte er mit dem Mädchen mit, bekam einen Bückling und fuhr wieder nach Hause. Unterwegs hatte es ihn gefragt: »Es hängt an der Wand und sinkt?« Er verstand »singt« und wußte keine Antwort. Es beantwortete die Frage freudestrahlend: »Eine Aule«. Daß das eine dicke gelbe Spucke war, wußte er schon von anderen Kindern.

Das Pflichtjahrmädchen war Hertha Spieler aus Dahmsdorf. Hertha arbeitete in der Lehrerfamilie zur Zufriedenheit seiner Mutter während seiner KLV-Zeit, stand aber später als verheiratete Frau immer noch in brieflicher Verbindung mit seiner Mutter. Sie kannte einen Soldaten der Waffen-SS. Eines Tages klagte sie weinend seiner Mutter: »Er hat sich erschossen. Er wollte nicht mehr leben, weil er so viel Schreckliches gesehen hat.«

In dieser Kriegs-Endzeit erhielt er die ersten Plomben, so sagte man. In einigen Zähnen wurde also gebohrt, das war sehr unangenehm, und es kam eine Füllung hinein, obwohl er hörte, er hätte ein gutes Gebiß. Der Bohrer wurde nicht elektrisch angetrieben, sondern mit einem Fuß in Bewegung gesetzt, ähnlich wie seine Mutter ihre Singer-Nähmaschine mit dem Fuß trat. Einige Jahre später regte sich ein junger Hamburger Zahnarzt ihm gegenüber wegen des laienhaften Ausdrucks auf: »Das ist keine Plombe, ist nicht aus Blei, auf Lateinisch bekanntermaßen plumbum, sondern eine Füllung.« Die blau-weiße Blendax-Zahnpasta gab es gegen Kriegsende nicht mehr. Die Kinder mußten sich die Zähne regelmäßig abends – morgens kam erst später dazu – mit rosa Zahnseife aus einer flachen quadratischen Schachtel putzen, mit der feuchten Zahnbürste mußten sie darüber schaben. Viel ärgerlicher war es, daß auch die kleinen Reklamehefte mit den gezeichneten Geschichten um den Blendax-Max in schicker Matrosenuniform nun nicht mehr zu haben waren.

Der damalige Zahnarzt hatte seine Praxis in einer Baracke gleich rechts am Beginn der Straße von der Neuen Mühle nach Behrensdorf. Dort im Wald waren viele Baracken von ausgebombten Berliner Firmen errichtet worden. Man wußte im Dorf nicht, wenigstens nach seiner Kenntnis, was dort hergestellt oder verarbeitet wurde, ob es sich um sogenannte kriegswichtige Betriebe handelte, und man fragte nicht danach. Es ging die Dorfbewohner ja nichts an, und sie wußten: »Feind hört mit!« Besser war es also, nichts zu fragen und nicht darüber zu sprechen. Der Schatten des großen unübersehbaren Warnungsplakats hatte seine beabsichtigte Wirkung getan.

Eine andere unvergeßliche gezeichnete Figur war »Kohlenklau«, der in allen Zeitungen und Illustrierten herumgeisterte und zum Sparen von elektrischem Strom und von Heizmaterial anspornen sollte, damit mehr Energien für die Kriegswirtschaft verwendet werden konnten. Eine ähnliche Zeichenfigur war »Groschengrab«. Der Zwölfjährige blätterte oft in der »Berliner Illustrirten Zeitung«, die tatsächlich ohne »e« geschrieben wurde, und zwar wegen der Bildgeschichten »Vater und Sohn« von E. O. Plauen und wegen der Gespenstergeschichten, in denen die Gestalten von Ahnenbildern, die in einem Schloß hingen, jeweils genau um Mitternacht aus den Rahmen stiegen und irgend etwas Lustiges anstellten und mit Schlag ein Uhr wieder in die Gemälde zurückkehren mußten. Gern sah er auch in den »Adler«, die Illustrierte der Luftwaffe. Ein dramatisch gezeichnetes Titelbild – wie er sich erinnert – zeigte erschrockene jugoslawische Soldaten in Schützengräben am Berghang, von links griffen deutsche Jagdflugzeuge mit Bordwaffen an.

Jetzt war es aber so weit, daß er den Krieg nicht nur aus den Zeitungen, sondern in Wirklichkeit erlebte. Wie man in den beiden nächsten Kapiteln sehen wird, kam der Krieg nicht nur bedrohlich in seine Nähe, sondern trieb ihn aus seinem Heimatdorf hinaus, fiel über ihn her und überholte ihn.

Die Front rückt näher

> Denn sie säen Wind und werden Sturm ernten.
> *Hosea 8, 7*

> Du bist im ruhmgekrönten Morden / Das erste Land der Welt geworden:
> Germania, mir graut vor dir! / Mir graut vor dir, ich glaube fast,
> Daß du, im argen Wahn versunken, / mit falscher Größe suchst zu prunken,
> Und daß du, gottesgnadentrunken, / Das Menschenrecht vergessen hast.
> *Georg Herwegh: Epilog zum Krieg 1871*

Wie im »Spiegel« 1965 (Erich Kuby: Die Russen in Berlin 1945) zu lesen ist, hat es seit dem 7. Februar 1945 keinen nennenswerten Vormarsch der Russen gegeben. Die Front verlief bis zum Morgen des 16. April ungefähr an der späteren Oder-Neiße-Grenze zwischen Stettin und Görlitz mit einem westlichen Brückenkopf im Oderbruch. Im Februar wurde vom GROSSDEUTSCHEN REICH eine Volkssturm-Briefmarke herausgegeben: EIN VOLK STEHT AUF. Man sieht drei Generationen von Männern von links nach rechts, also eindeutig gegen Osten gerichtet, in Nahkampfhaltung mit symbolischem Adler im Hintergrund. Vom 4. bis zum 11. Februar fand die Konferenz von Jalta statt, am 7. März überschritten die Amerikaner den Rhein bei Remagen, am 17./18. März wurde Koblenz eingenommen, am 18.3. schrieb sein Vater aus Kroatien den Brief, der als einziger den Krieg überlebte, am 1. April fiel Hannover in die Hände der Engländer (siehe Karten im Anhang IV).

Diese wenigen Ereignisse sollen nur als Stichpunkte dienen, um die ungeheuer weitgehende, geradezu katastrophale Einschränkung des deutschen Hoheitsgebiets und tatsächlichen Machtbereichs zu demonstrieren. Goebbels vermerkte in seinen Tagebüchern (S. 465) für den 30. März 1945:

Das ist ein schauderhafter Karfreitag, wie ich ihn in meinem Leben noch nicht erlebt habe. Von einer Feiertagsstimmung ist weit und breit nicht das geringste zu entdecken.

und für den 1. April (S. 479):

Das ist das traurigste Osterfest, das ich je in meinem Leben erlebt habe.

Der Biograph weiß nicht mehr, ob sie zu Ostern überhaupt noch in die Kirche gegangen sind. Jedenfalls hätte in die apokalyptische Zeit des Untergangs nicht das Gesangbuchlied gepaßt:

Wir wollen alle fröhlich sein in dieser österlichen Zeit, denn unser Heil hat Gott bereit',

sondern eher:

O Haupt voll Blut und Wunden, voll Schmerz und voller Hohn
(Paul Gerhardt/Joh. Seb. Bach)

und die letzten Worte von Jesus am Kreuz:

Mein Gott, mein Gott, warum hast du mich verlassen!

An der Straße nach Storkow an einer Stelle, die von dem Dorf aus auf einem Abkürzungsweg über den zweiten Bahnübergang und am Großen Sandberg vorbei erreichbar war, standen seit einigen Monaten mehrere Baracken, in denen Versorgungsmaterial für Lazarette lagerte. Im April sprach es sich im Dorf herum, man könnte sich von dort »Sachen« holen, ehe die Russen sie kriegen würden. So machten sich viele Dorfbewohner auf und nahmen von dort alles Brauchbare mit. Auch der Junge sah sich in dem Lager um und brachte außer Waschpulver, Geschirr von einem Bad Saarower Restaurant und Verbandsmaterial ein paar große Flaschen

Tussamag auf dem Handwagen mit. Diese Medizin war ihm früher als Hustensaft verschrieben worden und daher bekannt. Aus einer einzigen dieser Flaschen hätte man mindestens 20 kleine Apothekerfläschchen füllen können, wie beim »bösen Friederich« im »Struwwelpeter«: *und der Herr Doktor sitzt dabei und gibt ihm bitt're Arzenei.* Er stellte die Flaschen in den Keller auf das Holzregal neben das eingeweckte Gemüse und Obst, und die Familie trank von dem wohlschmeckenden Saft, obwohl keiner von ihnen Husten hatte; aber zur Vorbeugung war er sicher auch geeignet. Außerdem nahm er aus dem aufgelösten Vorratslager eine Knochensäge in einem Lederfutteral mit, warum, weiß er nicht mehr. »Was soll denn das heißen?« fragte ihn seine Mutter und legte sie auf das Speisekammerregal. Bei ihm setzte sich die grausige Zwangsvorstellung fest, sein linkes Schienbein würde damit durchgesägt werden; denn auf seiner linken Körperseite hatte er bekanntlich schon drei Narben.

Eines Nachts mußte er mit einem älteren Jungen Wachdienst halten, dann mit dem Fahrrad nach Dahmsdorf fahren und eine schriftliche Meldung zu dem dortigen Wachhabenden bringen, während im Nordosten Geschützdonner zu hören und ein heller Schein von der sowjetischen Offensive an der Oder zwischen Küstrin und Seelow zu sehen war. Nach Kuby waren 610 Geschütze pro Kilometer Frontlänge in Stellung gebracht worden, nach Scholz im ersten Wanderungsband (S. 110) ungefähr 16.000 Geschütze, 400 Stalinorgeln und 3.500 Flugzeuge zwischen Guben und Schwedt unter Marschall Schukow im Einsatz.

Der militärähnliche Meldefahrereinsatz des Zwölfjährigen fand also in der Nacht vom 15. auf den 16. April statt. Er mußte anschließend in dem kleinen Gastzimmer des Kaufmanns Schulze auf dem Fußboden im Stroh schlafen und kam erst am frühen Morgen ganz verschlafen wieder nach Hause und legte sich erst noch mal in sein Bett. Seine Mutter regte sich auf: »Das sind doch Kinder, die gehören ins Bett!« Wahrscheinlich war das eine Übung, um die Einsatzfähigkeit und-bereitschaft von den Jungen auf die Probe zu stellen.

Am 16. April begann der Angriff der sowjetischen Armeen auf Berlin mit Schwerpunkt zwischen Frankfurt und Küstrin. Scholz erwähnt in seinem 3. Wanderungsband (S. 51):

> *Das unglückliche AOK 9 (Busse) verlegte am 19.4. von Saarow nach Märkisch- Buchholz.*

Tieke (S. 192) weiß es genauer: Das Oberkommando befand sich vom 20. bis 26.4. am Bahnhof Scharmützelsee. Die Amerikaner waren am 19.4. schon in Leipzig und Chemnitz, die Russen waren im Süden um den Spreewald herum bis Baruth vorgestoßen und erreichten am nächsten Tag Zossen, das genau westlich von Märkisch-Rietz weniger als 40 Kilometer entfernt liegt. Von dieser westlichen Umzingelung hatte man im Dorf keine Ahnung (siehe Karte im Anhang IV), oder das vereinzelte Wissen war nicht weitergesagt worden.

Als der Chronist vor seiner Niederschrift die Lage der Fronten für jeden Tag erforschte, ergaben sich bei den einzelnen Quellen (u.a. »Die Schlacht um Berlin 1945 in Augenzeugenberichten«, Deutscher Taschenbuchverlag 2718) Abweichungen von mindestens einem Tag für eine und dieselbe Stadt, wenn er nicht genau darauf achtete, ob russische Truppen auf einen Ort vorrückten, ihn erreichten, in ihm kämpften oder ihn erobert hatten.

An diese Stelle paßt jetzt der Apriltag, an dem der Junge in dem Wohnzimmer vor einem Offizier stand, während seine Mutter auf der Ofenbank saß. Der Offizier, im Frieden Lehrer, wollte ihn am selben Tag mit seiner Truppe mitnehmen und nach Westen fahren beziehungsweise marschieren. Der Lehrersohn sagte mehrere Male: »Zusammen hierbleiben«, so erregt und dem Weinen nahe war er; denn er wollte sich nicht von seiner Mutter und seinen Geschwistern trennen. Und er fühlte mit seinen knapp 13 Jahren Erleichterung und Dankbarkeit, daß er diese zwei Wörter aussprechen und in dieser einmaligen dramatischen

Situation durchsetzen konnte. Nach der erzählten Erinnerung seiner Mutter ist der Offizier dann auf einem Pferd losgeritten, das in ihrem Stall gefüttert worden war.

Ein Fräulein aus Berlin, das zu der Zeit bei Richters wohnte, fuhr sofort mit den Soldaten mit, weil sie die Hoffnung hatte, den Russen zu entkommen und bis zu den Amerikanern zu gelangen, sie kehrte aber wenige Tage nach dem Waffenstillstand zurück. Wahrscheinlich hätte der Offizier den Jungen auch nicht weiter gebracht, sondern wäre in den furchtbaren Kessel von Märkisch-Buchholz/Halbe geraten, dessen Einzelheiten Tieke mit Zeugenaussagen beschrieben hat, und hätte zu den in der Kriegsgräberstätte Halbe liegenden Toten gehört. Gerüchteweise hieß es nach einigen Tagen, daß nur einige Panzer ihren Durchbruch zu den Amerikanern erzwungen hätten.

Am Zaun des Hofes zum westlichen Nachbargrundstück in Höhe der Schlafzimmerfenster lag ein Reisighaufen, ihn räumte der Junge eines Aprilabends auf die Seite und grub mit dem Spaten ein rechteckiges Loch. In dieses Loch stellte seine Mutter mit ihm eine Korbgeflechttruhe. Dann wickelten sie das gute Geschirr, also das Hutschenreuther Eß- und das Rosenthaler Kaffeeservice, und das silberne Eßbesteck in Zeitungspapier ein und verstauten alles in dem großen Korb. Dann schüttete er das Loch wieder zu, verteilte auf dem verräterischen hellen Sand dunklen Mist vom Misthaufen beim Stall zur Tarnung und legte das Reisig wieder darüber. So erreichten sie es wirklich, daß diese Grube mit dem versteckten »Schatz« von den Russen nicht entdeckt wurde, die an vielen Orten mit Stangen nach vergrabenen Reichtümern suchten, wie sich die Erwachsenen erzählten. In der Dunkelheit eines späten Sommerabends grub er die Sachen wieder aus, das Geschirr und das Silber waren in den wenigen Tagen schon ganz feucht geworden. Seine Mutter mußte alles abwaschen und putzen, er trocknete ab. Damit ist er aber schon über das Ende des Krieges hinausgeeilt.

Als Flüchtlinge von jenseits und diesseits der Oder in täglich wechselnder Zusammensetzung in der Schulklasse rasteten und übernachteten, quartierten sich Soldaten mit Funkgeräten in dem Keller ein, aber nur ein/zwei Tage. Es sollte sogar ein Maschinengewehr im Keller unter dem Hauseingang in Stellung gebracht werden, dort wo der Älteste die Briketts aufgestapelt hatte. Dort wären die Soldaten von den granitenen Treppenstufen des Hauseingangs geschützt gewesen, so dachte sich der unerfahrene Sohn des Hauses. Seine Mutter wehrte sich aber: »Nein, das kommt nicht in die Tüte!« und das mit Erfolg; wahrscheinlich werden die Soldaten froh gewesen sein, einen größeren Abstand zur vordersten Front zu gewinnen. In der allgemeinen Aufregung und unter dem Eindruck von wechselnden Gerüchten brachten sie einmal Betten und Koffer in den Keller, schliefen dort unten aber nur eine Nacht. Sogar Richters waren mal nachtsüber bei ihnen.

An einem schönen Frühlingstag, als der Flüchtlingsstrom abgeebbt war, ging der Junge zum See hinunter, steckte sein Fahrtenmesser in das Seeufer, wo sonst die Kinder Krebse mit ihren Zangen in Stöcke kneifen ließen, um sie herauszuholen, und warf das Parteiabzeichen seines Vaters, das seine Mutter ihm gegeben hatte, mit großem Schwung in den See. Auf dem Rückweg sah er sich in dem großen Garten in der Nähe der Pumpe einen Granattrichter an, über den er sich keine ängstlichen Gedanken machte, er meinte sogar, der Trichter rühre von einer russischen Panzergranate her.

Besonders deutlich ist ihm in Erinnerung geblieben, wie russische Schlachtflieger oder Jagdbomber, für die man sich schon die Abkürzung Jabos angewöhnt hatte, eine Munitionskolonne angriffen, die mit Pferdefuhrwerken auf dem Weg vom Bahnhof in das Dorf war. Sie flogen im Tiefflug über das Schulhaus hinweg und schossen mit den Bordkanonen in die Kolonne, die sich gerade auf dem von Bäumen ungeschützten Straßenteil am Bahnübergang befand. Der Älteste saß in dem Loch vor dem Kellerfenster zum Hof hin und beobachtete die deutlich sichtbaren langsam fliegenden Maschinen. Es soll Tote und Verletzte gegeben haben.

Eines Tages blieb ein Panzer, Panzerkampfwagen IV, auf dem Bürgersteig an dem großen Fliederbusch neben der Hofeinfahrt stehen. Die Besatzung stieg aus, um sich etwas zu trinken geben zu lassen. Die Soldaten berichteten von dem ihnen erteilten Befehl, sich solange zu verteidigen, bis die Munition zu Ende sei, dann sollte der Panzer gesprengt werden. Der Erlaß des Reichsführers SS Heinrich Himmler vom 12. April hatte gelautet:

> *... Jedes Dorf und jede Stadt werden mit allen Mitteln verteidigt und gehalten. Jeder für die Verteidigung eines Ortes verantwortliche deutsche Mann, der gegen diese selbstverständliche nationale Pflicht verstößt, verliert Ehre und Leben.*

Der Kommandant nahm seine Tapferkeitsauszeichnungen, EK I, Verwundetenabzeichen und andere Orden ab und sagte: »Das ist jetzt wertlos.« Die Zeit war vorbei, in der die Soldaten den feldgrauen Rock, des Führers Ehrenkleid, voller Stolz getragen hatten. Am 1.9.1939 hatte Hitler im Deutschen Reichstag erklärt:

> *... Seit 5 Uhr 45 wird jetzt zurückgeschossen... Ich will nichts anderes jetzt sein als der erste Soldat des Deutschen Reiches. Ich habe damit wieder jenen Rock angezogen, der mir einst selbst der heiligste und teuerste war. Ich werde ihn nur ausziehen nach dem Sieg, oder ich werde dieses Ende nicht erleben.*

»Sterbekittel« nannte Kronprinz Friedrich den blauen Uniformrock seines Vaters. Und noch ein Zitat über den »Rock« paßt hierher: Bei einer Rekrutenvereidigung in Potsdam am 23.11.1891 brüstete sich Wilhelm II.:

... Kinder Meiner Garde, ...ihr habt das Vorrecht, Meinen Rock tragen zu dürfen. Tragt ihn in Ehren...

Auch bei späteren Vereidigungen hat er immer wieder den Rock als »Ehrenkleid« umschrieben.

Zu Fuß marschierten die Panzersoldaten weiter, für den Zwölfjährigen war das ein sehr enttäuschender Anblick, weil er sich für die Panzerwaffe begeistert und vor zwei Jahren in dem Schüleraufsatz-Wettbewerb ein Panzerbuch gewonnen hatte. Die Nachbarsfrau hatte noch zu ihnen gesagt: »Laßt doch den Tank nicht vor unserm Haus stehen, sonst denken die Russen, unser Dorf wird als Festung verteidigt. Wenn der Panzer in die Luft fliegt, gehen die benachbarten Häuser alle kaputt.« Wahrscheinlich oder ganz sicher fehlte für die Weiterfahrt der nötige Treibstoff. Am nächsten Morgen konnten alle aufatmen; denn der Panzer stand nicht mehr dort, sondern auf dem Waldweg, der vom Bahnübergang aus nach Westen führt. Der Junge erkannte ihn wieder auf der FLUCHT, er konnte mit einem kurzen Blick erkennen, daß er innen durch Sprengung unbrauchbar gemacht worden war. Ein anderer Panzer war auf dem kleinen Platz gegenüber der Gastwirtschaft Selchow liegengeblieben und wurde ebenfalls im Innern zerstört und brannte aus; so wurde jedenfalls erzählt.

Beim Ortsschild vor dem Schulhaus hatten vor einiger Zeit Kriegsgefangene eine Panzersperre aus Baumstämmen errichtet, die aufrecht zu einem Karree in die Erde vergraben wurden; auf jeder Seite der Straße standen zwei dieser turmartigen Gebilde. Weitere Baumstämme lagen bereit, um dazwischen gelegt zu werden, um die Straße abzusperren, wenn es ernst werden würde. Tiefe Panzergräben wie an anderen Orten waren hier nicht nötig, weil die Barrikadenbauleiter annahmen, daß die feindlichen Panzer nicht durch den Kiefernwald vordringen könnten. Außerdem waren beiderseits der Straße Schützengräben in Zickzackform – wie bei den Spielzeuggräben aus Pappe – geschippt worden, in denen die Kinder gern Kriegen spielten mit Antippen: »Du bist!« Zeck nannte man dieses Nachlaufen und Abschlagen in Dresden nach den Tagebuchnotizen von Klemperer. Die Laufgräben erinnerten ihn an die Bilder vom Stellungskampf im ersten Weltkrieg, den er mit dieser Numerierung natürlich noch nicht kannte. Mit vielen Soldaten, Maschinengewehren, Panzerfäusten, Geschützen und Panzern hätte also das Dorf gegen den »Iwan« wie eine zur Festung erklärte Stadt verteidigt werden sollen.

Die hauptsächliche Verteidigungslinie war nach seinem jungenhaften Verständnis direkt vor dem Schulhaus angelegt worden, also gegen Süden. Als es dann so weit war, das heißt, als der Feind kam, waren keine Soldaten zur Verteidigung da, wie man kopfschüttelnd bemerkte. Vor allen Dingen war es so, daß die Russen nicht von Süden kamen, sondern von Norden vorstießen und angriffen und das Dorf eroberten; im Osten lag ja der strategisch schützende See. An den nördlichen Dorfrand ist der Junge aber in den Aprilwochen nicht mehr gekommen, um sich die dortige Verteidigungsanlage anzusehen. So war die ganze Vorbereitung der Barrikaden und die Schanzerei bei der Schule vollkommen überflüssig, diente aber für kurze Zeit einer gewissen Beruhigung der Dorfbewohner.

Was war aber in dieser Zeit nicht alles überflüssig?! Insbesondere war der Krieg überflüssig. Das zwölfjährige Kind hätte sagen können, kannte aber diese Shakespeare-Worte nicht:

Ist dies schon Wahnsinn, hat es doch Methode.

wie Polonius über Hamlet urteilte. Glaubte jetzt noch jemand an den versprochenen Endsieg? Sicherheitshalber wurde über dieses Thema gar nicht gesprochen. Das war das beste, was die Erwachsenen in dieser frontnahen Lage tun konnten. Sich Gedanken machen, das war eine noch erlaubte Sache, die Gedanken aber auszusprechen eine andere, sehr gefährliche und sogar tödliche Sache. Allen Dorfbewohnern war von

Kindesbeinen an ein bekanntes Erlebnis, daß in jedem Jahr gesät und geerntet wurde als eine wichtige lebensnotwendige Voraussetzung ihrer Ernährung. Da aus einem Samen eine große Pflanze wächst, leuchtete es jedem Landbewohner sofort ein, daß aus Wind sich nur Sturm, Orkan und Unwetter entwickeln kann. So steht dieses gleichnishafte Bild aus der Bibel am Anfang dieses Kapitels als Mahnmal, das die Ursache der Kriegsfolgen unnachgiebig und hartnäckig vor Augen hält. So mancher dachte sich in verkürzter Form: »Det jeht nich jut aus!«

Aus Thorwalds Kapitel »Die Schlacht um Berlin« sind folgende Ereignisse im weiten Umkreis des Dorfes entnommen:

> *Am 21.4. war die 9. Armee im Raum Guben-Müllrose-Fürstenwalde-Königs Wusterhausen-Lübben eingeschlossen. Konjews Heeresgruppe hatte nämlich in einem Stoßkeil von der Neißemündung her das Spreegebiet umgangen. Außer den Truppen der 9. Armee befanden sich im Einschließungsring Zehntausende von Flüchtlingen, die im Februar und März in den Orten südostwärts Berlin eine Zuflucht gefunden hatten oder in den Wäldern südlich Fürstenwalde provisorische Lager aufgeschlagen hatten. Ihre Zahl wurde vermehrt durch die Bevölkerung des Kampfgebietes, die in wilder Flucht in die Wälder hineingeströmt war.*

An diesem 21. April – man kann es kaum glauben – wurden noch zwei Briefmarken herausgegeben: SA und SS mit Aufschrift GROSSDEUTSCHES REICH, und das in einem Augenblick, als nur noch ein total zusammengeschrumpftes Reichsgebiet deutsch war. Die SA hatte schon längst nichts mehr zu sagen, und die SS verursachte durch fabrikmäßig perfektionierte Massen-Exekutionen (Erschießen, Erhängen, Vergasen, Totschlagen in sprachlich entemotionalisierter Form) mit der Tarnbezeichnung »Durchführung von kriegswichtigen Sonderaufgaben« und durch sinnlosen Widerstand seiner Elitetruppenreste der Waffen-SS in den letzten Wochen weitere Menschenopfer und Zerstörungen.

Am 22.4. 3 Uhr nachmittags wurde bei der Lagebesprechung im Führerbunker … festgestellt, daß sowjetische Angriffsspitzen (unter Konjew) südlich von Berlin die Linie Treuenbrietzen-Zossen überschritten hatten.
Am 22./23.4. hatten die Amerikaner fast überall die Elbe beziehungsweise die Mulde erreicht mit östlichem Brückenkopf bei Zerbst.
Am 23.4. waren Stuttgart und Nürnberg bereits von den Amerikanern eingenommen, besetzten die Sowjets Jüterbog (1. Ukrainische Front unter Konjew) und die östlichen Vororte von Berlin (1. Weißrussische Front unter Schukow). Die Front verlief in Potsdam, am Teltowkanal, Friedrichshain, in Tegel, Döberitz, Frohnau, Pankow, Köpenick.
Am 24.4. trafen sich beim Flugplatz Schönefeld Schukows Truppen (von Osten) mit Konjews Truppen (von Süden); Zehlendorf, Tempelhof und Neukölln waren von den Russen besetzt.
Am 25.4. schließt sich westlich von Berlin bei Ketzin der sowjetische Ring um Berlin. Am selben Tage begegnen sich amerikanische und sowjetische Truppen bei Torgau an der Elbe.

Laut »Spiegel« vom Januar 1966 sagte Hitler an diesem Tage:

Schlage ich hier erfolgreich und halte die Hauptstadt, so wächst vielleicht die Hoffnung bei den Engländern und Amerikanern, daß man unter Umständen doch mit einem Nazi-Deutschland eventuell dieser ganzen Gefahr würde doch noch entgegentreten können. Und der einzige Mann hierfür bin nun einmal ich… Diese Leute werden sich dann vielleicht sagen: Wenn man mit dem Nazi-Deutschland ginge, dann könnte man doch vielleicht gegenüber diesem Koloß standhalten.

Einen Tag vor dem 25. April, als sich Hitler, wie gerade zitiert, über die Illusion eines angloamerikanisch-deutschen Marsches gegen die Sowjetarmeen in ungeheurer Verblendung äußerte, das war zwei Tage vor der FLUCHT, deren Schilderung unmittelbar folgt, war der junge Radfahrer noch in Storkow bei K. Es hieß dort, die Russen seien schon bei dem nördlichen Nachbardorf Kolpin. Als er auf der Rückfahrt kurz nach dem südlichen Bahnübergang abstieg und sich in den Straßengraben legte, beobachtete er, wie russische Schlachtflugzeuge nördlich von Storkow herunterstießen und im Tiefflug mit Bordkanonen schossen.

Flucht

Demgegenüber müssen wir Nationalsozialisten unverrückbar an unserem außenpolitischen Ziel festhalten, nämlich dem deutschen Volk den ihm gebührenden Grund und Boden auf dieser Erde zu sichern. Und diese Aktion ist die einzige, die vor Gott und unserer deutschen Nachwelt einen Bluteinsatz gerechtfertigt erscheinen läßt: Vor Gott, insoferne wir auf diese Welt gesetzt sind mit der Bestimmung des ewigen Kampfes um das tägliche Brot, als Wesen, denen nichts geschenkt wird, und die ihre Stellung als Herren dieser Erde nur der Genialität und dem Mute verdanken, mit dem sie sich diese zu erkämpfen und zu wahren wissen; vor unserer deutschen Nachwelt aber, insoferne wir keines Bürgers Blut vergossen, aus dem nicht tausend andere der Nachwelt geschenkt werden.

Hitler: Mein Kampf S. 793

Wer ein Volk retten will, kann nur heroisch denken.

Briefmarkenblock zum Geburtstag Hitlers 1937.

Am Donnerstag, dem 26. April, als in Berlin die Stadtteile Steglitz, Tempelhofer Feld, Charlottenburg, auch schon Wilmersdorf, wo die Großeltern wohnten, von den Russen eingenommen waren, wollte seine Mutter mit ihren vier Kindern zuerst mit zwei Fahrrädern und einem Kinderwagen zusammen mit Frau Richter, deren Sohn und deren Vater, Herrn Briesenick, in den Wald gehen, um sich dort zu verstecken. Granaten schlugen am Bahnübergang und auf dem Bahnhofsgelände ein, wo viele Güterwagen, einige voller Munition, abgestellt waren, was man aber zum Glück erst später merkte. Die letzten Soldaten, vielleicht war es schon die Nachhut, zogen in Schützenreihe, wie der junge Pimpf es aus den Wochenschauen kannte, aus dem Dorf heraus in Richtung Südwesten in den Wald hinein. Aus den Wochenschauen und den Wehrmachtberichten kannte er auch den Begriff des Kessels, in dem früher so und so viele Tausend Russen eingeschlossen und »aufgerieben« worden waren. Jetzt befand sich das Dorf Märkisch-Rietz seit dem 21. April in einem Kessel, ohne daß die Bewohner es ahnten; denn sie waren von den sowjetischen Armeen nördlich und südlich von Berlin umgangen worden. Sie stellten sich aber eine gerade Front im Osten vor.

Ein Soldat aus der Schützenreihe rief der Lehrerfrau zu: »Kommen Sie mit, kommen Sie mit!« Andere Soldaten sahen mürrisch drein, weil in diesem Schlamassel eine Mutter mit ihren vier Kindern mitmarschieren wollte. Die zwei Fahrräder blieben – auf Nimmerwiedersehen – vor dem Haus stehen, seine Mutter schob den Kinderwagen, in dem seine fünf Monate alte Schwester lag. Der dreijährige Günter saß auf dem Kinderwagen, hielt sich mit beiden Händen an der Stange fest und ließ seine Beine nach hinten hinunterhängen. Brigitte lag ganz ruhig im Kinderwagen, Karl-Heinz lief nebenher, der Älteste mit einem Rucksack auf dem Rücken hinter seiner Mutter.

So zogen sie mit den Soldaten gleich über den Bahnübergang, dann auf dem ihm bekannten Weg in Richtung Glubigsee. Für seine Mutter war es schwer, mit dem Kinderwagen immer wieder aus dem sandigen Waldweg auszuweichen, um Soldaten Platz zu machen und vorzulassen, die schneller vorankamen als sie und die wahrscheinlich die ausweglose militärische Situation des Rückzugs kannten. Manchmal erbarmte sich ein Soldat und faßte am Kinderwagen mit an. Mit Karl-Heinz, über sechs Jahre alt, hatte der ältere Bruder nur zu tun, daß sie in dem Gedränge von fliehenden Soldaten, die sich offiziell in befehlsmäßiger Absetzbewegung befanden, und den vielen Zivilisten nicht auseinander kamen, die die noch erkennbare militärische Ordnung durch ihre pure Anwesenheit störten.

Auf dem eingeschlagenen Waldweg bogen sie mit allen anderen Flüchtlingen an der nächsten Kreuzung nach Westen ab – dieses Stück kannte der Junge noch nicht – und kamen dann nach einigen hundert Metern auf den ihm wieder bekannten Weg nach Bugk, den sie auf dem befestigten »Schwarzen Weg« vom zweiten Bahnübergang hinter dem Schulhaus besser erreicht hätten, sagte er sich in seiner genauen Ortskenntnis. Am rechten Wegrand im Wald sah er den ersten toten Soldaten liegen. Seine Mutter rief: »Kuckt nicht hin!«, als es schon zu spät war, und der Junge wunderte sich, warum der Soldat tot war; denn Kampfhandlungen hatte es hier ja noch nicht gegeben, höchstens einen Zufallstreffer von einem russischen Jagdbomber.

Hinter sich hörten sie Detonationen und reimten sich zusammen, daß auf dem Bahnhof Scharmützelsee es ununterbrochen von brennender Munition knatterte. Andauernd schlugen dort Granaten ein, weil der Bahnhof über den ganzen See hinweg ein gut sichtbares Ziel bildete, auf das sich die russische Artillerie einschießen konnte. Der sandige Waldweg war von den pferdebespannten Militärfuhrwerken furchtbar zerfahren, die mit Soldatengepäck voll beladen waren. Die motorisierten Fahrzeuge hatten sicher schon einen weiten Vorsprung gewonnen. Ein Rad des Kinderwagens lief sich in dem Sand völlig fest, und Öl zum Schmieren hatten sie nicht dabei. Nach langem Bitten und Betteln konnte sich seine Mutter mit seinen drei Geschwistern oben auf ein beladenes Pferdefuhrwerk setzen. Der Kinderwagen wurde hinten umgekehrt so festgebunden, daß er nur auf den beiden Vorderrädern hinterhergezogen wurde. Der Zwölfjährige lief hinterher, denn gleich beim ersten Anfahren war der Kinderwagen in dem tief zerfurchten Weg umgekippt. Er mußte den Wagen an der Seite festhalten, damit er nicht wieder umkippte.

So zog die Kolonne immer weiter, an verlassenen Fahrzeugen vorbei, die überall im Wald herumlagen. Plötzlich explodierte in einer Entfernung von etwa 50 Metern ein Benzinwagen mit einer gewaltigen Stichflamme, so daß seine Mutter von oben herab ängstlich nach ihrem Ältesten rief, denn sie konnte von ihrem vorderen Platz über das Gepäck hinweg schlecht nach hinten sehen. Er mußte wegen des allgemeinen Lärms mehrmals laut brüllen: »Ja, ich bin noch da!«

Etwa 500 Meter vor dem Dorf Bugk wurde Halt gemacht. Alle zivilen Flüchtlinge mußten von den Pferdefuhrwerken absteigen, und es hieß, wie sie von einem Soldaten hörten, der noch etwas zu sagen haben wollte, sie kämen gleich auf Protzen; das waren, wie er als Pimpf wußte, zweirädrige Pferdewagen zum Abschleppen eines Geschützes. Sie hielten in der Nähe des provisorischen Sportplatzes, und er erinnerte sich gleich an den Sportwettkampf vom September 41 und hörte noch in Gedanken das markige »Auf die Plätze – fertig – los!« Dort am Weg entdeckte er viele kleine Fähnchen, Wimpel an kurzen gebogenen Stangen, die sich in die Erde stecken ließen, um den Weg zu einer Wehrmachtseinheit zu weisen. Er dachte noch, die könnte er doch als Spielzeug mitnehmen.

Gegen Abend also stieg er mit Karl-Heinz auf eine Protze, seine Mutter mit den beiden andern Kindern auf eine Protze dahinter. Der Kinderwagen wurde irgendwo anders aufgeladen und verstaut. Zuerst saßen die beiden Ältesten in umgekehrter Fahrtrichtung, also nach hinten. Weil aber eine Stütze fehlte und vor allem das dazugehörige Geschütz und weil die Deichsel zwischen den beiden Zugpferden nicht richtig angebunden war, kippte der zweirädrige Wagen immer wieder nach hinten, so daß sich die beiden Jungen nur mit Mühe festhalten konnten. Der Fahrer oder Soldatenkutscher mußte sie beide mit nach vorn nehmen. Da sah man, daß die beiden Pferde aus mehreren kleinen Splitterwunden im Fell bluteten.

Als die Fahrzeugkolonne sich in Bewegung setzte, war es schon ziemlich dunkel. Plötzlich faszinierte eine Lichtfülle von explodierender Leuchtspurmunition durch die Baumwipfel hindurch im Osten, es sah schön aus wie ein richtiges Feuerwerk. Lange hielt dieses Schauspiel an. Als es zu Ende war, zitterte der Boden, und man hörte eine starke Detonation, es waren wahrscheinlich Munitionsansammlungen auf dem Bahnhof Scharmützelsee getroffen worden. Die Kolonne fuhr durch das kleine Dorf Bugk hindurch auf die befestigte Straße in Richtung Süden. Schon bevor sie die Ortschaft erreicht hatten, hörte man in gleichmäßigen Abständen einen dumpfen Abschuß, das Herannahen der feindlichen Granate und dann den Einschlag in einigen hundert Metern Entfernung. Bei dem Heransausen duckte sich jeder unwillkürlich zusammen, um Schutz zu suchen. Durch die Dunkelheit fühlte man sich noch unsicherer. Die Russen wollten offensichtlich die lange und ununterbrochene Militärkolonne auf der Rückzugsstraße treffen.

Von Bugk fuhren sie während der Nacht nach Kehrigk auf völlig offener Landstraße, während sie vorher immer im Kiefernwald vorwärts gekommen waren. Dort waren alle Menschen sicherer gewesen, weil sie rechtwinklig zu den russischen Kanonen gefahren waren und weil die Granaten nach seiner Schätzung mindestens 300 Meter entfernt einschlugen. Bei Tage wäre die Fahrt von Bugk nach Kehrigk wegen der ungehinderten Feindeinsicht wie ein »Himmelfahrtskommando« unmöglich oder nur unter großen Verlusten durchführbar gewesen. Denn die Straße, an deren beiden Seiten offene weite Felder liegen, führt bergan und verliert erst vor Kehrigk ihre Steigung. Rechter Hand sah man oft Leuchtkugeln hochsteigen, also im Westen von ihnen, während die auf Mundpropaganda angewiesenen Flüchtlinge die Russen im Norden und Osten vermuteten. Sie hörten die Granaten in sicherer Entfernung im östlichen Wald detonieren, solange die flüchtende Fahrzeug- und Fußgängermasse das Ziel sein sollte. Ob die Russen sich später richtig auf diese Rückzugsstraße eingeschossen haben, ist dem jungen unfreiwilligen »Kriegsberichterstatter« nicht bekannt geworden.

Dann muß er eingeschlafen sein, denn er wurde von frischer Morgenluft am Freitag, dem 27. April, geweckt, als die Pferde auf asphaltierter Landstraße zwischen Groß Eichholz und Münchehofe zum ersten Mal im Trab liefen. Er weiß auch, daß ihr Soldatenkutscher versuchte, den Anschluß an die Fahrzeuge seiner Heereseinheit, seinen Bataillons- oder Regimentstroß zu behalten. Manche Fuhrwerke von einer anderen Einheit hatten sich rücksichtslos dazwischengeschoben, weil in Kehrigk von

Osten her ein weiterer Fahrzeug- und Menschenstrom hinzugekommen war. Aber seine Bemühungen hatten wenig Erfolg.

Während der Nacht- und Morgenstunden hatten die beiden Ältesten nichts von ihrer Mutter erfahren und wußten nicht, wo sie sich mit ihren beiden anderen Kindern befand, ob vor oder hinter ihnen. Erst im Laufe des Vormittags, als sie nach einem Abbiegen in einen Waldweg bei Münchehofe eine Weile anhielten, um einen anderen Troß überholen zu lassen, sahen sie sie wieder. Der Älteste weiß sogar noch, daß ihr Fahrer ihnen beiden in den frühen Morgenstunden ein paar Wildschweine zeigte, die von den für sie ungewohnten Menschenmassen aufgescheucht worden waren. Dann fuhren sie in das nächste Dorf, Hermsdorf, kehrten aber wieder um und fuhren in den nördlich angrenzenden Wald, der gleich hundert Meter vor dem Ortseingang begann. Die beiden Jungen wurden furchtbar unglücklich, als der Kutscher die Zügel anzog und ihnen sagte, daß sie nun absteigen müßten; denn kurz vorher noch hatte er seiner Mutter vom Weiterfahren erzählt. Der Soldat, der ihn und seinen sechs Jahre jüngeren Bruder mehrere Stunden lang gefahren hatte, sagte noch, daß sie dann »rüber« kämen, um sie zu trösten.

Die Vier mit Brigitte im Kinderwagen gingen nun mit ihrem Gepäck ein Stück auf dem sandigen Weg in den Wald bis an eine Schonung. Im Kiefernhochwald waren überall Schützenlöcher ausgeworfen, Wagen und Munitionskisten standen ohne Bewachung umher. An einem Munitionswagen ruhten sie eine Weile aus. Da viel von Tieffliegern geredet wurde, jammerte eine Frau, die mit ihren vier oder fünf Kindern mitgekommen war: »Das ist ja kein Schutz, wenn wir uns da runterlegen!« Seine Mutter entgegnete dem Sinne nach: »Dann sind wir eben alle gleich weg.« Als einige russische Flugzeuge tief über den Wald flogen, hockten sie sich in ein frisch ausgehobenes Loch zwischen niedrigen jungen Kiefern. Da kam plötzlich die 18-jährige Olga Sackritz aus ihrem Heimatdorf auf sie zu und ging dann nur mit ihm in eine andere Schonung mit etwas höheren Bäumen als die, an deren Rand sie bisher notdürftig Schutz gesucht hatten. Sie wollten sich dort einen gegen

Fliegereinsicht besser geschützten Platz suchen, um einen Graben zu schippen, weil diese Stelle weiter weg von dem Waldstück lag, in dem die russischen Flieger die deutschen Truppenteile offensichtlich schon entdeckt hatten und mit Bordwaffen beschossen.

Er blieb in der neuen Schonung und ruhte sich auf dem weichen moosgepolsterten Waldboden aus, während Olga wieder zu seiner Mutter und seinen Geschwistern zurückging, um sie nachzuholen. Er muß längere Zeit geschlafen haben, denn er wurde durch Olga geweckt, die dann mit ihm zu der ersten Aufenthaltsgrube zurückging. Seine Mutter war inzwischen weiter in die kleine Schonung hineingegangen, deren Bäume etwa in seiner Größe waren. Dort saß seine Mutter mit Brigitte auf dem Schoß in einem Loch und hatte sie gerade trocken gelegt. Sie leckte wie eine Katze seiner Schwester Sand aus den Augen, der vom Grabenrand heruntergerieselt war. Dann fing es an zu regnen. Sie legten deshalb eine Wolldecke notdürftig über das Loch.

Seine Mutter hatte in der blauen Milchkanne zwei Kaninchenkeulen mitgenommen und schickte ihren Ältesten damit los. Er suchte während der Angriffspause, die durch den Regen entstanden war, im Hochwald nach der Feldküche und fand sie endlich und gab dem Koch das Fleisch, weil es länger nicht frisch bleiben konnte. Der strahlte: »Da wird der Chef sich aber freuen!« und fragte ihn, ob er Suppe aus der Gulaschkanone haben wollte. Der Gefragte brachte vor Aufregung kaum ein Wort heraus, und es standen ihm die Tränen in den Augen. Glücklich brachte er die Milchkanne voll dicker Suppe zu seiner wartenden Familie zurück. Mit großem Appetit löffelten sie die Suppe aus, in den aufregenden letzten Stunden war ihnen der Hunger gar nicht aufgefallen.

Dann folgten viele Tieffliegerangriffe der Russen, die die im naheliegenden Hochwald abgestellten Munitionswagen mit Bordkanonen beschossen und mit kleinen Sprengbomben bewarfen. Die fünf Flüchtlinge saßen und lagen unter den niedrigen Kiefern unter der Wolldecke geduckt, einer lugte durch einen Spalt nach oben und war erstaunt, wie tief die Maschinen flogen. Ununterbrochen griffen sie von Norden über sie hinwegfliegend die militärische Ansammlung an und richteten große Schäden an, wie sie später sehen konnten. Während sie ängstlich geduckt unter den kleinen Nadelbäumen saßen, flog von oben eine Metallklammer, mit der kleine Granaten wie mit einem Patronengurt zusammengehalten wurden, auf einen Kuschelzweig, wurde dadurch in der Wucht des Falles gänzlich abgeschwächt und konnte zum Glück keinen Schaden anrichten, als sie auf Karl-Heinzes Schulter rollte. Zuerst bekamen alle einen großen Schreck und dachten, es sei eine kleine Bombe, aber sie beruhigten sich gleich wieder, als sie sahen, daß der Gegenstand aus der Luft leichtes Metall und nicht explosiv war.

Am späten Nachmittag hörten die Luftangriffe der Jagdbomber auf, weil es wieder zu regnen begann. Alle riefen: »Bloß ins Dorf, in die Schule!«, die hatten sie nämlich morgens von den Pferdefuhrwerken aus am nördlichen Ortsrand gesehen. Sie marschierten dann gleich den kurzen Weg zur Schule, die als erstes Gebäude auf der westlichen Straßenseite steht. Unterwegs sahen sie im Wald überall Bombentrichter, und es knatterte in Brand geratene Munition. Die Lehrerfrau war ein Dorf weiter geflüchtet, wie erzählt wurde. Sie gingen in den Keller hinunter und richteten sich in einem Raum zur Straße hin, aber mit tiefem Kellerfenster, notdürftig ein. Es war Freitag Abend.

Nur ein kleiner abschweifender Blick nach Berlin: An diesem 27. April besetzten die Sowjets Spandau, wo die Schwester seines Vaters wohnte, außerdem Schöneberg, Kreuzberg, die Flugplätze Gatow und Tempelhof. Die Front verlief am Spittelmarkt, Halleschen Tor, Bülowstraße bis Ecke Lützowstraße, Alexanderplatz, Bahnhof Humboldthain, Witzleben, Trabrennbahn, Ruhleben, Moritzplatz, Friedrichshain und am Charlottenburger Schloß.

Den Kinderwagen ließ seine Mutter auf dem großen Hausflur stehen. In der Küche konnte sie für Brigitte ein warmes Fläschchen oder einen Mondaminbrei zubereiten. In der folgenden Nacht schliefen sie im Keller auf Strohsäcken oder nur auf einer Strohschütte und fühlten sich mit einem Dach und einer luftschutzmäßig mit Baumstämmen abgestützten Kellerdecke über dem Kopf sicherer als im Wald. Hier konnten sie vom Regen nicht naß werden, waren ihre ersten vordergründigen Gedanken.

Am nächsten Tag, Sonnabend, dem 28. April, wurde der Keller von immer mehr Familien ohne Väter und von älteren Leuten belegt. Thorwald zitiert in dem oben genannten Buch die Meldung der 9. Armee am Morgen des 28.4., es war der letzte Funkspruch des Generals Busse:

> *Die seit Tagen andauernden verzweifelten Versuche der noch marschfähigen Kampfgruppen dieser Armee, im Raum von Baruth nach Westen durchzustoßen, waren gescheitert. Körperlicher und seelischer Zustand von Offizier und Mann sowie die Munitions- und Betriebsstofflage gestatten weder erneuten planmäßigen Durchbruchsangriff noch längeres Durchhalten. Besonders belastend ist die erschütternde Not der im Kessel zusammengedrängten Zivilbevölkerung.*

Es gelang Wencks Resten der 12. Armee, von Westen bis zu der Linie Beelitz-Ferch-Petzow vorzudringen.

Direkt neben ihnen in der Kellerraumecke rechts vom Fenster lag ein verwundeter und wahrscheinlich nach damaligen Begriffen desertierter Soldat. Herr Vollack, der Förster und Ortsgruppenleiter der Partei aus Märkisch-Rietz, erschien plötzlich im Keller und unterhielt sich mit seiner Mutter. Nach einiger Zeit schickte sie den Ältesten los, und er ging in das Dorf hinein bis zu einem von Herrn Vollack bezeichneten Haus auf der linken Seite. Er selbst war auch noch da, ließ sich von einer Frau Rühreier in einer großen Pfanne auf einem offenen Herdfeuer braten und schenkte dem Jungen ein Weckglas voll Reis. Als der junge

»Schlachtenbummler« zur Schule zurückging, begegnete ihm auf der von vielen Fahrzeugspuren zerfurchten Dorfstraße fast kein Mensch mehr. Vereinzelt schlug in größerer Entfernung, so daß er nicht zusammenzuckte und auch keine Angst bekam, eine Granate ein, und Gewehrfeuer war im Norden schwach zu hören. Er kam wohlbehalten und zufrieden von seinem Kriegsspaziergang mit dem Reisglas wieder in den Schulhauskeller. Seine Mutter kochte dann etwas von den mitgebrachten Vorräten in der Küche der Lehrerwohnung, aber sicher nicht mit dem Reis, weil das zu lange gedauert hätte; denn viele Frauen und Mütter wollten dort für sich und ihre Kinder eine warme Mahlzeit kochen. Während dieser Zeit blieb er selbstverständlich im Keller, um auf seine Geschwister und das wenige Gepäck aufzupassen.

Hier war es inzwischen durch immer mehr Flüchtlinge sehr eng geworden, und die Luft wurde stickig. Granaten schlugen in unmittelbarer Nähe ein und explodierten mit dumpfem Knall, so daß mehrmals ein hell-rötlicher Schein durch das Kellerlochfenster blitzte. Das Haus zitterte und schwankte, Staub rieselte vom Verputz der Wände, aber das Haus hatte zum Glück starke Mauern, und die Kellerdecke war ja durch einige Balken abgestützt. In dieser Kriegslärmkulisse stolperte plötzlich ein älterer Mann die Kellertreppe herunter, er war ganz mit Kalkstaub bedeckt. Eine Granate hatte die Nordwand des Hauses getroffen; man sah das große Loch in der Ziegelsteinmauerwand, als alle Flüchtlinge am nächsten Tag aus dem Keller kamen. Der Mann war gerade nach oben gegangen, als die Granate einschlug. Er kam mit einer kleinen Kopfwunde davon. Seine Frau fing zu jammern an und warf immer wieder ihrem kreideweißen kalkbestaubten Mann vor: »Wir haben immer gesagt, du sollst nicht nach oben gehen!« Das stereotype Gejammer in sehr hoher Stimmlage ging sogar dem Jungen auf die Nerven.

Inzwischen war ihnen das Zeitgefühl abhanden gekommen, sie wußten nämlich nicht mehr, an welchem Tag das Geschilderte geschah; erst später hat er die Tage mit Wochentag und Datum rekonstruiert.

Am Sonntag, dem 29. April, – in Berlin wurde noch am Grunewald, Reichssportfeld, an den Havelbrücken, am Anhalter Bahnhof und am Potsdamer Platz gekämpft – geschah das, was im militärischen Jargon, den man sich im Laufe des Krieges angewöhnt hatte, so genannt wird: Sie wurden von der Front überrollt. Die Russen waren da, nachdem sie offensichtlich noch heftig hatten kämpfen müssen, wie bei Tieke (S. 310) bezüglich Hermsdorf zu lesen ist.

Interessant und grotesk ist, was an diesem Tage, seinem letzten vollen Lebenstag, Hitler in dem Schreiben zu seinem Testament mit Abschiedsworten an die deutsche Wehrmacht am Schluß fordert: Es müsse weiter das Ziel bleiben, dem deutschen Volk Raum im Osten zu gewinnen (Thorwald S. 176). Tief unter der Erde heiratete er und löste sich damit vorübergehend aus seiner Illusionswelt. Ein Mensch wie du und ich? werden sich manche Menschen viele Monate später gefragt haben, als dieses bürgerliche Ereignis bekannt wurde. Daß Hitler nicht rauchte und keinen Alkohol trank, war dagegen länger bekannt und betonte seine herausgehobene Stellung abseits vom normalen Leben. Daß er unter Blähungen litt und viele Spritzen und Medikamente bekam, wie man nach seinem Tod lesen konnte, entschuldigt aber nicht seine Wahnsinnsbefehle und sein zynisches Verdammungsurteil über das »verdiente« Schicksal des deutschen Volkes; denn er hatte ja den Tod von vielen Millionen Menschen verursacht.

Die ersten russischen Soldaten kamen in den Hermsdorfer Schulhauskeller und verlangten nach »Uhri, Uhri!« und nahmen den verwundeten deutschen Soldaten als Kriegsgefangenen mit. Sobald die Flüchtlinge keine Kampfgeräusche mehr hörten, packten sie ihre Habseligkeiten zusammen und gingen die Kellertreppe hoch. Vom Hausflur schob der Älteste den unversehrt gebliebenen Kinderwagen nach draußen an die frische Luft, die alle wohltuend einatmeten. Seine Mutter nahm Brigitte auf den Arm, weil es hieß, die Russen seien kinderlieb und würden Frauen mit kleinen Kindern in Ruhe lassen. Vor der Haustür am Straßenrand standen zwei uniformierte Russinnen, die sich mit freundlichen und mitleidsvollen Blicken auf die fünfköpfige Familie aufmerksam machten; seiner Mutter kamen deshalb Tränen in die Augen.

Sie marschierten sofort und ohne Pause zurück nach Märkisch-Rietz, wo sie am Nachmittag anlangten. Es war aber keine Wanderung in der Mark im Sinne von Fontane oder von Scholz. Der Älteste löste sich mit seiner Mutter ab, den Kinderwagen mit Brigitte zu schieben, und Günter saß meistens oben drauf. Zwischen Groß Eichholz und Kehrigk überholten sie einen wieder zurückflutenden Flüchtlingstreck mit Pferdefuhrwerken und Handwagen. Auf dem Gepäck eines Fuhrwerks erkannte seine Mutter einige Bekannte aus Storkow; es war ihre gleichaltrige Schulfreundin Kläre Wutzler verheiratete Beetz mit ihren kranken Eltern. Die Zeit reichte nur für eine kurze Begrüßung: »Ach Inge!« – »Klärchen?« – »So sieht man sich wieder! Bleibt gesund!« Im Anschluß an diese Begegnung sagte seine Mutter zu ihren Kindern: »Nein, ist so was möglich! Das waren Wutzlers aus Storkow!«

Von Kehrigk aus bogen sie nicht links ab nach Bugk und Storkow, sondern zogen weiter in östlicher Richtung auf asphaltierter, wenn auch kaputt gefahrener Straße, die nach Limsdorf führt, und bogen aber bald nach links ab auf einen befestigten Waldweg, der östlich vom Brandberg den früheren Fluchtweg kreuzte und direkt beim zweiten Bahnübergang in Märkisch-Rietz hinter dem Schulhaus herauskam. Auf dieser Rückwanderung beeindruckte ihn die Kreideschrift auf einem ausgebrannten oder anders zerstörten Schützenpanzerwagen der Waffen-SS am rechten Waldwegesrand. Es stand darauf in Sütterlinschrift »Schweine« mit Ausrufezeichen. Der Zwölfjährige versuchte, sich Gedanken zu machen, zeigte seine Mutter doch deutlich, daß sie über diese Aufschrift ärgerlich war. Er kam aber nicht darauf, warum deutsche Elitesoldaten, die eben noch für sie gekämpft hatten, so nahm er jedenfalls an, Schweine gewesen sein sollten. Vielleicht wollten sie flüchten, desertieren und andere Kameraden in Stich lassen, dachte er sich schließlich.

Rückblickend bedauerten sie es nicht, daß die Flucht keinen Erfolg hatte. Denn aus den von Norden und Süden schon längst seit dem 18. April einkreisenden Zangenbewegungen der russischen Armeen hätten sie nicht weiter nach Westen fliehen können. Hierbei findet man sich mit den Tatsachen ab, wie sie beispielsweise Thorwald festgehalten hat:

> *Während des Tages des 1. Mai vereinigten sich zwischen Treuenbrietzen und Beelitz Busses Spitzen mit der 12. Armee. Es waren vielleicht noch dreißigtausend Mann, die sich um General Busse, der mit ihnen durchgebrochen war, scharten. Dazu einzelne Haufen von Zivilisten, die sich an die Kampfgruppen geklammert hatten. Eine unübersehbare Zahl von Soldaten und Zivilisten war vor Ermattung zurückgeblieben, war unterwegs zusammengebrochen oder gefallen oder in Gefangenschaft geraten. Nur der Wille, sich nach Westen zu retten, hatte die ausgebrannten Schlacken einstiger Divisionen und Regimenter mit einer Handvoll noch fahrbereiter Panzer immer wieder vorwärts getrieben. Auch hier waren zahlreiche Frauen, ihre Kinder auf dem Arm, mit den Panzern vorgegangen. Einzelne waren durchgekommen. Die Masse war unterwegs geblieben…*

Viele Einzelheiten dieser erschütternden Massenflucht bis zum 7. Mai sind bei Tieke dokumentiert.

Der Krieg ist aus

Leider ist die militärische Niederlage des deutschen Volkes nicht eine unverdiente Katastrophe, sondern eine verdiente Züchtigung der ewigen Vergeltung. Wir haben diese Niederlage mehr als verdient.
Hitler: Mein Kampf S. 250

Eine Diplomatie hat dafür zu sorgen, daß ein Volk nicht heroisch zugrunde geht, sondern praktisch erhalten wird. Jeder Weg, der hierzu führt, ist dann zweckmäßig, und sein Nichtbegehen muß als pflichtvergessenes Verbrechen bezeichnet werden.
a.a.O. S. 693

Wenn nun das deutsche Volk in diesem Kampf unterliegt, ist es zu schwach gewesen. Dann hat es seine Probe vor der Geschichte nicht bestanden und war zu nichts anderem als zum Untergang bestimmt.
Hitler am 4.8.1944 (Speer: Erinnerungen S. 403)

Nachdem das deutsche Volk sich als das schwächere erwiesen hat und die Besten im Kampf gefallen sind, braucht man auf die übrig gebliebenen Minderwertigen keine Rücksicht mehr zu nehmen.
Hitler am 19.03.1945 als Begründung für seinen »Nero-Befehl der verbrannten Erde« (von Lang S. 317)

In der ersten Nacht nach ihrer Rückkehr von der Flucht schliefen sie nicht in ihrer Wohnung, sondern bei Richters gegenüber, weil alle Türen in dem Schulhaus, die sie sperrangelweit offen fanden, aufgebrochen worden waren und nicht abgeschlossen werden konnten. Man sah in den Zimmern ein wüstes Durcheinander: Wäsche lag auf dem Fußboden, die Schränke waren aufgebrochen, weil die Mutter sie abgeschlossen und die Schlüssel nicht stecken gelassen hatte, auch beim Büfett, dessen Inhalt er zusammen mit seiner Mutter vergraben hatte. Ihre Fahrräder standen nicht mehr vor der Haustür, sie waren weg, auch das Motorrad; darüber wurde an anderer Stelle schon berichtet. Das Dach auf der Schulhofseite war stark beschädigt: viele Dachziegel fehlten, sie lagen zerbrochen unten, und die Dachsparren guckten an vielen Stellen heraus. Einige Fensterscheiben zu dieser Seite waren zersplittert. Es war ein Bild, wie der zwölfjährige Junge es aus Wochenschauen über Feindesland gewohnt war. Er sagte sich, daß diese Zerstörungen von den Explosionen auf dem Bahnhofsgelände herrührten, die sie auf ihrer Flucht, die ihm schon vor mehreren Wochen vergangen vorkam, gehört und wie ein Feuerwerk gesehen hatten.

Die Brücke über den Kanal war gesprengt worden, die mittlere Betonplatte lag schräg im Wasser. Eine Notbrücke war direkt daneben unten an der Schleuse gebaut worden, und zwar aus den Balken der Schafbrücke am südlichen Ende des Storkower Sees, die deutsche Pioniere abgebaut und in das Dorf gebracht hatten, wie man kopfschüttelnd erfuhr.

Nachdem auf der Flucht andauernd mit ihnen etwas geschehen war, kamen sie zu einer gewissen Ruhe und Besinnung. Sie hörten keinen jubelnden jauchzenden Aufschrei über das Ende des Krieges, über die Niederlage, über den Zusammenbruch: das waren die Wörter, die sie später für das einschneidende, aber schmerzfreie Ereignis gebrauchten, nicht: Befreiung von der Diktatur, von der Gewalt- und Unrechtsherrschaft, vom NS-Regime, vom Hitlerfaschismus, das war eine Wortverbindung, die vorher gewöhnlich nur im Zusammenhang mit dem Italien des Duce Mussolini gebraucht worden war.

Befreit von dem menschenverachtenden System der nationalsozialistischen Gewaltherrschaft, wie Bundespräsident Richard von Weizsäcker bei der Veranstaltung des Bundestages und des Bundesrates zum 8. Mai 1985 erklärte, fühlten sie sich damals nicht – mit »sie« meint der Biograph vor allem seine Mutter – nur erlöst von der Furie des Krieges, der, wie viele Menschen lange noch meinten, dem deutschen Volk von seinen Feinden aufgezwungen worden war. Jeder war abgestumpft, hatte kein Gefühl für Dankbarkeit, obwohl in der Familie und in der Verwandtschaft keine Toten zu beklagen waren.

Wenn man Jahrzehnte nach 1945 in Chroniken liest, daß eine Stadt am soundsovielten »befreit« wurde, kann man sich eines bitteren Gefühls nicht erwehren. In der Schulchronik 1939 von Märkisch-Rietz äußerte sich sein Vater in seiner Rolle als Lehrer so:

> *...Nun ist wieder Krieg! Und doch welch ein Unterschied zum Kriegsbeginn 1914! Kein Hurrapatriotismus, dafür aber ein in sich geeintes 80 Millionenvolk, das nur einen Willen kennt, den des Führers, und mit einem felsenfesten unverbrüchlichen Vertrauen den uns aufgezwungenen Kampf gegen England und Frankreich aufnimmt, unerschütterlich in seinem Glauben an den Sieg der Ehre und an ein Deutschland, das seinen Todfeind England zu vernichten hat, um Europa endgültig nach zwanzigjähriger Schmach und Schande neu zu ordnen.*

Und so »sprach der Führer« am 9.3.1940 (»Parole der Woche«16):

> *Der von den kapitalistischen Machthabern Frankreichs und Englands dem Großdeutschen Reich aufgezwungene Krieg muß zum glorreichsten Sieg der deutschen Geschichte werden!*

Genauso wird in der »Parole der Woche« 1942/34 (August) aufgetrumpft:

> *Wir sind fest entschlossen, diesen uns aufgezwungenen Krieg solange zu führen, bis der Endsieg errungen ist.*

Schließlich ist in dem »Aufruf des Führers an das deutsche Volk« vom 31.12.1943 von dem »uns aufgezwungenen Kampf« die Rede.

Die Menschen waren bedrückt, daß ein fremdes Volk sie erobert hatte, das von Rachegefühlen gegen die Deutschen erfüllt war. Den Grund dafür erfaßten sie noch nicht in dem wahren Umfang, weil sie damals nicht wußten, welche fürchterlichen Folgen der Rußlandkrieg für die

Bevölkerung in dem vorübergehend eroberten Land hatte. Sie waren von der Roten Armee besiegt worden, vor deren Soldaten die Frauen mit Grund Angst hatten, noch viele Wochen nach dem Waffenstillstand.

Sie als Besiegte, obwohl sie als Zivilisten nicht wie die Soldaten gekämpft hatten, waren auf Gedeih und Verderb dem Sieger ausgeliefert. Den Ausruf »Vae victis = Wehe den Besiegten!« lernte der Junge erst im Lateinunterricht in Lübeck kennen. Von Frieden wurde nicht gesprochen, auch nicht davon, daß »die Stunde null schlug«. An die Stelle der Aufregungen und Anspannungen der Kriegszeit traten andere Aufregungen, die alle Menschen unmittelbar betrafen. Bis kurz vor ihrer Flucht war das Leben für sie in der Familie und gewohnten Dorfumgebung immer noch einigermaßen normal gewesen. Bis zum Kriegsende gab es für sie auch keine ernsten Sorgen um Lebensmittel. Für die Kinder jedenfalls war es selbstverständlich, immer satt zu essen zu haben. Die Schwierigkeiten mit der Ernährung begannen erst danach. Die Maisonne ließ zwar wieder (wie im Lied) »die Bäume ausschlagen«, konnte aber die Stimmung der Überlebenden nicht erwärmen.

DER KRIEG IST AUS: Diese vier Wörter bezeichneten ein Ereignis, das rein sprachlich etwas Negatives ausdrückte, in Wirklichkeit aber einen wohltuenden Zustand beschrieb, den sie nicht mehr kannten. Denn fast sechs Jahre lang kannten sie keinen Frieden in Europa, und nun sollte er wieder da sein? Sie wollten es noch nicht glauben, sie trauten dem Frieden nicht. Einerseits erfüllte sie eine gewisse Erleichterung über die Beendigung der Kampfhandlungen, über die nicht selbstverständliche Tatsache, noch unverletzt am Leben zu sein und den richtigen Frontkrieg in einem Kessel und eine vergebliche Flucht gesund überstanden zu haben, anstatt auf einem großen Friedhof bei Halbe in märkischer Erde zu liegen.

Andererseits waren sie wehrlos gegen das bedrückende Gefühl, gerade von den Russen, die sie als Untermenschen hatten ansehen sollen, erobert worden zu sein, deren Sprache und Schrift sie überhaupt nicht verstanden. Wenn es wenigstens die Engländer (keine »Todfeinde« von 39) gewesen wären, dachte so mancher im Stillen. Und sie wollten nicht wahrhaben, daß es so bleiben würde.

»Das kann ja nicht sein!« sagte der Dreizehnjährige, dessen Geburtstag ausfiel, sich mehrmals. Nach sieben Friedenstagen hätte er auf 13 unheilschwangere Lebensjahre zurückblicken können, wenn er die Gedanken dafür gehabt hätte. Die aber waren immer noch von den letzten turbulenten Wochen des Weltkriegsendes angegriffen und verletzt. »Das kann ja nicht sein! Wir werden wahrscheinlich von den deutschen Soldaten zurückerobert.« So tief waren sie gleichsam im NS-Propagandasumpf versunken. Dazu trug das Gerücht bei, die Engländer und Amerikaner würden weiter nach Osten vorrücken – östlich der Elbe waren sie ja tatsächlich schon angelangt – und die Deutschen im Kampf gegen die Russen unterstützen. Dieses Gerücht war – so unglaubwürdig es heute klingt – nicht ganz aus der Luft gegriffen, wie die zitierte Äußerung Hitlers vom 25. April nachträglich beweist (S. 333).

Und aus Thomas Manns Tagebuch »Entstehung des Doktor Faustus« (S. 113, 144, 195, beginnend August 1943) ergibt sich, daß bei Amerikas Intellektuellen die Erwartung eines weiteren Krieges, nämlich gegen Rußland, weit verbreitet war. Es ist auch als Tatsache erwiesen, daß einige deutsche Truppenkommandeure erwarteten, sich wieder nach Osten umzudrehen und mit Unterstützung der Engländer und Amerikaner deutschen Boden zurück zu erobern. Dieser Wunsch stellte sich allerdings sehr schnell als Illusion heraus.

Für Gerüchte waren die Voraussetzungen besonders deswegen gegeben, weil aufgrund eines Befehls der sowjetischen Besatzungsmacht alle Radioapparate abgeliefert werden mußten und so eine einigermaßen verläßliche Informationsquelle versiegte. Die viel später am 30.10.1945 vom Amtsbürgermeister Kunowsky bekannt gemachte Verfügung über eine »sofortige personelle Registrierung von Radioapparaten« lief daher ins Leere.

Erstaunlich ist, daß andere Deutsche nicht nur anders gedacht, sondern auch anders gesprochen und geschrieben haben. Dabei denkt man weniger an die Frauen und Männer des Widerstands, die insbesondere nach dem mißlungenen Attentat auf Hitler hingerichtet wurden, sondern einerseits an die Emigranten (u.a. Thomas Mann), andererseits an Klemperer, der in Dresden trotz widrigster Umstände täglich als Chronist die militärischen Rückschläge der deutschen Wehrmacht verfolgte und das baldige Ende der Militärdiktatur herbeisehnte. So hatte er am 23.12.1941 seine Freude über die Wendung notiert, daß Hitler den Oberbefehl übernommen hatte, als »deutlichen Umschwung der Kriegslage und steigende Hoffnung«.

Genauso wie man sich in den Arm kneifen muß, um sich zu vergewissern, daß man nicht träumt, sondern wirklich noch lebt, genauso muß der Leser sich bei den Überlegungen, »was gewesen wäre, wenn…« immer wieder vergegenwärtigen, daß Deutschland es war, das den Krieg in andere Länder Europas hineingetragen und über ganz Europa gebracht hatte. Diese erst später den meisten Deutschen bewußt gewordene Tatsache wurde damals gewaltsam verdreht, und das geschah mit anhaltendem Erfolg bis über das Kriegsende hinaus.

Es konnte nicht anders kommen, als daß die Deutschen und ihre Verbündeten sich bald einer vielfachen Übermacht an Menschen und Material gegenübersahen, gegen die noch so große Anstrengungen und Rüstungssteigerungen in ihrer »Totalität« nicht ausreichten, sondern nur eine weitere Verlängerung des unaufhaltsamen Chaos bewirkt hätten.

Selbst wenn man sich alle taktisch-militärischen Fehler seit dem Mene-Tekel von Stalingrad, die teils auf Hitler, zum großen Teil aber auf die willfährige Hörigkeit der oberen Militärs zurückzuführen sind, wie z.B. die Idee der Bindung feindlicher Truppen durch eingekreiste deutsche Soldaten, hinwegdenken würde und einen frühzeitigen geordneten Rückzug auf die deutschen Grenzen einkalkulieren würde, wenn man außerdem die Rüstungsfehler, wie sie Speer in seinen »Erinnerungen« und in dem »Sklavenstaat« aufgedeckt hat, vermieden vorstellen würde, z.B. frühzeitige konzentrierte Entwicklung von Düsenjägern und schnellen Panzern, wenn außerdem eine gezielte Zerstörung der feindlichen Industrie- und Kraftwerke versucht worden wäre: alle diese Dinge zusammengenommen hätten den Krieg angesichts der mehr als zehnfachen Überlegenheit der Gegner doch nur um weitere Wochen, höchstens Monate verlängert und die Katastrophe lediglich hinausgeschoben.

Nachdem Herr Briesenick die Schlösser der Haus- und Zimmertüren im Schulhaus wieder schließbar gemacht hatte, schliefen sie alle fünf oben in dem Zimmer über der Schulklasse. Nachts kamen nämlich oft Russen mit Lastkraftwagen angefahren, dann schlug jemand einen Gong zur Warnung. Seine Mutter wollte, wenn es gefährlich werden sollte, mit einer Leiter oben auf das Schlafzimmer klettern, sie probierte es mit der Hilfe seines Ältesten bei Tage aus. Eines Morgens weckte ihn seine Mutter: »Pferde von Russen sind in unserm Garten!«, das konnte man vom Schlafzimmer aus gut sehen. Ungewaschen lief er über die Straße, ging zu einem russischen Soldaten, der zeigte ihm mit Armbewegungen, daß er die Pferde vom Garten runterjagen sollte. Er tat das und war erstaunt, wie schnell die Pferde von ihm wegliefen. Ein anderer Russe schimpfte aber, als die Pferde losgaloppierten und die Flucht ergriffen. Der Junge blieb stehen, der Russe gab ihm einen Fußtritt, der ihm Wuttränen in die Augen trieb. Ein dritter Russe oder der erste gab Gerd Richter und ihm kurz darauf Gerten, damit sie die Pferde vom Garten abwehren konnten. Außerdem gab er jedem ein Stück geröstetes Schwarzbrot. Dann rammte er mit wuchtigen Armstößen einige Zaunpfähle in die feuchte Erde, um den von den Pferden niedergetrampelten Zaun als Grenze zu markieren.

An einem anderen Tag kletterte er von außen durch das angelehnte Küchenfenster ins Haus, weil zwei russische Soldaten und eine Russin durch den Vorgarten in den Hof gekommen waren, nachdem sie vorn an der Haustür vergeblich geklopft und gebummert hatten. Er schloß das Fenster sofort hinter sich und klappte die inneren Fensterläden vor. Währenddessen entfloh seine Mutter mit ihren übrigen Kindern durch die Vordertür und lief zum Nachbarhaus in der Nähe des zweiten Bahnübergangs. Möglicherweise lag kein Grund zu dieser Flucht vor. Aber wer konnte das wissen?

Auf dem Bahnhofsgelände waren ihm in den letzten Wochen große belgische Güterwagen mit vier Achsen aufgefallen, die er bei deutschen Güterwagen noch nie gesehen hatte. Nach ihrer Rückkehr hatte es sich auch bis zu ihnen herumgesprochen, daß in einem offenen Güterwagen Speisesalz liege und durch Regen verderben würde. Seine Mutter suchte deshalb für ihn Tüten und Leinenbeutel zusammen, und er ging zum Bahnhof und schaufelte wie die andern Leute mit bloßen Händen Salz in seine Behältnisse; das war dann so viel, daß es viele Monate reichte. Als Frau Dallmann aus Königs Wusterhausen ihren bei ihnen untergestellten Koffer, der zu aller Beruhigung nicht aufgebrochen worden war, abholte, konnte seine Mutter ihr eine Tüte voll Salz mitgeben, die sie dankbar annahm, gewissermaßen als Ausgleich für die Stunden, die sie in der Angst verbrachte, die Russen hätten den Koffer mit der Offiziersuniform gefunden und die Familie umgebracht (wie schon im KW-Kapitel erzählt).

Um die Mittagszeit eines andern Tages war er im großen Garten jenseits der Straße, als ihm Frau Richter aus ihrem rückwärtigen Küchenfenster zurief: »Geh' schnell rüber, ein Russe ist bei deiner Mutter!« Er lief sofort über die Straße und sah die alte Frau Pätzke vor dem Hauseingang stehen. Sie rief immerzu: »Hilfe! Kommandant!« Er hörte aus dem Wohnzimmer die herzzerreißende Stimme seiner Mutter – für ihn ganz ungewohnt und schrecklich – immer wieder »Hilfe!« rufen. Durch die

Vordertür ging er ins Haus und sah Herrn Briesenick, wie er an der verschlossenen Zimmertür rüttelte und ihm zurief: »Renn sofort zum Bürgermeister Kunowsky!« Er jagte los, was die Beine nur hergeben konnten, und hörte dabei noch in seinen Ohren seine Mutter um Hilfe rufen. Unterwegs brachte er gegenüber einem erstaunt stehen gebliebenen Jungen nur die fast atemlose Antwort heraus: »Ein Russe ist bei uns!« Als er beim Haus des Bürgermeisters hinter dem Kanal nach Luft japsend angerannt kam, erhielt er nur ein mitleidiges Achselzucken als Antwort, dann einen Bogen Papier mit kyrillischer Schrift, das sollte er dem Russen zeigen und sagen »Kommandant«. Als der Junge wieder zurückrannte, begegnete ihm kurz vor der Schule ein ärgerlicher Rotarmist. Seine Mutter war schon bei Frau Richter. Der Russe hatte im letzten Augenblick das Weite gesucht, war stiften gegangen und getürmt, wie der Junge aus der Unterhaltung der beiden Frauen heraushören konnte. Das war ein Erlebnis, das ihm unvergeßlich blieb.

Der Ortskommandant ordnete einmal an, daß alle Dörfler die Straße vor ihren Häusern fegen müßten. Jeder regte sich auf, daß »die Russen«, die man nur widerwillig als die Sieger ansah, den Deutschen »Kultura« beibringen wollten.

Eines Morgens wurde seiner Mutter gesagt, daß ihr ältester Sohn dann und dann am Bahnübergang sein sollte. Von dort aus mußte er mit anderen Jungen unter Aufsicht eines Erwachsenen alle Benzinfässer, die im Wald herumlagen, untersuchen und die vollen Fässer mit einem Strohbüschel kennzeichnen. Als er Herrn Krüger, den früheren Weihnachtsmann, mit der blauen Kanne, die ebenfalls die Flucht nach Hermsdorf und zurück überstanden hatte, wieder einmal um Milch bat, hörte er von ihm den Vorwurf: »Du warst einer der Schlimmsten!«, ohne zu schimpfen, wer die anderen »Schlimmen« waren. Mit diesem Satz meinte er das Heil-Hitler-Sagen mit ausgestrecktem rechten Arm. Verwundert las er später eine schriftliche Feststellung seines Vaters von

1936/37, Dorfbewohner hätten sich darüber beklagt, daß die Schulkinder nicht mit »Heil Hitler« grüßen.

Einmal hatte er am ersten Tag einer Dekade, also einer neuen zehntägigen Lebensmittelkartenperiode, schon die alten Karten im Küchenherd verbrannt. Wie war er erschrocken, als es am nächsten Tag hieß, daß jede Familie auf die letzten Marken etwas Fleisch zugeteilt erhielte. Da er »es verbrochen« hatte, mußte er wohl oder übel zu Bürgermeister Kunowsky gehen. Beim ersten Mal war der nicht zu Hause, und als der kleinlaute Junge ihn Stunden später traf, erhielt er die wenig tröstende Antwort: »Wenn etwas übrig bleiben sollte, bekommt ihr vielleicht auch etwas ab.« Mit welchen Gefühlen er zu seiner Mutter zurückkehrte, das kann sich jeder denken. Denn ihm kam doch die ganze Schuld an diesem Malheur zu, das war viel schlimmer als das frühere Verlieren von Geld, nicht nur fuffzich Fennje, sondern 20 Reichsmark, an das er dabei denken mußte.

Am nächsten Tag ging er also zu Frau Freigang, der Schlächtersfrau, um zu fragen, ob noch etwas Fleisch übrig geblieben sei. Er hatte bei diesem Versuch leider keinen Erfolg, und noch mehrere Male ging er hin und her. Der Hilfspolizist, der der Lehrerfamilie nicht wohlgesinnt war, weil er während der letzten Jahre zurückgezogen oder sogar in einem Lager gelebt hatte – niemand wußte das genau oder wollte es genau wissen – entmutigte ihn auch noch, indem er sagte: »Dann kriegt ihr eben beim nächsten Mal mehr.« Das nächste Mal war aber in der Nachkriegszeit ganz ungewiß. Schließlich, nach langem Hin- und Hergerenne schrieb der Bürgermeister eine Bescheinigung über soundsoviel Gramm Fleisch für die fünf Personen aus. Selig vor Glück ging er damit zu Frau Freigang, die ihm nun endlich das lang ersehnte Stück Fleisch verkaufte. Sie konnte es noch nicht vergessen, daß sein Vater ihren Sohn einmal mit dem Rohrstock auf das Hinterteil geschlagen, den Hintern versohlt hatte, weil er geleugnet hatte, am Waldrand ein Feuer angezündet zu haben. Sie hatte sich die Striemen von Doktor Rickers in Storkow attestieren lassen und sich bei seinem Vater in seiner Funktion als Lehrer beschwert. Sie nahm deshalb die Gelegenheit des Fleischverkaufs wahr und beklagte sich ungefähr folgendermaßen bei dem Lehrersohn: »Ich kann es deinem Vater nicht vergessen, aber ihr Kinder könnt ja nichts dafür.«

Seit dem damaligen Vorfall hatte seine Mutter nicht mehr bei Frau Freigang, deren Mann im Krieg gefallen war, gekauft, sondern nur noch in Storkow bei dem Schlächter Wutzler am Markt. Dorthin konnten sie nicht mit einem Fahrzeug gelangen, weil sie keine Fahrräder mehr hatten und weil noch keine Züge fuhren. Außerdem mußte sich jede Familie in ihrem eigenen Dorf versorgen.

Es wäre eine erklärbare, aber unverzeihliche Fehlleistung im Sinne Freud'scher Psychoanalyse, wenn der Biograph die Schilderung des Explosionsunglücks vergessen würde, dessen Folgen seinen Bruder Günter trafen.

Er bedient sich der Fragen des Versorgungsamtes Schleswig vom 30. Mai und seiner Antworten vom 5. Juni 1979:

1. *Was wissen Sie über den Unfallhergang, Ort und Zeitpunkt des Unfalls (genaue Schilderung mit Ort und Zeitpunkt)?*
   Der Unfall ereignete sich in Märkisch-Rietz/Scharmützelsee, Kreis Beeskow-Storkow, heute Wendisch-Rietz in der DDR, und zwar auf den Treppenstufen des am Waldrand gelegenen Schulhauses, das meine Eltern mit uns vier Kindern… bewohnten, da mein Vater die einklassige Volksschule leitete (ab 1943 war er zum Kriegsdienst eingezogen). Den Zeitpunkt kann ich nicht mehr genau bestimmen. Es war aber ganz sicher im Jahre 1945; ob aber vor oder nach dem »Einmarsch« der Russen (Ende April), weiß ich nicht – eher nach, meinte meine Mutter. Zu der Zeit fand jedenfalls keine Schule mehr bzw. noch nicht statt. Es war schon verhältnismäßig warm, so daß wir die Haustür offen gelassen hatten… Wir drei Jungen spielten

mit einem Nachbarjungen im Hausflur und auf den Treppenstufen. Kleine Granatspitzen wurden auf die granitenen Stufen fallen gelassen, wodurch es kleine Funken gab. Eine Granate explodierte. Nur Günter wurde verletzt, er hatte mehrere Wunden, aus denen er blutete. Daran erinnere ich mich noch genau und daran, daß aus der Stufe eine Delle herausgesprengt war.

2. *Woher haben Sie Ihre Kenntnisse? Waren Sie Augenzeuge oder wo befanden Sie sich zur Zeit des Unfalles?*
Zur Zeit des Unfalls befand ich mich auf dem Hausflur, ich glaube, auf der dort aufgehängten Schaukel sitzend, in einer Entfernung von etwa drei Metern von der explodierenden Granate.

3. *Woher stammte die Munition und wie gelangte sie an den Ort, wo der Verletzte sie gefunden hatte?*
Woher die Munition, die wir Kinder im Sand vor dem Haus gefunden hatten, stammte, kann ich nicht genau sagen. Bei einer Länge zwischen 5 und 10 cm (nach meiner Erinnerung) kann es sich um Geschosse von deutschen leichten Fliegerabwehrkanonen handeln, die in einigen hundert Metern Entfernung auf einer Wiese am Ortsrand Stellungen bezogen hatten. Die Geschosse, die man heute als Blindgänger bezeichnen würde, können aber auch von russischen Bordkanonen stammen; denn russische Flugzeuge hatten einmal über unser Haus hinweg im Tiefflug eine deutsche Militär-Pferdefuhrwerk-Kolonne angegriffen und beschossen. Die gefundenen Geschosse waren im weichen Sandboden des Schulhofes stecken geblieben, möglicherweise vorher von den Zweigen der den Schulhof auf zwei Seiten umstehenden Kiefern abgebremst.

4. *Lag damals in der Nähe der Wohnung noch mehr Munition herum?*
Ja, es handelte sich um »Kampfgebiet« mit Panzersperren und Schützengräben in 50 Meter Entfernung vor unserem Haus. Ich selbst habe nach dem »Einmarsch der Russen« in diesen Stellungen ein zerbrochenes deutsches Gewehr genommen und am Abzug gedrückt und einen furchtbaren Schreck bekommen, als ein Schuß in den Sand losging. Als ich ab November 1945 für knapp drei Jahre in Lübeck

wohnte, erfuhr ich, daß ein Schulkamerad von mir beim Fischen mit Handgranaten ums Leben gekommen ist. Den Brief seiner Mutter, die mir die einzelnen Umstände mitteilte, habe ich mir bis heute aufgehoben.

5. *War das Gebiet, wo die Munition gefunden wurde, eingezäunt?*
   Nein.
6. *War durch ein Hinweisschild auf die Gefahren durch herumliegende Munition aufmerksam gemacht worden?*
   Nein.
7. *Was geschah nach dem Unfall mit dem Verletzten?*
   Meine Mutter sorgte dafür, daß ein Landwirt aus dem Dorf Günter mit dem Fuhrwerk in die 8 km entfernte Stadt Storkow zu unserem Hausarzt fuhr.
8. *Wurde der Verletzte sofort ärztlich versorgt (wo und durch wen)?*
   Ja, in Storkow/Mark durch Dr. Rickers.
9. *Wurde der Unfall der Polizei gemeldet oder von einer Polizeidienststelle aufgenommen?*
   Nein, es gab zu der Zeit keine Polizei in unserem Dorf.
10. *Was geschah in den nächsten Stunden bzw. Tagen nach dem Unfall mit dem Verletzten?*
    Dr. Rickers entfernte die in die Haut eingedrungenen Splitter mit einer Pinzette, während meine Mutter und ich zusahen.
11. *Wo und von welchen Ärzten wurde er später wegen der Unfallfolgen versorgt (1945 bis jetzt)?*
    Ob Günter noch von anderen Ärzten wegen der Unfallfolgen versorgt wurde, ist mir nicht bekannt. Günter hatte ja keine Beschwerden, die auf tiefer sitzende Splitter schließen ließen. Als wir ab 1948 zusammen in Hamburg-Blankenese wohnten, erzählten meine Eltern, daß bei einer Röntgenaufnahme ein Splitter in der Lunge erkannt worden sei, und man habe dem Arzt dann gesagt, der Splitter könne nur von dem Unfall von 1945 herkommen. Meine Eltern wurden beruhigt, der Splitter würde nicht schaden, da er verkapselt sei.

Im Vergleich zu diesem folgenschweren Vorfall war es harmlos und blieb ohne Folgen, als sie im Beisein von Gerd Richter und unter Aufsicht seiner Mutter in die offene Flamme des Küchenherds das Schwarzpulver schütteten, das sie aus einer Gewehrpatrone auf ein Stück Zeitungspapier hatten rieseln lassen. Es gab eine kleine puffende Stichflamme, die alle Umstehenden doch etwas erschreckte, obwohl sie sich auf etwas Lautes vorbereitet hatten.

Eines Tages im Sommer mußte die Lehrerfamilie die Schuldienstwohnung verlassen. »Der Bürgermeister« von »Märkisch-Rietz« hatte nämlich am 3.7.1945 folgendes an seine Mutter – ohne Anrede – geschrieben:

> *Sie wollen sich bitte vorbereiten, daß Sie am 18.d.Mts. die Dienstwohnung räumen und die Ihnen neu zugewiesene Wohnung beziehen können. Den Umzug übernimmt die Gemeinde, auch werden Ihnen die für den Umzug erforderlichen Arbeitskräfte zur Verfügung gestellt. (Handschriftlich:) Die für Sie bestimmte Wohnung wird Ihnen noch bekanntgegeben.*
>
> *Siegel:*
> *Gemeinde* — *gez. Kunowsky*
> *Märkisch-Rietz* — *Der Bürgermeister*
> *Kreis Beeskow-Storkow*

Herr Leschper, der neue Lehrer, zog sofort ein. Sie waren natürlich ärgerlich, und seine Mutter regte sich sehr auf; denn Herr Leschper hatte nur eine Frau und eine Tochter. Seine Mutter bezog mit ihren vier Kindern das Erdgeschoß des Hauses von Konsul Metzing auf der linken Seite des Weges nach Dahmsdorf, wie schon berichtet wurde.

In den Westen

Zum Schluß schildert der Verfasser noch in kurzen Sätzen seine eine Woche dauernde Flucht in den Westen. Denn das Ende der ZWÖLF Jahre hatte zur Folge, daß er seine Heimat für immer verließ, mit der sich seine Gedanken seitdem oft beschäftigen. Der Grund für die Abreise war das Gerücht, »Tausende von 13- bis 17-jährigen Jungen« würden abgeholt werden. Dieses Gerücht bestätigte sich in den von ihm aufgehobenen Lübecker Zeitungsartikeln vom 9. August 1946 mit den Überschriften: »Massenentführung Jugendlicher in der Ostzone – Hilfesuchende Mütter beim Internationalen Roten Kreuz – Wo bleibt die Menschlichkeit?« und: »Zwangsverschleppung Jugendlicher – Mütter in der russischen Zone klagen an«. Unter den betroffenen Landkreisen war auch Beeskow aufgeführt.

Die Werwolf-Proklamation vom 1.4.1945 hatte den »fanatischen Willen... deutscher Jungen und Mädel hinter dem Rücken des Feindes den Kampf... fortzusetzen...« betont mit der Begründung: »Das Blut und die Tränen unserer erschlagenen Männer, unserer geschändeten Frauen und gemordeten Kinder in den besetzten Ostgebieten schreien nach Rache.« (Das Dritte Reich..., 6. Bd., S. 104) So gab es Listen, in denen Jugendliche »auf dem Papier« »für den Werwolf erfaßt« waren, endsieggläubig gefördert durch ein »Wehrertüchtigungslager« in Bad Saarow, obwohl es zu keinem »Einsatz« kam. Die Namen reichten aber für die Verhaftungen aus. Ein berüchtigtes Lager befand sich in Ketschendorf südlich von Fürstenwalde. (Kiefer-Hofmann, S. 21). Die Opfer des NKWD (Volkskommissariats für innere Angelegenheiten)-Lagers Nr. 5, von den etwa 2000 inhaftierten Jugendlichen die Hälfte, ruhen auf dem Zentralwaldfriedhof von Halle, auch der Ehemann, NSKK-Mitglied, seiner Storkower Patentante. Auf dem Storkower Friedhof steht von den »damaligen Schülern der Schule Storkow« ein Stein ZUM GEDEN-

KEN DERER DIE IN DEN SOWJETISCHEN LAGERN 1945 LEID ERDULDEN MUSSTEN UND GESTORBEN SIND. Das Lager Nr. 6 im ehemaligen KZ Jamlitz bei Lieberose war Zwangsaufenthalt für 10.000 Deutsche von Sept. 1945 bis Sept. 1947. Neun Monate bis März 1946 gehörte Gründgens zu den Häftlingen, aber etwas »privilegiert«.

Eines Tages erzählte der junge Herr Kandler seiner Mutter, er wolle nach Hamburg fahren, das nächste Mal könne er ihren ältesten Sohn mitnehmen. Am 9. Oktober sollte es von dem Dorf Buckow aus losgehen, das bestellte Auto nahm sie aber nicht mit. Am Sonntag, dem 10. Oktober, lief der Dreizehnjährige allein mit dem Handwagen bis Königs Wusterhausen und stellte bei Frau Dallmann Gepäck unter. Eisenbahnzüge vom Bahnhof Scharmützelsee nach Königs Wusterhausen verkehrten nämlich noch nicht, weil im April einige Brücken gesprengt worden waren. Von Frau Dallmann hörte er, daß der Unterricht an der Oberschule in diesem Monat wieder beginnen sollte. Diese Nachricht berührte ihn aber nicht mehr.

Frühmorgens im Novemberdunkel des Sonntags (es war der 11.11.) fuhr der Landwirt Schwattke, der gegenüber dem Gasthaus Selchow wohnte, Herrn Kandler und ihn auf einem einspännigen Pferdefuhrwerk nach Königs Wusterhausen. Unterwegs auf der Straße vor Friedersdorf beim ehemaligen Segelflugplatz überholten sie einen Trupp Fußgänger, vermutlich Hamsterer oder Tauscher aus Berlin. Darunter erkannte er zu seinem Schreck die ihm von der Kirschenfahrt nach Werder bekannte Frau Gropengießer mit Rucksack. Er gab aber – mit schlechtem Gewissen – keine Zeichen, daß er sie wiedererkannt hatte, sonst hätten sie sie und vielleicht noch andere Fußgänger mitnehmen müssen. Es sollte aber doch keiner etwas von seiner Flucht erfahren. Die Erinnerung an dieses Ereignis ließ sich zu seinem Kummer nicht löschen; es blieb unvergeßlich.

Von Königs Wusterhausen aus konnten sie einen Personenzug nach Berlin benutzen, aber nicht auf der direkten, ihm bekannten Strecke zum

Görlitzer Bahnhof, die war nämlich ebenfalls wegen der Kriegsschäden noch nicht in Betrieb, sondern in entgegengesetzter Richtung und dann in großem Bogen über Mittenwalde von Süden her in die Innenstadt. Dort übernachteten sie zweimal, er weiß aber nicht wo. Von Berlin fuhren sie per Bahn weiter bis hinter Burg bei Magdeburg, liefen dann mit vielen anderen Leuten über eine große Notbrücke über die stark und breit strömende Elbe in das vollkommen zerstörte Magdeburg. Von dort ging es wieder mit Eisenbahn weiter bis Wernigerode.

In diesem Harzstädtchen übernachteten sie zweimal bei Bekannten von Herrn Kandler. Er erinnert sich, daß er im Wohnzimmer auf einer Chaiselongue unter einer Wolldecke lag und durch die Gardinen viele hell erleuchtete Fenster am Berghang sehen konnte. Das war für ihn ein neuer ungewohnter Anblick nach den vielen Jahren der Kriegsverdunkelung.

Am Donnerstag fuhren sie mit einem Zug bis Ilsenburg und marschierten dann in Richtung Westen zur sogenannten grünen Grenze. Auf einem Waldweg, auf den sie gerade über einen Berghang hinaufgeklettert waren, wurden die beiden von zwei russischen Grenzposten mit geschulterten Maschinenpistolen, deren Läufe nach unten gerichtet waren, angehalten. Herr Kandler zeigte seinen Passierschein, auf dem er den Kalendermonat mit Schreibmaschine geändert hatte, der stammte von seiner ersten Fahrt nach Hamburg und war nun eigentlich nicht mehr gültig, aber von ihm wieder gültig gemacht worden. Er erklärte den Russen sehr wortreich, er wolle zum Arbeiten nach Hamburg fahren: »Rabota, rabota«. Das war offenbar eine ausreichende Legitimation, jedenfalls durften sie weitergehen.

Ehe der Weg senkrecht auf ein Tal stieß, das, wie sie bald merken sollten, die Grenze der beiden Besatzungszonen war, gingen sie seitlich rechts in den Wald. Dort stiegen sie behutsam über Stolperdrähte, in die leere Blechdosen gespannt waren, damit sie bei Berührung klapperten und die Grenzposten auf Flüchtlinge aufmerksam machten. Dann erreichten sie den Ecker-Bach, von dem sie erst später erfuhren, daß er die Grenze darstellte. Sie sprangen über die Steine, der Junge rutschte noch mit einem Fuß in den Bach. Dann hasteten sie den Berghang hoch bis zum nächsten Waldweg, wo deutsche Kriegsgefangene arbeiteten und Bäume fällten.

Sie beruhigten die beiden Flüchtlinge, daß sie jetzt »drüben« seien und nahmen sie nach einer Verschnaufpause in ihrem Lastwagen bis Bad Harzburg mit. Mit der Bahn erreichten die beiden an diesem wichtigen Tag Goslar zur ersten Übernachtung im »freien« Westen. Am nächsten Tag brachten Züge sie bis Hamburg, wo sie in dem Tiefbunker des Hauptbahnhofs auf einer Holzbank liegend übernachteten. Eine junge Frau, die sich an den Jungen heranmachen wollte, konnte Herr Kandler abdrängen. Am siebenten Fluchttag, Sonnabend, dem 17. November, kamen sie in einem überfüllten Zug im Bremserhäuschen sitzend in Lübeck an. Die Hamburger Trümmerlandschaft ab dem S-Bahnhof Berliner Tor auf der rechten Seite blieb ihnen lange in Erinnerung. Herr Kandler brachte seinen Schützling – es war schon Abend geworden – in die Travemünder Allee zu seiner Tante und seinem Onkel in eine Fünfzimmeretage, in der zugleich die Eltern seines Onkels, außerdem ein ausgebombtes Ehepaar und zwei Flüchtlingsschwestern, Stettiner Bekannte seiner Tante, wohnten.

Damit war ein wichtiges Lebenskapitel für ihn abgeschlossen, und so setzte sich sein Leben nicht mehr östlich, sondern nördlich und später westlich der Elbe fort. Es nahm einen anderen Verlauf, als wenn er in der Heimat geblieben wäre. Mit dem provisorischen Stempel »Flüchtling aus der Sowjetischen Besatzungszone (SBZ)« konnte er sich nicht anfreunden.

ET IN
TERRA
PAX

UND FRIEDEN
AUF ERDEN

———————

J.S BACH:
H-MOLL-MESSE

Anhang

I. ZEITTAFEL

der 12 statt 1.000 Jahre und 1932 (das Goethe-Jahr)	**... Lebensdaten des Verfassers**
	1.2. Mutter des Vaters stirbt
13.3. u.10.4. Hitler unterliegt Hindenburg in 2 Wahlgängen als Kandidat für die Reichspräsidentschaft 22.3. 100. Todestag von Goethe 13.4. Verbot von SA und SS durch Regierung Brüning	
	15.5. Geburt in Storkow(Mark)
14.6. Aufhebung des Verbots 20.7. Staatsstreich in Preußen, von Papen Reichskommissar 31.7. NSDAP erringt in den Reichstagswahlen 230 Mandate von insgesamt 608 Sitzen 6.8. OB Dr. K. Adenauer übergibt die Autobahn zwischen Köln und Bonn (24 km) dem Verkehr 13.8. Hindenburg lehnt Hitler als Reichskanzler ab	
28.8. G. Hauptmann erhält den Goethepreis der Stadt Frankfurt	28.8. Taufe in Selchow

06.11. Rückgang der NSDAP bei den Reichstagswahlen auf 196 Mandate (von 584)

Dez. Umzug von Selchow nach Görsdorf

1933 (I)

30.1. Hindenburg ernennt Hitler zum Reichskanzler, »Historischer Fackelzug«
27.2. Brand des Reichstagsgebäudes
28.2. VO zum Schutze von Volk und Staat
5.3. Letzte Reichstagswahlen mit mehreren Parteien: NSDAP 288 Sitze (44%)
13.3. Dr. Josef Goebbels wird Reichsminister für Volksaufklärung und Propaganda
21.3. »Tag von Potsdam«: Eröffnung des Reichstags durch Hindenburg in der Garnisonkirche
23.3. Regierungserklärung Hitlers im Reichstag (Krolloper)
24.3. Ermächtigungsgesetz (Gesetz zur Behebung der Not von Volk und Reich)
1.4. Organisierter Boykott jüdischer Geschäfte
10.4. G über die Einführung eines Feiertags der Nationalen Arbeit

11.4. G zur Wiederherstellung des Berufsbeamtentums

1.5. Erster »Feiertag der nationalen Arbeit«

14.5. erster Muttertag für Mutter

14.7. G zur Neubildung von Parteien (Einparteistaat), Einführung des Hitlergrußes für alle Beamten, Angestellten und Arbeiter von Behörden, G zur Verhütung erbkranken Nachwuchses

17.8. Vater 30 Jahre alt

30.8. Eröffnung des Reichsparteitags in Nürnberg
13.9. Gründung des »Winterhilfswerks«
14.10. Deutschland erklärt seinen Austritt aus dem Völkerbund
12.11. Erste Reichstagswahlen im Einparteistaat (92% für die NSDAP)

1934 (II)

26.1. Freundschaftsvertrag zwischen Deutschland und Polen
30.1. G über den Neuaufbau des Reichs
30.6. bis 2.7. Niederschlagung der angeblichen Röhmrevolte

2.8. Tod Hindenburgs, Hitler Nachfolger als »Führer und Reichskanzler«, Vereidigung der Reichswehr auf Hitler als den »Führer des Deutschen Reiches und Obersten Befehlshaber der Wehrmacht«

1935 (III)

13.1. Abstimmung im Saargebiet, welches an Deutschland zurückfällt
16.3. Wiedereinführung der allgemeinen Wehrpflicht

Foto: »Allgemeine Wehrpflicht Jahrgang 1932, eingezogen am 20.3.1935«

15.9. »Parteitag der Freiheit«: Verkündung der antisemitischen »Nürnberger Gesetze«
24.9. G zur Sicherung der Deutschen Evangelischen Kirche
18.10. G zum Schutz der Erbgesundheit des deutschen Volkes (Grundlage des »Euthanasie-Programms«)

1936 (IV)

7.3. Besetzung der entmilitarisierten Zone des Rheinlands, Friedensnobelpreis für Carl von Ossietzki

29.3. Volksbefragung: Billigung der Politik Hitlers mit 99% der Stimmen	in Bayreuth zur Einweihung des Hauses der Deutschen Erziehung
	10.6. Großvater heiratet zum 2. Mal
16.7. Beginn des Spanischen Bürgerkriegs, deutsche Unterstützung mit »Legion Condor«	
	19.7. zum 1. Mal im Berliner Zoo
1.8. Eröffnung der Olympischen Spiele in Berlin	
8. bis 14.9. »Reichsparteitag der Ehre«	26.9. in Lübeck Hochzeit von Tante Hertha und Onkel Walter
	1.10. Umzug nach Wendisch-Rietz
25.10. Begründung der »Achse Rom-Berlin« durch deutsch-italienischen Vertrag	
7.11. Feiertag in der Sowjetunion wegen der Oktoberrevolution 1917	7.11. Mutter 30 Jahre

1937 (V)

15.2. Erlaß Hitlers über die Wahl einer Generalsynode der DEK	
	29.3. Großvater 65 Jahre
	1.7. Vater Mitglied der NSDAP
	5.8. Motorbootsfahrt nach Bad Saarow mit T.H. u. O.W. (bis 16.8. zu Besuch)
	10.8. zum Springsee
7.9. Hitler erklärt Versailler Vertrag für ungültig	

5.11. Hitler enthüllt seine Kriegspläne (Hoßbach-Niederschrift)

26.11. Umbenennung von Wendisch-Rietz in Märkisch-Rietz

1938 (VI)

13.3. Anschluß Österreichs, Einmarsch deutscher Truppen

21.4. Beginn des Besuchs der Volksschule
28.6. Bruder Karl-Heinz geboren
21.8. Taufe in Dahmsdorf, T.H. u. O.W. zu Besuch

5.9. 10. Reichsparteitag »Parteitag Großdeutschlands«
29.9. Konferenz von München: Anschluß der sudetendeutschen Gebiete
7.11. Grünspan erschießt von Rath in Paris

7.11. Mutter 32 Jahre

9.11. Großer Judenpogrom (»Reichskristallnacht«)
6.12. Deutsch-französische Nichtangriffserklärung

1939 (VII)

15.3. Einmarsch deutscher Truppen in Böhmen und Mähren, Errichtung des Reichsprotektorats

23.3. Einmarsch deutscher Truppen ins Memelgebiet

7.4. Italien besetzt Albanien

19.4. 2. Schuljahr

20.5. Hitlers 50. Geburtstag, Militärparade

22.5. Abschluß eines deutsch-italienischen Militärpaktes (»Stahlpakt«)

6.6. Rückkehr der »Legion Condor« nach Berlin

Juli in Lebus, Sommerferien bis 2.8.

23.8. Abschluß eines deutsch-sowjetischen Nichtangriffspaktes und Geheimabkommens

26.8. »Parteitag des Friedens« (2.9.) abgesagt

1.9. Beginn des deutschen Angriffs auf Polen

3.9. Kriegserklärung Großbritanniens u. Frankreichs an Deutschland

28.9. neuer deutsch-sowjetischer Grenz- u. Freundschaftsvertrag

12.10. Errichtung des »Generalgouvernement Polen«

14.10. U 47 (Prien) versenkt in Scapa Flow das brit. Schlachtschiff »Royal Oak«

1940 (VIII)

9.4. Deutscher Überfall auf Dänemark und Norwegen

28.3. 3. Schuljahr

10.5. Deutscher Angriff auf Holland, Belgien, Luxemburg, Frankreich	
Winston Churchill wird britischer Premierminister	Umsiedler in Märkisch-Rietz
22.6. Abschluß eines deutsch-französischen Waffenstillstands	
26.8. Erster Luftangriff auf Berlin	August: T.H. zu Besuch
27.9. Dreimächtepakt zwischen Deutschland, Italien, Japan	
28.10. Italienischer Überfall auf Griechenland	

1941 (IX)

11.2. Landung deutscher Truppen (»Afrikakorps«) in Libyen	März: Film »Der ewige Jude« gesehen
6.4. Deutscher Angriff auf Jugoslawien u. Griechenland	Schuljahr endet statt mit Oster- mit Sommerferien
11.5. Rudolf Heß fliegt nach Großbritannien	
22.6. Beginn des deutschen Angriffs auf die Sowjetunion	10.7. versetzt in die 4. Klasse 1.8. Beginn des 4. Schuljahrs T.H. zu Besuch bis 13.8.
	28.10. Bruder Günter geboren, Mutter 47 Tage im Krankenhaus
7.11. Stalin ruft den »Großen Vaterländischen Krieg« aus	

11.12. Deutschland erklärt den USA den Krieg

1942 **(X)**

22.1. Wannseebesprechung über die »Endlösung der Judenfrage«

12.2. Ernennung Speers zum Reichsminister für Bewaffnung und Munition

15.3. Feier zum Heldengedenktag

29.3. Großvater 70 Jahre alt

15.5. Juden wird das Halten von Haustieren verboten

15.5. Verfasser 10 Jahre = Pimpf

Juni: Preisauschreiben »Waffengattung«

Juni: O.W.,

Juli: T.H. zu Besuch

6.7. 39° Grad im Schatten

17.7. letzter Schultag beim Vater

17.8. bis 21.11. Mittelschule Storkow, dann:

7.11. Beginn alliierter Landungen in Nordafrika

11.11. Deutsche Truppen besetzen Südfrankreich

Oberschule Königs Wusterhausen

1943 **(XI)**

31.1. Ende der Schlacht um Stalingrad

21.1. Kinderlandverschickung Krynica bis 16.7.

18.2. Goebbels' Rede über den »Totalen Krieg« im Berliner Sportpalast

12.5. Kapitulation der letzten Streitkräfte der »Achse« in Nordafrika

17.5. letzter Schultag des Vaters, Soldat in Fürstenwalde, Albanien

2.9. Speer Reichsminister für Rüstung und Kriegsproduktion

November: T.H. u. O.W. zu Besuch

1944 **(XII)**

22.3. letzte Osterferien
Vater auf Urlaub
15.5. Paddelbootsfahrt mit 3 Freunden

6.6. Invasion der Alliierten in Frankreich

23.6. bis 24.7. letzte Sommerferien

20.7. Attentats- u. Staatsstreichversuch der Opposition gegen Hitler

24.7. Einführung des »Deutschen Grußes« in der Wehrmacht

25.7. 3. Oberschulklasse

11.9. Amerikanische Truppen erreichen Reichsgrenze bei Trier
25.9. Hitler befiehlt Bildung des »Volkssturms«
16.10. Erster Einbruch der Sowjets in Ostpreußen

21.10. Amerikaner besetzen Aachen

Ende Oktober: Räumung Albaniens beginnt

Vater auf dem Rückzug
6.12. Schwester Brigitte geboren
17.12. letzte Weihnachtsferien

1945

23.1 Sowjetische Truppen erreichen die Oder in Niederschlesien
30.1. Letzte Rundfunkrede Hitlers

Sowjetische Truppen erreichen die Oder zwischen Frankfurt u. Küstrin und bilden Brückenköpfe nördlich u. südlich von Küstrin
11.2. Konferenz von Jalta (Roosevelt, Churchill, Stalin): Beschlüsse über Besetzung ganz Deutschlands
5.3. Deutschland zieht den Jahrgang 1929 ein
7.3. Amerikanische Truppen besetzen Köln, Brückenkopf Remagen

18.3. Feldpostbrief aus Novacapella, Kroatien

19.3. Hitler erläßt »Nero-Befehl«

1.4. Werwolf-Proklamation

1.4. Ostern

10.4. Hannover wird von Engländern besetzt
12.4. Präsident Roosevelt stirbt
13.4. US-Truppen an der Elbe (Barby)
16.4. Beginn der sowjetischen Offensive gegen Berlin

16.4. nächtliche Meldefahrt nach Dahmsdorf

19.4. Engländer erreichen die Elbe, 1.US-Armee besetzt Leipzig

20.4. Einschließung Berlins beginnt, amerikanische Truppen in Nürnberg	
25.4. Einschließung von Berlin vollendet, amerikanische u. sowjetische Truppen treffen sich bei Torgau an der Elbe	26.4. (Do) unbekannt, daß sie seit 21.4. im Kessel Flucht bis Hermsdorf
28.4. Alliierte Truppen besetzen Münster und Augsburg 30.4. Selbstmord Hitlers im Reichskanzleibunker 2.5. Kapitulation der Reichshauptstadt 7.5. Bedingungslose Kapitulation Deutschlands in Reims und am 8.5. in Karlshorst; Ende der Feindseligkeiten in Europa	29.4. (So) Rückkehr nach Märkisch-Rietz

II. BÜCHERVERZEICHNIS

Alexis, Willibald: Die Hosen des Herrn von Bredow, Berlin: Franke o.J.
Bruyn, Günter de: Mein Brandenburg, Frankfurt: Fischer, 1993.
Büchmann, Georg: Geflügelte Worte, Frankfurt: Ullstein, 1981.
CHRONIK 1945: Chronik-Verlag, 1988.
Das Dritte Reich in Bildern und Dokumenten, München: Desch, 1969.
Der Zweite Weltkrieg in Bildern und Dokumenten, München: Desch, 1968.
Flessau, Kurt-Ingo: Schule der Diktatur, Frankfurt: Fischer, 1979.
Fontane, Theodor: Kinderjahre
Wanderungen durch die Mark Brandenburg: Spreeland, Grafschaft Ruppin, Oderland, Stuttgart: Cotta, 1920.
Fünf Schlösser, Frankfurt: Ullstein 1968.
Briefe an Georg Friedlaender, Heidelberg: Quelle & Meyer, 1954.
Friedrich der Große: Weißbuch, Frankfurt: Fischer, 1986.
Goebbels, Joseph: Tagebücher 1945, Hamburg: Hoffmann u. Campe, 1977.
Gooch, George P.: Friedrich der Große, Frankfurt: Fischer, 1964.
Haffner, Sebastian: Preußen ohne Legende, Hamburg: Gruner+Jahr o.J.
Heine, Heinrich: Sämtliche Werke, Mundus, 1999.
Hitler, Adolf: Mein Kampf, München: N.S.D.A.P., 1936.
Hofer, Walther: Der Nationalsozialismus, Frankfurt: Fischer, 1957.
Kant, Immanuel: Zum ewigen Frieden, Bern: Scherz, 1947.
Kempowski, Walter: Tadellöser & Wolf, München: dtv 1977.
Kiefer-Hofmann, Angela: Niemandszeit, Die Furt, 2004.
Klemperer, Victor: Ich will Zeugnis ablegen bis zum letzten, Tagebücher 1933-1945, Berlin: Aufbau, 1996.
LTI Notizbuch eines Philologen, Leipzig: Reclam, 1996.
Krockow, Christian v.: Friedrich der Große, Bergisch Gladbach: Lübbe, 1986.
Bismarck, Stuttgart: Dtsch. Verl.-Anst., 1997.
Lang, Jochen von: Der Sekretär, Frankfurt: Fischer, 1980.

Mann, Thomas: Entstehung des Doktor Faustus in: Schriften und Reden, Moderne Klassiker 115, Frankfurt: Fischer, 1968
Nietzsche, Friedrich: Der Wille zur Macht, Stuttgart: Kröner, 1939.
Auswahl: Die fröhliche Wissenschaft, Frankfurt: Fischer, 1956.
Parole der Woche: München: Dtsch. TB, 1983.
Petersen, Carl: Die Geschichte des Kreises Beeskow-Storkow, Neuenhagen: Findling 1922/2002.
Scholz, Hans: Wanderungen u. Fahrten in der Mark Brandenburg, Frankfurt: Ullstein, 1980.
Speer, Albert: Erinnerungen, Frankfurt: Ullstein 1979.
Spandauer Tagebücher, Frankfurt: Propyläen, 1975.
Thorwald, Jürgen: Das Ende an der Elbe, München: Knaur, 1965.
Tieke, Wilhelm: Das Ende zwischen Oder und Elbe, Stuttgart: Motorbuch, 1981.
Treitschke, H. v.: Der Untergang des Ersten Reiches, Berlin: Heimbücherei, (1867) 1942.
Die Reden Kaiser Wilhelms II., Leipzig: Reclam, o.J.

Unentbehrliche Hilfsmittel im

Kampf gegen das Fremdwortunwesen

sind die im **Verlage des Allgem. Deutschen Sprachvereins,** Berlin W30, Nollendorfstraße 13/14 erschienenen

Verdeutschungsbücher

1. **Deutsche Speisekarte.** 6. Aufl. von H. Dunger und E. Lößnitzer. Preis 80 Pf.
2. **Der Handel.** 5. Aufl. von Dr. G. Bender. Preis 80 Pf.
3. **Unsere Umgangssprache.** 2. Aufl. von Dr. Ed. Lohmeyer. Preis 1 M.
4. **Deutsches Namenbüchlein.** Von F. Khull. 6. Aufl. Preis 60 Pf.
5. **Die Amtssprache.** Vom Geh. Justizrat K. Bruns. 12. Aufl. Preis 1 M.
6. **Das Berg- und Hüttenwesen.** 2. Aufl. von Oberbergrat Prof. E. Treptow. Preis 50 Pf.
7. **Die Schule.** Von Prof. Dr. K. Scheffler. 4. Aufl. Preis 60 Pf.
8. **Die Heilkunde.** Von Dr. O. Kunow. 7. Aufl. Preis 60 Pf.
9. **Tonkunst, Bühnenwesen und Tanz.** 2. Aufl. von Prof. Dr. Seeliger. Preis 60 Pf.
10. **Sport und Spiel.** Bearbeitet v. Frhr. v. Fichard. Preis 60 Pf.

Die Verdeutschungsbücher des Allgem. Deutschen Sprachvereins sind bisher in mehr als **200000** Abdrücken verbreitet.

Weitere Schriften:

Dunger, Dr. Herm., **Engländerei in der deutschen Sprache,** 2. Auflage, 1,20 M.

Dunger, Dr. Herm., **Zur Schärfung des Sprachgefühls,** 4. Auflage, 1,60 M.

Kaufmannsdeutsch, Zwei Preisarbeiten, 4. Auflage, 1 M.

Unsere Gesetzessprache, Zwei Preisarbeiten, 1,20 M.

III. Kampf gegen das Fremdwortunwesen – Ankümdigung

Verdeutschungsbücher
des
Allgemeinen Deutschen Sprachvereins

V

Die Amtssprache

Verdeutschung
der
hauptsächlichsten im Verkehre der Gerichts- und Verwaltungsbehörden sowie in Rechts- und Staatswissenschaft gebrauchten Fremdwörter

bearbeitet von
Karl Bruns,
Geheimem Justizrat

61. bis 70. Tausend
12. verbesserte Auflage

Berlin
Verlag des Allgemeinen Deutschen Sprachvereins
1916

III. Kampf gegen das Fremdwortunwesen – Titel Band 5 Die Amtssprache

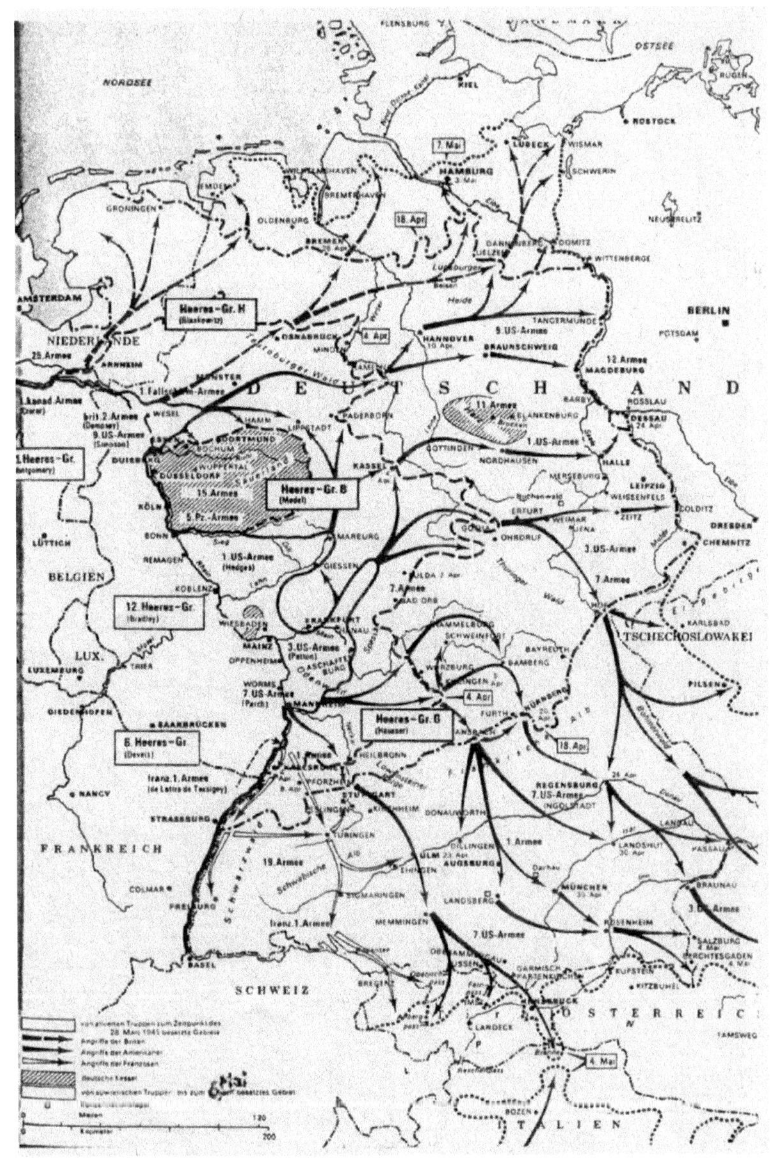

IV. Kartenausschnitt – Westen

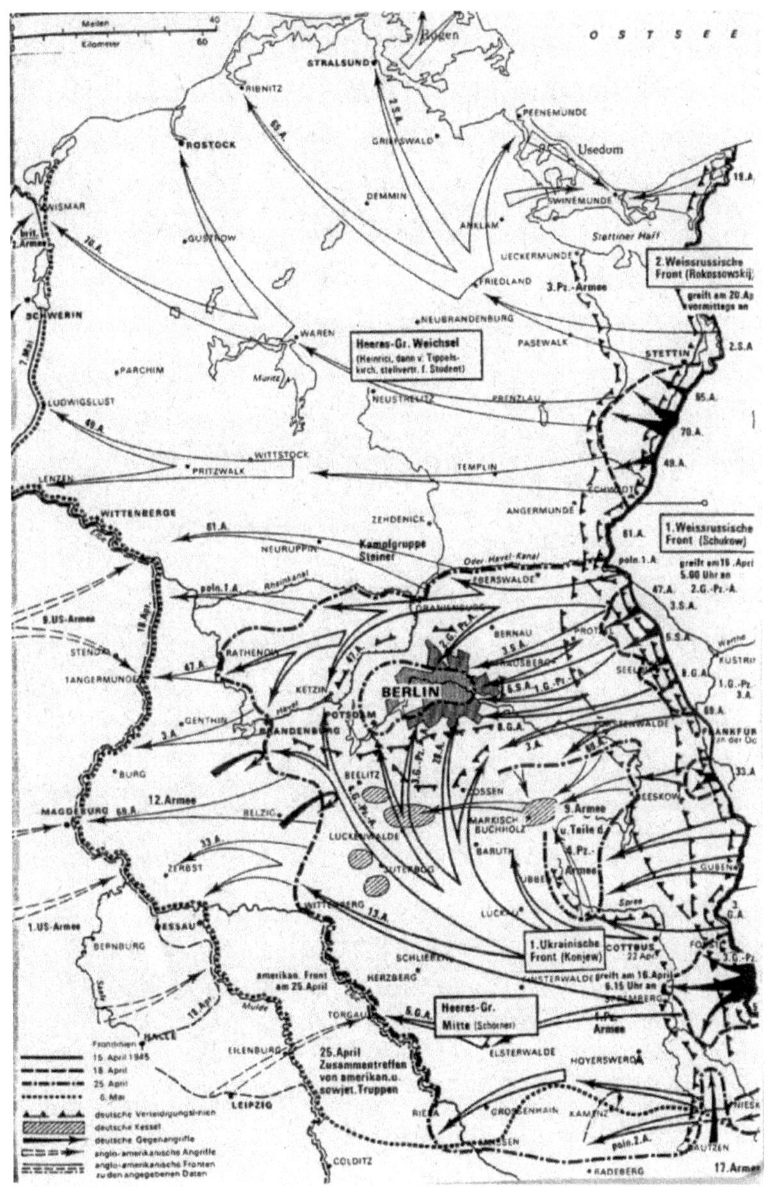

IV. Kartenausschnitt – Osten

grenze entgegengeflogen waren, angegriffen. Es entwickelten sich erfolgreiche Luftgefechte. Von den 39 vernichteten nordamerikanischen Flug-

1. Januar 1944 ab 10 Uhr [illegible] die Neujahrsbotschaft des Reichsjugendführers an die deutsche Jugend.

Wehrmachtbericht vom 31. Dezember

Aus dem Führerhauptquartier, 31. Dezember

Das Oberkommando der Wehrmacht gibt bekannt:

Nördlich Kirowograd wurde nach viertägigen Angriffskämpfen trotz zähen feindlichen Widerstandes und stark verminten Geländes eine Frontlücke geschlossen. Neben zahlreichen Gefangenen wurde umfangreiche Beute eingebracht.

In den Kampfräumen von Schitomir und Witebsk gehen die schweren Kämpfe in unverminderter Stärke weiter. Mit der erfolgreichen Abwehr überlegener sowjetischer Kräfte lösten sich eigene Gegenangriffe ab, durch die zahlreiche Ortschaften und beherrschende Höhen zurückerobert wurden.

In den beiden letzten Tagen wurden an der Ostfront 240 feindliche Panzer vernichtet.

Bei den schweren Abwehrkämpfen im Raume von Schitomir zeichnete sich die SS-Panzer-Division Leibstandarte SS „Adolf Hitler" unter Führung des SS-Oberführers Wisch durch vorbildlichen Kampfgeist besonders aus.

Im Westabschnitt der italienischen Front wurde ein von See her im Rücken unserer Gefechtsvorposten südöstlich Minturno gelandetes feindliches Bataillon im Gegenangriff geworfen. An der übrigen Front führte der Feind mit starker Artillerievorbereitung mehrere örtliche Angriffe. Während es ihm nordwestlich Venafro gelang, eine Höhe zu gewinnen, wurde er an allen anderen Stellen blutig abgewiesen.

Im Kampf gegen den feindlichen Nachschubverkehr versenkten deutsche Unterseeboote im Atlantik und im Mittelmeer 5 Schiffe mit 35000 BRT. Vier weitere wurden durch Torpedotreffer schwer beschädigt. Von den zur Sicherung eingesetzten Streitkräften wurden an der amerikanischen Küste, im Nordatlantik und im Mittelmeer 3 Zerstörer versenkt.

Nordamerikanische Bomberverbände drangen am gestrigen Tage unter Ja[illegible]schutz nach Westdeutschland ein und führten [illegible]inen Terrorangriff gegen die Städte Mannheim und Ludwigshafen. Im Verlauf erbitterter Luftkämpfe mit unseren Jagdgeschwadern sowie durch Flakabwehr verlor der Feind über dem Reichsgebiet und den besetzten Westgebieten 39 Flugzeuge, darunter eine große Zahl schwerer viermotoriger Bomber.

In den gestrigen Abendstunden warfen einige britische Flugzeuge Bomben im Rheinland.

Deutsche Flugzeuge unternahmen Störangriffe auf das Stadtgebiet von London.

Wie durch Sondermeldung bekanntgegeben, erlitt die britische Marine bei den vorgestern gemeldeten mehrtägigen Gefechten in der Biskaya durch die deutschen Seestreitkräfte schwere Verluste. Unsere unter Führung des Kapitäns zur See Erdmenger stehenden Zerstörer und Torpedoboote beschädigten in harten und langandauernden Kämpfen die britischen Kreuzer „Glasgow" und „Enterprise" und schossen einen von ihnen in Brand. Deutsche Unterseeboote griffen in die Kämpfe ein und torpedierten in schneidig geführten Angriffen sechs britische Zerstörer. Der Untergang von fünf Zerstörern konnte einwandfrei beobachtet werden, der des sechsten ist ebenfalls als sicher anzusehen.

Im Verlauf dieser Gesamtoperationen gingen nach heldenhaftem Kampf gegen die artilleristisch überlegenen Kreuzer ein deutscher Zerstörer und zwei Torpedoboote mit wehender Flagge unter. Teile ihrer Besatzungen wurden gerettet.

Ein weiterer britischer Zerstörer wurde durch deutsche Unterseeboote in den Gewässern der Neufundlandbank versenkt. Damit hat die britische Marine erneut einen Ausfall von sieben Zerstörern zu beklagen, die sie für Geleitaufgaben dringend benötigt.

Hanseat. Wertpapierbörse

Hamburg, 31. Dezember 1943

4D.Rchsa. 34	101
4½ do. 38	107,37
4Rchsb.A 40	107,12
4½a.D.Rsch.-anw.36II.F.	103,25
do.38 III.F.	103.62
do.37 I.F.	104,12
do.38 III.F.	–
do.38 IV.F	–
4do.40VII.F	105,12
4%Hanseat. Hbg.-Anl.42	106,50 G
4½Lübeck 28	105
4½Reichsp.39	103,37
4½ Hbg St.-Anl.29 Aug	–
4½do.F Aug	–

5Gelsenk. B	–
5% HEW 39	110
4½% HEW 40	110
4% HEW 41	110
4½ Politz 40	–
4 Rhenania .	109
4 Schiffsb. 9	102.50
4 Hbg Hyp.	102.50
4½ Hbg.Hyp. Em O u P	103
HAPAG ...	115,25 G
Hbg.-Sud ..	138,75 G
Hansa D ...	191,25 G
Nept.Dampf	205,50 G
Nrd Lloyd .	116 G
Schl Dmpf.	165 G
A.G f.Verk	166,25 G
Br Straßb.	131,50 G
Hochb.Lit.A	137,50 G
D.-Ostaf G	86 G

Adca	138 G
Berl. H.-G. .	154 G
Commerzbk.	149,2bz u. G
Dt.-Asiat. B.	590 G
Deutsche B.	152,50 G
Dt. Reichsb.	148,75 G
Dt. Übersee	75,25 G
Dresdner B. .	149,7bz u. G
Geestem. B	137,50 bz
Hdlbk Lüb.	129,50 G
Hyp.-Bk.Hb	121 G
Liquid.-C ..	124 G
Schl.-Holst..	174 G
Vereinsbank in Hambg.	162,5bz u. G
Westholst. .	–
Aku, Zertif.,	178 G
Allg Elek G	152,50 G
Atlas-Wke .	190,25 G
Bavaria-Br. .	148,5 bz u. G
Beiersdorf ..	170 G
Jul. Berger .	169,50 G
Bill-Brau. ..	178,5 bz u. G
Breitbg Ce. .	134 G
Br. Chem.Fb	

Br. Silberw..	149 G
Br Wollk...	146,25 G
Daimler	158 G
Demag	138 G
Dt. Erdöl...	180,75 G
Elb.-Brau .	220 G
I G Farben	176,25 G
Flebg Schiff	159,50 G
Guano-W ..	[illegible]8,25 G
Haller-Wrk	113 G
H E W ...	160,5 bz u. G
Hansa Brau	147 G
Harb Eisen.	154,75 G
H.G Phoenix	147,50 G
Hemmoor ..	180,25 G
Hch Lübeck	124,75 G
Hoesch.....	147,50
Holsten-Br. .	210 bz u. G
Jacobsen ...	93 G
Jt.Sp.u WBr	142,50 G
Kampnagel	150,50 G
Kaut-Schuk	116,50 G
Karstadt ...	130,50 G
Klöpper	135,25 G
Kühltransit.	153,50 G

Malbak	155,5 bz u. G
Mannesm ..	164 G
Markt- u K	160 G
Nrdd Hochst	173,50 G
Nrd Steing	147,50 G
Nord Woll .	132,75 G
Nordsee	162,25 G
Ottens Eis. .	141 G
Reis & Hdl. .	159,50 G
Rh. Stahlw .	161 G
Ruberoid ...	184 bz u. G
Schultheiss .	157,50 G
Schwart W	139,50 G
Si & Halske	132,50 G
Siem Vz.-A.	129 G
Stad Lederf	127,50 G
Stett Berg .	125,50 G
Stett Oelw .	15[illegible],50 G
Triton-Wk .	164,25 G
Tsp Heveck	104,75 G
Verein Jute	137 G
Ver Stahlw	169 G
Ver Werkst	139,50 G
Wst Kaufh	109 G
Wintersh. Br	138,75 G

V. Hamburger Fremdenblatt, Morgenausgabe 01.01.1944, Seite 3

FAMILIENANZEIGEN

Carmen Klassen, Klaus Benzing, *Ltn. in ein. Panzer-Aufkl.-Abt., zzt. i. Osten. Verlobte. Hamburg, Rittergut Groß-Hermsdorf. Im Dezember 1943*

Erika Bramstedt, Erich Milchsack, *Verlobte*

Gisela Kroll, Friedrich Ebert jun., *Verlobte. Wesermünde-L., Nordstr. 61, Hb.-Rissen, Melkerstieg 2. Im Jan. 1944*

Maria Mildenstein, Sievert Hagedorn, *Fl.-Feldw. i. San.-Korps. Verlobte. Lübeck, Gartenstraße 3. Neujahr 1944*

Hermann, 19. Nov. 1943. Herbert Seielmann u. Frau Sandra, *geb. Monti. Manila, Philippinen*

Für die vielen Glückwünsche und Blumenspenden anläßlich uns. Silber-Hochzeit danken wir allen herzlich. A. Sommerfeldt und Frau. *Hamburg-Nienstedten, Mittelstr. 35, bei Kölln*

Auf Urlaub hoff., wurde mein innigstgel. Mann, mein Peti, Jürgis stolzer Vati, uns. lieber Sohn, Bruder und Schwiegersohn, der Obergefreite

Heinz Staeck

geb. 7. Dez. 1909, Inh. d. EK 1 u. 2 sowie des Verw.-Abz., im Oktober schwer verwundet u. ist am 22. Dez. seinen Verletzungen erlegen; er ruht auf einem Heldenfriedhof. In tiefstem Schmerz

Lotte Staeck, geb. Majus, und Jürgi; Georg Staeck und Familie, Danzig; John Majus und Frau

Bitte keine Besuche

Hart und schwer traf uns die unfaßbare Nachricht, daß mein lieber, hoffnungsv. Sohn, uns. unvergeßl. Bruder, der Obergefreite

Heinz Frühstück

geb. 4. Juli 1915, gef. 17. Nov. 1943 Inh. des EK 2 und Inf.-Sturm-Abz., in den schweren Kämpfen im Osten sein junges Leben lassen mußte. In tiefem Schmerz

seine Mutter **Marie Frühstück**, geb. Schubach, und Geschwister

Hamburg 19, Osterstraße 36

Hoffend auf ein frohes Wiedersehen erhielten wir die unfaßbare, traurige Nachricht, daß mein lieber, herzensgt. Mann, mein lieber Vati, mein lieber Sohn, unser Bruder, Schwager, Onkel, Neffe und Schwiegersohn, der Feldwebel

Arthur Barnitzke

geb. 22. Sept. 1911, Inh. des EK 2 der Nahkampfsp., d. Inf.-Sturmabz., des Verw.-Abz. u. der Ostmed., am 8. Dez. an einer Verwundung in ein. Feldlazarett gestorb. ist. — In still. Trauer, im Namen all. Angehörigen

Emmi Barnitzke, geb. Ludwig, u. Tochter **Ursula**

Hamburg-Billstedt, Am Markt 8

Auf ein Lebenszeichen hoffend, erhielten wir am 24. Dez. die traurige Nachricht, daß mein lieber, guter Mann, Margrits lieber Papi, uns. lebensfroher Sohn, Bruder u. Schwiegersohn, der Obergefr.

Hermann Kröger

Inh. d. EK 2 u. d. Ostmed. am 17. 8. i. Kriegslaz. Kritschew sein. am 7. 8. erlittenen Verletzungen erlegen ist. In tiefer Trauer

Elise Kröger, geb. Steffen u. Margrit; Wilhelm Kröger und Frau; Wilhelm Kröger jr.; Marie Steffen

Soltau, Marktstr. 13, und Hamburg, Langenfelder Damm 43, Weihn. 1943

Um ihren treuen, langjährigen Angestellten trauern mit den Angeh. **Hans Sannmann und Frau**, Hamburg-Kleinborstel

---

Zum Weihnachtsfest erhielt ich die traurige Nachricht, daß

Plötzlich und unerwartet starb nach über vier Kriegsjahren in schwerer Krankheit im 55. Lebensjahre mein gel. Mann, treusorg. Vater sein. 3 Kind., Oberstleutn. z. V.

Fritz Stock

ausgez. m. d. Kriegs-Verd.-Kr. I. u. II. Kl., d. Ostmed., d. Ritterkreuz d. Hausord. v. Hohenzoll. u. and. hoh. Kriegsausz. 1914/18. — Im Namen der trauernden Familie

Elisabeth Stock, geb. Grube

Lüneburg, Lüner Weg 29, 18. Dezbr.

Mit der Familie betrauert die Gefolgschaft der Firma Gebr. Grube den Tod ihres hochverehrten Betriebsführers

---

Nachd. wir durch Terrorangriff uns. Heim verloren, erhielten wir nun die tieferschütt. Nachricht, d. mein innigstgel., herzensg. Mann, unser geliebter Vati, unser guter Sohn, Schwiegersohn, Bruder u. Schwager, d. Steuersekretär Uffz.

Ernst Malleske

Inh. d. Ehrenkr. f. Frontk. sow. Kriegs-Verd.-Kr. 2. Kl. m. Schw., am 3. 11. 43 n. kurz., schw. Krankh. i. 45. Lebensj. i. ein. Feldlaz. i. hoh. Nord. gestorb. ist. Schmerzl. vermißt v. seiner Gattin

Marie, geb. Lemmermann; seinen Kindern **Werner**, zzt. Wehrmacht; **Horst**, zzt. Ungarn; **Klein Renate**

zzt. Bergedorf-Hbg., Gojenbergsweg 71

Mit den Angehörigen betrauern den Verlust eines lieben Arbeitskameraden Vorsteher und Gefolgschaft des Finanzamts Hamburg-Süd

---

Unfaßb. ist uns noch die traurige Nachricht, daß unser einziger, herzensgut. Junge, mein Enkel, unser Neffe und Vetter, der Abiturient

Hans-Heinrich Reimers

Uffz. u. ROB in einer Panzerj.-Abt., Inh. d. EK 2, im blühend. Alter v. 20 Jahren am 7. Nov. 1943 bei den Kämpfen im Osten sein Leben gab. In tiefem Leid alle Verwandten und Bekannten, die Heinz lieb- u. gernhatten, doch am schmerzl. vermißt von seinen tiefbetrübten Eltern

Rudolf Reimers und Frau Magdalena, geb. Eydeler

Hambg.-Kirchwärder 1, Hausd. 170

Wir erhielten d. erschütternde, unfaßbare Nachricht, daß mein lieber, herzensguter Mann und Lebenskamerad, uns. kleinen Klaus' treusorgender Vati, unser lieber Schwiegersohn u. Schwager, d. Obgf.

Walter Krämer

im Alter von 31 Jahren am 1. Dez. 1943 bei den schweren Kämpfen im Südabschnitt der Ostfront gefallen ist. — Im Namen aller Angehörigen

seine Frau **Gertrud Krämer**, geb. Buhmann

Hamburg 39, Langenkamp 12

Unerwartet erhielten wir die traurige Nachricht, daß mein einziger Bruder, der Obergefr. u. Hilfsfeldpol.-Beamte b. d. G. F. P.

Hans Brüggemann

am 27. Nov. 1943 im 37. Lebensj. im Kampf mit feindl. Agenten den Soldatentod fand. Auf einem Heldenfriedhof fand er mit allen militär. Ehrungen seine letzte Ruhestätte. In stiller Trauer

Walter Brüggemann u. Frau Margarethe, geb. Lütgens

Hamburg 13, Rotenbaumchaussee

Ich erhielt jetzt die harte Gewißheit, daß mein lieber, herzensguter Mann, Sohn, Bruder, Schwager und Onkel, Pumpmann

Josef Palkovits

An den Folgen seiner schwer. Verwundung starb am 23. Nov. im 32. Lebensjahre mein lieber Sohn, uns. Vati, Bruder, Schwager, der Gefreite

Arthur (Adde) Gronau

Inh. d. EK 2, Inf.-Sturm-Abz., Verw.-Abz. — Schmerzlich vermißt von sein. Mutter **Marie Gronau Wwe.**; seinen Söhnen **Rolf u. Claus**; von sein. Geschwistern u. allen Anverwandten sow. all., die ihn gernhatt.

Hamburg 11, Sägerplatz 29, b. Tödten

Bei einem Angriff im Osten ist gefallen der Grenadier

Erhard Grünbauer

geb. 11. Febr. 1924, gef. 1. Dez. 1943 Wir trauern um uns. lieben, hoffnungsvollen Sohn, uns. besten Bruder und Freund.

Leonhard Grünbauer und Frau Erna, geb. Thumann; Obergefr. **Werner Grünbauer u. Frau Tilla**, geb. Hensick; **Irmi Grünbauer** u. Verlobter; **Siegfried Zemke; Margot Peters**

Hamburg-Hummelsbüttel, Alte Landstraße 178

Unfaßbar hart und schwer traf uns am Weihnachtsvorabend die erschütternde Nachricht, daß unser einziges Kind, unser über alles geliebter Sohn, der Gefreite

Karl Heinz König

stud. ing., geb. 16. August 1922, am 5. Nov. 1943 im Osten sein junges, hoffnungsvolles Leben lassen mußte. In unsagbarem Schmerz

Eduard König und Frau

Hamburg 19, Ottersbeckallee 21

Bitte keine Besuche

Mein lieber, guter Mann, Heidileins herzensguter Papi, mein jüngst. Sohn, uns. lieb. Brud., Schwag., Onkel u. Neffe, d. Feldw.

Henry Voss

Inh. d. EK 1 u. 2, Inf.-Sturm-Abz. in Silb., Verw.-Abz. u. Ostmed., im Alter v. 33 J. im Osten am 2. Nov. 1943 den Heldentod gefunden hat. In tiefer Trauer

Hertha Voss, geb. Schweder und **Klein Heidi; Henriette Voss**, geb. Först; **Arthur Richter und Frau; Wilhelm Voss und Frau; Frieda Loos**, geb. Voss; **Günther, Helga und Olly**; die Verwandten

zzt. Lübeck, Gothlandstraße 8. II.

Nachdem wir im Juli bei den Terrorangriffen unser Heim u. alles verlor. haben, traf uns jetzt ein noch härterer Schlag. Unser einziger Sohn, Schwiegersohn, mein innigstgeliebt. Verlobt., Enkel, Neffe und Vetter, der Grenadier

Günther Heins

starb am 26. Nov. 1943 in ein. Feldlazarett im Osten im 19. Lebensj. Aufs innigste betrauert von den schwergeprüften Eltern

Arthur Heins u. Frau Wilhelmine, geb. Jänecke; Oberfeldwebel **Fritz Radzuhn**, zzt. Griechenland und **Frau Olga**, geb. Jürs; **Ingeborg Radzuhn** als Verlobte

---

Gott, Dein Wille ist heilig. Unfaßbar traf mich die Nachr., daß mein lieber Mann, der treusorgende Vater für sein Kind, mein guter Sohn, uns. lieb. Bruder, Schwiegersohn Onkel u. Neffe, Ltn.

Siegfried Hahne

Ordonnanzoffz. i. Stabe ein. Panz.-Regt., Inh. d. EK 1 u. 2, Panzerst.-Abz., Ostmed. u. and. Ausz., am 27. Nov. 1943 im Osten im Alter v. 27 J. für Führer u. Vaterland gefallen ist. — In tiefer Trauer

Hedwig Hahne, geb. Cohr; Rolf-

V. Hamburger Fremdenblatt, Morgenausgabe 01.01.1944, Seite 4